U0896611

猴面包树

C O N C E R N

F O R

关注孩子

C H I L D R E N

钱志亮 著

CCTP 中央编译出版社
Central Compilation & Translation Press

目录

第五讲

了解儿童的需要

第六讲

无条件接纳孩子

第七讲

客观存在的儿童差异

教育的目的到底是什么？获得知识？掌握技能？取得成功？赢得尊重？享受生命过程中的乐趣？获得独立思考、辨别是非、批判性接受的能力？获得心灵的自由精神滋养、自由地发挥个人潜质、自由地选择生命成长与学习发展方向的能力？公民的责任？远大的志向？……

第一讲

了解生命的由来

——为什么要爱孩子

生命的起源问题贯穿了整个人类文明史，所有文化活动，无论是神话、宗教还是哲学、科学，都不得不把起源问题作为自己的终极内核。远古时期的上帝创世、女娲造人的神话传说，本身就是人类对于生命起源的好奇和思考，但没有任何科学的论证和考察。古希腊的阿那克西曼德曾提出过一种天才的猜测：人是从另一种——鱼，人在最初的时候很像鱼——动物进化发展演变而来的。随着人类文明的不断发展进步，达尔文的进化论中提出人是从猿进化来的，在这一演变过程中，人类在群居的大环境之下慢慢因为生存的需要学会了直立行走，学会了制造和使用工具，学会了使用“火”将食物烤熟，后来又慢慢创造出了独一无二的语言，而这一切根本的前提是人类的大脑慢慢得到了进化（脑容量的不断提升）……人类真正开始了对生命的探索研究。

了解生命的由来其意义远不止追根溯源、弄清几十亿年生命诞生的历史，还在于可以了解生命与环境、个体发育与系统发育，从更大的空间、时间看每个孩子的发展，寻找生命未来走向的规律。在了解生命种群来之不易、人类种群进化艰难漫长以及个体出生纯属偶然的基础上，认识和阐明生命的本质，坦然面对生命的变数，保持能量满满的状态，努力积极应对随机事件，体验更多可能性，向自己需要的方向发展，成为状态更好的自我，进而敬畏生命、尊重生命、热爱孩子。

一、生命种群来之不易

地球的历史大约是46亿年，是一个很漫长的过程。地球上生命存在的历史大概是34亿年。

1. 生命的偶然性

(1) 生命起源的偶然巧合

迄今为止，化学起源说是人们普遍接受的生命起源假说。该理论由苏联生物化学家奥巴林提出，将生命起源描述成：在大约40亿年前的地球上，由无机元素（如氢、碳、氮、氧、硫、磷等）在自然界各种能源（如闪电、紫外线、宇宙射线、火山喷发等）的作用下合成有机元素（如甲烷、二氧化碳、一氧化碳、水、硫化氢、氨、磷酸等）。这些有机元素聚集在热泉口或者火山口附近的热水中，随着地球的冷却，水蒸气凝结成雨点，大雨滂沱，形成原始海洋。大气中各种不同的有机物被雨水冲刷下来，落进原始海洋中，成为所谓的“热稀释汤”。[1]通过聚合反应，形成了生物的大分子（如氨基酸、糖类、腺苷、核苷酸等），这些大分子通过自我复制、自我选择和分子的自我组织，进而形成核酸和活性蛋白质。同时，分隔结构同步产生，其中磷在化学进化过程中发挥了举足轻重的作用。[2]最后，在基因控制下的代谢反应为基因的复制和蛋白质的合成提供了能量，这样一个由生物膜包裹着具有自我复制能力的原始细胞，就在地球上产生了。[3]

蛋白质出现后，最简单的生命也随之诞生了。这是发生在距今大约34亿年前的一件大事。生命与非生命物质的最基本区别是：生命能从环境中吸收自己生活过程中所需要的物质，排放出自己生活过程中不需要的物质，即新陈代谢；生命还能繁殖后代——不管它们的繁殖形式如何不同，但都具有繁殖新个体的本领；生命还具有遗传的能力——把上一代生命个体的特性传递给下一代，使下一代的新个体能够与上一代个体具有相同或者大致相同的特性，哪怕是一点点的不同也被称为变异。如果变异了的特性能够适应环境而生存，它就会一代又一代地把这种变异的特性加强，并成为新个体所固有的特征。生物体不断地变异，不断地遗传，长年累月，周而复始，具有新特征的新个体也就不断地出现，使生物体不断地由简单变复杂，构成了生物体的系统演化。每一次变化或偏差可能非常微小，毕竟一个不同的备选配方只是在细胞复制的过程中产生了一个与众不同的细胞而已。然而，这个不同的细胞会变成两个，两个会变成四个。时间的力量总是通过逐渐积累的小变化，最终以量变引发质变，展示出其鬼斧神工！漫长的时间里总会有某些备选配方被选择，这些备选配方会把生命带向一个不同的方向，带来差异、变化，而它又以无限接近的概率继续自我复制，让生命继承这些变化的同时仍存在其他变化可能。事物都在变，规则也在变，没有什么东西是不变的，只有“变”才是不变的。“一生二，二生三，三生万物”，我们今天的一切看似复杂，但都是从低级到高级、从简单到复杂的。人是万物的一部分，自然也是“变”出来的，或者说是“化”出来的，是一点一点、一步一步“进化”而来的。

生命是不同生物分子的组合、衔接、关联和对应，不同属性的分子被装配在一起，它们根据各自属性的不同各司其职，共同维持着一种活体的运转。生命需要和环境进行物质与能量的交换，外界物质组分和存在形式要满足这些交换的需要，以维持这个体系的正常运转，存活需要能量——食物，没有食物，生命就会失去动力。一旦获取了能量，生命就能自我复制，防止个体的死亡。总之，生命是在一种特定环境中被“组装”起来的，经过了一个极其复杂和漫长的化学进化过程，构成一种复杂的化学反应网络，即一种在特定环境中可以自行运作的系统。

（2）目前只在地球上发现了生命

生命纯属是一个奇迹，目前能够探索到有生命的星球就是地球。在太阳系的行星中，地球是唯一一个布满了生命的星球：高山、海洋、森林、蓝天以及南极和北极，活跃着近200万种生命。

如果你看过从太空拍摄的地球照片或视频，你就会发现：在深邃缥缈的太空中，深不见底的宇宙里，飘浮着我们共同的家园——地球。我们在这个蓝色的星球上被自然之手推来推去，在浩瀚无边的宇宙中奋力前行以求生存，没有人许诺我们以种族的形式永远存续，没有人许诺给我们更加美好的未来，地球是生命的唯一乐园。在宇宙中，确实存在许多奇特的元素，它们组合成了各种奇妙的生命形式。我们是广袤宇宙中唯一的、独特的存在，是彻底的孤独者，是个美丽的错误和神奇的意外。因此请保护我们的地球，珍惜地球上的生命。

为什么地球上会存在生命？因为地球距离太阳既不太近，也不太远，接受的光照适中，植物可以自如地利用太阳光能进行光合作用，储存生命活动所需要的能量；当素食动物吃植物时，这种被储存的能量便到了素食动物体内；当肉食动物吃素食动物时，能量又到了肉食动物体内……就这样，是太阳的光能驱动了地球上动物和植物的生命系统，使动植物得以繁衍生息。地球上的生命需要有适宜的温度、液态水环境和适宜的水温，如果水温太低水会结冰，如果水温太高水则会变成水蒸气；需要有一个适当的引力，有一定的引力才能形成大气层保护，并保证像水蒸气这样的物质不逃逸到大气层外面去；需要有强大的铁质磁场，以防止外太空的致命辐射对生命造成威胁；最重要的是要有组成碳、氢、氧、氮等构成生命的基本元素，这些都是生命活动所必需的，缺一不可。每一个生命的诞生都必须满足无数的条件，任何一项条件的缺失都可能导致生命的终结。

地球上出现生命看似偶然，但偶然之中也有着必然，

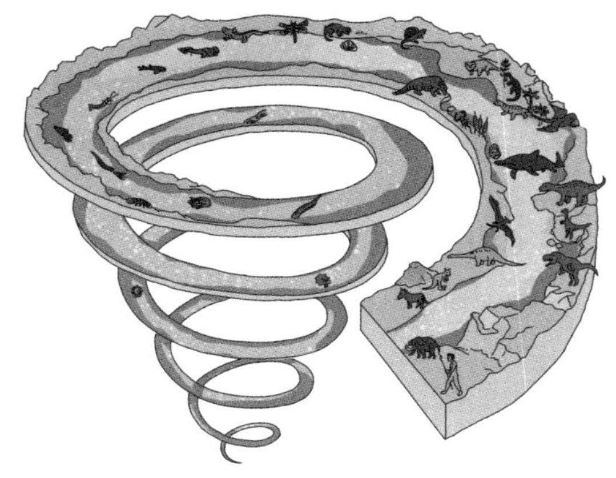

生物进化过程[4]

因为生命诞生在一个不断变化着的宇宙中，应当说宇宙的演化造就了地球上适宜生命产生和生长的环境。在极其漫长的时间内，生命由那些无生命的物质元素经过极其复杂的化学过程，由简单化学物质到复杂化学物质，即从低组织化水平到高组织化水平，一步一步地演化而成。

化学演化过程人们很容易想到和理解：首先是无机物分子的形成，然后是简单有机物、复杂有机物、大分子的聚合体、前生命体，直到生命现象的出现，这是一个很自然、循序渐进以及符合逻辑的过程。

现存的生物经历了地球五次大灭绝淘汰，仅有少数幸存下来。它们在每次重大变化中不断学习、适应和进化，最终得以存活。或许在太阳系之外的某个星系也存在着生命，但由于距离太远，目前的技术还无法实现彼此的联系。

2. 生命大劫难

拥有如此优越自然条件的星球曾经孕育了许多生物。但遗憾的是，地球上的生物曾经历过五次大规模的劫难（也称作生物大灭绝）[5]，每次灾难发生时，原有的生物被灭绝，新的生物则被创造[6]：

（1）第一次大灭绝

奥陶纪生物大灭绝。奥陶纪开始于约公元前5亿年，持续了约6500万年。这一时期地球气候变冷，冰川冻结了大量水源，导致海平面下降，原本丰富的沿海生态系统遭到破坏，生活在水体中的各种无脊椎动物几乎全部灭绝。大约85%的物种消失，腕足动物门、苔藓动物门、头足类等五大类群大幅减少，其中包括著名的三叶虫[7]。

实际上，没有任何物种能提前预测下一轮的“世界末日”何时到来，会灭绝哪些物种，又会留下哪些，生存不过是在赌谁更幸运。演化方向是纯粹偶然的，环境变化就像一个筛子，筛掉了大多数生物，留下的生物只是恰巧适应了当时的环境，因此幸存下来。那些被筛掉的生物并没有错，也不比幸存者劣等。大浪淘沙中，幸存者并非因为优越才存活，而是因为成为幸存者才被视作优越。

（2）第二次大灭绝

泥盆纪生物大灭绝。泥盆纪开始于约公元前4亿年，结束于约公元前3.6亿年，持续了约4000万年。这一时期连续的陨石撞击和火山大爆发导致浓厚的火山灰遮挡阳光，气温下降，降雨减少，海平面再次下降，海洋生物又一次遭受重创，约70%的物种灭绝，其中约82%的海洋动物物种消失。尽管海洋生物遭到重创，但此后陆生植物和鱼形动物（尤其是淡水鱼类）得到空前发展，两栖动物开始出现，无脊椎动物的组成也发生了显著变化[8]。

肉鳍鱼类选择了离开故土，向着浅海、淡水和陆地发起远征，肉鳍是四肢的前身，我们的祖先——脊椎动物——开始登陆了！为适应缺氧环境，肉鳍鱼类演化出了储存氧气的鱼鳔，鱼鳔进一步演化成肺，从而使它们能够在陆地上进行两栖生活。随着时间的推移，它们进一步强化了身体的保水能力，使四肢更加健壮，可以远离水体在更大的陆地区域活动。

生命在一次次大灭绝的灰烬中涅槃重生。一种叫作羊膜动物的四肢脊椎动物在此时取得突破性进展，演化出羊膜卵，使其能够在陆地上繁殖。羊膜动物的幼体在母体内部发育，母体为幼体提供了一个安全的水体生长环境，让幼体在其中快速完成从水生、两栖到陆生的演化历程。由于母体提供了充足的养分和保护，幼体的生存安全性非常高，从而走上了少生优生的生育道路。

生命起源于无生命物质，短暂地积蓄了能量占用了物质，生时不停地与外界交换着质与能，死后则彻底把质与能还给了宇宙。生于尘土，归于尘土，其间不过是在做质能转换，质能不管如何转换其总量是守恒的。正所谓“一鲸落，万物生”，一头鲸的尸体可以供养一个以分解者为主的循环系统长达百年，这意味着一个生命的结束，却是更多生命的开始……

（3）第三次大灭绝

二叠纪生物大灭绝。二叠纪开始于约公元前2.95亿年，结束于约公元前2.5亿年，持续了约4500万年。这场大灭绝被公认为地球史上最严重的物种灭绝。目前科学能够验证的是，西伯利亚地盾火山的持续喷发，尤其是特提斯洋和泛大陆周边的大陆岩浆弧酸性火山喷发[9]，释放了大量温室气体，导致气候在接下来的几千年内变暖了约10℃。同时，海平面下降、大陆漂移、水中含氧量减少、水温上升和海洋酸化共同作用，毁灭了95%的海洋物种和近70%的陆地物种，海、陆、空生态链全部崩溃。很多生物从远古以来的演化路线，包括所有分支全部灭绝了。界门纲目科属种，这次灭绝的惨烈程度已经不能以“种”来统计了，很多生物群体整属整科甚至整目整纲地全灭绝了。它们基本上都是一些早期昆虫、原始爬行纲和鲨鱼形动物，而那些不动或不会寻找食物的“慵懒”动物被淘汰了，这些动物的共同特征是：新陈代谢速率较低、内部循环系统较弱。二叠纪末大灭绝把生物们数亿年的努力几乎抹杀，很多地方的生态系统回到了寒武纪物种大爆发前的状态，甚至是生命诞生初期的状态。[10]真是天地不仁！

对生物来说，如果它们只有一个有限的栖息地，当那个特定的栖息地变得不适合居住时，那么它们就无处可去。这次物种灭绝也使得生存空间分布能力较强、新陈代谢速率较高、内部循环系统较强的生物得以保存下来，如脊椎动物等[11]。正因为经历了这一阶段的演化，一些生物演变出了可以直立行走和奔跑的能力；改进了听觉和嗅觉，演化出鼻腔和鼻黏膜以过滤空气中的有害颗粒；改进了牙齿——同时配备咬和磨两种功能的牙齿，提高了捕猎和进食效率；演化出了皮毛和汗腺对体温进行调控，使它们在演化中实现了身体恒温，增强了反应能力和力量，并将这些优势延续给后代。恒温的身体时刻处于高性能状态，长时间的高性能运作形成了高度发达的神经系统。为了处理高频率的神经信号，中央处理器逐渐发展壮大，于是脑部开始发育起来，促进了智力的大跃升。

（4）第四次大灭绝

三叠纪生物大灭绝。三叠纪开始于约公元前2.5亿年，结束于约公元前2.03亿年，持续了约5000万年。历史在三叠纪末又上演了遍回放，又是暗色岩事件，又是森林大火，又是遮天蔽日，又是底层生态链崩溃，又是大型动物灭绝，这一切相当于二叠纪末大灭绝的微缩版。地质活动导致盘古大陆开始分裂，这过程一直持续至今，最终形成了我们熟悉的世界。这次大灭绝同样对海洋和陆地生态系统造成了严重打击，导致海洋生态系统中约52%的属和76%的种消亡[12]。其中，绝大部分的两栖类和爬行类动物灭绝了[13]，奇怪的是恐龙却幸存了下来，成为侏罗纪时代的绝对霸主。恐龙时代持续了将近1.6亿年！

生命之树从一个点开始向无数个方向分叉，自然选择剪掉了大多数分叉，只留下几个分叉。这几个分叉变成枝干又开始分别向无数个方向分叉，又被剪掉一轮。留下的继续分叉，之后再被剪掉，如此无限循环。自然有时选择从小分支剪，有时选择从主干剪，这就是生命自诞生以来所经历的一切。

生命源于一种古老的自我复制的配方，而我们知道这种复制过程并不是确定无疑的，在根本上仍是随机的。它会出错，且会经常出错，但就是这无数个小偏差、小变化造就了生命的演化历程！生命因为演化，才会跟以往不同，才会出现这么精彩纷呈的生物演化进程，呈现出如此丰富的多样性，带来差异、变化、不同！

（5）第五次大灭绝

白垩纪生物大灭绝。白垩纪开始于约公元前1.42亿年，结束于约公元前0.65亿年，持续了约7000万年。这次大灭绝导致海洋中浮游有孔虫、菊石和箭石等生物灭绝；最引人注目的是，统治地球长达1.6亿年的恐龙的霸主时代一去不复返，为哺乳动物的生存发展提供了绝好的新的演化契机[14]。科学家们猜测，当时地球遭到巨大陨石的碰撞，大气中存在大量高密度的尘埃，使太阳光不能照射到地球上，导致地球表面温度迅速降低。没有阳光，阻止了光合作用，植物逐渐枯萎死亡；没有植物，植食性的恐龙饥饿而死；没有植食性动物，肉食性的恐龙失去食物来源，在绝望和相互残杀中缓慢消亡。酸雨、空气污染、植物死亡和海洋污染导致了严重的生态破坏。大型海洋爬行动物被彻底消灭，生态链又一次从底层往上逐级崩溃，几乎所有的大型陆生动物都未能幸免于难，使得包括恐龙在内的90%的地球物种毁灭了。此时，一些哺乳动物依靠残余的食物勉强维持生存，终于熬过了最艰难的时期。由于卵生动物对温度和湿度的依赖性较强，所以它们逐渐被胎生的哺乳动物所取代。

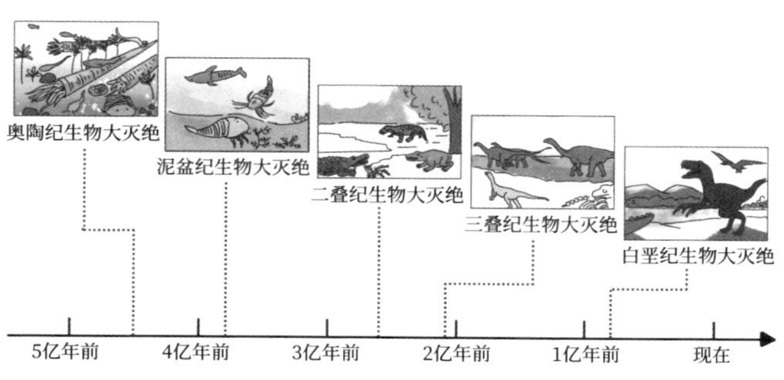

五次生物大灭绝[15]

进化是为了更好地生存，所有的进化均源于自然的压力，这些压力包括洋流、冰川、地轴倾角、气候、生物变化，等等。而在自然界里，更好生存的前提条件是什么呢？跑得快，可以有更多机会捕捉到食物，逃避攻击；身子灵巧，可以巧妙逃避天敌的进攻；目光敏锐，可以更早发现食物或前来进攻的对手；力气大，可以轻易打败对手，保护自己；爪牙锋利，可以具备极其有效的进攻武器。灵长类人属动物通过灵巧的前肢和手指提高了采集效率，进而推动了工具的制作和使用。它们的杂食习性确保了营养均衡，社会化协作的种群组织方式也使其善于沟通协调，具备了较强的团体合作能力——人类的进化是朝着更高的智力方向发展的。

生命本身只是一个概率游戏的载体，同时存在着无数个随机演变的方向。生命从来都不是自由的，是由自然在选择而不是生命自己在选择！自然选择从来都不曾温柔相待，它的每一次选择都是依靠消灭大多数生物的方式来进行的。天地不仁，以万物为刍狗！大灭绝事件短则6000多万年长则1亿多年总会来一次。生物多样性的减少会引发各种链式反应，加速生态系统的崩溃速度，使得对环境依赖性最强的、处于生态链顶端的高级物种变得越发脆弱。每一次生态链崩溃带来物种大灭绝时，死得最惨的都是生态链顶端的物种——快速攫取生存资源才能种群膨胀，进而导致生态链的崩溃。在所提及的五次生物大灭绝中，每一次都会导致超过50%的物种灭绝[16]，这么算下来，能活下来的生物真的是万分之一，或者更精确地说，是万分之零点六。因此，人类以及和人类在一起的这些物种能够留存下来，是多么不容易的一件事。

假定整个地球史是一年，地球上非生命物质的演化是在为生命的出现做准备。原子、无机分子、有机分子这些物质是在宇宙的演化过程中产生的，也就是在特定的环境下产生的。不同元素之所以能结合到一起成为化合物，是因为在一定条件下产生了化学反应。不论是化学物质还是生命体，它们形成的底层逻辑都是原子和分子之间的相互作用。因此，物质演化就是作用力结构及关系的演化。

假定地球上产生原始生物是一年中的1月1日，由此推算，最早的真核细胞出现在9月20日，恐龙出现在12月1日，而人类的祖先灵长类动物（如长臂猿、黑猩猩等）则出现在12月25日。这一天为什么西方将其称为圣诞呢？或许正是因为人类的祖先在这一天开始出现。

生命起源的过程极其艰难。野火烧不尽，春风吹又生，生生不息，磨难里透露尊严，卑微中尽显不屈。我们人类拥有的每一个特征，都是我们祖先留给我们的宝贵的生命沉淀和馈赠。

如果说人类的出现真的是整个宇宙精密配合的结果，那么作为高等智慧生命，人类必然有一个去处，也就是宇宙所赋予人类实现的本源意义。生命存在本身就是意义——去感受、去经历波澜壮阔和绚丽多姿！生命的意义还在于传承与创新，在无意义的荒原中开拓出意义，这是只有智慧生命才可以做到的事情——努力活下去、不断追求探索与创新，只要苍天不杀生命就不息、奋斗就不止！

这个蓝色的星球是生命唯一的乐园，因此请保护我们的地球，珍惜地球上的生命。

二、人类种群进化漫长

生物的诞生很不容易，而能够在恶劣的五次生物大灭绝中进化、存活下来属实不易，种群进化也是一个很漫长的过程。

达尔文在《物种起源》中提出人类起源于古猿的理论，经过一番激烈的学术和宗教的大动荡、大争论后，渐渐被科学界所接受。在以后的岁月里，古生物学家通过对古生物化石的研究，在达尔文学说的基础上形成了现代人类起源说。他们认为，人类是古猿经过数百万年的漫长岁月，在万物更迭交替变化中逐渐进化而来的。这一理论从其他学科比如胚胎学、脊椎动物比较解剖学、现代生物学及生物化学等学科中寻找到了证据。根据这些证据，人们推测地球生物进化的总模式是：无脊椎动物—脊椎动物—哺乳动物—灵长类动物—猿猴类动物—人类。

1. 人类的种群进化

大约5000万年前，灵长类动物呈辐射状快速演化，从低等灵长类动物原猴类中（如狐猴、眼镜猴等）又分化出高等灵长类动物（即猿猴类，如猕猴、金丝猴、狒狒等）。

（1）火的使用解放了大脑空间

当生命的齿轮继续向前，人类和猿猴相继分道扬镳，虽然这个过程看似只是几个石头磨过，但这几个石头一磨就磨了700万年。在地球生物演化史上，如果将生命出现至今的时间比作是一年来看，细菌大约在2月中旬出现，植物在4月初开始出现，动物在7月初登陆，而广义的人类是在大年夜傍晚才完成了登陆，会说话的人类大约在12月31日的夜里11点出现。北京猿人学会了使用火，能把东西煮熟、煮烂，使食物变得绵软精致，不再需要强大的咀嚼肌，导致MYH16基因突变——咀嚼肌生长速度放缓，头部两侧的肌肉减弱，减轻了头部发育时遇到的束缚，从而使得大脑空间的容量有了被拓展的可能性。正是因为许多代的这种进化，最终才有了今天的人类。相比大猩猩以及其他猿猴，我们的大脑有足够的容量，所以人类的文明从用火、有光开始。

（2）早产的方式降低了生育风险

但是胎儿膨大的头部也会增加生育风险。生育风险较高，意味着该种群将会有很大一批孕妇以及婴儿死于难产，非常不利于人类生存。但幸运的是，人类演化出了“早产”的方式，将还未完全发育成熟的婴儿提前生产。有的科学家认为人类的妊娠期原本应该是21个月，但现如今只需要10个月。如果我们把地球的演化时间看作24小时的话，人类在最后1分钟左右才出现，而现代意义上人类出现的时间是23时58分43秒[17]。

人类进化起源于森林古猿，从灵长类动物经过漫长的进化过程一步一步发展而来，经历了类人猿、原始人类、智人类、现代人类四个阶段。

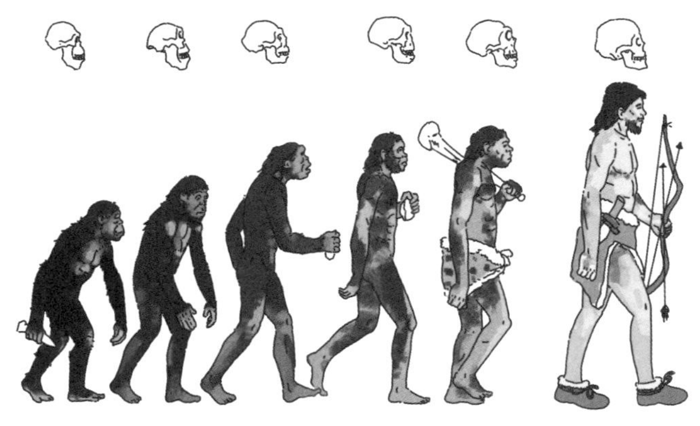

人类进化图[18]

在地球上，约2500万年前，出现了四肢行走的类人猿；约800万年前，出现双足行走的南方古猿；约250万年前，出现了能制造粗糙的工具、会狩猎的能人。约200万年前出现了直立人，其打制的石器也比较多样化，不仅有用于狩猎和劈裂兽骨的砍砸器，还有用来剖剥兽皮和切割兽肉的刮削器。直立人最早开始使用火，并知道如何长期保存火种，还会使用符号与基本的语言。

在诸多的哺乳动物之中，有一种类猿生物在进化的过程中出现了两个分支，一支进化为今天的猿类；另一支在进化的过程中由于某种未知的原因丢失了一对基因，而智慧就在这一支上开始萌发，这就是人类的祖先。17个人属人种在近300万年的时间里残酷斗争、互相戕害，最终智人种灭绝了其他同属人种，独霸人名，在1万年前把自己的势力拓展到了全世界。人类的祖先开始利用智慧来应对自然的变化，而在这一过程中，智慧得到了进一步的进化，于是才有了今日的人类。

（3）“祖母假说”解释长寿基因

大猩猩极少有活过50岁的，雌性大猩猩在绝经之后、雄性大猩猩在停止繁衍后代之后便会死去。性命性命，无性无命。从进化的视角来看，生物体在失去生育和养育后代的能力之后会马上死去，以免浪费资源。到了生命的这个阶段，生物体就进入到生物学家彼得·梅达沃[19]所说的“自然选择的阴影”之中。从理论上讲，衰老的突变积累会在生命晚期表达，尤其是在个体繁殖停止之后，这些在晚期表达的有害突变会因遗传漂变而积累起来，最终导致生命体的衰老和死亡。一旦某一个体进入这个可怕的阴影之中，便已成为生物和进化意义上的淘汰者，因为自然选择不会去对抗衰老的自然过程。

在人类早期社会，女性需要采集、拾取食物维持生活，但是一只手抱着孩子，另一只手去工作，这样势必会极大地影响食物获取的效率。女性和婴儿如果不能得到足够的营养，活下去的几率就会降低，人类的血脉就无法延续。当一个年轻女性在生育后陷入生存困境时，孩子的外祖母就会挺身而出，帮助自己的女儿搜集食物和照顾孩子，减轻了年轻父母的育儿负担。老年狩猎采集者还会通过传输知识、智慧和技巧帮助年轻一代，从孩子出生算起，这种教育会持续二三十年（20世纪90年代，“祖母假说”的提出者、美国犹他大学的人类学家克里斯汀·霍克斯在坦桑尼亚北部搜集了一些部落文明的证据，坦桑尼亚的哈扎部落没有进入农业或工业文明阶段，仍处于狩猎采集阶段，他们的社会从一个侧面反映了人类早期的生存状态。霍克斯惊讶地发现，哈扎人的“大妈们在采集食物方面非常有效率”，越会找食物的老外婆拥有的外孙外孙女越多）；中年和老年人并没有成为无用之人，他们通过提供生活资料、照看孩子、处理食物、传承技能等方式帮助年轻的后代[20]，从而巩固了自己在繁衍方面的成功——她们的女儿可以在较短的时间间隔内生产更多的孩子，孩子断奶的时间变得越来越早，但孩子自己觅食和达到成年的时间越来越晚（1608—1799年，法国天主教徒在加拿大魁北克区的圣劳伦斯河谷记录了149个教区里的每个人的生老病死以及婚姻状况，这些工业文明前的珍贵记录也成为检验“祖母假说”的有力试金石。这项研究发表在了《当代生物学》上。这项研究的作者、加拿大毕索大学的演化生物学家帕特里克·伯格伦表示，“我们的数据库里包含了第一批到达魁北克的法国殖民者的记录”。这些殖民者大多数是法国农民，其中有3382个外婆和56767个孙辈的孩子。参与了这项研究的瑞士伯尔尼大学的演化生物学者 Sacha Engelhardt 表示，“那个年代的女性会生育很多孩子，平均是8个”，不过其中的一半会在15岁之前死亡。所以，人和人之间后代数量的差距就会比较大，在这个数据库里，有些外婆只有1个外孙辈的后代，但是有人却有195个。研究者们发现和外婆住在一起的家庭的孙辈数量更多。这项研究发现，外婆还健在的话，妈妈生育的孩子数量就比那些外婆已经去世的家庭多2个，能活到15岁的孩子的数量多1个。但是，如果外婆住在320千米以外的地方，那么家里的孩子数量就会比那些外婆住在同一个教区的家庭少1.75个），于是人类不得不进化出更长的寿命——外祖母的寿命足够长的女性留下的后代数量更多——长寿基因也是自然选择的进化结果。一些足够长寿到成为外祖母的古代女性允许她们的女儿生更多的孩子，这样她们的长寿基因就能传给更多的后代，而这些后代也有较大几率拥有较长的寿命[21]。辛苦劳作和乐于帮助后辈的外祖父母，由于更多地为他人着想，因而得到了长寿基因作为回报，这也使得其家族拥有了更多的子子孙孙得以将这种基因被筛选和扩散开来。[22]长久以来，人类显然是在自然选择的作用下越活越长久，并最终成为慷慨而又能提供帮助的外祖父母。[23]人类会赡养衰老的个体也催化了人伦文明——道德和法律约束了我们照顾年老的个体——以及尊老爱老的社会风气，所以人类才和动物形成了明显的区别：动物之所以不赡养老人，是因为衰老的个体仍旧会占用一部分食物，导致种群中的年轻个体因食物不足而死亡，这非常不利于其生存，所以该生存模式被自然选择所淘汰，人类大妈（如外婆、奶奶）存在的意义就在于帮助她们的女儿生育更多后代，这样她就能让自己的基因更好地延续下去[24]；人类之所以赡养老人，有一部分原因是衰老的个体仍旧能够提供生存价值，帮助后代存活，因此该生存模式被自然选择所保留下来，隔辈亲也给了老人更多活下去的动力。[25]

（4）“夏娃理论”确定源于非洲

学术界关于人类起源这一问题有不同的假说，包括多地区起源假说、非洲起源假说等。随着分子生物学、Y染色体研究，特别是线粒体DNA（mtDNA）多态性应用于人类起源、演化以及群体间相互关系等方面的研究，人类基因的谱系逐渐细化，研究人员对全世界有代表性的人群样本进行了分析，但除了非洲外都没有找到更古老的类型。研究发现，非洲人群积累的基因突变数是最多的，通过谱系树可以看到非洲人位于谱系树的根部。越来越多的证据支持非洲起源假说[26]。最早的人类是从约250万年前的东非开始演化的，祖先是一种更早的猿属——南方古猿[27]。

1987年，以美国加州大学伯克利分校的威尔逊教授为首的研究小组，提取了祖先来自非洲、欧洲、亚洲、新几内亚及澳大利亚土著居民共147名妇女胎盘细胞的线粒体DNA，然后用12种高分辨率限制性内切酶构成限制性内切酶图谱，结果显示线粒体DNA的类型具有明显的种族特异性。通过系统发生分析建立了表示这些个体线粒体DNA类型相互关系的系统树，这一系统树具有1个共同的祖先，并且最深的根来源于非洲[28]。根据考古学、分子生物学推算，现代人类共同的祖先是约20万年前生活在非洲的一个女性“夏娃”。但是现代人类的祖先起源于非洲的时间，并不意味着现代人类一定在等同的时间起源于非洲，因为此时的人类也许还不具有现代人的解剖学特征[29]。之后，研究人员根据对女性线粒体

DNA、男性Y染色体基因和猿猴DNA研究综合推算，人类共同智人祖先出现的比较科学可信的年代大约是5万到10万年前之间。已有研究认为，最早的人类出现于大约15万年前的非洲大陆，当非洲的“母亲”迁移到新的大陆上以后，线粒体DNA发生的突变引起遗传性状的漂移，从而造成各大陆种族间的差异[30]。比如黑种人血液当中所含红细胞就与黄种人的不同，它能输送更多的氧气，因而黑种人在运动方面有得天独厚的条件；黄种人的味觉系统是全世界最发达的，因此中国菜也是五味俱全，花样繁多。依据进化论的观点，生物的变异只是为了更好地适应自然环境，而且唯有适于生存的变异才可以被保留下来。

（5）古基因组学澄清混血事实

2022年的诺贝尔生理学或医学奖授予了瑞典科学家斯万特·帕博，以表彰他在基于DNA解析的人类进化研究中所做出的巨大贡献。帕博和他的团队从古基因组学（亦称古遗传学）[31]的视角出发，通过解析大约4万年前灭绝的尼安德特人骨片的核DNA，探求了人类起源的根源性问题，并取得了重要成果：发现非洲的现代人群中没有尼安德特人的遗传成分，但在非洲之外的现代人群中有少量的尼安德特人[32]混血。尼安德特人既不是欧洲人的直系祖先，也没有对现代人线粒体DNA做出过任何贡献[33]，他们就是人类进化过程中的一条死胡同。尽管尼安德特人一直活到距今大约3万年前，但最终还是灭绝了。现存欧洲和亚洲人类的DNA中有1%—4%是从尼安德特人那里继承而来的；大洋洲（如美拉尼西亚人等）和东南亚的人类群体中有4%—6%的DNA是从丹尼索瓦人[34]那里继承而来的。这就意味着大约在6万年前，早期现代人到达中东地区后，与原住民尼安德特人和丹尼索瓦人相遇混血，然后这些基因被进一步扩散到世界各地[35]。比如，现代人基因组中存在的对多种感染的免疫反应的基因组区域来自尼安德特人；一些跟抑郁症、精神分裂症有关的基因突变，可能也是尼安德特人遗传给我们的；尼安德特人的基因还可能和烟酒成瘾、血栓、营养失衡、尿道功能异常、光化性角化病等有关[36]；而藏族人能轻微提高红细胞和血红蛋白水平的EPAS1基因源自丹尼索瓦人[37]；大家所熟悉的II型糖尿病也可能和已灭绝的古人类基因有关。这些发现表明，我们的基因不仅来自非洲，还包含一定比例的非洲以外的古人类的遗传成分。

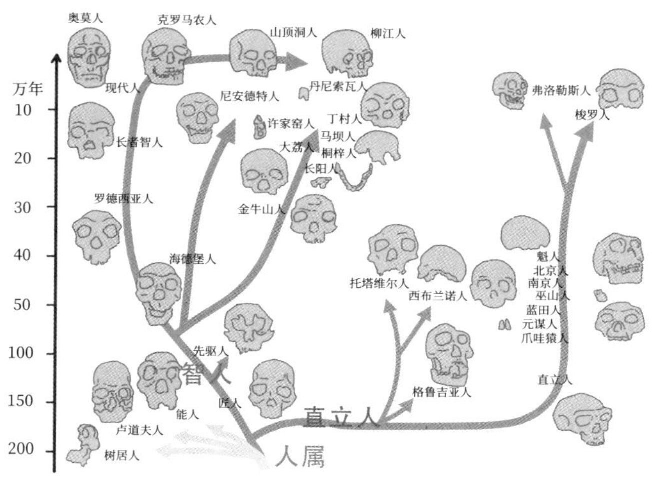

人类谱系图[38]

通过遗传学证据，我们可以把人类谱系定位到上图最左边的发展线上，人类经历了罗德西亚人、长者智人、现代人等过程，才最终演化为我们。人类身体进化过程中的诸多看似普通实则隐藏着深奥玄机的问题，如直立行走、体毛的退化、肤色的变化、大脑的进化、生殖器官的进化等，以及由身体的进化带来的婚配制度的进化等，都是自然选择反复运作的结果。每个细微的变化都潜伏着令人击节赞叹的博弈，每个成就都蕴含着复杂的进化逻辑[39]。

约3万到25万年前，早期智人的脑容量进一步增大，已经达到现代人的水平，脑结构比猿人复杂得多，其打制的石器也比猿人规整，有石球和各种尖状石器。他们能人工生火，开始有埋葬的习俗，并且不知是为了遮羞还是为了保温，已经开始穿所谓的衣服，不再是赤身裸体。一代又一代，竞争中胜出者的脑容量越来越大，脑结构也越来越复杂。

约1万到5万年前，晚期智人能制造出磨制石器（即新石器），这些石器相当精致，器形多样，各种石器在使用上已有分工，并且出现了骨器和角器，这样的工具效率更高[40]。新人类甚至已会制造装饰品，进行绘画、雕刻等艺术活动，表明人类进入了更高的生产文化发展阶段。在此之后，人类把野草变成作物，把野兽变成家畜，把野鸟变成家禽，把野蚕变成家蚕，把丝纤维变成织物……劳动是这一进化的伟大推动力[41]。

回到如果将生命出现至今的时间比作是一年来看的假设，原始文化遗迹和文字记录的形成和发展是在这一年中的最后一天、最后一小时、最后一分钟。有了文字，就意味着我们人类的精神属性不一样了；有了文字，我们就开始有记录、有文明了。在这个生命年历中，人类的一生不到一秒，相当于现在的1/75秒。

我们人类就是从一种灵长类动物，沿着一条特定的路径自然演化，幸运地存活到现在。我们有幸成为今天这个样子，但千万不要忘记我们的动物属性和起源。我们不深刻体会这一点，就不可能对“人性”有深刻的理解。其实我们的许多生物特性，甚至是社会特性，都可以在生物进化中找到答案。

2. 人类的迁徙

人类的迁徙与人类的起源息息相关，通过人类谱系图（见第36页）衍生的梯度可以大致推断人类群体迁徙流动的方向。气候决定了植物的种类和数量，植物决定了动物的分布和种类。人类作为采集狩猎者，必须要跟着动物和植物一起迁徙。有果子采、有猎物捕获，人类才可以定居下来，没有这些，就得迁徙去寻找。

（1）人类曾多次走出非洲

最早的古人类扩散到了全世界，形成了亚欧各地发现的直立人化石，如中国有元谋人和山顶洞人，欧洲有海德堡人，东南亚有爪哇猿人。

大约在20万年前，早期智人又走出非洲，到达亚欧各地。在中国出土的有大荔人、马坝人、丁村人、许家窑人；在欧洲的西部有尼安德特人，东部则有丹尼索瓦人。约7.5万年前，印度尼西亚的多巴火山大喷发，使得亚欧大陆进入了冰川时代，迁徙到亚欧大陆的古人类基本灭绝。[42]

再后来，非洲的环境开始变得更加干旱，各种资源也开始变得匮乏，对于智人来说，为了生存他们只能一路朝着资源丰富的地方迁徙。最终，晚期智人，也称新人，成为亚欧大陆的现代人类的祖先。人类的进化依赖三个前提条件：一是直立行走解放了手部；二是工具的使用和制造提高了生产力；三是因交往需要产生了语言。这些条件与人脑的发展、经验传递和劳动共同促使人类动物祖先进化为原始人。

距今4万到3.5万年左右，地球气温骤降，冰川活动剧烈，南北两极冰盖扩大引起海平面下降，致使浅海部分的大陆架“破水而出”，形成了连接陆地或岛屿间的一座座天然桥梁。这些天然桥梁为现代人类祖先的长途迁徙流动创造了条件[43]。

（2）边迁徙边创造

从人类的迁徙走向中，我们会看到从大峡谷向北迁移的一部分人类留在北非，距今约七八千年前，一些猎人和采集者开始在尼罗河畔定居[44]，创造了后来人类最古老的文明——古埃及文明。

往前走的那一部分人类，一部分随着洋流迁徙到澳洲及太平洋诸岛；另一部分则穿过红海和阿拉伯半岛，到达底格里斯河和幼发拉底河流域，由此开创了古苏美尔文明、亚述文明和古巴比伦文明。共同生活一段时间之后，有一部分人类继续往西走，还有一部分人类往东走。往西走的人类，穿过高加索山脉以及黑海和地中海之间的通道到达欧洲，后来慢慢演化成白色人种（印欧人，就是现代的欧洲人），创造了灿烂的腓尼基文明、古希腊文明和古罗马文明；往东走的人类，走着走着南下进入印度次大陆，创造了神秘的古印度文明。剩下的人类继续向前走，其中一个分支翻越天山山脉北麓和阿尔泰山脉南麓的细狭通道（也就是我们今天所说的欧亚大陆桥）进入东亚，创造了延续至今的华夏文明；另一分支则向北后转向东迁徙，一直穿越西伯利亚和白令海峡（在第四纪冰期期间裸露在海平面以上的，称为白令路桥）到达了美洲（如爱斯基摩人和阿留申人），再沿北美洲向南到达拉丁美洲，创造了后来闻名遐迩的印第安文明和玛雅文明[45]。随着人类波澜壮阔的迁徙，文明的火种也从古老的非洲大陆被带到世界各个角落，人类的文明也被四处传播开来。

古人类的迁徙涵盖了如此巨大的时间和地域跨度，或是气候环境所迫，或是为避开敌对或资源竞争的邻居，或是“逐水草而居”的顺应植物动物资源变化，或是远离寒冷与野兽，或是好奇冒险想要换个环境……无论是有目的还是无目的，都是为了生存和种群的延续，都是艰辛悲壮的：风餐露宿、披荆斩棘、没有道路；拖家带口、完全靠走；野兽出没、枕戈待旦、前途未卜。他们义无反顾地背井离乡、勇敢无畏地一去不归。这些好奇探索、不畏艰险与开拓进取的基因是我们人类不断进化的内在动力，也是我们今天不断创新的源泉。正是由于他们当年一代代人的付出，才让我们拥有了今天全新的生存空间，带来了更多的机会和可能性。

（3）人类命运共同体源于我们原本是一家人

不论身处何方，我们人类都来自同一个地方、同一组祖先，四海之内都是兄弟姐妹，大家共同的诉求都是生存发展和繁殖后代。人类既可以分裂为无数个小圈子，井水不犯河水，也可以停止内耗，互惠互利共生。构建人类命运共同体是让我们重温人性的美好，以回归人类大家庭的心态善待彼此[46]。地缘冲突、通胀加剧、债务危机……种种因素似乎都在加深着国际局势的裂痕，使世界进入动荡的变革期。

人类有着几百万年的野蛮进化史，为了争夺地盘、食物或是炫耀自己的力量，互相残杀，动辄兵戎相见、武力相向。在早期社会中，杀人、嗜血一天又一天地发生着；还会结合亲族，进行械斗，甚至国族之间建立攻守同盟，展开大规模的战争；到了近现代，人类利用智力制造武器，有了杀人的武器，个人可以肆意掠夺，集团可以横行天下[47]。随着人类历史的演进，体力作用越来越弱，而杀人武器却越来越凶。人弱器利，互为因果。加上种族、语言、宗教的分歧，以及民族主义的影响，使人类的战争越来越残酷[48]。无可否认，战争、冲突、种族仇恨、国家利益、宗教狂热、文化分歧、阶级矛盾……这些都是客观存在的，实际上所有的文明都无法回避战争。帝国的扩张、民族的融合、地区的冲突、资源的争夺，贯穿了整个人类文明的历史。从原始部落的长矛、骨箭、斧头，到奴隶王国的战车、青铜剑、长戈，再到封建帝国的铁剑、甲胄、弓弩、战马，直至近现代的机关枪、坦克、大炮、军舰、导弹，战争武器的进化越来越先进。核战争一旦发生，可能直接危及人类自身的存活：要么将人类这一种族灭绝，要么就会像弹弓一样将我们推回石器时代。为人类自掘坟墓煽风点火的绝非外来力量，可能是来自我们自身[49]。文明的覆灭对于我们来说，可能就是一颗埋在不远处的“科技地雷”。人类需要从过去那些文明的覆灭历史中吸取教训：减少碳排放量、恢复生态、消灭不平等、发展科技与经济的多元化、避免危险的科学技术大规模泛滥。

人类记录了太多的血腥事件：《旧约》中的大屠杀，《新约》中的十字架；莎士比亚戏剧和格林童话中的血腥描写；儿童祭祀、活人陪葬、阉割太监、公开凌迟；王室家眷的斩首，美国建国者之间的决斗；以及对妻子和儿童的虐待，原住民的灭绝等。部落间战事的死亡率比20世纪的战争和大屠杀要高出9倍，中世纪欧洲的凶杀率比今天要高出30倍，奴隶制、残酷刑罚和滥用死刑曾是常态，过去的世界究竟有多糟糕？！尽管前进的路上会有反复，走向理性和光明的过程中也伴随着幽暗的力量滋长，但人性正是在这种撕扯和张力中不断前行，最终淬炼出人类文明那盏永不熄灭的光。“共情”“自制”“道德感”“理性”这四位善良的天使在社会的发展过程中蓬勃生长。政府组织、识字率的提高、商业和都市的文明发展让我们渐渐有能力控制我们的冲动，对他人怀有同情，宁愿通过做交易而不是抢劫解决问题。我们也开始揭露那些毒害人心的意识形态，发挥理性的力量，抵御暴力的诱惑，推动人类逐步告别了崇尚暴力的时代[50]。毕竟，我们同祖同宗，从遥远的历史走来，延续至今，彼此都不容易。

从进化论的角度看：从单细胞到胚胎；从爬行到直立行走；从语言产生到独立行动、有文字、有文明、有教养、认识世界……如果我们学会用进化论的观点来观察和分析世间万物，就可以更好地认识世界、认识社会、认识生命、认识自己，更好地善待生命、呵护孩子。

3. 人类的文明

古生物进化发展到现代人类，经历了上亿年的漫长过程。人类历史已有至少300万年，人类文明史则超过6000年。在某个意外中，现代智人基因中ATCG的密码发生了改变，这一改变赋予了我们智慧的密码。变异的基因导致现代智人大脑上的发育，从而拥有了抽象思维和表达能力。正是这些能力，让现代智人以绝对的实力碾压地球上任何生物。这场变异给现代智人带来了语言和思维上的认知革命，他们很快学会了团队协作，会一起出去打猎，然后有组织地分配食物。同时他们也学会了结盟而组成更大的部落、打群体战，并掌握了各种各样的技能。现代智人占领地球后，便开始了一场长达几万年的民族大融合，这一过程导致了各地直立人的灭绝。

（1）国家的出现

早期人类的生存依靠狩猎采集，完全受自然控制。随着经验的累积，人类发明了石器和弓箭，掌握了对火的利用。后来，人类探索出使自己所需要的物种生长繁衍的方法，不再仅依赖自然界提供的现成食物。对自然力的利用已经扩大到若干可再生能源（如畜力、水力等），使人类的劳动从“被动接受”变成“主动索取”。农业和畜牧业的出现，使人类渐渐过上定居的生活，随着定居点的不断扩大，城市出现了[51]。这一时期的人类提高了制作狩猎工具的技能，他们的石器艺术也变得更加精美，也开始使用农具，艺术得到了进一步的发展，陶器变得更加美观和实用，同时更大、更美的雕塑和建筑得以建造。经济活动开始转向生产力的发展，开始探索获取更大劳动成果的途径和方法，从原始文明进入到农业文明。当人类开始驯化动植物、选育良种、开垦农田、兴修水利、集体居住、大规模种植和存储粮食时，文明也进入了突飞猛进的发展阶段，开始出现一系列科技成果：青铜器、铁器、陶器、文字、造纸、印刷术等。

农业的产生提升了食物的来源，使部分人可以从农业劳动中分离出来从事手工业生产。随着农业和手工业的发展，更多的人从农业和手工业中分离出来从事商业活动。社会的大分工进一步提升了劳动生产率，使产品有了剩余，促使私有制的出现。私有制导致了贫富分化加剧，出现了统治阶级和被统治阶级。统治阶级为了维护自身的利益和抵御部落战争，创建了管理机构（如政府、军队、监狱等）、宗教、道德礼仪和规则制度，国家也随之诞生，文字在这一过程中出现，文明也因此产生了。

国家的集团防御，将人类从野蛮的状态中解放出来。人类的进化脱离了动物与生俱来的野蛮行径，彻底脱离了丛林法则和弱肉强食的兽性，用智慧建立起了公平的规则社会。当一个绝对力量和权力从人类社会中孕育出来时，“一种让所有人敬畏的共同权威”产生的震慑力为人类社会带来了法律与秩序——国家。[52]随着农耕方法的改变、劳动和社会阶层的分化、统治阶级的出现等，人类步入了文明时代。

（2）四大古文明

在北非的尼罗河流域，河水定期泛滥，冲刷出肥沃的土地。古埃及文明最早形成于约7450年前的下埃及法尤姆地区（约公元前5450年）。古埃及的法老拥有至高无上的地位，被视为神，是法律的来源，这为早期政府和社会运作提供了重要的范例。古埃及有象形文字，距今已有6000年；古埃及人编撰的太阳历影响至今，是今天公历纪年前身的前身。金字塔更是举世瞩目的奇迹[53]。

后来是两河流域的苏美尔文明[54]。西亚大部分地区干旱少雨，但底格里斯河和幼发拉底河流域水源充足。公元前3500年左右，苏美尔人在这里建立了一些城邦国家。公元前18世纪，巴比伦国王汉谟拉比统一了两河流域，并颁布了《汉谟拉比法典》来维护奴隶主阶级的统治。古代西亚的文字刻在泥板上，呈楔子形状，称为楔形文字。他们创作了世界上最早的史诗《吉尔伽美什史诗》，在与洪水斗争的过程中诞生了最早的关于洪水和方舟的传说。他们还发明了60进制。

然而，古埃及的象形文字和古巴比伦的楔形文字后来都失传了。唯有传说中炎黄时期仓颉发明的汉字至今依然在使用，距今已有约4600年的历史[55]。成体系的甲骨文约在3500年前出现，为后世汉字的发展奠定了基础。汉字经历了金文、篆书、隶书、楷书等演变形式，是目前全世界仍在使用的最古老文字。中国神话传说中的盘古开天地、后羿射日、女娲补天、大禹治水等故事，描绘了古代部落领袖们带领大家齐心协力对抗自然灾难、拯救自己、拯救众生的英勇事迹。此外，燧人氏取火、有巢氏筑屋、轩辕造指南车、神农尝百草、嫘祖养蚕织布、仓颉造字等故事，展现了古代工匠们为创造人类的美好生活所作的努力。抑制贵族、鼓励耕战、废分封、郡县制、车同轨、书同文、科举取士……我们在这块土地上创造的制度和文化，当之无愧是古代社会文明的巅峰。中华文明的形成，虽然一直以发展平原农耕文明为主流，但同时也不断融合吸收山地猎民文化、不同区域农耕和半农耕混合文化，以及草原游牧文化，绵延至今而愈发壮阔[56]。

在南亚的恒河和印度河流域，印度居民创造了光辉灿烂的文明。从已经发掘的城市遗址来看，哈拉巴文化的城市规划和建筑水平相当高。独特的种姓制度表现为贵贱分明、职业世袭和法律面前的不平等。古印度文明形成于公元前2500年左右，距今约4500年。

印度的文化也独具特色，吠陀教、婆罗门教、耆那教、佛教、印度教、锡克教等宗教均产生于印度。婆罗门教的经典《吠陀》中包含了很多古代历史传说、生活习俗、社会道德规范、诗歌等。记录神和印度贵族家族史的《摩诃婆罗多》和《罗摩衍那》两部史诗，贯穿着对正义和善良的深切同情，对奸诈残暴等丑恶行为的无情揭露和谴责，是世界文学宝库中的一份瑰宝。印度在哲学方面创立了“因明学”，相当于今天的逻辑学；佛像雕刻艺术非常发达，石窟和佛塔建筑也独具特色；他们还发明了世界通用的计数法，创造了包括“0”在内的10个数字符号[57]。

4. 儿童的“复演”

人类从遥远的历史走过来，我们的存在本身就是生命史诗中真正的英雄。每个孩子身上都承载着15万代人类的基因和经验，每个孩子都有一些“先验”的“天分”。仿佛孩子的成长会“复演”浓缩了整个人类发展的历史，甚至整个生物界的历史[58]。最初，受精卵在母体内慢慢发育，就像海马一样。随后，胎儿在羊水中漂浮，演绎了从海洋到陆地的进化过程。

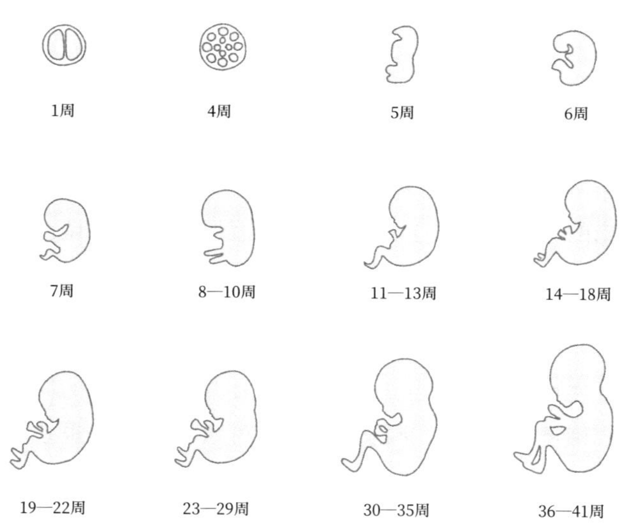

胎儿发育图

孩子生下来之后一开始什么都做不了，到后来慢慢地能够趴着、翻身、坐起来、站立和行走，这不就是演绎了整个生物界的历史吗？不同年龄的儿童以不同形式复演着祖先在不同进化阶梯上的各种活动。所以，心理学家霍尔认为个体的发展只不过是人类种族进化的复演过程。[59]恩格斯曾指出："正如母体内的人的胚胎发展史，仅仅是我们的动物祖先以蠕虫为开端的几百万年的躯体发展史的一个缩影一样，孩童的精神发展则是我们的动

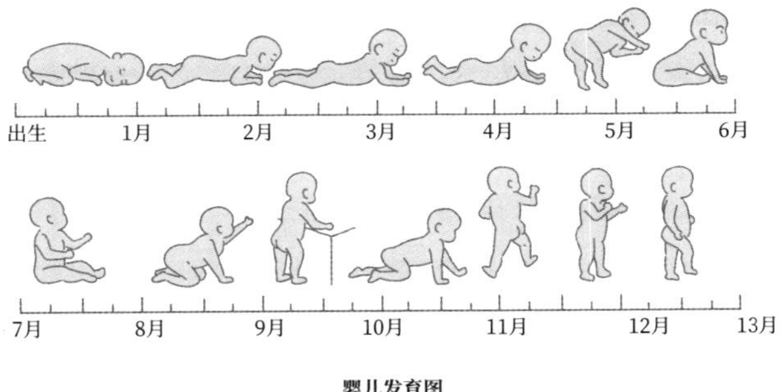

婴儿发育图

物祖先、至少是比较晚些时候的动物祖先的智力发展的一个缩影，只不过更加压缩了。但是一切动物的一切有计划的行动，都不能在地球上打下自己的意志的印记。这一点只有人才能做到。”[60]人类基因的数目约为3.4万至3.5万个，每一个与其他物种不同的基因都是千万年来人类世世代代和环境相互作用的产物。它浓缩着人类进化所有的信息，是生命运动长期发展的产物与结晶。

霍尔把千万年来人类和环境的关系用“一两遗传”来比喻，把一代人的环境影响用“一吨教育”来比喻。两者相比，内因与外因，结果不证自明，当然是世世代代的环境影响导致的结果——遗传的作用大于一代人的教育结果[61]。霍尔通过这种比喻强调了进化和人类发展史的重要。人类的胚胎发展史就是动物进化过程的复演，

4岁前的婴幼儿期复演了动物到人类的进化阶段；4—8岁的儿童期复演了人类从蒙昧向文明过渡的农耕时代；12—25岁的青少年期则复演了人类的浪漫主义时代[62]。

（1）4岁前

在4岁之前，孩子复演的是从动物到人类的进化。在这个阶段，孩子展现出动物性的一面，他们的需求包括了动物在内的所有生命的本能需求。这一阶段相当于"三脑理论"中的本能脑阶段或者精神分析学说中的本我阶段。这个阶段的孩子是一个完全自动化的系统，且不间断运行，身体感觉无法用意识控制，只关注自己的愿望和需求，趋向于追求快乐，避免痛苦。他们通常显得短视，急于求成，缺乏耐心，行为上趋易避难，以保持舒适。这些本能反应都以身体安全为中心，迅速对各种外界刺激做出反应：僵住、逃跑、对抗；完全受快乐原则支配，一味追求无条件的、一时的满足。

在这一阶段，父母要尽可能充分地满足孩子的本能需求，包括食物、安全、呵护、温暖、疼爱，等等。从生理结构上看，人类与其他动物差别不大，只是人类的大脑进化得更加精细，对情感的要求会更丰富、更强烈。孩子通过爬树、荡秋千复演了处于动物阶段人类祖先的行为；捉迷藏复演了处于原始阶段人类祖先的行为；养宠物复演了处于游牧阶段人类祖先的行为；用铲子铲东西或挖沙的游戏复演了处于农业家族制阶段人类祖先的行为；而打仗游戏或分组进行的规则游戏则复演了处于部落阶段人类祖先的行为；等等。游戏是这种动作遗传最直接的体现[63]。游戏的复演性质，对于儿童的发展来说具有一种宣泄的作用。通过游戏，孩子的本能需求得以释放，从而逐渐发展成为一个文明的人。在这一阶段，父母必须在孩子身边精心地照料，才能保证他们健康、安全地长大。这个阶段的孩子出现任何问题的时候，他是用本能脑思考的，是卡在那里的。而讲道理用的是理智脑，这时跟他们讲道理肯定是讲不通的，更有效的方法是让他们自己去体验、去尝试错误，从而学会应对问题。

（2）4—8岁

在4—8岁期间，孩子会复演人类从蒙昧向文明过渡的农耕时代。这一阶段相当于“三脑理论”中的情绪脑阶段或者精神分析学说中的自我阶段。孩子这时渴望被尊重、被爱护、被接纳、被信任，他们会将爱、愤怒和害怕等情绪带到行动中去。当这个年龄段的孩子接收到不信任、看不起、责备等相关负面刺激时，可能会产生不愉悦、害怕、消沉和排斥感。他们遵循现实原则，力求避免痛苦，追求满足。这个阶段的孩子爱憎分明、非黑即白，他们的世界里没有中间地带，没有“灰度”[64]。

农耕时代是一种慢节奏的文明，4—8岁的孩子在此期间的成长也有这种“缓慢”的特征。因此，父母在这个阶段绝不能为达到要求和期待，用强刺激的、反复训练的、高强度的方式去训练孩子，这可能超出孩子身心可以承受的范围。

农耕时代还是一种有高度规律的文明，人们遵循着日出而作、日落而息的生活作息与春耕秋收的劳动规律。父母对4—8岁孩子的教育也必须遵循规律，比如说孩子习惯的养成和能力的学习，都应该从浅到深，从易到难，从简单到复杂，父母不能随便打乱这个规律，不能因为你希望孩子尽快学会什么，就随便地“加班加点”，随便地刺激他。父母要提升孩子的积极情绪，满足情绪脑，让孩子感受到被理解、被尊重、被信任，从而建立起亲和关系，才能激发孩子的能量场。教育要关注孩子的“思维”生成、“情感”培育和“行为”培养，以彰显其社会价值和实践意义[65]。

4—8岁的孩子本能脑和情绪脑在发挥主导作用，理智脑因为不够强大而败下阵来：比如孩子明明想要看书，手却不由自主地拿起了手机；明明想要及时完成作业，但依然拖延到最后一刻；明明想要控制自己的情绪，却依然没有忍住……孩子自己也为这些行为感到耻辱和羞愧，觉得欲望和坏情绪是不好的，但就是管不住自己。父母应该采用榜样教育的模式，通过一言一行把自己的生活观念、价值观念传递给孩子。孩子通过模仿的方式学习这些观点，这就是我们常说的言传身教。这种早期的模仿学习对孩子的影响最为深刻。在教育中，父母应摒弃工业化思维所带来的影响，不要去强调成效、速度、标准，而是要让孩子按照生命自身的成长节律去成长。

（3）12岁后

12岁以后孩子进入了青春期，就会复演人类的浪漫主义时代。这一阶段相当于“三脑理论”中的理性脑阶段或者精神分析学说中的超我阶段。这一阶段孩子不仅要学习观察、记忆、专注、想象、计划、分析、推理、判断、决策、恰当表达、适当表现、统筹协调等高级认知功能，还要习得一系列理想、道德、良知等价值体系。此外，他们还需要学会抑制一些低级中枢的冲动，达到自我控制，通过洞察力防止在与人的交往中做出一些不恰当的行为。这一阶段的孩子敏锐而活泼，对于刺激的反应是强烈且迅速的，他们的成长也呈现出跳跃性的特征。在这个阶段，父母应该去关注孩子学习之外的其他优点，比如热情、耐心、有方向感、随和、主动、乐于与人分享等。同时，父母应该接纳孩子的敏感性，帮助孩子逐步走向自主独立。拥有良好的自控力是人类成熟的标志之一。孩子通常是没什么自控力的，年轻人容易冲动的原因之一是他们大脑里跟自控相关的前额叶皮质区域还没有发育成熟，社交和模仿能力发展一般要持续到25岁左右。

人之所以为人，不是因为抛弃了本能和情感，而是因为人懂得借助智慧和理智，选择更合适的生存方式。从进化论视角来看，每一个孩子都是物种进化的一个缩影，能活下来的都是强大的，而其余的早已被自然淘汰。因此，我们应带着敬畏之心看待每一个孩子。

三、个体出生纯属偶然

纵观人类进化史，从整个生物界到人类，再到每一个个体都充满了艰辛。

1. 精卵子“胜出”的艰难

每个个体的出生纯属偶然，都是爸爸的精子和妈妈的卵子结合在一起，个体才得以出生。如果把个体生命形成的原理弄清楚之后，就会发现每一个生命来得有多么不容易。

（1）卵子“胜出”概率低

妈妈提供的卵子不是她自己制造的，而是来源于卵泡。卵泡在妈妈还是胎儿的时候就已经形成了，储存在妈妈的卵巢里[66]。妈妈刚出生时，其卵巢中大约有350万个未成熟卵泡，每个卵泡内都含有一个未成熟卵细胞。青春期后，这些卵泡便以28天左右为一个周期开始成熟。按照正常的生理规律，妈妈从青春期开始排卵，每个月一般只能排出一个卵子，排到更年期就停止了。从青春期到绝经期，妈妈大约只成熟400—500个卵子，最多不会超过500个[67]。换句话说，每个孩子当年在妈妈肚子里都是从350万大军中杀出重围的前“500强”。这“500强”并非都能成为胚胎，必须排在100到249之间才有机会。为什么不能早于100

呢？因为妈妈“懂事”没那么早，还没有遇到爸爸。也就是说，最前面100个左右的卵泡，跑得越快，死得越早——出头的椽子先烂。这个现象对我们的人生也有启示：我们每个人每一天都在走向人生的终点站，脚步越快，到达终点的时间就越早。因此从今天开始，大家应该放慢脚步。前100个卵子因为跑得太快，所以早早到达了终点。当然也不能太慢，晚于249也不成，因为排到第249个卵子时，妈妈排卵大概排了21年。民间有句话叫“别不管三七二十一”，二十一是个坎儿，此时妈妈大概35岁左右，卵巢中的黄体酮量减少了，卵子开始老化了。

我们可以想象一下，鸡蛋放在冰箱里多久不坏呢？原始卵泡在40°C的肚子里35年，结果就会老化。卵子老化之后，胚胎发育时减数分裂可能异常，产生额外的21号染色体[68]，从而导致“21三体综合征”（唐氏综合征）出现。现有研究表明，母亲生育年龄越大，胎儿唐氏综合征的发生率越高[69]。从下面这张图（见第59页）中可以看出：母亲35岁以后，胎儿唐氏综合征发病率迅速抬升。

虽然国家现在鼓励生育三胎，但如果女性过了35岁、男性过了40岁再生孩子，需要特别慎重了，因为在这个年龄之后生育的孩子发生唐氏综合征的几率增加了。如果真想要孩子，建议提前去大医院做唐氏综合征筛查，如果有必要，在胎儿第14到第16周的时候，可能还需要考虑做羊水穿刺或彩超，以确保胎儿的健康没有问题。[70]

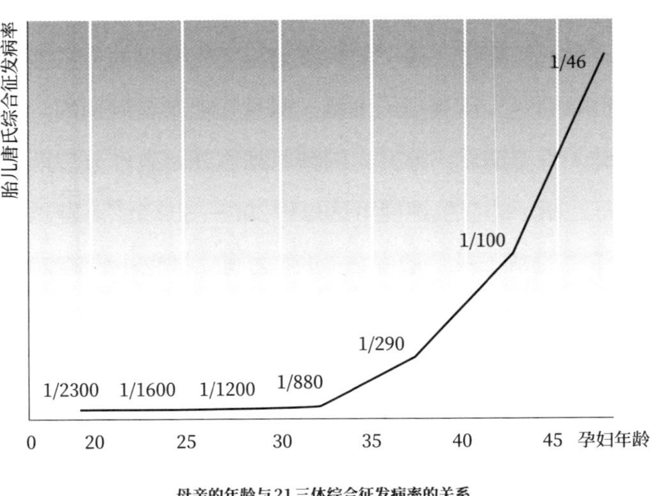

母亲的年龄与21三体综合征发病率的关系

（2）精子"胜出"概率更低

爸爸提供的精子是人体最小的细胞，而妈妈的卵子是人体最大的细胞，所以孩子们都会唱"世上只有妈妈好"。但作为一个父亲，我想略作辩解：尽管精子仅有约55—60微米长[71]，但是它和卵子一样，包含了23对染色体。精子和卵子的主要区别在于第23对性染色体的不同。卵子的性染色体是两条形状大小相同的X，而精子的性染色体包括X和Y两种[72]。因此，孩子的性别取决于爸爸所提供精子中的性染色体类型，若爸爸提供的是X染色体，为女孩；若是Y，则为男孩。

对爸爸来说，孩子的到来是相当不容易的。虽然爸爸贡献的是人体最小的细胞，但这是他亲自制造的。男性进入青春期后，睾丸内的精原细胞开始有丝分裂产生精子，精子的产生速度可达每秒300—600个[73]。爸爸每次释放的精子量一般在2—4克之间，每克中含有2000万—1亿个精子。如果精子数量低于2000万，试管婴儿技术也可能无法成功。这意味着每次射精时，爸爸会释放8000万—4亿个精子[74]。这些精子争先恐后地往前跑，而这上亿大军中只有跑得最快的那一组中第一个穿透卵子的精子才能成功。一旦一个精子进入卵子，剩下的精子将全部沦为作陪，因为受精后的卵子会很快释放一种酶，把其他的精子都杀死。精子跑的速度很快，时速可达45到60公里，相当于一匹快马奔跑的速度。我们每个人来到人世间的几率是这样的低，我们的生命和每一个孩子的生命都是无比珍贵和独特的！

2. 生命是奇迹

(1)受精成功几率甚低

爸爸与妈妈结婚的几率将近40亿分之一。在全世界80亿人口中,为什么是他们俩结婚?这不仅仅与年龄、地域或人种有关。妈妈能排卵的年龄约占生命的1/2,而在这段时间里,每个月也只有约1/4的时间才会排卵。卵子被排出的几率是700万分之一。与此同时,爸爸一生释放的精子能成功的几率大概是2000分之一,而每个精子成功的几率是十多亿分之一。把这些数字相乘,我们最终会发现,每一个人都是以亿亿亿分之一的几率来到人世间的。

所以说,妈妈能怀上一个孩子真的很不容易。你有没有发现,每个孩子出生时都握着小拳头?因为每个孩子在妈妈的肚子里都经历了非常惨烈的竞争——人生奋斗在出生之前就已经开始。我们来到人世间,生存空间有限,生活资料有限,生产资料也有限,必须握紧双拳与天斗、与人斗,生命不息,战斗不止,直至最后“撒手西去”!

孩子出生后,需要通过无忧无虑的童年以休养生息、积蓄力量,因为等孩子升入中学后,学习压力陡增,需要全身心地投入。然而,现如今幼儿园和小学里太多没必要的、非理性的、过度的竞争，导致孩子过早进入了互相倾轧、内耗的状态。山外青山楼外楼，强中更有强中手，揠苗助长、竭泽而渔式地过早内卷会让孩子早早就有一种自己的努力已经达到极限的感觉。当真正面临竞争的时候，他们会觉得跟别人竞争不动了。无休止的内卷、无穷无尽的搏命、绞尽脑汁的比拼，每天的精力都被内卷的海洋消耗了，哪里还有什么心思谈理想和超越呢？甚至到中学后，连跟家人说话都觉得累。其实，童年的“躺平”并不是“自暴自弃”，而是一种回归自我的方式。在慢节奏和低欲望中，孩子可以一点点重新审视自我与世界，重新找到快乐和尊严，发现自身的价值和方向。

孩子的内卷就好像在剧场看戏。一开始，大家都好好地坐着看戏，忽然有一个人站起来了，结果其他人也不得不站起来。后来，有人干脆站到了椅子上，再后来，有人架起了梯子。最后，现在的内卷已经变成了剧场里一开始就没有椅子，所有人一进来就只能站着。想不站着，只能选择不看这场戏。

（2）受精卵着床困难重重

一个受精卵不一定能成长为一个人：每两个受精卵

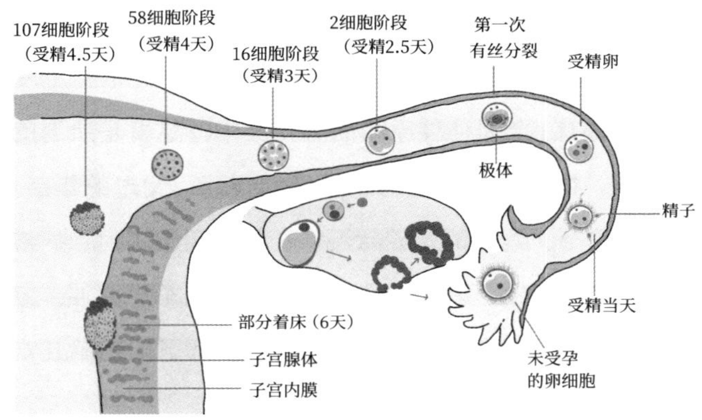

受精卵初期形成及着床过程

中，只有一个能够成功着床。那时我们没有胳膊、没有手、没有腿、没有脚，只能自己一点一点“滚”过去。虽然只有不到10厘米的距离，可是我们需要大约一个星期才能完成！在着床的过程中，如果赶巧妈妈打个喷嚏，或者跨的步子大了点，就可能导致着床失败，表现为下个月妈妈的月经量稍微大一点，这实际上可能是流产了[75]。

（3）受精卵发育暗藏杀机

即使受精卵成功着床之后，胎儿也不一定能顺利生下来。每一个人在母胎里，从一个受精卵开始到最终出生，要经过一个很漫长的发育过程，我们东方人大约是278天。在这278天的生命孕育过程中，每8个着床的受精卵中就有1个因种种原因而胎死腹中，这就是所谓的“死胎”。很多因素都会影响胎儿的存活：父母的年龄、受孕的季节、妈妈的营养状况、药物使用、辐射、病毒感染、日常活动、妊娠综合征、胎粪溢出羊水浑浊、胎儿脐带缠脖……[76]无论哪种情况发生，都可能使胎儿难见天日！

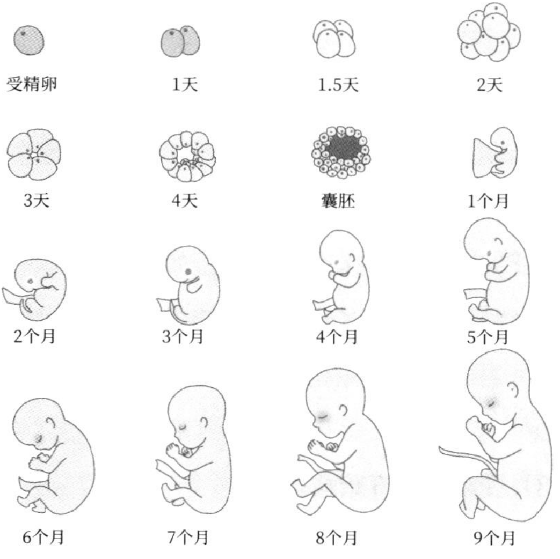

胎儿发育过程

（4）出生过程不啻闯关

即使平安度过了278天，也不等于孩子就能活下来。每15—18个孩子中，就有1个可能遇到出生障碍，这就意味着孩子可能和妈妈一起过不了“鬼门关”。无论是《骆驼祥子》里的虎妞，还是《橘子红了》里的秀禾，都是因难产而死。这两部作品反映了民国时期的情况，那时难产几乎无法通过剖宫产解决，所以过去生孩子都叫“子奔生，母奔死”——以命换命。倘若不小心遇到难产的情况，接生婆就会问“保大人还是保孩子？”只能二选一。保大人就不要孩子，保孩子就不能要大人！这是非常残酷的事实，过去都是这样，甭说寻常百姓家，王公贵族家也是这样。

比如在19世纪的英国，乔治三世国王年迈时，他的七个儿子中，只有作为摄政王（太子）的长子威尔士亲王有一个女儿——夏洛特公主。夏洛特公主是国王唯一的合法孙辈，也是唯一的王位合法继承人。然而，在她生孩子的时候遭遇了难产，三天三夜生不出来。皇室只能紧急召集皇家成员开会，商讨保大人还是保孩子。如果选择保大人，就意味着不要孩子，分解胎儿的身体以拯救大人。即便这样，大人活下来的可能性也只有50%。[77]如果选择保孩子，则意味着不要大人，将孩子从子宫中取出，这可能导致胎盘突然剥离，引发大出血，造成大人死亡，而孩子存活的可能性也只有50%。英国皇室经过紧急磋商，一致同意保大人。毕竟，夏洛特公主是王位的第一继承人，她和这个社会有紧密的联系，而未出生的孩子还没有任何社会联系。当皇室把保大人的决定告诉公主的时候，公主断然拒绝了这一决定。她表示：我已经活了几十年，但我的孩子一天都没有活过，你们要把他弄死，绝对不可能，请你们更改决定，保住我的孩

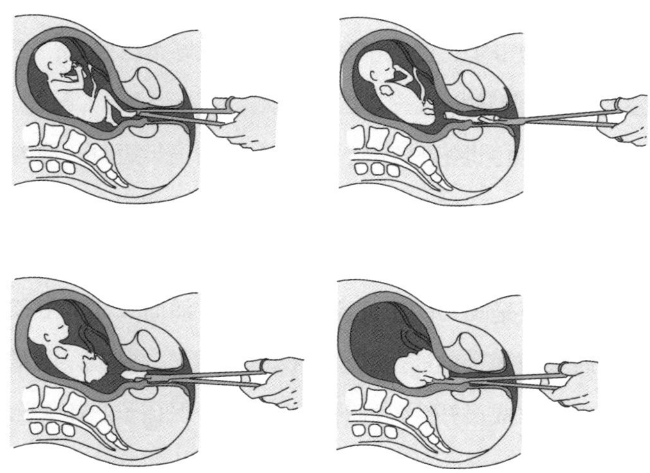

碎胎术过程

子，否则我将自尽！1817年11月6日，夏洛特公主不幸去世，最终只好取出孩子。孩子是个男孩，可怜孩子生来就没有妈妈，更可怜他4个小时后也随妈妈而去了。后来，只好把王位传给了爱德华王子，他为救急生下了维多利亚。[78]维多利亚继位后，迅速召集英联邦最优秀的产科大夫到伦敦来研究剖宫产技术，这让剖宫产的成功率由2%—3%一下子提高到了30%左右。

如果母亲或胎儿的情况出现异常，不能或不再适合自然分娩时，就需要剖宫产。通过剖宫产可以“逆天改命”，即切开母亲的腹壁和子宫，快速取出胎儿。剖宫产技术的问世，很大程度上提高了母婴的存活率。但这一技术在问世之初并不成熟，而是在不断的发展过程中逐渐改进。

剖宫产的起源至今难以确定，但目前有史可查的记载可以追溯到公元前715—前672年，古罗马努马·彭皮留斯王朝曾颁布过一条“剖宫产律”，规定死亡的临产妇或孕妇未经剖腹取出胎儿禁止埋葬。16世纪初，剖宫产技术开始施行于活体孕妇。1500年，瑞士一名阉猪者为其妻子进行了剖宫产手术，从而使她顺利产子。之后，她又正常生育了五次，即著名的“努菲尔夫人手术”。然而，这时的手术并非真正意义上的剖宫产手术，而是针对腹腔妊娠施行的剖腹产手术。第一次有真实可靠材料、施行于活体孕妇的剖宫产手术系由两位外科医生特劳特曼和顾斯于1610年4月21日完成。但产妇术后仅25天便逝去了[79]。在此后很长一段时间内，因为这种手术非常危险而很少有人施行，那时产妇不是死于大出血就是死于感染。1840年，匈牙利产科医生伊格纳兹·塞麦尔维斯提出了避免感染的方法，即医生在开始手术前要洗手（外科积极的七步洗手法及之后的消毒）。1876年，意大利产科医生爱德华多·波罗在为一名患有佝偻病的孕妇手术时，因其分娩困难且发现小型囊肿，遂将其子宫连带左侧输卵管、卵巢一并切除。这一手术虽然使该病人一个月后才得以下地，但也避免了孕妇因子宫大出血和感染而导致的死亡。因消毒、无菌技术以及抗感染条件的限制，所以这种“波罗手术”（剖宫产子宫切除术）便成为当时处理难产问题的一大进展。

1882年，德国医生马克斯·桑格首创的子宫体纵切口剖宫产术，也称为“古典式剖宫产术”成为剖宫产手术的一大革命性进步。这种方法是把孕妇的子宫前壁纵向切开，因此减轻了创伤，且由于对切口进行精细缝合，减少了出血，促进了愈合，还保留了子宫，使得孕妇有了再妊娠的可能。随着无菌技术的发展，这种手术逐渐变得相当安全。1907年，弗兰克发明了“经腹式腹膜外剖宫产术”，这种方法不仅保存了感染性病例的子宫，还避免了宫腔内感染物溢入腹腔，从而降低了并发腹膜炎的概率[80]。1936年，抗生素的问世使得母婴成活率提高到80%以上。到了1970年，医生开始在子宫下段进行横切取出胎儿。这种方式的优点是出血少、易缝合，手术后不易发生粘连且子宫切口的愈合也比较牢固，是目前世界上使用最广泛的手术方法[81]。

面对难产，传统的接生婆往往没有行之有效的办法能解决，直到剖宫产技术传到中国后才开始慢慢改变这一现状。1892年，广州出现第一例剖宫产术，但以失败告终[82]；1902年，重庆出现了第一例“波罗手术”的成活案例。20世纪80年代后，剖宫产术在中国开始流行起来。我们现在的剖宫产手术存活率可以达到99%以上。1988年，以色列医生发明了“撕拽手术”。这种手术仅切开二指宽的口子，然后利用肌肉、筋膜、血管的弹性，逐步撕开创口。这种技术有助于创口愈合得更好，同时使母婴死亡率进一步降低。

强烈建议大家上网看一下剖宫产的视频，很多人看了才知道妈妈把我们带到人世间多么不容易，为什么一定要爱妈妈、为什么古今中外文学作品讴歌的主题永远都是妈妈；教师看了就知道为什么孩子在校园受了皮毛伤，妈妈就非常紧张；男性看了就知道为什么要女士优先、尊重女性；女性看了就知道为什么女人不要为难女人，尤其是婆媳之间为什么要好好相处。

尽管剖宫产的过程快，比顺产更方便、可预测，不易发生顺产中不可预测的风险（如窒息、脐带脱垂、胎盘早剥等），但从进化论的观点看，人类进化到今天，女性生产还非常痛苦有其自然选择的道理：自然分娩的胎儿经过妈妈产道的挤压，肺部及口腔里的羊水被挤出，肺泡表面活性物质含量增多，出生后发生呼吸困难、肺炎风险相较剖宫产低；产道挤压对于胎儿更是一种应激刺激，有利于新生儿更好地适应外界环境，而经剖宫产分娩的新生儿缺乏这种刺激，适应外界环境的能力较弱，出生后4周死亡率（1.77/1000）是自然分娩（0.62/1000）的3倍[83]；顺产的宝宝主要接触的是母亲肠道和阴道的微生物菌群，而剖宫产的宝宝接触的主要是皮肤和空气等外部环境菌群。很多研究也证实，剖宫产增加了后代患1型糖尿病、哮喘、过敏性鼻炎、食物过敏、注意缺陷多动障碍等疾病的风险。此外，大型前瞻性研究还发现，剖宫产儿童的肥胖风险增加了近20%，在9—12岁时则更高[84]；顺产妈妈身体协调能力好，在生产时的坚持也是对宝宝毅力的最早胎教。

对于产妇而言，剖宫产毕竟是一种手术，涉及麻醉风险、切口疼痛、切口感染等手术风险，且术后恢复时间长于自然分娩，这将显著增加住院费用。同时，产后出血、羊水栓塞、心脏停搏、术后粘连等严重并发症的发生率也会增加[85]。

（5）先天缺陷防不胜防

每18个新生儿中，就有1个可能会有出生缺陷——新生儿出生前，在妈妈肚子里就已经发生了形态结构、功能代谢、精神、行为等方面的异常[86]。形态结构异常表现为先天性畸形，如无脑儿、脊柱裂、兔唇、四肢异常等；生理功能和代谢缺陷则可能导致先天性智力低下、聋哑等问题。根据卫生部发布的《中国出生缺陷防治报告（2012）》统计，我国出生缺陷总发生率约为5.6%[87]。针对23种常见出生缺陷疾病开展的围产期发生率监测数据显示，近十年出生缺陷病种主要是先天性心脏病、多指(趾)、总唇裂、马蹄内翻等结构畸形。

出生缺陷的产生原因很复杂，主要受以下几个因素的影响：25%遗传因素、65%不明原因（遗传与环境因素综合作用等）、10%环境因素（放射>1%，感染2%—3%，代谢1%—2%，化学2%—3%）。在很多情况下，出生缺陷的发生是环境因素引发的，比如孕妇接触到有毒有害物质（如汞、铅、苯、农药、X射线等），或者是由遗传因素和环境因素共同作用的结果。另外，高龄妊娠、孕期营养缺乏、孕妇使用某些药物也可能增加胎儿畸形的发生率。为了防止出生缺陷，准爸妈在婚前和孕前进行保健和咨询是最有效、最经济、最不痛苦的选择。这通常包括婚前检查、遗传咨询、选择最佳生育年龄、孕期保健，包括合理营养、预防感染、谨慎用药、戒烟、戒酒、避免接触放射线和有毒有害物质、避免接触高温环境等[88]。比如，孕前3个月至孕后3个月补充叶酸，可以有效预防神经管畸形的发生。孕期主要通过产前筛查和产前诊断来及时介入干预，以减少出生缺陷的发生。准妈妈可以在孕12—14周、孕20—22周及32周左右各进行一次B超检查，有70%—80%的出生缺陷可以被检测出来。另外，唐氏大筛查（简称“唐筛”）可以在准妈妈中识别高危对象，并通过进一步诊断做到早发现、早诊断，以便及早采取措施[89]。

按照我国每年有约1000万新生儿计算，每年大约有56万新生缺陷儿童。为此，国家采取了四个方面的措施：一是广泛开展一级预防，大力普及防治知识，针对不同婚育阶段人群统筹落实婚前检查、孕前优生健康检查、地中海贫血筛查、增补叶酸和孕期保健等服务，减少出生缺陷的发生；二是规范开展二级预防，广泛开展产前筛查，规范应用高通量基因测序等新技术，逐步实现怀孕妇女在28周前至少接受1次产前筛查，对高危孕妇提供产前诊断服务，并对确诊的严重出生缺陷病例及时给予医学指导和建议，以减少严重出生缺陷患儿的出生；三是深入开展三级预防，全面开展新生儿疾病筛查，逐步扩大筛查病种，提高确诊病例的治疗率，深入开展神经、消化、泌尿及生殖器官、肌肉骨骼、呼吸、五官等72种先天性结构畸形的救助项目，聚焦严重多发、可筛可治、技术成熟、愈后良好、费用可控的出生缺陷重点病种，开展筛查、诊断、治疗和贫困救助全程服务试点，促进早发现早治疗，减少先天残疾；四是加强监督管理，完善有关工作的规范和指南，加强机构和人员管理，强化服务质量的控制与评价，规范防治服务[90]。

尽管采取了这些措施，出生缺陷依旧防不胜防、难以根除。罹患各种先天缺陷不是孩子的错，也不是父母的错，只是概率事件。你我没先天缺陷、你我家的孩子没有先天缺陷，真的应该感到庆幸！

（6）儿童死亡率无法规避

现今社会的医学很发达，但令人难以想象的是，全世界平均每40个孩子中，就有1个活不到5岁，熬不过生命最初的磨合期，而且其中大多数是男孩。以前，农村有一种迷信的做法：如果谁家生了个男孩，通常会给他取一个很奇怪的小名，说是阎王簿上没有的，比如铁蛋、栓子、柱子、狗剩……生怕孩子在成长过程中被阎王给带走了。等孩子5岁以后，才会给孩子取一个正式的名字。这主要是因为过去的医学水平不够发达，儿童夭折率较高。

1949年，我国的婴儿死亡率，即孩子生下来活不到28天的死亡率是20%。随着医疗水平的提高，2019年国家统计局公布的《中国儿童发展纲要（2011—2020年）》统计监测报告显示[91]，2010年我国婴儿死亡率已降低到13.1‰，到2019年降至5.6‰。根据联合国发布的《2017年儿童死亡率水平与趋势》报告，有五个国家的新生儿死亡总数占到全世界的一半：印度（24%）、巴基斯坦（10%）、尼日利亚（9%）、刚果民主共和国（4%）、埃塞俄比亚（3%）。可见，经过几十年的努力，我国新生儿死亡率已经得到了较好的控制且继续向好发展。此外，1994年我国5岁以下儿童死亡率为43‰，到2019年已降至7.8‰[92]，相当于1/285。虽然基数仍然很高，但相比于一些国家而言，已经好很多了。比如，阿富汗5岁以下儿童的死亡率高达4%。5岁以下儿童死亡的主要原因包括早产、肺炎（16%）、分娩期间的并发症、腹泻（8%）、败血症和疟疾。另外，近一半的5岁以下儿童死亡都与营养不良有关。在撒哈拉以南的非洲，据估计每36名婴儿中就有一人在出生后1个月内夭亡。

所以想想这些，我们会发现跟死去的孩子相比，所谓的不听话的“熊孩子”、注意力不集中的孩子、多动的孩子以及成绩不好的孩子，实际上都算不了什么。因为至少我们还有个孩子。

其实，孩子真正的天堂在中国，生孩子最安全的地方在中国。虽然2019年我国婴儿死亡率是5.6‰，但在医学发达的美国，婴儿死亡率是5.8‰，法国和巴西的婴儿死亡率则为两位数，阿富汗高达三位数。2019年中国孕产妇死亡率为17.8/10万，这是目前全世界唯一控制在20以内的国家！2021年北京市孕产妇死亡率为2.72/10万，婴儿死亡率为1.44‰，创下历史最好水平，达到国际先进水平[93]。

能够有个孩子真的非常不容易，能够有个健康的孩子更不容易，因此，我们一定要善待身边的每一个孩子。

人生应该经历五个地方：

第一是产房，可以体会到妈妈生孩子时有多不容易；让更多人理解为什么有些孩子在别人眼里是“歪瓜裂枣”，他的父母却爱得不得了。

第二是特殊教育学校，我们会发现自己以及自己的孩子都很幸运，我们还有什么资格不善待孩子？有什么资格不努力陪伴和培养孩子？

第三是孤儿院，去过孤儿院之后，我们会发现“熊孩子”的父母至少还有责任感。孤儿院的孩子哪儿来的？不会是石头缝里蹦出来的，也不会是天上掉下来的，孩子都是父母的骨肉，可是他们的父母不爱他们了，把他们遗弃了。

第四是监狱，孩子生下来的时候都好好的，妈妈生下他来的那一刻肯定也很开心，却没想到孩子走到了那条路。倘若妈妈怀孕的时候知道孩子将来会被送进监狱，哪个妈妈还生？诚然孩子走进监狱，其父母、家庭脱不了干系，但那些教过他的老师、他曾待过的学校难道就没有责任吗？

第五是告别室，一方面想着生个孩子将来能有人埋葬自己，另一方面可以反思人生在世图什么。一个人的死亡绝不是简单地说到哪里去了，而是给别人留下的念想。记得他的人死了，他便彻底死了；即便人已经死了，可好多人还记得他，记得他、感念他的人越多，他的人生价值也就越大。

3. 了解生命由来的教育意义

我们每个人的存在，从概率上来说极低，但我们此刻却真真实实地存在，不能不说是一个奇迹。每个个体都是精子和卵子的结合体，从生物学角度来看，每个人来到人世间都是极其微小的概率。我们历经千难万苦只为能活一次，而且只有一次机会，不能重来！人类经历了一次次的地震、洪水、台风、瘟疫等大灾大难，但战胜灾难才能存活，人类才得以生生不息。

生命来到人世间不容易，我们要了解生命的意义，首先需要从了解生命的由来开始，从而产生对生命的敬畏；从敬畏生命开始，进一步珍惜生命；珍惜生命的同时，要懂得善待生命，不但善待自己的生命，也要善待他人的生命，以及善待其他物种的生命；从善待生命出发，进一步呵护那些比我们弱小的生命；对弱小生命的呵护，会引发我们对生命的捍卫之情。

爱孩子的源动力在哪里？那就是了解生命的由来，体会其来之不易。每一个孩子都是因为信任而来到你的家里，叫你爸爸或妈妈，所以作为父母必须对得起孩子当初义无反顾的选择。同样，师生关系也是因缘相遇，每个学生也是因为缘分而来到老师的身边，与老师共同学习。

一个孱弱的生命是那么真诚地来到我们身边，无助且无辜地任由家长和老师参与改造，若我们不用心，良心何在？所以教育是“爱得开心”或“爱都开心”（都是英语“education”的音译），没有爱就没有教育——教育应该是生命气息的传递，是心灵的对话，是思想的启迪，是灵魂的涤荡，是人性的沐浴，是人格的唤醒，是希望的激发！因为爱，因为缘，我们才有了孩子，才有了教育工作者的责任。所以，我们要好好爱他们。

延伸阅读（使用这些标题在互联网上可以搜索到相关资料）

1. 预防出生缺陷从孕前做起
2. 如何不让她们被“生门”卡住
3 顾明远：教育的本质是生命教育
4. 施一公：生命的本质和生命的极限
5. 人类长寿的祖母假说：增添基因证据
6. 诺奖得主帕博的主要贡献以及成功的关键
7. 我们也许正处于人类有史以来最和平的时代
8. 子宫里的战争：我们对怀孕的浪漫看法可能是在自作多情

参考文献

1 S. L. 米勒，L. E. 奥吉尔．地球上生命的起源 [M]．彭奕欣，译．北京：科学出版社，1981：11.

2 赵玉芬．化学生物学与生命起源 [J]．科技导报，2004（06）：3-12.

3 赵功民．外国著名生物学家传 [M]．北京：北京出版社，1987：297-298.

4 科学网．生命起源之化学起源说 [EB/OL]．（2019-06-09）[2022-04-29]．https://blog.sciencenet.cn/blog-565899-1183901.html.

5 彼得·阿克罗伊德．生命起源 [M]．周继岚，刘路明，译．北京：生活·读书·新知三联书店，2007：140.

6 宋海军，童金南．二叠纪－三叠纪之交生物大灭绝与残存 [J]．地球科学（中国地质大学学报），2016，41(06)：901-918.

7 沈树忠，张华．什么引起五次生物大灭绝？ [J]．科学通报，2017，62（11）：1119-1135.

8 沈树忠，张华．什么引起五次生物大灭绝？ [J]．科学通报，2017，62（11）：1119-1135.

9 Science Advances．Felsic volcanism as a factor driving the end-Permian mass extinction. [EB/OL]．(2021-11-17）[2022-04-29]．https://www.science.org/doi/10.1126/sciadv.abh1390.

10 陈小和．生命交替的轮回：史前生物大灭绝 [M]．上海：上海科学普及出版社，2011．

11 宋海军，童金南．二叠纪－三叠纪之交生物大灭绝与残存 [J]．地球科学（中国地质大学学报），2016，41（06）：901-918.

12 沈树忠，张华．什么引起五次生物大灭绝？ [J]．科学通报，2017，62（11）：1119-1135.

13 戎嘉余，黄冰．生物大灭绝研究三十年 [J]．中国科学：地球科学，2014，44（03）：377-404.

14 戎嘉余，黄冰．生物大灭绝研究三十年 [J]．中国科学：地球科学，2014，44（03）：377-404.

15 新浪网．最严重的一次生物灭绝，二叠纪生物大灭绝事件有哪些可能的原因？ [EB/OL].(2019-03-29)[2022-03-28]. https://k.sina.cn/article_6812746441_1961242c900100gvn9.html.

16 彼得·阿克罗伊德．生命起源 [M]．周继岚，刘路明，译．北京：生活·读书·新知三联书店，2007：140.

17 优酷. 如果把地球46亿年的历史压缩成一天24小时，人类什么时候出现?[EB/OL]. (2020-07-09)[2022-03-28]. https://v.youku.com/v_show/id_XNDc0Mzg2ODQyNA==.html.

18 网易. 地球存在了45.5亿年，我们人类到底是地球上的第几代文明？[EB/OL]. (2022-07-14)[2022-08-18]. https://www.163.com/dy/article/HC83BCUA0552AYN3.html.

19 彼得·梅达沃（Peter Brian Medawar, 1915—1987），英国生物学家、1960年诺贝尔医学奖得主。

20 巴雅尔. 文化起源的老祖母假说[J]. 大科技（科学之谜），2006（09）：24.

21 丹枝，远远图. 祖母假说与绝经之谜 人类的祖先是某位祖母吗？[J]. 世界博览，2021（09）：72-75.

22 河森堡，张文发(图). 被扩散的长寿基因[J]. 特别健康，2019(12)：82-83.

23 参见2012年10月24日在英国《皇家学会学报（B卷）》上刊登的一份最新研究报告，资深作者克里斯汀·豪克斯表示："祖母喂养是人类塑造人格的起步。"

24 七君. 人类长寿靠大妈[J]. 视野，2001（06）：19-21.

25 李昆仑. 祖母假说的亲情图谱[J]. 中国新闻周刊，2012（16）：72-73.

26 霍正浩. mtDNA与现代人类的起源和迁徙[J]. 生物学通报，2002（08）：14-15.

27 尤瓦尔·赫拉利. 人类简史：从动物到上帝[M]. 林俊宏，译. 北京：中信出版社，2017：5.

28 Krause J, Pääbo S, et al. The complete mitochondrial DNA genome of an unknown hominin from southern Siberia[J]. Nature，2010，464（7290）：894-897.

29 刘武，叶健. DNA与人类起源和演化——现代分子生物学技术在人类学研究中的应用[J]. 人类学学报，1995（03）：266-281.

30 钱亚屏，初正韬，褚嘉祐. 现代人类的起源和迁移：来自母性遗传的证据[J]. 遗传，2000（04）：255-258.

31 这门学科研究古代生物的遗传物质，主要通过从化石、土壤等来源中提取古代生物遗留下来的DNA进行测序。它起源于20世纪80年代，在帕博等科学家30多年的努力下，逐渐形成了成熟而标准化的体系。随着分子克隆、PCR、二代测序技术、引物延伸捕获和液相杂交捕获等技术的不断发展，古DNA研究已成为一个用途广泛、前景广阔的领域。

32 1856年，在德国尼安德特山谷的一个山洞里发现了头盖骨和其他骨骼，这些骨骼被命名为“尼安德特人”。尼安德特人起源于40万到50万年前，大约在12万到3万年前广泛分布于欧洲和西亚，属于晚期智人的一种。化石证据显示，尼安德特人比早期现代人稍矮，但身体和四肢较为粗壮，平均脑容量略大。晚更新世时期，尼安德特人主要分布在欧洲，也见于西亚和中亚。由于冰期的盛行，尼安德特人大约在3万年前灭绝。

33 王嫱．为什么研究古人类学的拿下今年的诺贝尔生理学或医学奖？［N］．新民周刊，2022-10-05.

34 2008年，丹尼索瓦人的化石在西伯利亚南部阿尔泰山的丹尼索瓦洞古遗址中被发现。这些化石包括一块指骨、一颗牙齿以及一些饰物。幸运的是，这些化石中保存了异常完好的DNA。帕博带领研究团队对这些DNA进行了测序，发现它们来自一种此前未知的古人类，并将其命名为丹尼索瓦人。

35 Pääbo S. The human condition-a molecular approach[J]. Cell, 2014 , 157（01）：216-226.

36 Zeberg H, Pääbo S. A genomic region associated with protection against severe COVID-19 is inherited from Neandertal-s[J]. Proc Natl Acad Sci USA, 2021 , 118（9）.

37 夏欢，张东菊，陈发虎．丹尼索瓦人及其研究进展 [J]．科学通报，2020（25）：2763-2774.

38 李辉．遗传学对人科谱系的重构 [J]．科学（上海），2013 (02)：7-12.

39 史钧．疯狂人类进化史 [M]．重庆：重庆出版社，2016.

40 范雪春，吴金鹏，黄运明，等．福建晋江深沪湾潮间带旧石器遗址[J]．人类学学报；2011 ，30（03）.

41 吴汝康．中国古人类研究在人类进化史中的作用——纪念北京猿人第一头盖骨发现六十周年[J]．人类学学报，1989（04）：293-300.

42 蓝晓雨．人类祖先曾经三度“走出非洲”[J]．科技信息（山东），2013（05）：64- 65.

43 伯纳德·伍德．人类进化简史 [M]．冯兴无，高星，译．北京：外语教学与研究出版社，2016：53.

44 孙晓伟．探寻遗失的文明之古埃及 [M]．北京：中国致公出版社，2009：25.

45 斯宾塞·韦尔斯．人类的旅程：基因的奥德赛之旅 [M]．张涛，严墨，译．北京：中信出版社，2019.

46 陈宇. 从人类命运共同体到全人类解放——人类命运共同体思想历史向度解读 [J]. 山东行政学院学报，2020（03）：33-39.

47 李朋. 解读人类战争历史 [J]. 黑龙江社会科学，2004（03）：80-83.

48 史钧. 疯狂人类进化史 [M]. 重庆：重庆出版社，2016.

49 未末. 破解现代战争密码 [M]. 北京：解放军出版社，2006.

50 斯蒂芬·平克. 人性中的善良天使：一部人类新史 [M]. 安雯，译. 北京：中信出版社，2015.

51 赵红军. 从演进经济学视角解读城市形成原因 [J]. 城市问题，2006（01）：7-10.

52 斯蒂芬·平克. 人性中的善良天使：一部人类新史 [M]. 安雯，译. 北京：中信出版社，2015.

53 金寿福. 内生与杂糅视野下的古埃及文明起源 [J]. 中国社会科学，2012（12）：179-200.

54 刘文鹏，令狐若明. 论古埃及文明的特性 [J]. 史学理论研究，2000（01）：92-104.

55 马福成. 中国文字的起源——仓颉造字 [J]. 群文天地，2011（05）：65-66.

56 郭立新，郭静云. 从稻作起源到中华文明成长的早期历史图景 [J]. 齐鲁学刊，2022（04）：31-38.

57 奕文. 古印度文明：恒河永流传 [J]. 看世界，2019（04）：25-29.

58 卡斯坦利·霍尔. 青春期：青少年的教育、养成和健康 [M]. 凌春秀，译. 北京：人民邮电出版社，2015：29-42.

59 霍尔. 青年期的心理与教育 [M]. 李浩吾，译. 上海：世界书局，1929：2.

60 卡尔·马克思，弗里德里希·恩格斯. 马克思恩格斯选集（第四卷）[M]. 中共中央马克思恩格斯列宁斯大林著作编译局，译. 北京：人民出版社，1997：383.

61 周俊. 霍尔的儿童教育思想研究 [D]. 长沙：湖南师范大学，2017.

62 郭法奇，董国材. 现代教育的早期探索：霍尔教育思想研究 [J]. 贵州大学学报（社会科学），2017，35（01）：123-129.

63 邵华云. 脑三位一体理论视角下幼儿入园适应不良探究 [J]. 品牌研究，2020（30）：232-233.

64 管艳. 从“心”出发 用“脑”沟通 [J]. 中小学德育，2019（07）：76.

65 陈洪义，张丽霞. 因脑而教：三重脑理论视野下的情思教育探讨 [J]. 现代中小学教育，2021（01）：1-5.

66 王雁. 优生优育导论 [M]. 北京：教育科学出版社，2003：23-25.

67 李晓林，左彦文. 女性身体 [M]. 北京：世界图书出版公司，2004：24.

68 昝书亮 . 21- 三体综合征 [J]. 国际儿科学杂志，1982(03)：140-145.

69 王雁. 优生优育导论 [M]. 北京：教育科学出版社，2003：65-68.

70 Gruhn Jennifer, etc. Chromosome errors in human eggs shape natural fertility over reproductive lifespan. [J]. Science (New York, N. Y.), 2019（365）：6460.

71 熊秉良，吴明章，刘继红，等. 人类精子学 [M]. 武汉：湖北科学技术出版社，2002：2.

72 李晓林，左彦文. 女性身体 [M]. 北京：世界图书出版公司，2004：24.

73 熊秉良，吴明章，刘继红，等. 人类精子学 [M]. 武汉：湖北科学技术出版社，2002：9-11.

74 丁显平. 人类遗传与优生（第二版）[M]. 成都：四川大学出版社，2011：14.

75 苏延华. 受精卵着床的生理 [J]. 实用妇科与产科杂志，1990（04）：189-190.

76 王芳，王玉玲，杨芳，等. 四维彩超诊断胎儿发育异常结果分析 [J]. 饮食保健，2016，3（21）：199-200.

77 孙学成. 84 例忽略性横产的处理探讨（介绍一种简易的断头术）[J]. 中华妇产科杂志，1965，11（01）：40-42.

78 张恒涛. 从维多利亚到伊丽莎白二世的王位传奇 [J]. 文史天地，2015（05）：83-84.

79 藤清桂，程志厚. 剖宫产 [M]. 济南：山东科学技术出版社，1982：12.

80 藤清桂，程志厚．剖宫产[M]．济南：山东科学技术出版社，1982：129.

81 李顺英，何智坚，陈素柔．改良式剖宫产术与其它剖宫产术对比分析[J]．中国实用妇科与产科杂志，2000，16（01）：53-54.

82 中国青年报．中国第一例剖腹产[EB/OL]．（2014-08-20）[2022-04-06]． http：//zqb.cyol.com/html/2014-08/20/nw.D110000zgqnb_20140820_2-11.htm.

83 Yuan, C, et al. Association between cesarean birth and risk of obesity in offspring in childhood, adolescence, and early adulthood[J]. AMA Pediatrics，2016，170（11）：162-385.

84 中华医学会妇产科学分会产科学组．剖宫产手术的专家共识(2014)[J]. 中华妇产科杂志，2014，49（10）：721-724.

85 Poole, J. H. Adhesions following cesarean delivery: a review of their occurrence, consequences and preventative management using adhesion barriers[J]. Women' s Health, 2013：467-477.

86 丁显平主编．人类遗传与优生（第二版）[M]．成都：四川大学出版社，2011：128-141.

87 参见国家卫生部发布的《中国出生缺陷防治报告（2012）》.

88 丁显平．人类遗传与优生（第二版）[M]．成都：四川大学出版社，2011：128-141.

89 杨雪梅，唐少华，郑昭科．孕中期母血产前筛查先天缺陷的研究[J]．中国优生与遗传杂志，2006（04）：96-97.

90 参见国卫办妇幼发〔2018〕19号文件，《关于印发全国出生缺陷综合防治方案的通知》.

91 国家统计局．2019年《中国儿童发展纲要（2011—2020年）》统计监测报告[EB/OL]．（2020-12-25）[2022-04-06]． https://www.thepaper.cn/newsDetail_forward_10544969.

92 中华人民共和国中央人民政府．中国的儿童状况[EB/OL]．（2020-02-23）[2022-04-06]． http://www.gov.cn/zhengce/2005-05/25/content_2615744. htm.

93 新华网．北京孕产妇和婴儿死亡率创历史新低，达国际先进水平[EB/OL]．（2022-02-23）[2022-04-06]． https://www.163.com/baby/article/H0TD92EV00367V0V.html.

第二讲

了解生命的特点

——为什么要尊重孩子

周国平说：爱孩子是一种本能，尊重孩子是一种教养。尊重，意味着将孩子当作一个个体，不居高临下地批评孩子、否定孩子。尊重孩子，首先应该从了解孩子、了解生命的特点开始：生命的灵动性、生命的唯一性、生命的简朴性、生命的无常性和生命的有限性。

一、生命是灵动的，因为灵动而活泼可爱

甲骨文里“生”的写法为𡈼，小草在土地上，往上长，是“野火烧不尽，春风吹又生”。在北京香山的樱桃沟，有一个著名的景点叫“石上松”，顾名思义，就是石头上面长了一棵松树。其实是这棵树的根系沿着石头缝隙往下长，一直长到地面上，最终把石头都给长裂了。可这棵松树依旧是生生不息，给人一种顽强的印象。

北京樱桃沟的石上松（作者摄）

“生”字的写法是地平线上的一头牛：最下面的一横表示地平线，地平线上是个“牛”字。这头牛若是在吃草，就是正在享受活着的乐趣；若是在干活，就是正在发挥它活着的价值。

当我们再审视“生”与“死”两个字时，会发现“生”和“死”在一线之间，这根线就是地平线。“夕”字表示到了晚上，“匕”字表示给他一刀。地平线上是“生”，地平线下是“死”，生死一线间。

生死一线间

“生”在《说文解字》中的解释为“生，进也。象草木生，出土上”[1]，因此向上意味着生。“死，澌也。人尽曰死”[2]，故而向下意味着死。正如季羡林先生所言：“人总是希望活下去，生与死是相对的。”好的教育，无论是家庭教育还是学校教育，都需要教人向上、教人生、教人活、教人生活，教人积极、教人乐观、教人进取、教人奋发、教人阳光、教人正向正面；而坏的教育教人向下、教人死，教人读死书、死读书、读书死，让人消极、颓废、丧气、退缩、抑郁、忧伤、教人负向负面。

1. 生命的鲜活性

生命总是渴望活着，每一个生物都是向上的、向生的，渴望活着是生命的初衷，也是终极目的。无论种群的进化还是个体，历尽艰难都是为了要活着。康德在他的伦理体系（伦理：人与人之间的关系）“实践命令”一环里说，“人是目的而非手段”，人是目的，即一切为了人；而非手段，即不能把人当作工具[3]。他希望所有人在行事的时候，都能够通过实践命令尊重他人、尊重自己。所以，他认为遭遇恶劣情况的自杀也是不道德的，自杀留给他人的是心理压力和舆论谴责，留给社会更多的是负面情绪。在马克思和恩格斯看来，“自杀是违反自然的”。哲学家尼采曾经说过：“活着是一种责任，死去是一种义务。什么时候没有了这种责任，那他也就只有尽义务了。”

那么，当生命面临残缺时，我们是否仍旧要坚持“活着至上”呢？答案是肯定的！生命是一场旅行，重要的是过程和体验，而无关你是否借助交通工具，更无关你借助何种交通工具。难道徒步爬行的人便没有了旅行的资格？社会围绕“是否应当给残疾新生儿提供医疗”这一问题的讨论源于婴儿多伊事件。1982年4月，一个名叫多伊的婴儿在美国印第安纳州出世，他不仅身患唐氏综合征，而且患有必须接受手术治疗的腹部梗阻（这是一种由唐氏综合征造成的较为常见的身体疾病）。多伊的父母在请教医生后明明知道如果不做手术孩子就会死亡，还是决定不给孩子做手术。1982年4月15日，这个孩子死去了。此事引起了新闻媒体的广泛注意，有的人认为孩子都这样了，与其痛苦地活着，不如帮他解脱；而有的人认为他想活着，如果他要死，早就死在妈妈肚子里了。这件事情后来经过法律、伦理、哲学等多个领域的讨论，最终促使联邦政府作出规定，要求对所有婴儿（不论他们的缺陷有多严重）提供医疗[4]。人们不能想当然地假设“有缺陷的婴儿注定要毫无意义地度过一生”，因为事实上新生儿医疗技术发生了革命性的变化，特殊教育工作者和其他专业人员能够使许多残疾婴儿的生活发生变化。联合国儿童基金会在1989年发布的《儿童权利公约》中，强调“每个儿童均有固有的生命权，应最大限度地确保儿童的存活与发展”[5]。这就告诉我们：生下来就活着的孩子渴望活着，希望顺其自然地活下去，同时我们也要尊重和捍卫生命活着的权利。

鲜活的生命以生命活动为标志：饮食、二便、睡眠、肢体运动、情志、行为、官能等，活着便会有喜、怒、忧、思、悲、恐、惊七情。

孩子的鲜活特征要求父母要做好接纳孩子的准备：无条件接纳其到来，无条件满足其活着的基本物质需求（吃喝拉撒睡），无条件满足其活着的基本心理需求（陪伴与安全感、认知与情绪情感、需要与兴趣爱好、道德与社会性发展）等。这意味着一天24小时随叫随到，一年365天每天不能空缺，至少在前三年，甚至最好在孩子10岁前，父母都要保持持续的关注和陪伴。不盲目结婚是一个成年人对他人负责任的表现，不轻率生孩子是一个负责任成年人的基本素养。生了就要对一个鲜活生命负责任：要有全心全意的父母心态、起码的安全与生活保障、足够的陪伴时间与方法、精心的抚养与照顾、优质的环境与教育。父母要愿意与孩子一起成长，成为情绪稳定、世界观宽阔的大人，从而引领孩子，塑造孩子良好的个性品质，建立起强大的精神世界。

2. 生命的灵动性

活着就会充满灵性，有血、有肉、有情感；活着就会充满勃勃生机，只要眼睛在转、耳朵在听、手脚在动以及脸部有微笑。人们面部的表情肌有43块[6]，当我们微笑的时候，最先启动的是4块肌肉，颧肌和笑肌使嘴角上扬，降下唇肌收缩使下嘴唇卷曲，口轮匝肌放松，眼轮匝肌的眼眶部和眼睑部收缩，同时提上唇鼻翼肌收缩使鼻翼上翘；而当哭的时候，3块肌肉就够了，通过降口角肌收缩下拉口角，口轮匝肌轻微收缩，颏肌收缩，使下巴起皱。孩子一生下来就会哭，而慢慢地便学会笑了，这便是情绪的发展。每个活着的生命都是悄悄地在变，在自由地生长，不断地去认识世界、认识自我，追寻生命的意义，实现生命的价值。

孩子原本都是生动活泼的，孩子因为好奇而外向、因为渴望交流而话多、因为无忧无虑而乐观，不生气，不记仇，欢乐。他们表情丰富活泼，喜庆爱笑，经得住逗甚至主动逗你玩；他们嘴巴伶俐，吐字清晰，能说会唱，不胆怯、较健谈，喜欢与人聊天，喜欢讲故事、猜谜语、说绕口令等；他们感知活泼，看到的、听到的、做过的都能记住并且能描述清楚，不停活动，不停获取，对世界充满好奇，不喜欢被束缚、被控制，总是不断探索；他们双手灵活，动手能力强，喜欢做手工、饲养小动物、种花种草等；他们身体活泼，爱蹦爱跳、运动能力强，能歌善舞，在平常的交流过程中非常善于使用肢体语言；他们思想活跃，天真，富有幻想，爱提问、爱思考，总是瞪大眼睛对这个世界表现出极度好奇且天真烂漫，乐观开朗，懂得“自嗨”。

生命的灵动性在于通过感官感知世界、创造并感受着七情六欲，在自我认为真实的世界中趋向自己偏好的情感——找到了快乐：人是由动物演变而来的，必然具有动物身上的一些特性，比方说生存的欲求、长寿的欲求和繁殖的欲求。生命的可爱之处，就在于不断地满足这些原始的需要，维持原动力——发现乐趣，满足需要是活下去的原动力——孩子的快乐很简单，一张小纸片、一块泥巴、一根树枝，甚至一个动作、一句简单的歌词，都会让他们快乐好久好久。作为成年人很多时候甚至都无法理解这有什么好开心的，也许这就是成为大人的代价吧。其实孩子的快乐很单纯，他们不会为了快乐而快乐，只有在他们真正感受到快乐的时候才会表达快乐，自由无垠，简单而神情专注、真实且无拘无束。

生命因为灵动而快乐，满足了需要便产生了快乐，有了活着的动力。亚里士多德曾说：“生命的本质在于追求快乐，让生命快乐的途径有两条：发现让你快乐的时光，增加它；发现让你不快乐的时光，减少它。”什么是快乐？如果一个人把自己的思想指向光明，那么他的生活也会变得光明；如果一个人所从事的活动让他感到满足，那么即使这项活动并非尽善尽美，快乐也会如期而至[7]。原来快乐是一种主观感受，快乐不是拥有得多，而是计较得少。更多时候，我们要引领孩子去感恩我们所拥有的，坦然地面对所没有的。对于不同年龄段的孩子来说，需要和快乐是不尽相同的。对幼儿来说，就是为满足而活着，需要食物、陪伴，需要玩具、游戏；对小学生来说，就是为开心而活着，需要同伴、需要参与、需要学习、需要探索、需要发现；对中学生来说，是为了好奇而活着，需要发现问题、思考问题、解决问题。其实孩子所需要的快乐无外乎做自己感兴趣的事、做自己有成就感的事、做有自我价值感的事，每一项都与自我有关。很多时候，父母觉得他们竭尽全力给了自己能给到孩子的一切，可是孩子依然不快乐，因为他们不懂孩子的快乐——无法用孩子的视角和思维理解孩子。但只要用点心，孩子想要的快乐你一定可以想象得到——快乐即生活，快乐即体验——因为曾几何时，我们也都还是孩子。孩子的心理纯粹，没有功利心的烦恼；孩子认识的世界有限，思维最简单；孩子接触的都是身边的亲人，没有复杂的人际关系。孩子只要父母的理解与支持，所以孩子的快乐很简单。

生命灵动可爱之处充满生命的全过程：生命之初的勃勃生机是可爱的，成长中蓬勃的力量是可爱的，成熟时收获满满是可爱的，衰老时向死而生也是可爱的，矢志不渝和鞠躬尽瘁是可爱的，舍身救死和见义勇为更是可爱的！

生命因灵动而能够学会适应外部环境的变化，采取积极行动应对生活条件的改变，在求生本能的驱动下发挥主观能动性，发掘自身的潜能，达到最佳状态，做最好的自己。生命的灵动还在于不安于现状的思想灵动所带来的与环境的互动：探索原理、尝试改变，带来发现、创造、创新。

生命在于运动，动就有灵气。灵动在于让孩子去探索体验，比如让孩子能产生兴趣的事：参加各种运动（跑步、踢球、游泳、跳绳、打乒乓球、打羽毛球、骑自行车、玩滑板车、玩轮滑、滑冰等），跳房子，跳皮筋，捉迷藏，吹泡泡，钓鱼，钓龙虾，爬树，放风筝，走勇敢者道路，公园野餐扎帐篷，水上乐园玩水，动物园喂小动物吃东西，博物馆探秘，捉昆虫，拿望远镜白天观鸟夜晚观星，采花做花环，做标本，下雨天跳水塘，夏天去沙滩，春秋天去露营，冬天堆雪人打雪仗，看电影，看展览，看话剧，听音乐会，邀请好朋友一起过家家，玩各种桌面游戏，寻宝活动，化装派对，睡衣派对……比如让孩子能获得自我成就感的事：画画/涂色，学唱一首新歌，学弹一首曲子，做手工，玩橡皮泥，玩拼搭类玩具，做泡泡水，做玩偶，编玩偶故事，扮演动物，去菜场买菜，在超市找齐购物清单上的物品，在饭店自己点菜买单，教爷爷奶奶英语，写信，写日记，做本书，开读书会，（在安全的情况下）一个人探险，种花种草种菜，公共场合表演节目……比如让孩子能实现自我价值的事：做家务（剥毛豆、刨黄瓜皮、扫地、拖地、洗碗等），做面包、饼干、冰激凌、面条、蛋糕，做菜给家人吃，整理不用的衣物玩具书籍进行义卖，去福利院做义工，给邻居家的孩子辅导功课，陪妈妈逛街挑选衣服，讲个笑话逗爸爸笑，给爷爷奶奶敲背捏腿……

3. 生命灵动的教育启示

生命是鲜活、灵动的，作为成年人，我们应该尊重生命、尊重儿童，应该向他们提供一定的生活保障、健康保障和安全保障。

生活保障，主要包括食物和水、阳光和空气、休息和睡眠。比如家长要关注孩子食物过敏的情况，食物过敏不仅会导致人体生理功能紊乱，还可能引起组织损伤，累及皮肤、呼吸、消化以及心血管等多个系统。儿童食物过敏患病率为3%—6%。90%的婴幼儿食物过敏与牛奶、鸡蛋、大豆、小麦、花生、鱼、虾、坚果类八类食物有关[8]。其中，对花生、坚果类过敏可持续数年，直至成年。大多数普通配方奶粉由牛奶加工而来，牛奶是婴儿最常接触的致敏原，轻度牛奶蛋白过敏临床表现主要为频繁反流、呕吐、腹泻、便秘（伴有或不伴有肛周皮疹）；便血和缺铁性贫血[9]；特应性皮炎、口唇或眼睑水肿（血管性）、非急性感染、药物或其他原因所致的荨麻疹；呼吸系统症状：非感染所致的鼻后滴流、慢性咳嗽和喘息；持续性不适或腹痛（哭泣或易激惹）每天3小时，每周3次，持续3周以上。[10]持续时间长或属于重度牛奶蛋白过敏反应，由于慢性腹泻、反流、呕吐、拒奶可导致发育不良；缺铁性贫血；蛋白丢失性肠病（低白蛋白血症）；内镜或组织学检查确诊的肠病或重度溃疡性结肠炎；渗出性或重度特应性皮炎；急性喉水肿或支气管阻塞伴呼吸困难，甚至过敏性休克等。虽然对多数食物过敏可随年龄增长而自愈，但研究显示婴幼儿期食物过敏可能会增加成人后其他过敏性疾病的发生率。[11]

健康保障，主要包括清洁卫生、驱寒取暖、防暑降温。比如儿童机体免疫机能尚未健全。IgA不能通过胎盘移转到新生儿体内，因此新生儿血清中无IgA。IgA从出生后3个月开始逐渐合成，1岁后逐渐增加，12岁时才达到成人水平。新生儿及婴幼儿呼吸道黏膜中的SIgA水平较低，其他免疫球蛋白如IgG、IgM在出生后5—6个月时亦不足。此外，乳铁蛋白、溶菌酶、干扰素、补体等数量不足，肺泡巨噬细胞功能不全。故婴幼儿易患呼吸道感染，特别容易感冒，只要气候一变化，稍微受一点风寒，或出汗后风一吹就会打喷嚏、咳嗽、流鼻涕，甚至还会发热。轻者表现为反复咳嗽、鼻塞、流涕、喷嚏、无热或低热；重者表现为较重的全身症状，如高热、咽部及扁桃体充血并有黄色或白色渗出物，咽壁及附近可见疱疹、溃疡。这就要求家长在流感和其他传染性疾病的高发季节，不要带孩子去公共场所，一旦发现周围的人患有流感或其他传染病时要注意隔离。孩子生病期间，要让孩子多休息，多饮水，减少消耗；退热出汗时要及时将汗擦干，更换衣服，以防止着凉；热退后可起床活动，进行户外活动和体育锻炼，多晒太阳，以增强机体的抵抗力。家里还要注意环境卫生，确保居室通风良好，阳光充足，温度在18—22℃，湿度在50%—60%；去除室内烟尘，提高室内清洁度和氧含量；避免发病诱因，如穿衣过多过少，室温过高过低，天气骤变，环境污染和被动吸烟等；还要注意培养和锻炼孩子适应天气突然变化的能力，特别是御寒能力。[12]从夏秋季开始用冷水洗脸、洗手，温水洗澡，养成喝凉开水和少穿衣服的习惯，以增强抗寒能力，但切忌突然减少衣服或置孩子于寒冷环境中。另外要注意孩子的足部保暖，寒从脚下起，防寒足当先，足部受凉也可能反射性地引起呼吸道黏膜抵抗力下降，使细菌、病毒乘虚而入，导致呼吸道感染。[13]

安全保障，则是免于受到威胁、恐惧、疾病、灾难、拐卖。比如随着汽车保有量的迅猛增加，尽管人们采取了种种先进的技术和措施，但目前交通事故造成的儿童伤亡还是要远远高于其他原因对儿童造成的意外伤害。汽车上的安全措施如安全带、辅助气囊几乎都是依据成人的身材、体重设计的，由于儿童的身材、体重不同于成人，出现问题时非但无法降低伤害，反而会增加对儿童的伤害。正确地根据孩子的年龄、身高和体重来选择最合适的儿童安全座椅，被认为是能有效防止交通事故造成儿童意外伤害的方法之一。但由于国人存在的认识误区、家长缺乏儿童乘车安全保护知识、相关法律法规缺乏、销售市场混乱和宣传不力等诸多原因，我国儿童座椅的使用率尚有很大提升空间。[14]

无论是家庭教育还是学校教育，必须强调生命至上，要尽全力去保护孩子，捍卫孩子生存的权利。生命权利旨在提高人口质量、优化人们的生活，使人们更好地生存繁衍下去。只要生命还在，就会充满希望。

（1）尊重生命独立

卢梭在《爱弥儿》开篇中这样写道："出自造物主之手的东西，都是好的，而一旦到了人的手里，就全变坏了。他要强使一种土地滋养另一种土地上的东西，强使一种树木结出另一种树木的果实；他将气候、风雨、季节搞得混乱不清；他扰乱一切，毁伤一切东西的本来面目；他不愿事物天然的那个样子，甚至对人也是如此。"[15]卢梭认为，孩子应该是自由发展的，对孩子来说，最重要的自然权利是自由，教育要保护儿童天性，使他们身心自由地发展，反对在儿童心灵成熟之前就向他们灌输种种本是要求成人的东西，以免摧残儿童的心灵。因此，他提出让儿童在生活中学习、在活动中学习，主动、自然地发展。

在现实生活中，我们会发现现在对孩子的限制太多，孩子有太多的不自由，这不能碰，那不能摸；这有细菌，那有危险；包办太多，放手太少；限制太多，空间太小；设计太多，探索太少。孩子不是执行命令的机器，他是一个有感觉、有感受的人。可能父母都会说“那当然了，我当然是知道这些的了”，但实际上，我们在与孩子互动时，是否只是扮演了一个发射器的角色？父母和孩子的互动是一个发射和接收的过程，但是父母发出的命令往往远远多于孩子的反馈。我们是否在不知不觉中把孩子当成了一个接收器，而自己则是发号施令的发射器？在心智化的理论中，我们一定要把对方视为有感受的人，孩子不是执行命令的机器。

生命本是独立的个体，父母不应该成为孩子的羁绊，更不应该挟恩图报，控制孩子。孩子作为一个独立的个体，应该有自己的自由，有自己的人生去经历和探索。做父母的不应该利用自己的身份去影响孩子，控制孩子，把自己的思想灌输给孩子。父母也一样要过父母的人生，所以要懂得适当的退出，不要捆绑彼此。从剪断脐带的那一刻起，他就已经独立而且完整地拥有了自己的身体。这意味着在未来的所有岁月里，一个人身体的所有感受、生长、老化以及最后的死亡都应独立承受，任何人也无法替代。正如胡适先生对儿子的态度：我养育你，并非恩情，只是血缘使然的生物本能；所以，我既然无恩于你，你便无需报答我。反而，我要感谢你，因为有你的参与，我的生命才更完整。我只是碰巧成为了你的父亲，你只是碰巧成为了我的女儿和儿子，我并不是你的前传、你也不是我的续篇。你是独立的个体，是与我不同的灵魂；你并不因我而来，你是因对生命的渴望而来。你是自由的，我是爱你的；但我绝不会“以爱之名”，去掌控你的人生。[16]这封信与纪伯伦的《致孩子》有异曲同工之妙，“你是弓，儿女是从你那里射出的箭”。但在几千年的东方文化里，人们早已经把“传宗接代”“养儿防老”“无后为大”等观念印刻在骨子里，而不是因为爱孩子才生孩子。作为父母，很大的一个任务就是得让孩子爱上这个世界。养育后代是自然法则，人类文明发展到今天，不应该把自然法则作为道德的标准，亲子彼此永远都不是以爱的名义互相折磨，而是相互陪伴，成为对方的阳光。每个人都有自己的人生，从哪里来、到哪里去，都有各自的安排，尊重自然的法则，也是尊重自己。孩子与父母是平等的个体，应该有自己的想法和选择，父母只能给孩子爱，却不能代替他们思想、灵魂的形成。作为家长，我们能做的就是承担起为人父母的责任，从孩子出生起就给予他爱和关注，在需要的时候给予他帮助，尊重他，并尽自己一切努力为孩子保驾护航，做孩子成长的陪伴者和坚强后盾，让孩子在成长中得到应有的滋养，焕发出蓬勃的生命力。而不是事无巨细地替孩子安排、越俎代庖，设计并控制孩子的成长和发展。[17]

养育生命、将孩子培养成人，可以说是这个世界上最为重要和艰巨的工作。家长一方面要尊重孩子的独立自主性，给他们充分的成长空间，另一方面也要尽到为人父母的责任和本分，绝不能“大撒把”，对孩子放任自流，或者把教育孩子的责任完全推给学校。因此，我们主张要尊重孩子，顺应孩子的发展，回归自然，还孩子以自由，人最重要的自然权利就是自由；要把孩子当成孩子看，不要把他看作小大人；小大人式的子女看起来似乎是父母的骄傲，却是孩子失去天真、童趣后的悲哀。

让孩子幸福、欢乐和愉快、天真烂漫吧！因为童年只有一次。我们应该跟孩子建立平等的契约关系，不要去强迫、胁迫孩子服从大人；我们要去创造良好的环境，避开一切不良因素的影响，让孩子在其天性不受污染的环境下得以自由地发展；我们要让孩子能够生活自理，能够自己去面对现实中的各种冲突和矛盾；我们应该允许孩子发泄、争执、打架，让孩子在这些过程中真正了解别人的想法，学会宽容、自制以及自我肯定。

（2）尊重生命自由

既然生命是独立主体，就应该能够做自己的主人、拥有自我支配的自由，凭借自身意志而行动，并对自身的行为负责，即基于自身的主动意志而非任何外部力量自己做决定和选择。自己成为自己，而非受别人的意志支配的工具，自己是一个有思想、有意志、能动的存在，不是被决定、被强制和被干涉。自由是人类能力的体现。你所拥有的自由，是与自身的能力成正比的。有多大的能力，便享受多大的自由。你所拥有的自由，是你能力的标尺。人的自由本身取决于对自然规律的把握。一个人拥有了更多更大的自由，往往意味着自身能力的完善与提高，意味着对于客观对象及其环境的改造与征服。内心所求即为自由意识，这是人的如意选择和尊严。无论基于什么目的，对自由意识的干涉都是违反人本性的邪恶行为[18]。人类争取自由的努力，体现着人类自身的进取意识。人的一切努力，一方面是体验自由，满足现实，享受幸福；另外一方面是不满现实，积极进取，争取更大更多的自由。

自然生长的权利是儿童最基本、最重要的自然权利。成年人为儿童提供的教育应遵循儿童的生长规律，尊重并捍卫儿童按其本性生长的自然权利。然而与此相反，成年人常常从自身的主观意愿出发，把自己认为好的东西强加给儿童，可这对儿童的成长来说未必是件好事。教育中的成年人中心主义往往导致成年人对儿童的强迫、控制和奴役，牺牲或侵害了儿童的自然权利，其实质是成年人群体对儿童群体的不正义[19]。现实生活中，有的家长、老师把孩子当玩具，爱理不理；有的把孩子当饰品，随意摆弄；有的把孩子当容器，硬灌知识；有的把孩子当机器，直接给孩子机械指令；有的把孩子当面子，让孩子过早地接受教育、过度教育；有的把孩子当出气筒，谩骂讽刺、殴打体罚；还有的把孩子当私有财产，为所欲为……这些都是在限制生命的自由发展。

孩子应该享有快乐体验，能够享受成长的过程；要能够享受重在参与的过程，不要把结果看得太重；我们提倡应该允许孩子去探索、允许其自由活动、允许他们出错，保持童真。童真是一种天然的状态，是未经世事打磨的本来性情，没有心机、没有欺骗、没有非分的欲望，有的只是自然的真实，以最简单的心灵体会更多的快乐。遗憾的是，现在好多孩子成了“小大人”，早早失去了一些童真；我们主张持续地跟孩子互动，用心去陪伴，引导他茁壮、健康地成长，激发生命的潜能、做最好的自己；我们呼吁应该尊重、呵护孩子，让他有自我决策的能力，能够自由自在地做出自己认为合理的每一个决定，这样他才能真正地自主发展，人格独立。

当然，尊重生命自由并不等于放任自流，毕竟孩子的自我意愿会被自己本身的能力、掌握的信息、外界环境的制约等限制，孩子是一个自然的人，其出生后生活的节律与将来进入社会的生存节律并不一致，要想让孩子进入社会成为一个社会人，就得使孩子的自然节律逐步变为生存节律[20]。人作为团体的一分子，总需要出让自己的一部分自由，接受团体规范的约束。即使你不参加任何团体活动，只要你作为国家的一分子，就需要出让自己的一部分自由。无论是社会团体，还是广泛意义上的国家，本身总是需要你扮演规定的角色，而不是那种不受任何束缚的自由人。每个人都应享有自由和与自由相伴随的权利，但每个人的自由和权利也自有其限度。[21]

让渡一定的个人自由、接受一定约束就等于拥有了安全保护区，这样孩子才能更好地适应社会。心理学研究发现，有一定设计的儿童生活比没有设计的儿童生活更有利孩子适应社会。在完全没有要求的生活中，孩子只能无边无际地探索行为的边界，边界其实能给孩子安全感，没有边界，孩子会没有安全感。[22]人有尊重客观规律的自由，没有违反客观规律的自由；人有遵守社会要求的自由，没有随意违反社会要求的自由。人饿了要吃饭，渴了要喝水。要想活下去，你只有选择如何吃饭、如何喝水的自由，而没有吃与不吃、喝与不喝的自由。鸟儿具有令人羡慕的自由，但是冬天来了，它必须向南飞。它只有如何飞到南方的自由，而没有选择向南飞与不飞的自由。[23]没有安全边界的孩子表面上看起来获得了自由，但实质上没有获得内心自由。成年人有时貌似在给孩子自由，但其实是忽视了孩子，造成了很多孩子由于得到过多自由，没有获得很好的教养，出现了教育上的漏洞，最终造成孩子的行为问题：自由散漫不求上进直至躺平啃老，放任不羁甚至违法乱纪，处事霸道导致糟糕的人际关系。

无论是作为家长还是教育工作者，我们都要认识到，每个孩子原本都不是为我们而来，他们有自己的生命、有自己的灵魂、有属于他们自己的未来。我们唯一能做的就是给予他需要的、充分的、无条件的爱，爱他本来的样子，不为功利；爱他纯粹的生命，不求回报。难道只因为给了他生命、给了他血脉，哪怕不曾用心养育，父母就拥有了肆意索取的权力？对有些父母来说，孩子可以有很多种定义：可以是附属品，父母全权主导，只为挣得想要的面子；可以是投资品，父母拼命索取，只为谋求更多的收益……在这些家庭中，孩子不是自己，而是活成了各种各样的工具。但孩子生来是独立自由的生命主体，他们不是竞技品，不是投资品，更不是父母谋取利益的摇钱树。因此，我们应当尊重儿童、尊重生命。

（3）尊重生命尊严

社会进步的意义在一定范围内体现为：对于这种普遍性的自由做出必要的规范与限制，对于人们各自的自由做出有效的调节。所谓社会问题，在一定范围内体现为对一部分人的自由不合理地放纵，对另外一部分人的自由的剥夺、压制与禁锢。

从法律角度来看，人是具有人格尊严和自由的民事主体，不可能成为客体被交易，这不属于法律上的任何买卖形态。人的自由与尊严不可侵犯、不可物化、不可买卖，应作为绝对道德律令。人身自由不受侵犯，是公民最起码、最基本的权利，是公民参加各种社会活动和享受其他权利的先决条件。《中华人民共和国宪法》第三十七条规定："中华人民共和国公民的人身自由不受侵犯。任何公民，非经人民检察院批准或者决定或者人民法院决定，并由公安机关执行，不受逮捕。禁止非法拘禁和以其他方法非法剥夺或者限制公民的人身自由，禁止非法搜查公民的身体。"此外，《中华人民共和国刑法》《中华人民共和国治安管理处罚法》《中华人民共和国未成年人保护法》对相关内容都有涉及。人身自由内容包括人身自由不受侵犯：指公民享有人身不受任何非法搜查、拘禁、逮捕、剥夺、限制的权利；人格尊严不受侵犯：指与人身有密切联系的名誉、姓名、肖像等不容侵犯的权利，具体体现为人格权，如姓名权、肖像权、名誉权、荣誉权、隐私权等，禁止侮辱、诽谤和诬告陷害；公民住宅不受侵犯：即住宅安全权，指公民居住、生活的场所不受非法侵入和搜查；通信自由：指公民有权通过书信、电话、电信及其他通信手段，根据自己的意愿进行通信，不受他人干涉。

生命重于泰山，我们要继承和发扬中华民族敬仰生命的人文精神、尊重生命的道德观念、善待生命的仁爱传统。人生的使命就是好好地活下去。生命安全是最大的人权，每一个人都应该被当作人来对待，这是一个朴素的真理。世界上所有的邪恶都可以被归纳为对生命的不尊重甚至轻视——不把人当作独立生命体、肆意侵犯践踏他人自由：人口贩卖、儿童拐卖、妇女拐卖、买卖婚姻、强迫婚姻、强奸、性别不平等、非法拘禁、限制人身自由、殴打、虐待、胁迫……这些都是对生命的极端侵犯。

时代的一粒沙，落到个人头上就是一座山，是一个家庭乃至家族的灾难。我们要做的是尽己所能不让这粒沙落到个人头上，成为压垮一个人、一个家庭的大山。

2021年2月25日，民政部下属中民社会救助研究院联合今日头条的“头条寻人”项目组发布了《中国走失人口白皮书（2020）》。根据报告，2020年我国走失人次达到了100万[24]，其中未成年人占9.44%。据联合国估计，2008年全球被贩卖人口达250万，其中一半为儿童，亚太地区是重灾区。据民间调查显示，失踪儿童大致去向如下：被贩卖给需要孩子的家庭；沦落为流浪儿童；被职业乞丐控制成为乞讨工具；被社会福利机构救助；被好心人收养；受劳动剥削、性剥削；被贩往国外[25]。一般诱骗者会利用事先收集到的有关信息，通过言语或行为与孩子接触，从而尽快地与孩子形成熟悉效应，与孩子建立初步信任关系，进而心理接近、相融。诱骗者会通过一些行为去激发孩子的内心需要，比如想回家的需要、想吃东西的需要、想玩好玩的玩具的需要、夸奖的需要、同情行动的需要等。当孩子开始沉浸于骗局，与诱骗者形成互动后，诱骗者就会用“更好玩”“更好吃”等方式进一步强化孩子的内心需要，孩子在已满足的需要基础上，很容易被诱骗者诱发更高层次的需要，进而内心需要被强化。然后诱骗者用语言或行动向孩子呈现满足这种需要的条件，比如，他们会告诉孩子“那边有更好吃或更好玩的，我现在就能带你去”等创造强烈动机的诱因，从而使孩子上当受骗，一旦孩子跟着走，诱拐行为就成功了。[26]

儿童年龄较小，自我辨识能力弱，容易轻信他人从而被拐卖。这里有一些防拐建议：孩子能说话时，就要训练他背下爸爸妈妈的电话号码及名字、所居住的城市和小区名字；尽量避免将孩子单独留在家中，当孩子独自在家时，教育其千万不要给陌生人开门，应该及时把门锁好；不要把孩子交给任何陌生人看管，包括自称老乡的人，因为诱骗者很善于伪装，有的为达目的甚至可以在目标身边潜伏一段时间，目的就是寻找机会下手[27]；约定一个只有你和孩子才懂的暗语，特殊情况时只有说出暗语，才可信赖；教会孩子辨认警察、军人等穿制服的人员，教育孩子一旦在公共场所与父母走失，要马上找穿制服的人求助；教育孩子走失时不要哭，以免引起潜伏在周围的诱骗者的注意，不要跟任何没穿制服“好心帮助”的人走，如果要被强行带走，马上大声哭喊；带着孩子走路时要让孩子靠里，注意防范摩托车、面包车等飞车绑架；不要随意在社交网络（如微博、朋友圈等）透露孩子的信息（如姓名、年龄等）；家长放下对手机的执着，永远不要让你的孩子远离你的视线，尤其是在人多拥挤的地方，或者附近有车、有水池、有高空悬挂物等危险系数比较高的场所；购物时尽量抓紧孩子的手，因为在商场、超市、菜场等地方，装作购物的诱骗者会以极快的速度，趁家长挑选商品的时候，抱起孩子消失在人群中[28]；如果有陌生人非要强行抱孩子，训练孩子举起双手，全身如同没骨头一般往下“沉”，这时候孩子就如“小泥鳅”一样——即便是力气很大的成年人，也很难抓得住——然后紧紧抱住成年人的大腿，这时候成年人若想把孩子抱起来，是非常困难的；要在正规保姆介绍所聘请保姆，保留好保姆的身份证复印件和清晰的生活近照，证实其家庭电话、地址、家人等信息，留意经常与保姆来往的人员，一旦发生保姆拐卖孩子的情况，警方可以利用这些信息尽快找到犯罪人，解救孩子；教育孩子不要跟陌生的孩子玩耍，诱骗者有时会训练自家的孩子，用溜溜球或别的玩具将其他孩子诱骗到偏僻的地方，再把孩子用摩托车迅速带离现场；孩子走失时请立即报警，不需要等待24小时。家长自己寻找孩子时，可以采用“十人四追法”：东南西北 4 个方向各有一人，2公里以内沿大路寻找；2个人前往附近火车站寻找、2个人前往附近汽车站寻找，防止孩子被带往其他城市；1人报警；1人留在原地等候[29]。平时家长也应加强学习，与孩子一起通过《不！我不喜欢被你亲》《不！我不喜欢被你碰》《不！我不喜欢这种秘密》《不！我不跟陌生人走》《不！我不随便放纵自己》《不！我不随便发脾气》等绘本提升孩子的自我保护能力。

二、生命是唯一的，因为唯一而丰富多彩

从分子存在的水平来看，生命也许都是相同的，但人的生命不仅仅是生理性的，更具有社会性与文化性。每个人生存与生活的环境和条件都有着这样或那样的不同，所以，其生命的表现形态和人生的存在状况也就不一样。在生物技术发达的今天，即便能够克隆复制，但由于成长环境、教育状况的不同，无论如何也不可能完全复制另外一个人。许多人的生命过程，虽然从表面上看，生活的方式和内容似乎差不多，但实质上还是有很大的区别。每个人的生活内涵及其人生道路都是不同的，每一个孩子身上流淌着各自家族的血液，脸上残留着各自父母的影子，兴趣爱好又各自不尽相同……每个人的生命必然是唯一的。

生命的唯一性也暗示了生命的本质是孤独的，每个人都是“孤勇者”。每个人都在熙熙攘攘的寂寞中踽踽独行、茕茕孑立，彼此无依无靠，非常孤单，但亲情、爱情、友情能为我们化解一部分孤独。因此，我们应该尽可能地让生命之间充满温柔、充满关怀、充满欣赏、充满鼓励，用生命间的温暖抚慰生命的孤独。有缘才做一

家人，此生相聚只为了彼此陪伴孤独的生命。可见，生命是唯一的也是美妙的，好好活着，善待自己，是对生命的尊重——尊重自己，也尊重他人。

1. 生命的唯一性

所有的生命都是独一无二的。因为时空差异，世界上没有两片完全相同的树叶，同理，世界上也没有两个完全相同的人。每个人来到这个世上，都是唯一的，以前没有你，以后也绝对不会再出现一个你。此生命必不完全等同于彼生命，从生命时空角度讲，即使同一生命个体，此时的生命状态也必不等于彼时的生命状态。唯一性使生命成了独一无二的个体，正是因为生命的唯一性，才能构成如此色彩斑斓、气象万千的世界。每个个体无论是从外在的仪表，还是内在的心理状况、道德素养等都各有自己的独特性，都有与众不同的地方，每个人的家庭背景、成长环境、个性特征、生活经历等都可能参差有别，认识生命的“唯一性”是探寻生命实质的重要基础。生命的唯一性与生命的神圣性紧密相连，因为人的生命是唯一的，所以它是神圣的——必须敬畏、尊重。

假如父母彼此不认识，就不会有你；如果父母分别和另外一个人结婚，那么生下来的肯定就不是你；父母虽然结婚了，但他们必须在特定的时间内结合，生下来的才可能是你；即便这样，在同一个时间内结合，也不一定生下的就是你：假如钻进卵子的精子不是那一个，生下来的也不一定是你，即便是同一个，如果分裂成双胞胎或多胞胎，那么生下来的也不全是你；他是他，你是你，你不是他，他也不是你。

每个人的生命从肉体到精神都有不同于其他生命的特殊性，生命的唯一性形成了我们每个人的生命的独一无二性，独一无二说明生命是宝贵的。因此，每个生命都是独立的，都应该被尊重。人脸与人体的其他生物特征，比如指纹、虹膜等都是与生俱来的，它的唯一性和不易被复制的良好特性为身份鉴别提供了必要的前提，可以精确区分同卵双胞胎。生命的不可复制性是遗传的魅力所在，更是变异的魅力所在。如果没有变异，遗传也就失去了其意义。

我们读的人类学、心理学、教育学著作更多从共性角度研究规律性，研究人类共同具有的行为和认知特征。人类都有十个手指、十个脚趾、两个耳朵、两只眼睛和一个嘴巴，这些都是人类的基本生物特性，因此我们的认知特点也有相似之处。人与人之间的心理差异只是程度不同，但类别是相同的。人类学家唐纳德·布朗在其著作《人类共性》一书中指出，人类的共性涵盖了文化、社会、语言、行为以及心理等数百个方面，比如乱伦回避、属地、对死亡的恐惧、礼仪、育儿、假玩、哀悼、分享食物、亲属群体、社会结构、集体决策、礼节、嫉妒、自卫、美学，等等。因为有共性，婴幼儿才会模仿，才有人类的社会性。其实我们更需要从个性角度探索特殊性，把任何两个人的基因相比，它们大约99.9%是相同的，但又没有完全一样的，也就是每个人都是独一无二的。这多亏了一种非同寻常的分子——DNA，每个人体大约由1亿亿个细胞组成，将近2米长的DNA挤在差不多每个细胞里，每单位长度的DNA包括32亿个密码字母，足以产生10的34.8亿次方种组合[30]，这个概率大到无论如何可以确保我们每个人独一无二的地位！人总是靠特性来闪耀，而不是共性。只有立足独特性，才能让孩子建立起良好的自我认知和界限屏障，让孩子能朦朦胧胧地把自己和别人区分开，建立自信、自爱、自洽，活出自己独特的个性。个性因人、时间、地点、环境的不同而排列组合，结果就产生了在个性特征上千差万别的人和一个人在不同的时间、地点个性特征的变化。正是人的个性倾向性中所包含的需要、动机和理想、信念、世界观，指引着人生的方向、人生的目标和人生的道路；正是人的个性特征中所包含的气质、性格、兴趣和能力，影响和决定着人生的风貌、事业和命运，所以个性贯穿人的一生，影响人的一生。

生命的独特性也离不开我们作为人类的普遍性，没有绝对的独特性，只有相对的独特性，每个人对自我人生的内在体验、每天每时每刻面对的各种人生困境及问题挑战等，既具有独特性又具有普遍性。从普遍性来说，前辈、成功者的人生经历及其经验智慧，当然值得我们好好学习借鉴；同时，我们也应更加懂得尊重和顺应自我生命的独特性，努力活出自我人生的独特风采与生存体悟，要根据自己的个性发展、自己的优势，选择一条适合自己的、独特的成才之路，展示自己的风采，为社会贡献自己的才能，努力探索和实践适合自己的人生方法论，活出自己的独特色彩。

2. 生命的差异性

因为唯一，所以生命是有差异的。差异有可能缘于基因，也有可能缘于孕育过程；有可能缘于地域或社会环境，也有可能缘于家庭环境；有可能缘于成长背景与教育经历，也有可能缘于个人主观能动性。独一无二使生命具有了个性，个性带来了生命的差异性，而差异性则构成了丰富多彩的世界：每个孩子都是如此不同，在外表上、在个性上、在喜好上、在习惯上，以及在表达上……

曾经有一位母亲站在菊花丛中注视着自己的女儿，眼底藏着深深的忧虑。这位母亲是一位很有造诣的钢琴师，同时对绘画也颇有研究。她一直希望自己的女儿能像她一样多才多艺。为此，她每天抽出很多时间教女儿学钢琴，还花重金请画师教女儿画画，但女儿都不感兴趣。画师最后不得不对女孩的母亲说："夫人，您的女儿毫无绘画天赋，就算用再好的画具，她也画不出美丽的画来。"听闻此言，女孩的母亲十分难过。画师或许心有不忍，于是又安慰道："夫人，您知道吗？并不是所有的花都在春天开放，雏菊就是在秋天才开放。因为它知道，如果在春天开放，花朵小的没人会注意，所以它选择在花朵们都不喜欢的秋天才开放。它只是在等待秋天的到来。"女孩的母亲听完一阵默然。多年后，历经岁月洗礼，这位被认为没有绘画天赋的女孩，却在植物遗传学上获得了巨大的成功，她发现并提出了在玉米中的可移动基因——转座基因（俗称“跳跃基因”）。[31]1983年，在她81岁时，还获得了诺贝尔生理学或医学奖，成为遗传学研究领域内第一位独立获得诺贝尔奖的女科学家，也是世界上第三位独立获得诺贝尔奖的女科学家（第一位是波兰著名女科学家玛丽·居里，第二位是英格兰的多罗西·克劳福特·霍奇金，她俩都是化学家），她就是美国遗传学家芭芭拉·麦克林托克，美国历史上第三位获得科学院院士荣誉的女性、“美国遗传学会”（Genetics Society of America）的首位女性主席。她曾在“四面楚歌”孤立无援遭受批评、质疑甚至冷嘲热讽、敌意排挤的情况下，还能不忘初心、坚韧不拔，以超强的坚韧力和忍耐力默默无闻、与世无争地坚持做自己的科学研究。她曾站在诺贝尔奖领奖台上说：“我是朵秋天里的雏菊，我相信，不是每一朵花都在春天里开放。”她还说：“倘若你认为自己迈开的步伐是正确的，并且已经掌握了专门的知识，那么，任何人都阻挠不了你。不必理会人们的非难和品头论足。”她被人们尊称为“玉米夫人”[32]、“转座子之母”。

我曾看过这样一首小诗《纽约比加州早三个小时》，“纽约时间比加州时间早三个小时，但加州时间并没有变慢。有人22岁就毕业了，但等了五年才找到好的工作；有人25岁就当上CEO，却在50岁去世；也有人50岁才当上CEO，然后活到90岁。奥巴马55岁就退休，特朗普70岁才开始当总统……”有人早慧可惜瓦缶先奏，有人晚长难得大器晚成，世上每个人本来就有自己的成长发展节奏，不要跟着别人的节奏而打乱了属于自己的节奏，搞得生活一团糟。每个人在自己命运的节奏里，一切刚刚好，一切都是最好的安排。正如土耳其谚语所言：“上帝为每只笨鸟都准备了一根矮树枝。”

没有人可以重复我们，我们也无法重复别人。当看到这份绝对的独特唯一性的时候，我们也不再要求别人和我们相同。专制者、霸权者漠视生命的差异性，用一把尺子去要求所有的人，以便于“管理”。

人生的成长在于我们接受别人和我们不一样，忍受别人和我们不一样，别人为什么不可以按照自己的想法去做、去生活？而有的时候，父母和老师期待的是掌控和要求，用同一个标准去要求自己的孩子、自己的学生——那是因为没有认识到个体间的差异。

九型人格理论[33]认为不同性格类型的人响应世界的方式具有可辨识的根本差异，因为每一个人的成长环境都是

型号	1	2	3	4	5	6	7	8	9
	完美型	助人型	成就型	艺术型	理智型	疑惑型	活跃型	领袖型	和平型
	完美主义者	给予者	实干者	浪漫主义者	观察者	怀疑论者	享乐者	保护者	调停者
自我形象	我是好人 我是对的	我会助人 我可以给	我很成功 我很能干	我很特别 我很敏感	我有智慧 我有知识	我很忠信 我很负责	我很可爱 我有能力	我有势力 我有能力	我很稳固 我不善变
陷阱	完美主义	服务	成功有效	真实	囤积	安全守法	理想主义	公平正义	屈尊就卑
逃避	愤怒	需要	失败	平凡	空虚	越轨	痛苦	柔弱	冲突
防卫机制	对情境做本能反应	抑制自己的需要	认同一个角色	艺术的升华	划清界限、分清你我	投射	升华	否认自己的弱点	麻醉自己
偏情	愤怒	骄傲	欺骗	嫉妒	吝啬	害怕	放纵	傲慢	懒惰
时间观念	被时间操纵	与人接触的机会	时间是可以利用的	以感受强度来衡量	观看时间流逝	时间是老板	时间常常是充裕的	操纵时间	像节拍器一样规律
象征动物	小狗	小猫	孔雀	猎狗	狐狸	兔子	猴子	犀牛	大象
象征意义	先咬后吠、闯动不止、没安全感	喜欢被人抚摸，满意后走开	炫耀自己引人注意	耳目下垂、摇尾乞怜、讨好主人	提高警觉只是为了捕食腐肉	敏捷，但一受惊就会马上逃进洞	吵闹而好奇，生命充满活力	短视、肤浅，遇到事情易冲动	笨重、懒散、践踏自己的食物
错误趋向	→4	→8	→9	→2	→7	→3	→1	→5	→6
健康趋向	→7	→4	→6	→1	→8	→9	→5	→2	→3
圣善思想	成长	圣宠	承行主旨	与主共融	顺从天命	依靠上主	共同创造	悲悯之心	无条件的爱
德行	沉着安详	谦逊礼让	真诚	平静镇定	超脱	勇气	清醒	天真	勤勉
新的动物	蚂蚁	爱尔兰犬	秃鹰	黑马	猫头鹰	鹿	蝴蝶	老虎	海豚
象征意义	勤奋合作有组织，沟通只为达共识	外貌吸引人，对人热情忠诚	外观独特，对朋友衷心、不操纵	黑色且带有光泽，自由飞跃步调多变	接受讯息敏捷而正确，不轻举妄动	警觉，在困境求生存的能力很强	生命破茧而出之后美丽轻盈	美丽而强壮，潜藏威力，适应力强	两栖动物，学习力强，和平使者，悠闲自在
代表颜色	银色	红色	浅黄色	浅紫色	浅蓝色	灰褐色	绿色	黑色或白色	金黄色
象征意义	色泽清晰，反应阳光	温暖热情，有时不显	无论何时清晰可见	轻描淡写，优美轻巧	深沉凝重，难被了解	与任何颜色皆协调	充满活力，生气蓬勃	极端色彩，非黑即白	温和宁静，高贵罕见
主要的天赋才能	诚实忠信、善于分辨，觉察人长，是研究者、改革者	体察人心、善于聆听、富同情心、热情好客	组织力强，易于达成共识，善做公关人员、推销员、司机	敏感性高、善于聆听、有创造力、有艺术感、富同情心	善做结论，适合做会议主席	忠信负责、细心慎重、有亲切感和正义感	乐观积极、正直忠信、纯朴天真，擅长营造轻松气氛	危机中能发挥领导职责，喜欢挑战性任务	善于聆听，可做调解人、和事佬

九型人格

独一无二的，所以同类型人之间可能有许多共同点，但也各自拥有一些属于自己的特质。该理论认为人都是由活跃程度、规律性、主动性、适应性、兴趣范围、反应强度、专心程度、专注力范围、持久性等基本欲望驱使的，但反过来就是基本恐惧，人一生都是为了离开恐惧，追求自我价值。该理论从内在心理动力视角将人的性格分为九类，但为了顺应成长环境、社会文化，个体在安定或压力的情况下，依旧会与众不同。九型人格中，没有哪一型比较好、哪一型比较差的绝对价值观，事实上，每一型的人格都各有其优缺点。

3. 生命独特的教育启示

我们对待“千姿百态”的孩子，往往一把尺子量到底。用听话、安静、成绩好等固定不变的标准来框定千变万化的孩子，合适吗？

（1）不用同一标准要求所有孩子

从小学到研究生，应试教育基本上就是“过筛子”，网眼大小固定，所有学生一一过。一旦发现“另类”，有人就会拿起锉刀，擦平磨圆，最后被千篇一律地复制出来投入社会。几遍筛下来，学生就大同小异甚至一模一样，就像流水线的标准化生产。如果片面追求整齐划一，缺点倒是磨平了，优点也可能碎为“木渣”。北京大学考试研究院院长秦春华到上海面试高中生，事后发文感慨：学生们看上去都太完美了，似乎看不出任何缺点；但看起来也太像了，像是一个模具打造出来的“家具”一样。教育的目的究竟是培养活生生的人，还是打造千篇一律的所谓“好学生”？[34]教育不是照搬，教育不应用工业模式培养人——同一个标准要求所有的人、一把尺子量所有。教育要饱含对生命的终极关怀、对人的自主公正和生存尊严，教育不能够被淹没在机械化培养、程式化教学、标准化测验、模式化要求、集体化生活和规模化复制的冰水之中。不要动不动就说“别人家的孩子”，你可曾想过，孩子也有可能说“别人家的父母”“别人家的老师”，别人教育孩子的经验，不可以去盲目模仿，否则便是东施效颦，甚至邯郸学步。

（2）不跟别的孩子比较

每一个孩子都不一样，同样的方法用在不同孩子身上，效果也会有天壤之别。从小到大我们都怕和别人不一样，显得自己很另类，别的孩子能做到，我的孩子也要做到，不允许自己的孩子和别的孩子不一样。我们太在乎别人的眼光，不敢出格，最终淹没在人群中。

很多家长都把孩子当成工具，他们习惯于比较。当自己的孩子在某一方面与别人有了差距，他们的虚荣心便受到了打击，孩子也会因此受到训斥。但是家长们只看到了差距这一表象，却从来没考虑过为什么会产生差距，他们简单地将其归因于懒惰和愚笨，因为这样就可以把自己的责任撇清。

家长和老师需要学会用期待的目光看每一个孩子，相信每一个孩子都是一朵花：每一朵花都有自己独有的那份美丽，每一朵花一定会有自己开放的季节。有很多植物，春天是不会开花的，但是它在默默地长着枝叶，比如秋天的菊花，是那样的清雅淡然，带给秋天一份独有的美；秋天只要有一棵桂花树，远远地就能够闻到其独特的香味，真的是沁人心脾；还有梅花，在白雪皑皑的季节，它孤傲地开在枝头昂首绽放……其实每一个孩子都有自己盛开的季节，每个孩子都有属于自己的灿烂，只是彼此节奏不同而已，一旦他找到自己开放的季节，就会开放得无比绚烂！

尊重孩子的个体差异，接纳不同、包容差异，因材施教，不强求、不压制、不攀比、不贴标签，让其认知、思考、自由成长，活出其本来的样子，这才是对孩子最好的教育。

三、生命是简朴的，因为简朴而平凡伟大

人生真正宝贵、必要的东西，其实寥寥无几。简朴中的“简”主要指简单、简约、简化，去除不必要的；“朴”指的是淳朴、朴素、朴实，不加任何修饰。多余的物质，给我们带来的只有束缚，让人陷入欲望的深渊，消耗我们的能量。一个人只有从不断膨胀的物欲中摆脱出来，才能把心思放在有价值和有意义的事情上去：平常地修心、实惠地持家、朴素地生活、简单地工作、通俗地表达。生命是个简单的过程：原本都是赤条条来，就像无本买卖，亏光还是从零开始；死时撒手而去，既然什么也带不走，何苦争来争去？恩格斯认为经受一切、承受一切，生活就有意义[35]。胡适先生也曾说：“人生的意义不在于何以有生，而在于自己怎样生活。”[36]可见，生命的意义是通过生活去选择和创造的，在过程中不断体验未知和创造价值。那么，我们应该怎样活？

1. 简单地生活

生命的结果都一样，由细胞组成，细胞的生命历程都要经过未分化、分化、生长、成熟、衰老、死亡几个阶段，从而构成人体结构和功能的衰老和死亡。生命的本质在于新陈代谢，保证所有器官维持生命所需要的最低能量（基础代谢）即可。“一箪食，一瓢饮，在陋巷，人不堪其忧，回也不改其乐。贤哉，回也！”（《论语·雍也》）当年，颜回只要有能穿的、能吃的，即使住在简陋的巷子里，也已经很知足、很快乐了。

简朴是一个人的主动选择，追求的是一种美好的、以务实为主的“低成本”生活技巧和生活方式，反对的是奢华和浪费，复杂之后的简约和华贵之后的淡雅都比华贵更华贵。但是，简朴并非简陋和粗鄙，不是穷棒子精神，不是反对人类强烈的求知欲，不是反对科学，不是推广愚昧，不是清教徒，也不是反对世俗。

美国哲学家埃默里斯·韦斯特科特写了一本书《简朴的哲学》，书中回答了不少人们困惑的问题：为什么有这么多哲学家把简朴的生活等同于美好的生活？为什么简朴总是会和智慧沾边？挥霍和奢侈应该被视为道德缺陷吗？如果是，道理是什么？节俭有没有可能是个过时的价值观？刺激消费是现代经济的基础，简朴则被视为幸福生活的良训，二者该如何平衡？他提出物质极大丰富的时代，只要有能力和意愿，作为个人似乎可以无限满足自己对物质的欲望。相较于物质匮乏，这当然是社会的进步。但是，人对物质的欲求如此之大，是好是坏？在这样一个时代，还有没有必要提倡节俭？简约生活为什么可以让我们过得更好、更幸福？[37]

在如今这样的时代，要一个人完全放弃肉体感官的享乐，是不现实的，适当地享受肉体和感官之乐是需要的，但过度了就可能变成负担和麻烦。简朴生活是人们深思熟虑后选择的生活，是一种表现真实自我的生活，是一种丰富、健康、平凡、和谐、悠闲的生活，是一种让自然沐浴身心、在静与动之间寻求平衡的生活，是一种无私、无畏、超凡脱俗的崇高生活。中外贤哲如老子、孔子、苏格拉底、伊壁鸠鲁、耶稣、佛陀，等等，都提倡过简朴的生活。

正如余华在《活着》中所言，“人是为活着本身而活着，而不是为了活着之外的任何事物所活着。”努力地工作、学习，但不拼命，因为命很贵，没有第二次。不跟别人去攀比，因为有钱有势有权的人太多，没法比。“见素抱朴，少私寡欲”[38]，“朴素而天下莫能与之争美”[39]。老庄告诫我们：简朴是满足生存所需，它避免了无限制沉溺肉欲的享受、限制了膨胀的欲望，把人从追求财富和名声的枷锁中解放出来，这样就有更多的闲暇时间来真正地享受生活、思考生命的意义。

生活不简单，尽量简单过。心安理得地过自己的生活，要的不多，身心就不累。自由平静地做自己喜欢的事，不在乎别人怎么看，也不计较得和失，只问自己的内心快乐与否。内心简单的人，大都是快乐的人，因为心里思虑不是很多，没有太多使他耿耿于怀或者难以放下的东西，牵挂自然就少了。对于生存需求，通过调整自己的心态，让自己在大多数情况下都感到满足而怀有一点点的憧憬，这样的幸福感应该是比较强的。在简朴生活中获得精神上的升华与超脱，在平凡中获得心灵净化的空间感和享受快乐的幸福感——俭以养德，能保持简单地活着就是一件很高端、很重要且很幸福的事。简朴正是回到真实的俗世，是不为物质所累；简朴会让人类社会生气勃勃，会保持和推进人类的文明成果，会让人类长存。

简朴，于社会是节约资源。世界人口不断膨胀，不加控制地过度开发，使本就有限的地球资源雪上加霜。

简朴，于己是了解自己真实的欲望。不盲从，不跟风，抛弃累赘，放弃那些不必要的东西——包括那些不必要的垃圾信息及人事交往，放弃不能带来效用的物品，控制徒增烦恼的精神活动，专注于自己真正想做的事情，简单生活，安静做自己，从而获得最大的精神自由。

2. 平常的心态

庄子说“无以人灭天”[40]，是说不要用人的心思去伤害自己的天性。苏辙说“不以物伤性”，是说不要让外物把自己的本性、自性给伤害了。范仲淹说“不以物喜，不以己悲”，是说不因外物的好坏和自己的得失或喜或悲。禅宗也说“外不着相，内不动心”，就是不被外相牵引、对身外的一切都不执着，自己的心就不会乱。换句话说，就是让我们不要被浮华的表面所诱惑，应时常保持一颗平常心，活出真正的自我，人生不要被外部世界所掌控，尤其不被物质世界左右。人的肉体需要是很有限的，无非是温饱，超于此的便是奢侈，而人要奢侈起来是没有尽头的。温饱是自然的需要，奢侈的欲望则是不断膨胀的虚荣刺激起来的。奢侈不但不能提高生活质量，往往还会降低生活质量，使人耽于物质享受，远离精神生活。

人的一生有太多的不确定，不往前迈，永远不知道前方有多少坎坷和意外。当庆幸自己安全地迈过了这个坎，却永远想不到下一个更是晴天霹雳，让人措手不及。此时，要调整内心，放下满心的抱怨，必须要做的还是要做，但是忙完后，就得脱离出来，给自己喘息的机会，宠辱皆忘，远离得失心。只要心简单了，就没那么累了。简朴没有贪多心态，不去争名夺利，做任何事都适可而止，删繁就简，心安理得。在平凡中让心沉静下来，就会发现原来很多东西其实并不是必需的，而是这个社会及文化长期以来灌输的。沉静下来，获得心灵的净化，是一种更高层次的精神享受。

心智单纯的人，心会像水一样平静，对外界的事情毫无杂念，如实、不扭曲地反映真实世界的本来面目。我们要努力不懈地做个好家长、好老师，但也不要强求以自己的方式去改变别人的行为方式和思维模式，结果如何是孩子的造化，家长、老师尽力了就行。心静如水教会我们跟世界和解、跟命运和解、跟年龄和解。造成我们的心灵不宁静的原因是我们的妄想与贪欲，它导致我们本来完整、清晰的智慧变得昏蒙、扭曲，看不清事实的真相。就好比水面的风，吹得本来平静的水面波澜起伏，水中的倒影也变得支离破碎，甚至看不清。所以，心不静，必出乱。

内心淡定就是让我们别想多了，因为事情的本质往往都很简单，只是被我们想复杂了。头脑简单的人，往往烦恼的事情会更少，不是他们傻，而是他们内心淡定、从容。他们不多愁善感，不狂不悲，简简单单，感恩知足。内心淡定的人不活在别人的眼光中，不活在别人的言语中，不为迎合别人去改变，不为讨好他人去卑微，就是简单地做自己就行。

要学会节制不必要的物质欲望，人一生中最重要的不是富贵盈门的迎来送往、风流无限的灯红酒绿、奢侈享受的山珍海味、呼朋唤友的胡吃海喝，这些都是肉欲层面的虚荣。凡是肉欲层面的东西不可能让人保有真正的快乐！因为这些感官愉悦都是对生命的消耗，图一时之乐，过后必定很惆怅、困惑，甚至痛苦。人的心就那么大，心事多了，烦恼自然就多；心事少了，自然就轻松，轻装上阵，才能走得更快更稳。简单，不是得过且过，也不是“得不到”所以说“不想要”，而是适当地控制自己的欲望，拿得起、放得下，要“得”也愿意“舍”。拿走的东西越多，留下的就越纯粹。

3. 轻松地放下

庄子说:“朴素而天下莫能与之争美。”[41]简朴是放低姿态,低调地过一种平静的生活,限制膨胀的欲望,满足生存所需,避免无限制地沉溺于肉欲的享受,同时也给人以空间和幸福感。老子说:“五色令人目盲,五音令人耳聋,五味令人口爽,驰骋畋猎令人心发狂,难得之货令人行妨。是以圣人为腹不为目,故去彼取此。”从这句话中可以看出,老子很清醒地认识到,一个人如果过度地追求声色物欲的享受,会使人心越来越陷于动荡迷乱之中,所以他提倡过极简的生活,减少人的感官享受,保持内心的虚静和安宁。乔布斯在研发iPhone4时,要求“把最复杂、最强大的功能最简单化”,最终开创了全球智能手机时代。他的苹果产品种类极少,产品设计极简,却颠覆和改变了世界。简单是高级形式的复杂,越是形式简单的东西,智慧含量越高,越是高级的东西,就越是简单。简到极致,便是大智;简到极致,便是大美。所以,大道至简。

(1)放下物欲

朴素地生活可以考虑放弃不能带来效用的物品,控制徒增烦恼的精神活动。

于灯红酒绿中一掷千金，看似潇洒，实则难以掩盖其内心的空虚和精神的颓废。物质享受给人带来的快乐是短暂易逝的，唯有精神的充实才会历久而弥新。也要学会从追求财富和经营财产的枷锁中解放出来，这样就有更多的闲暇时间来真正地享受生活，思考生命的意义，就不会像那头被人蒙上眼睛只知埋头拉磨的驴一样，一生都只知道围绕“孔方兄”转圈。

白居易的诗作《草茫茫·惩厚葬也》中说：“奢者狼藉俭者安，一凶一吉在眼前。”这就告诉我们：豪华奢侈会遭厄运，狼藉不堪。所以，居家过日子应该怎样去购置必要的家具；怎样把钱花在必不可省的用途上；怎样开销衣、食、住、行、教育、娱乐、旅游、打扮……这些都很重要。总之我们应该把钱用得清清楚楚，十分恰当，节俭便平安。要警惕棘轮效应，别被欲望绑架。棘轮卡在棘齿中，只能朝一个方向转动，回转则很难。人的消费习惯形成之后有不可逆性，即易于向上调整，而难以向下调整，尤其是短期内很难向下调整。由俭入奢易，由奢入俭难，棘轮效应源于欲望，倘若无法适度限制自己的欲望，就会被其所绑架。

粗茶淡饭保平安。粗茶淡饭不是吃得差，也不是只吃素不吃荤腥没油水，而是平衡膳食，有荤有素，还有蛋白质和米面类，食物多样化（包括蔬菜水果），不大吃大喝、不营养过剩，也要防止营养不良等。“淡饭”还有另外一层含义，就是饮食不能太咸。远离肥甘味美，保持适量运动、不依赖舟船车马；亲近果蔬、远离烟酒；食品宜原汁原味、不宜过度烹调精加工。医学研究表明，饮食过咸容易引发骨质疏松、高血压，长期饮食过咸还可致中风和心脏病[42]。生活无须多少华丽的点缀，朴素生活才能清清淡淡而又长长久久。

如今的社会，很多人都在疯狂地追求金钱，痛快消费、追求享乐。为了有更多的钱，买更大的房子、更好的车子，住得起更豪华的酒店，穿得起更名贵的服装，吃得起更高档的大餐，读得起更好的学校，人们互相攀比，终日忙忙碌碌。很多人认为这些再正常不过，却不知道，这是一种有人推动操纵的上瘾行为。面对外界的浮躁和喧嚣，人们的内心时常会疲惫、厌倦、浮躁，唯有灵魂安静的时候，才能简单地与自己相处。

我们要引领孩子在这个世界上充实地生活，用心去感受活着的乐趣，阳光、气息、食物、温暖，我们不需要掌声，也不需要记载，因为活着就是生命史诗当中真正的英雄！与其流星划过、人财两空，不如拥抱孩子、接受平庸（平凡）。不“卷”、不“鸡”，活出自我；顺应自然，活出本真。

（2）放下执念

生命面前需要学会放下执念，太多的孩子都被家长的执念“掏空”。北京大学心理健康教育咨询中心副主任徐凯文教授曾经做过调查，并在他的文章《空心病与时代焦虑》中提道：北京大学约有30%的学生可能患有“空心病”——缺乏价值观，不知道自己要什么、不知道自己为什么而活。他因此质疑功利教育中“买椟还珠”的现象：在社会集体焦虑的背后，反映的是人们缺失的内在价值感。如果孩子从小被功利的目标推着走，长大后就会变成没有内心尺度的“空心人”。研究结果显示：13%的北京大学学生有焦虑症，在一个初步的调查中，有38名学生危机样本，其中50%来自教师家庭（教师总是以教过的每个学生的最强项去要求自己的孩子，因而其子女感觉压力更大）[43]。教师不能用对待学生的那一套管理方式来要求自己的子女，而是要转变心理角色和发展预期，真正做到与孩子平等地沟通[44]。

北宋文学家苏轼在《洗儿诗》中写道：“人皆养子望聪明，我被聪明误一生。惟愿孩儿愚且鲁，无灾无难到公卿。”大意是说，别人家养孩子盼望的是聪明，可我恰恰被聪明耽误了一生。唯愿我的孩子普普通通，哪怕有点愚笨鲁钝，只要无灾无难，过的日子也就相当于公卿。古人云“儿孙自有儿孙福”，真的没必要“鸡娃”。成熟的人不问过去，聪明的人不问现在，豁达的人不问未来。不为自己曾经的失败和他人的冒犯耿耿于怀，不去担心那些未知的风雨，专注做好当下的事，才是真正的智慧。红尘中潮起潮落、消长无常，让你失落、枉生悲伤，与其养个“空心人”、人财两空，还不如让孩子做真实的自己，亲子一起平淡生活，无须迎来送往，无须看别人眼色，而是有自由独立的生活，闲来阅读、欣赏音乐、画画、舞蹈、弹琴、下棋、运动、旅游……有自己的事做——平平淡淡、从从容容、普普通通才是真！

老和尚带着小和尚下山化缘，途经一条河，河水湍急，有个女子不敢过河，站在河边干着急。老和尚起了慈悲心，背着女子趟过了河。小和尚瞧着，耳朵根子都红了，马上四处张望，生怕被别人看见了。过了河，老和尚好像什么事都没发生似的，继续赶路。走了十多里地，小和尚终于忍不住问：“师父，出家人当四大皆空，守清规戒律，您刚才若无其事地背那女子过河，却是何故？”老和尚说：“我把那女子背过了河，便放下了她，你呢？背在心上想了一路，你说，到底是谁的灵台不清明？”其实老和尚背女子过河，背过去了，就放下了，这件事情就结束了，而小和尚却用清规戒律分析这件事，有了挂碍，生了烦恼，用清规戒律羁绊自己，何必呢？心里没鬼，要那些执念干什么？自寻烦恼。童年的时光是最快乐的、最美好的，因为孩子不自寻烦恼。

没必要把并不熟识的人邀请进自己的生活中来，结交之人要才学、谈吐等投缘，合自己的品位。要避开世事纷扰，活得气定神闲。要学会把时间花在自己和值得的人身上，吞没时间的交友软件，删掉；无关紧要的微信群，退出；微信朋友圈，整理；不必要的见面，推掉；应酬的饭局，不去；鸡肋的聚会，拒绝。把时间用在无效社交和酒肉朋友上，收获的除了短暂的热闹，只有长久的空虚，说不定还会被带偏。人在社会上立足，最终靠的是实力，而不是看你融入多少圈子、认识多少人。朋友不必多，若得知己一二，足以抵过千百个泛泛之交。你本是一个砍柴的人，却在路上遇到了一位放羊的朋友，你们两个人就在一起聊天，聊得很嗨，一天结束了，他的羊喂饱了，你的柴呢？把所有来信、短信、微信都分成“要看的”和“不看的”两类，不浪费生命。

但“放下”不等于“躺平”，也不是“放弃”，我们需要引导孩子：年轻人应该有积极主动、奋发努力的样子。做父母、做老师要跟孩子讲，世界总会以各种形式善待努力的人，惩罚偷懒的人。千万不要觉得读书苦，那是你去看世界的路。人生没有捷径，唯有踏实的努力才能达到理想的彼岸。上学没吃的苦，生活都会一点点地还。读书的苦是成长的收获，生活的苦是心力的消耗。明明可以奋斗、努力、学习的时候，如果你选择了安逸和偷懒，从而导致人生失去了更多的可能性，这或许就成为很多人一辈子不愿提及的伤。看过的书、刷过的题、熬过的夜、洒过的汗水，都会走进我们的人生，成为人生的一部分。

4. 生命简朴的教育启示

梭罗在瓦尔登湖畔的岁月堪称简朴生活的典范。梭罗践行简朴，把大量的精力从谋生的工作中节省下来，将之投入更高的精神生活，如阅读、写作、散步、社交、沉思等。梭罗的简朴生活是一种积极的人生探索与充盈的生命体验，他不仅为我们指出了一条抗衡消费主义、保持精神独立的道路，而且提供了低碳生活的诗意范本[45]。

（1）不自卑、不退缩

生命在起源上真的是微不足道：肉眼看不到的生殖细胞可以忽略不计，但它诞生了一个奇迹；生命在时间上可以转瞬即逝：短暂易逝到在历史长河中如流星划过，可也曾经有过灿烂精彩；生命在空间上偏居一隅：在浩瀚星河中如沧海一粟可忽略不计，但哪怕“如米小”的苔花，“也学牡丹开”[46]。我们每一个平庸渺小的个体好比大海中的一滴水，一点儿也不起眼，虽如此渺小却那样坚强地活着，我们不得不慨叹生命的伟大。英国物理学家霍金，病痛折磨着他，人们都认为他会英年早逝，然而他却顽强地活到了古稀之年，还为我们留下了不朽的著作。霍金的一生，辉煌至极，世界物理史和科学史永远会留下霍金浓厚的一笔。

或许我们曾经看过蚂蚁搬家的情景：一只小小的蚂蚁，凭着一份自信、一份执着，在地下挖掘一大堆泥土，尔后一粒一粒地把泥土搬到巢外的空地上去。同样作为一个生命，我们不能不为它锲而不舍的精神而由衷感叹：

虽然它一无所有，甚至渺小得一阵风就足以把它吹得无影无踪，可它懂得珍惜“自己”，懂得努力有滋有味地生活下去。据说蚂蚁是动物界的“大力士”，可以搬运超过自身重量50倍的物品；蚂蚁能生活在任何符合其生存条件的地方，是世界上抗击自然灾害能力最强的生物；蚂蚁是除了人类以外唯一能驯养其他动物的物种，它们驯养蚜虫，因为蚜虫吸食植物的营养，而它的排泄物——蜜露，是蚂蚁香甜可口的食料[47]。在树叶都被蚜虫吃光后，蚂蚁便会把没有翅膀、行动迟缓的蚜虫搬到另一棵鲜嫩的树上。如果有蚜虫的天敌七星瓢虫侵略，蚂蚁们会奋力把侵略者赶走[48]。多么平凡且不起眼的生命，居然有这么多了不起的地方！当年劝老子写《道德经》的尹喜说过：“一蜂至微，亦能游观乎天地；一虾至微，亦能放肆乎大海”[49]，意思是：一只野蜂再小，也能在空中自由自在地飞翔，俯瞰大地；一只小虾再弱，也能在水里肆意尽情地遨游。不自卑，每个人都有自己独特的活法，别人未必懂；不退缩，可以在自己的世界里活出精彩，自得其乐。

我们人类的生命更伟大：能够通过实践活动完成对客观世界的改造，并创造出世界上没有的东西，从而达到影响和改变客观世界并满足人类需要的目的。我们要告诉孩子：像蚂蚁那样顽强地活着，不断地去超越自己，不断地去更新生命存在的内容和方式——“爱你孤身走暗巷，爱你不跪的模样，爱你对峙过绝望，不肯哭一场……爱你来自于蛮荒，一生不借谁的光，你将造你的城邦，在废墟之上！去吗？去啊！以最卑微的梦。战吗？战啊！以最孤高的梦。致那黑夜中的呜咽与怒吼，谁说站在光里的才算英雄。”[50]这告诉我们要遵从本心、迎难而上、不屈不挠；不向命运低头、不媚俗轻狂；只要心中有梦，就应该努力朝着梦的方向去努力、去奋斗，但求满腔热血、努力一场，坚韧不拔、奋勇向前，只要无愧于心，不以成败论英雄，不完美也可以活得恣意洒脱……

（2）不攀比、不富养

不攀比，因为攀比没有尽头。无论人生到了哪个阶段，阶下都有人在仰望你，阶上都有人在俯视你。你抬头会自卑，低头会自得，只有平视，才能够看得清真实的自己。攀比会导致自身被尊重的需要过分放大，虚荣动机增强，变得越来越不满足，甚至产生极端的心理障碍和行为。智者欣赏、愚者比较，智者互抬、愚者互撕。

《九阳真经》中说得好:“他强任他强，清风拂山岗。他横由他横，明月照大江！”内心平静，波澜不惊，清风明月，归于平和；摆平心态，不卑不亢，心胸开阔，以高山和江河的广阔和包容笑对世界。与其无聊攀比，不如提升自己：只有让自己变得越来越好，人才会越来越自信。物质只是一种外在的表象，它不能代表一个人的内在价值和幸福感，如果我们一味地追逐物质，就会忽略内在的需要和精神的丰富，最终失去真正的幸福。每个人都有自己的特点和优点，每个人都有自己的人生轨迹和价值观，如果我们一味地比较，就会陷入焦虑和自卑的情绪，最终失去自信和人格。社会地位只是一种外在的身份和地位，它不能代表一个人的内在品质和能力，如果我们一味地以社会地位来评价自己和他人，就会陷入虚荣和傲慢的情绪，最终失去人性和道德。生活是一种态度和选择，它需要我们用平和、自由、真实和幸福的态度来对待，如果我们一味地追求功利和虚荣，就会失去真正的自由和幸福。

特别要注意的是，不少父母“踮起脚”养孩子，千方百计为孩子创造舒适优良的生活环境，孩子要什么就给什么，穿名牌衣服，用新潮电子产品……爱没了底线，只会让孩子的欲望愈发膨胀，成为永远填不满的无底洞，在所谓的“富养”中迷失了自我，懒惰成性却虚荣无比，最终在激励竞争的社会中屡屡碰壁。

简朴，不是把生活中所有的东西都扔掉，也不是过苦行僧的生活，而是建立一种生活态度，改掉过去积累物品的习惯，进而追求一种身心的放松与和谐，让自己彻底从物欲的牢笼中解脱出来，让自己有更多的时间和精力去从事自己喜欢和热爱的工作。

四、生命是无常的，因为无常而弥足珍贵

人类是目前我们知道的最高级的智能生物，尤其是工业革命以后，科学技术突飞猛进，上天入地、建桥盖楼，大至看不见的电磁波及宇宙背景辐射，小至质子、中子、介子、玻色子等粒子，以及强相互作用力、弱相互作用力等，可能有些人觉得人类无所不能，无所不知。然而，其实人类所知所能仍然十分有限，自然科学还处在启蒙阶段，我们对宇宙中的很多东西还停留在猜想阶段，就连我们对所居住的地球的认知也是微乎其微，地球内部结构及运动仍在困扰着我们，地球稍不高兴轻轻

地“翻个身”或是喷个岩浆对人类都是灭顶之灾。生命是脆弱的，没法暂停，也不可逆转。人的一生是一个暂时的存在，从生到死，宏观来看，人的一生就是一刹那间；微观来看，生命是一种长期而持续的累积过程，其认知、情感、意志、个性都建立在曾经的经验基础之上，人的一生中经历的不同事情、体悟到的不同感觉，与做事方式、思维模式之间总会存在着某种因果联系。

时光不能倒流、生命不可重来，一旦中断，永无续联。所以生命必须保持其连续性，不能暂停、不可逆转、不能转借、无法重启，但随时会中断。

1. 生命是无常的

生命源于偶遇的奇迹，既然是偶然而“生”，就也有可能偶然而“死”。当无常到来，生命突如其来地被画下了休止符，才惊觉留下的是太多的来不及。正所谓“天有不测风云，人有旦夕祸福”，在家、出门都有可能出现意外情况，人生修行最紧要的目的是要养成适应生命被动性的能力，欢喜地接受生死、痛苦、打击、挫折……活好每一天每一秒。人生的很多事情是自己无法预料、无法控制的，生命看似很长，但生命无常，谁都不知道下一秒将会发生什么。我们永远也无法知道，未来和意外哪个先来：世事难料，黄泉路上无老少。

生活，就好像一个人在身前远远地打着一盏灯笼，来照亮道路。人永远也走不到那片光亮的尽头，那一片被照亮的地方总是在前面。理性的生活就是这样，只有在这样的生活中才不存在死亡，因为这盏灯笼将持续不断地闪亮。我们要跟随着它，泰然自若，并且在整个生命过程中都是如此。

生命无常，提供了改造生命的机会；若生命有常，则无可改变。故而需要让我们的孩子了解种群生命的起源、进化过程、祖先迁移，以及个体生命的由来、孕育艰难、生产苦痛。只有了解生命才会尊重生命，尊重生命才会敬畏生命、善待生命，才能懂得呵护生命，不仅是呵护自己的生命，也包括呵护他人及其他物种的生命，同时还要捍卫生命。

我们需要让每一个孩子都懂得：生命中的一切，曾经出现过、得到过、拥有过，就足够了。不因艰难困苦而却步，也不为鲜花掌声而迷失。用内心的淡定从容，坦然应对生命中的喜怒无常。有人曾经这样写道，“你不能决定生命的长度，但你可以控制它的宽度；你不能左右天气，但你可以改变心情；你不能改变容貌，但你可以展现笑容；你不能控制他人，但你可以把握自己；你不能预知明天，但你可以利用今天；你不能样样顺利，但你可以事事尽力。”

“我命在我不在天”。人生变幻莫测，在充满竞争、挑战和机遇的现代社会更是如此，我们应秉持乐观的人生态度，坚持生命自主精神，尊重生命自由、维护生命尊严、提升生命质量、实现生命超越，抓住成长机遇，凡事尽力、问心无愧。

2. 生命是无辜的

生命，不仅是无常的，也是无辜的。父母两情相悦，孩子只是荷尔蒙驱动下快乐的“副产品”，没有人在意孩子是否愿意被爱“造”出来：是否愿意出生，我们无从选择，出生的时间无从选择，出生的地点无从选择，生在怎样的原生家庭也无从选择，在幼儿园学校遇到哪个老师、什么样的同学也无从选择。所以，每一个生命都是无辜的，他们是被特定人物在特定时间带到了特定地点，遇到了特定的人。

不轻易结婚，不轻易生孩子。既然生了，就必须要有接纳孩子一切的心理准备，而且是无条件接纳：性别、长相、智力……不逃避、不放弃！一个孩子的长相和智商是不以我们的主观意志为转移的，所以教育倡导人人平等。谁不希望生来漂亮？谁不希望生来聪慧？谁不希望生来富贵？但这些我们无法选择。家庭出身没人可以选择，所以教育需要尊重客观存在。因为随机，学生被分到现在所在的班级，老师必须无条件接纳每个学生——有教无类、一视同仁；也因为随机，老师被安排到现在所教的班级，必须珍惜这种师生之缘。

老师是师生关系中的成人方，需要代表社会尽力去帮助身边每一个需要帮助的学生——超越其民族、国籍、家庭出身、宗教信仰、长相俊丑、残疾与否。

大家活着都不容易，要懂得惺惺相惜。无论是家长也好，老师也罢，都需要为无辜的孩子呐喊、代言。当罪恶伤害别人的时候，如果你不说话，你迟早也会被罪恶所伤害——在美国波士顿犹太人屠杀纪念碑上，铭刻着一位叫马丁·尼莫拉的德国新教牧师留下的发人深省的短诗，“在德国，起初他们追杀共产主义者，我没有说话，因为我不是共产主义者；接着他们追杀犹太人，我没有说话，因为我不是犹太人；后来他们追杀工会成员，我没有说话，因为我不是工会成员；此后，他们追杀天主教徒，我没有说话，因为我是新教教徒；最后，他们奔我而来，却再也没有人站起来为我说话了”[51]。你自己的孩子，你不在意谁在意？不在意照料孩子，总倚靠另一半；不在意陪伴孩子，总觉得自己忙；不在意孩子的教育，总以为“树大自然直”；不在意孩子的情绪，总觉得“太娇气矫情”……点点滴滴的不在意、漠视，最终会造成莫大的伤害。

3. 生命是不可逆的

每个人的生命只有一次，不会有第二次，更不会有多次。生命是在一维的时间之流中延续的，它一去不复返。生命由诞生到死亡是单向的、不可逆转的。生命旅途从出生开始，就一直朝着死亡的终点一路奔去，就像恩格斯指出的那样，“人从降生的那一刻起，就一步步走向自己的坟墓”。生命只有一次，人的年龄是用加法来计算的，而生命则是用减法来计算的，正如俗话说“活一天，少一天”。因此，生命是人类最宝贵的财富，是不容“慢怠”的。这一点可以让我们每一个人都意识到生命的神圣性，我们要十分珍惜自己的生命，应该利用好生命中宝贵的分分秒秒。尤其是，我们不仅要在生命的质上达到高品质；在生命的量上我们也必须善用此生，善待生命，努力活够天地自然赋予我们的生命时光。

唐代诗人王之涣的《登鹳雀楼》：“白日依山尽，黄河入海流。欲穷千里目，更上一层楼。”很多人觉得这首诗的精华是在后两句，其实这首诗最宝贵的是前两句，因为前两句是在告诉我们：时光和流水一样，一去不复返。我们教育工作者要让孩子从小就懂得珍惜时光。我在40岁的时候，经常思考一个问题：人为什么要活着？这其中包括人为了什么而活着以及人为什么是活着的两层含义。有一位研究哲学的教授让我反向思考：为什么不去死？对呀！人生虽苦短，但好死不如赖活着！况且我也不知道死后还有没有另外一个世界；即便有，那个世界是光明的还是黑暗的？即便是光明的，要等多久才能与家人朋友团聚？那么早去不也是等着吗？死了就停了，人生是单程单向，没有回头路！起死回生是虚幻的梦想，长生不老是童话的妄想，唯有好好活着才是生命的不二法则。

如果生命可以重来，人们就不会对下一次生命产生依赖，所以必须加强对自我的约束，激励我们在今生去做最好的自己，对我们遇到的每一件事、每一个人都倍感珍贵。即使某件事可能不完满，也是独一无二的。从科学的角度来说，未来是不可改变的，但是如果每个人都去改变，那么这个未来便可不同。时间不会停滞不前，怎么可能每一个人都永远停留在生命的某段时光呢？

如果生命可以逆转重来，并且人们已知未来是美好的，就会使很多人滋生惰性，不再为未知的未来奋斗；如果已知未来一片黑暗，又有多少人仍然勇于面对？想一想，如果万事都已知结果，那么活着还有乐趣吗？

西西弗斯是希腊神话中的人物，是科林斯的建立者和国王。他曾一度绑架了死神，让世间没有了死亡。结果惹怒了众神。众神为了惩罚他，便要求他把一块巨石推上山顶，而由于巨石太重了，每每在他将要到达山顶时巨石就又滚下山去，前功尽弃。于是他只能不断重复、永无止境地做这件事。众神认为再也没有比进行这种无效又无望的劳动更为严厉的惩罚了，因此西西弗斯的生命就在这样一件劳作中慢慢地消耗殆尽[52]。难能可贵的是，西西弗斯从来都没有放弃过，每次他都认为能够将巨石推到山顶，满怀希望，从不放弃、周而复始。

其实，人生如木成灰，不重为木，即便再来，我也非我！

4. 生命无常的教育启示

生命其实有不堪一击的脆弱，随时会因为种种意外而定格，我们一定要让每个孩子从小就懂得珍惜、善待生命。

（1）珍惜生命

如今的社会安全隐患太多，危机四伏：交通事故、高空坠落、食物中毒、药物中毒、煤气中毒、触电、溺水、烧伤烫伤、玩具隐患、辐射、校园暴力、绑架勒索、拐卖、故意伤害、恐怖袭击等。

无论是家庭教育还是学校教育，都需要教育孩子珍惜生命，因为只有活下来才能感受世界、享受生命；也需要教育孩子守护生命，在一切的功名利禄、恩怨情仇面前，活着才是王道；更要教育孩子坚守生命，做自己认为该做的事情，做自己喜欢的事情，做自己认为更重要的事情。只有这样，当死亡来临之际，我们才会因为曾经痛痛快快地活过而坦然地面对死亡。

也许，许多人在现实生活中倍感艰辛。人生中的痛苦太多了，人之生命品质不高，但绝不能以自我结束生命的方式来解决，而是应该以百倍的努力和奋斗来摆脱面临的困境。我们不能沉溺在生活的长河里，忘却了生命的本质。为了使自己的一生更有意义和价值，我们每个人都应该牢牢掌握生命的神圣性与唯一性，学会面对人生的灾难、痛苦和死亡，从这些人生的负面价值中体会生命的正面意义。唯有如此，我们才能珍惜宝贵的生命时光，使我们的一生在即将结束时不留下过多的遗憾。

（2）保护生命

教育要引导每一个孩子从小建立保卫生命的意识，同时也要引领全社会建立“儿童是弱势群体中的弱势群体”的共识：儿童必须优先，必须落实《中华人民共和国未成年人保护法》，全社会都应该为儿童提供健康的成长环境。

学校属于人群聚集之地，感染传染病的概率较高；孩子之间交往频繁，传染病容易散播开来。没有什么比孩子的生命安全更重要的了！安全至上是校园管理的重中之重。道理很简单，在危险的情况下，人们总是不得不抑制自由的愿望：对面是敌人的枪口，你不可要求散步的自由；野兽横行，你无力把野兽关进笼子，那不如选择自己进入笼子；一个受到黑帮追杀的人，宁可失去自由躲在监狱里，而不愿意享受出去的自由；病毒肆虐，你没有百毒不侵的本事，不如老老实实地待在家里。因此，校园必须做好人员摸排、卫生消杀、应急预案、联动措施，以及物资储备、防疫知识培训、心理疏导等，而且这些都要实现常态化，来不得半点马虎。

古之圣贤为生恻隐之心，在饮食上有四不食之戒，“闻杀不食，见杀不食，自养者不食，专为我杀者不食”[53]。听到杀害的声音没去制止，不能吃；看到杀害的场面没去制止，不能吃；自家养的，日久生情了，不能吃；专门为我而杀害的，不能吃。佛教在《四分律》和《戒律广本》等戒律中也有“不见、不闻、不疑”的“三净肉”[54]的说法。道教也有悲天悯人、推己及人的“四不食”：第一不吃狗肉，因为狗一旦认定了一个主人，即便是贫寒之家，一辈子也会不离不弃，对人的忠诚也是其他动物不可比的；第二不吃乌鱼，因为民间传说乌鱼在产卵之后，由于消耗掉大量的体力，身体遭到根本性破坏，导致两只眼睛昏花，只能坐以待毙，乌鱼仔就会主动游到乌鱼的嘴里，以身投喂，堪称大孝之道；第三不吃牛肉，因为牛是古代人们农耕的最得力助手，帮助人们辛勤耕耘劳作，任劳任怨，最后奉献出自己的皮肉，乃是大义之生灵；第四不吃鸿雁，因为鸿雁是非常痴情的动物，彼此成对之后一直不离不弃，如果其中一只死去，另一只不会再与其他鸿雁同飞，而是选择孤独一生，直至死去也不失节！[55]

（3）不可忽视的死亡教育

“未知生，焉知死”，死亡教育虽名为谈死，实乃谈生，死亡教育是孩子不可或缺的必修课。在我们的传统文化中，由于忌讳，家长对于“死”下意识回避，使得孩子在童年时期承受了太多不必要的恐惧，又在成年之后缺失了对生命意义的探索力。有关死亡的问题，如果孩子没有直接问起或没有直接面对死亡事件，家长可以不主动去“教育”，但应在日常生活中潜移默化地渗透，比如通过清明节祭扫、家庭祭祀、小动物离世、树叶落地、绘本阅读（如《一片叶子落下来》《我永远爱你》《苏菲的杰作》《爷爷变成了幽灵》《楼上的和楼下的外婆》等）等活动和现象告诉孩子，死亡是生命的一个重要组成部分。家长需要引导孩子学会正确看待死亡，深入思考生命的意义，激励孩子珍爱生命，活得更有价值。如果孩子无端长期闷闷不乐，或者突然开始非常害怕孤独和黑暗，家长就要用心且小心地去寻找原因了。家长要与孩子保持心灵的沟通，要让孩子有一个愿意说出自己最害怕的事情的亲人，绝不能让孩子独自承担这世界上最大而又最令人恐惧的秘密（推荐阅读何怀宏的《孩子，我们来谈谈生命》一书）。若孩子说出来了，家长也不必急于给出答案式的回答，问清楚孩子害怕的缘由，哪怕我们一时说不出什么，也可以默默握住孩子的手或者拥抱孩子，表示你已经理解到这个问题的重要性，愿意与孩子共同面对与分担。[56]

家长应该让孩子打小就明白生命来之不易、生命只有一次、我们没有处置自己生命的权利——身体发肤受之父母，不敢毁伤。一个人对自己的生命是不是拥有绝对的权利？没有！只有一种优先的权利，比任何其他人都更优先的权利，但是没有一种完全绝对的权利。我们每一个人的出生与成长，都不是无缘无故的，其中有太多看得见的、看不见的他人或其他物种的付出：父母恩、师长恩、国家恩、众生恩。据《中国卫生健康统计年鉴（2022）》统计，2021年中国城市自杀率为4.31/10万，农村自杀率为7.09/10万[57]；联合国儿童基金会发布的《2021年世界儿童状况》报告显示，全球每年有近4.58万名青少年死于自杀，其中1.02万人为10至14岁，男女性别比为61：39[58]；由人民日报健康客户端、抑郁症研究所等共同发布的《2022年国民抑郁症蓝皮书》显示，目前我国患抑郁症人数为9500万，50%的抑郁症患者为在校学生，18岁以下的抑郁症患者占总人数的30%。抑郁症是青少年时期比较常见的一类精神心理障碍，也是导致青少年早早结束生命的首要原因。患有抑郁症的人，70%左右都有过自杀的想法，最终因病去世的人数约占15%。另据一项调查显示，上海有24.39%的中小学生曾有一闪而过的“结束自己生命”的想法，认真考虑过该想法的占到15.23%，更有5.85%的孩子曾计划自杀，并有1.71%的中小学生自杀未遂。在自杀者的年龄排列中，12岁占第一位（40.3%），其次为14岁（22.7%）、11岁和13岁（13.6%），其中女孩占比（72.7%），而男孩仅占（27.3%）[59]。

什么样的孩子容易得抑郁症？

一是家庭出现问题。在亲子关系不和、零沟通的家庭中，青少年抑郁症自杀风险很高。父母总是把自己的辛苦挂在嘴上，让孩子在负疚中生活，小小年纪就背上沉重心理负担。此外，家庭中的这些问题也易导致孩子患抑郁症：家庭暴力；对子女照料不周、长期寄养；家庭搬迁（缺失安全感）；家庭经济紧张、父母突然离异或失业、父母有重大健康问题，甚至丧失至亲；家庭有法律或其他重大纠纷；父母精神健康状态欠佳或患有精神疾病；父母有酒精和物质成瘾症，与外界隔绝；家庭有自杀史或家族亲友中有自杀倾向；童年曾经遭遇暴力侵犯或性虐待等负面经历；父母忽略子女的情绪变化，未能及时解决子女的心理问题。

二是学习压力大。据统计，因学习压力沉重而自杀的孩子约占29%（家长逼、老师逼），唯成绩论的社会评价体系不仅绑架了孩子的价值、直接损害其身心健康，也削弱了他们进入社会后应对更复杂压力的能力。此外，还有的孩子是学业困难，学习成绩不理想或考试失败、在考试前承受过多压力等；父母对孩子有过高或过低的期望；转学或异地求学适应不良。

三是发生违法违纪问题。如由于考试作弊、打架、旷课、偷窃或其他行为受到校规法纪处分，或恋爱关系破裂、避孕失败；经常旷课、沉迷网络等明显偏离常规的行为。

四是校园霸凌。受到同伴排斥、孤立，受人欺负或迫害（同伴、老师、社会闲杂人员等），与他人纷争等，约占1/6，这种情况下孩子内心的创伤可能远大于身体，这种“久远的危险因素”可能被深埋心底，最终导致悲剧的发生。

五是有消极人格特征。如情绪不稳定；容易陷入抑郁和绝望；易怒、易冲动；敏感，当出现轻微身体不适或情绪不佳时过度担忧、焦虑；认知及自我评价低；盲目自大、自卑；容易自暴自弃；敌对心态、暴力倾向。

抑郁症的孩子可能表面看上去别无二样，却隐藏巨大的“心理黑洞”。如果发现孩子有长期情绪低落、无故哭泣；思维迟缓、退缩、经常独处、意志活动减退；行为突然改变、无故担忧未来或完全自暴自弃；不愿与人交际、故意回避、消极厌世、总说丧气的话语[60]；谈论自杀话题等症状，家长应像对待生理疾病一样，及时带孩子治疗，进行早期的风险预测和心理疏导。

家长对孩子要有足够的耐心，学会倾听和观察，引导孩子明白，每个人在生活的不同时期都会面对困惑和挑战。不要避讳与孩子讨论心理健康和自杀的话题，要让他们知道，父母在关心他们，愿意和他们沟通对话。家长也要多鼓励孩子和朋友、家人在一起，多参加社交活动，帮助孩子重建信心。

我们不要告诉孩子亲人死亡是去了美好的天堂、极乐世界，变成了天使、没有病痛、有很多美食等——不能误导他们认为死亡很美好，这会让孩子觉得遇到挫折时去死可以去天堂；不要告诉孩子亲人死亡是去了很远的地方，结果孩子等啊等，自己等的那个人却回不来，这会让孩子以为自己的亲人再也不疼爱自己了，不喜欢自己了，不想要自己了，反而会让孩子的内心有不安全感；不要告诉孩子亲人死亡是睡着了，这会让孩子对睡觉产生一种恐惧的心理，当他发现爸爸妈妈睡着的时候，会担心爸爸妈妈睡着之后就永远都起不来了。我们应该告诉孩子人一旦死亡，这个人就在这个世界消失了，再也见不到了。不要认为死亡太过残酷，让孩子过早地接触死亡会伤害孩子幼小的心灵，殊不知这样闭口不谈的行为，只会让孩子对于死亡永远是隔着朦胧的纱，缺少必要的敬畏。况且，编造故事并不是长久之计，孩子总有一天要面对残酷的事实。

世界上许多死亡都是痛苦煎熬的，或躯体受折磨，或心力交瘁。死的时候其过程的痛苦远远大于活着的打击。要告诉孩子一体一命：对死亡必须有无上的敬畏，因为每个生命都是绝对只有一次，没有来生，不存在死而复生，游戏里的“九条命”仅仅是游戏；每个生命绝对独立、不可替代、不能重来、不能复制、不能倒转。

五、生命是有限的，因为有限而只争朝夕

人的生命是短暂的，各种有限，渴望延续。没有不死的生物，如何让生命延长、延续是生命自身的目的，如何让生命更有价值是人类亘古不变的话题。

1. 生命的时间是有限的

“生而长，长而壮，壮而老，老而终”是生命的既定周期。当生命不能完成此周期而早期意外终结时，称为“夭”；当生命圆满完成此周期而自然终结时，则称为“寿”或“天年”。这种周期性的循环和延续是借助遗传和进化，以遗传信息的形式通过繁衍、传承来实现的，由其所转换的另一个生命个体完成其本身的生命周期。而属于自己的只有“一生”，根据现代生物学原理，哺乳动物的寿命应为其生长期的5—6倍[61]，人类的生长期为20—25年（最后一颗牙齿长齐的时间），因此，人类寿命在100—150年之间，世界卫生组织权威认定的期待寿命为120年左右[62]，而现实中有几人能活到99岁？！人们常说人生苦短，教育除了要向孩子渗透珍惜光阴的意识之外，更要让孩子学会时间管理的方法。我们要引导孩子学会管理

自己的时间，懂得把事情按照轻重缓急来进行分类：按照重要、不重要和紧急、不紧急分成四大类。第一类是既紧急又重要的事情，比如眼前的危机、急迫的问题，有期限的作业以及近期的考试等，必须要速战速决；第二类是紧急但不重要的事情，比如一些干扰电话、同学的咨询求助以及课堂剧演出、凑热闹的活动等都可以拒绝，有些事情是别人紧急，但是对你来说不重要，就没必要重视了；第三类是重要但不紧急的事情，比如准备及预防工作、升学计划、喜欢上某位异性同学、课外补习班等要学会规划，从长计议；第四类是既不重要又不紧急的事情，比如琐碎的工作、浪费时间的闲聊、无关紧要的短信以及追剧和玩游戏等，可做可不做。[63]

既然生命有限，是否能够延长呢？人类可以通过生育来延续生命。通过基因遗传的方式延续血脉，这不但是生命传递的方式，也是生命时间有限性的自我突破。一个生命死亡了，它的生命信息便以基因遗传的方式转换到子代个体生命，从而完成生命的延续。教育需要传播正确的两性观念，自由恋爱、性责任、男婚女嫁、生儿育女，生生不息。婚与不婚，生与不生，在这些问题上，不应该由道德约束绑架，这都是个人选择的一种生活方式。生育，还要考虑身体情况、个人意愿、经济条件等因素，其中女方的意愿最为重要。我们要树立两种观念：第一种，生孩子是权利，不是义务；第二种，生育，生为轻，育为重。

无论家长当年是否是因为“为养老而生孩子”“家里人催促而生孩子”或“婚后就应当生小孩”等世俗观念而生孩子，孩子出生后都要告诫自己：是因为喜欢小孩而生，生后要给孩子提供良好的成长环境以及良好的教育等。我们要对孩子的人生负责，做负责任的父母。

	紧急		不紧急	
重要	• 眼前的危机 • 急迫的问题 • 有限期的作业 • 近期的考试	速战速决	• 准备及预防工作 • 升学计划 • 喜欢上某异性同学 • 课外补习班	学会规划
不重要	• 一些干扰电话 • 同学咨询求助 • 课堂剧演出 • 凑热闹的活动	授权拒绝	• 细琐的工作 • 浪费时间的闲聊 • 无关紧要的短信 • 追剧和玩游戏	以后再说

“轻重缓急”矩阵

2. 生命的空间是有限的

尽管整个世界在空间和时间上是无限的，但是具体到某个个体，其有限性不仅表现在时间上，也表现在空间上[64]。地球是所有生物的家园，地球为生物提供了各种各样的栖息地，不过地球上适于人类生存和活动的空间是有限的，当人类以自我为中心的时候，人们尽情放纵不能遏制的时候，应该时刻提醒自己：人类是有限的。无论人类的成功是多么的伟大，但相对于世界或者宇宙是非常渺小的。从整个宇宙来说，人是非常渺小的，人的存在和活动空间也是十分短暂的。纵使游遍大江南北，人们更多地还是固守在某个地域生活；即便可以通过现代手段纵览世界各地美景，但人们毕竟不是身临其境。活动范围的有限，倒逼着人们不断去拓展自己的生活空间。

在我50岁生日的时候，中国科学院心理研究所的张梅玲教授曾经赠予我“六个度”：第一“度”，知长度。人的寿命是有限的，有几人能活到99岁？所以要学会珍惜有限的生命，活在当下。第二“度”，拓宽度。服务社会是无限的，如何让这个社会因为我们的存在而使更多的人从中受益，这是我们需要努力去拓展、去做的事情。第三“度”，求高度。工作中要有创造，去做前人没有做过或没有完成的事情。第四“度”，增密度。生活要紧张有序，而不是无所事事地虚度。第五“度”，求精度。生命的含金量要提高，这样生命的品质才能更高。第六

“度”，懂适度。生活中应适当舍得、适可而止，以达到更高的人生境界。我认为这“六个度”也是我们在面对生命有限性时的智慧锦囊，让我们的生活可以知足常乐却不会止步不前、精彩丰富但不至疲惫不堪、简单淳朴同时也富有生机。

3. 生命的资源是有限的

整个地球生命赖以生存的资源总量是有限的，耗尽后我们就没法存续了，因此要杜绝滥捕滥杀，竭泽而渔。我们不能逃避做人的责任，也绝对不要滥施做人的权力，自以为是，凌驾于万物之上，最终只会自食其果，因为“天作孽，犹可违；自作孽，不可逭”。

回顾历史，我们的祖先并不是见什么就吃什么，那为什么猪、牛、羊、鸡、鸭、鱼六畜能成为我们餐桌上的美味佳肴呢？六畜是经过祖先无数次的筛选，用一条条生命的代价换取的宝贵经验。如今大规模人工饲养的成功，保证了自然资源的永续利用。过去私塾教育讲“四不”：衣不重裘、食不兼肉、非其食勿食、脊非向上者不得食。“衣不重裘”[65]中的“裘”指皮袄，意思是不穿厚的皮衣。“食不兼肉”[66]中的“兼”指重复，意思是吃饭不用两道肉食，否则又得多死一倍的动物（亦说“肉不再箸”）。“非其食勿食”[67]，意思是不是你该吃的东西，不要随便去吃，比如野生动物。脊非向上者不得食[68]中的脊非向上者，指后脊梁骨不朝天的动物，比如狗熊、猴、大猩猩、蛇等，能进化到跟人一样直立了，古人认为它们就有了“灵性”，所以不要去吃。如今人们猜想那些能直立的动物，兴许有人畜共患的疾病，它们可能已经有免疫力，但人类没有，所以不要随便去吃它们。必须提高警惕，尤其是减少对野生动物的侵扰、杜绝野生动物市场交易。有些人，对于生命没有敬畏感，只对把其他生命制作成食物感兴趣。背脊朝天人可食，这句话带着一股无知的炫耀和傲慢，但事实上暴露了一种精神上极端贫乏的状态。仿佛“吃”是世界上最重要的事，似乎在“吃”上花样百出，就能证明自己的人生丰富多彩。这其实是本末倒置的做法，吃的目的是让我们有力气去追求生活中更美好的东西，而不是说吃本身就是人生中最美好的事。我们要懂得众生平等的道理，超越人类中心的视角，去善待每一个生命，不贪图那一口。我们吃的东西将决定我们是什么人：克制而适可而止地饮食，哪怕寡淡，也能显示内心一尘不染的高尚；放纵而贪得无厌地饮食，即便美味，仍旧暴露头脑一贫如洗的可悲。德至禽兽、泽及草木、恩至于土，保护它们就是保护我们自己。

4. 生命有限的教育启示

既然生命有限，那么我们就要设法超越有限。超越性是人类区别于其他动物的特征，即超越物质现实的局限而心游万仞地实现精神享受。就像颜回当年虽然只有箪食瓢饮，但依旧乐在其中而不改变自己的志向，追求无限广阔的精神生活。梦想与志向、理性与智慧、真理与科学、宗教与信仰、道德与情怀、技术与艺术等，这些精神属性有且只有通过教育来传递给下一代。

（1）抑制人的生物属性

人是由高级意识形态和低级生物形态相结合而成的，精神依托于肉体，精神不可能独立存在。精神虽然是依托，但是可反作用甚至控制肉体。当精神控制肉体时，表现为人性、善性；当肉体控制精神时，表现为兽性、恶性。

人这一物种，其基因延续所带来的目标其实非常明确：吃喝穿用、性爱缠绵、娱乐轻狂，表现出无所不至的任性。对肉体自由的张扬与对实体物质占有的膨胀，使得人类成为深陷物质欲望的种族，仿佛除了享受，生命茫然不知去处。《未来简史》中说，人类的新议题只有一个，“获得神性”，精神生活能让人迷途知返、返璞归真。人文精神的教育通过对常识的认知、审美的训练、道义的持守、良善的评判、学问的拓展、爱好的培养、个性的修炼，使人类在流水般的时光之中发现自己的内在，观察与欣赏葱茏世界，倾听万籁，让灵魂感觉到安全。

（2）扩充人的精神属性

人类的精神属性注定了我们对精神生活的崇尚。过去，精神是借助知识的外壳而存在的，知识就是力量。然而，这种观念慢慢演化成了教育就是传递知识，目的是让人有扎实的知识功底、广博的知识视野、合理的知识结构、良好的知识素养。最终，这种观念就演变成了以读书与考试为核心，把教育导向了一个“死胡同”。

如今知识存在和传播的方式正发生剧烈变化，数字技术爆发式发展，成为新一轮技术革命的主角。物联网、互联网、大数据、人工智能、云计算、3D打印等，数字技术的创新实际上对我们的日常生活都是颠覆性的，不仅仅表现在生产、流通、消费这些领域，还直接影响我们的日常生活，乃至生命的方式。知识信息化的社会，人们记忆的东西再也顶不过一片芯片，再满腹经纶也比不上谷歌和百度，未来的社会真的不是培养我们的孩子去与机器和芯片比试，而是学会把机器可以做的交给机器，人学会做真正的人：了解机器、掌控机器、利用机器，而不成为机器或机器的奴隶。未来教育的使命不一定就是培养多少高分的孩子，更不是流水线上的工人，我们要让孩子成为最好的自己，成为真正的人、全面发展的人，人需要拥有无限广阔的精神生活。

（3）提升教育的境界

基于对人和人性的理解，教育有三个境界：一是基于人的生物属性，把教育看作工具，培养听说读写能力，应付各种考试、考核、面试，能在商业化的社会中满足生存之需，应对人生各种挑战、立足社会、站在人前；二是基于人的社会属性，把学生当人看，提高其审美鉴赏能力、陶冶情操、培养真实个性与独立人格，能在庸俗功利的社会中保持清醒的态度与不泯的人性，能耐得住寂寞；三是基于人的精神属性，把孩子引领到精神境界，“文以载道”，或为国为民兼济天下，或独善其身身体力行……懂得退到人后——锋利睿智但不失灵活温润、坚韧不拔并有亲和力、有浪漫情怀又不乏理性精神、执着刚毅又有温情诗意、坚持中庸之道，刚柔相济，温和又坚定。

生命是灵动的，因为灵动而活泼可爱，我们要尊重生命，不仅仅要尊重我们自己的生命，也要尊重自然万物的生命。生命是唯一的，因为唯一而丰富多彩，即便一个再普通的生命也是独一无二的，我们要学会尊重生命的多样性，这样大家才能共生。生命是简朴的，因为简朴而平凡伟大，我们要在普通的生活中积淀智慧，顺应自然、丰富过程、淡化结果，让生命在简朴平凡中成就不凡和伟大。生命是无常的，因为无常而弥足珍贵，我们要善待生命，珍惜每一次相遇、修炼从容的心境，满怀希望地面对充满不确定性的未来。生命是有限的，因为有限而只争朝夕，我们要在有限的时间、空间和资源中以只争朝夕的态度努力拓宽生命的宽度、厚度和质量。

延伸阅读（使用这些标题在互联网上可以搜索到相关资料）

1. 这个无比残忍的实验，拯救了千万家庭，却毁掉几代生命……
2. 罗家伦：生命的意义
3. 周国平：生命教育、智力教育、灵魂教育
4. 罗海鸥：艰难战“疫”中的生命感动和思考
5. 何怀宏：今天，我们如何与孩子谈论生命与死亡？
6. 星云大师.《放下：快乐之道》，中华书局，2010.
7. ［美］海伦·凯勒，袁红艳译.《假如给我三天光明》，中国言实出版社，2014.
8. 季羡林.《人生边上的智慧》，北京十月文艺出版社，2016.
9. ［古罗马］塞涅卡，全欣译.《论生命之短暂》，湖南人民出版社，2021.

参考文献

1 崔枢华，何宗慧．标点注音《说文解字》[M]．北京：北京师范大学出版社，2000：3725.

2 段玉裁．说文解字注[M]．北京：中华书局，2013：166.

3 康德．实践理性批判[M]．韩水法，译．北京：商务印书馆，2011：95.

4 育儿网．社会对待残疾新生儿的态度[EB/OL]. [2022-04-28]. http://www.ci123.com/article.php/46862.

5 联合国儿童基金会．《儿童权利公约》文本[EB/OL]. [2022-04-29]. https://www.unicef.org/child-rights-convention/convention-text.

6 孔秋怡．浅谈人物表情与面部肌肉的关系[J]．科教导刊（电子版），2013（09）：152.

7 邓国宏．亚里士多德论快乐[J]．青海社会科学，2008（05）：143-147.

8 赵京，陈育智，文昭明．婴幼儿和儿童食物过敏的发病机理及临床表现[J]．中华儿科杂志，2002，40（03）：179-181.

9 毕慧慧．浅谈儿童食物过敏与消化系统疾病的关系[J]．糖尿病天地，2020，17（04）：159.

10 韩晓华．儿童食物过敏的诊断与治疗[J]．实用儿科临床杂志，2010（21）：1613-1615.

11 赵泓．杭州市区0~3岁儿童食物过敏现状调查[D]．杭州：浙江大学，2012.

12 钱丹，李穗华，徐凤霞．儿童反复上呼吸道感染发作病因分析与防治措施[J]．中国医学创新，2018（02）：5.

13 石强，张帆，郭辉荣．儿童反复上呼吸道感染的病因分析及防治[J]．吉林医学，2015（03）：497-498.

14 尚婷，唐伯明，刘唐志．我国儿童安全座椅使用现状及对策研究[J]．交通信息与安全，2010（05）：69-72.

15 卢梭．爱弥儿（论教育上）[M]．李平沤，译．北京：人民教育出版社，2001：1.

16 胡适．胡适文存[M]．北京：外文出版社，2013.

17 何侃．“包办型”教育和“独立型”教育对幼儿能力发展影响的对比研究[D]．贵阳：贵州师范大学，2015.

18 李强．自由主义[M]．北京：中国社会科学院出版社，1998.

19 蒋俊雅，刘晓东．教育应当尊重儿童自然生长的权利[J]．幼儿教育（教育科学），2011（06）：4.

20 大卫·爱泼斯坦．成长的边界[M]．范雪竹，译．北京：北京联合出版公司，2021.

21 吴增定．自由主义与现代国家的道德正当性问题[J]．浙江学刊，2012（02）：22-31.

22 嵇珺．从心理学视角谈儿童的规则和边界[J]．教育导刊（下半月），2015（08）：4.

23 冯契．人的自由和真善美：冯契文集（第三卷）[M]．上海：华东师范大学出版社，1996：78.

24 赵西西．寻找走失人口要靠科技更要完善社会治理[N]．光明网，2021-02-26.

25 张志伟，卢慧．拐卖儿童：文明社会的恶疾[J]．社会观察，2009（09）：17-20.

26 王华丽．关于拐卖儿童你该知道的那些事[J]．恋爱·婚姻·家庭（纪实版），2017（04）：53-54.

27 刘星．对江苏省救助保护被拐卖儿童的现状的调查研究[J]．法制与社会，2017（01）：2.

28 黄帮梅，骆华松，李江苏，等．流动人口聚居区拐卖儿童现象产生的原因、社会影响与对策[J]．产业与科技论坛，2008（02）：33-35.

29 佚名，孩子丢失后"十人四追法"[J]．武汉宣传，2015（07）：63.

30 路甬祥．从沃森-克里克发现DNA双螺旋分子结构说起——纪念《核酸的分子结构—脱氧核糖核酸的结构》发表60周年[J]．科学中国人，2013（12）：31-37.

31 何山石．特立独行的"玉米夫人"[J]．高中生，2005（21）：2.

32 晓歌．跳跃基因的发现——玉米夫人的荣誉[J]．世界科学，1983（01）：17-26.

33 戴维·丹尼尔斯，弗吉尼亚·普赖斯．九型人格：自我发现与提升手册[M]．程艮，译．北京：中信出版社，2012.

34 章柳．每个孩子都是不一样的烟火[N]．人民网，2016-09-20.

35 王楚楚．恩格斯《反杜林论》中美好生活思想的主要内容、重要意义及其新时代启示[J]．湘南学院学报，2020，41（03）：5.

36 胡适．差不多先生传[M]．上海：少年儿童出版社，2013：51-52.

37 埃默里斯·韦斯特科特．简朴的哲学：为什么少就是多？[M]．叶品岑，译．北京：社会科学文献出版社，2019.

38 黄朴民．黄朴民解读道德经[M]．长沙：岳麓书社，2011：70-72.

39 庄子．庄子译注[M]．刘建国，顾宝田，注译，长春：吉林文史出版社，1993：250-255.

40 韩林合．虚己以游世：《庄子》哲学研究[M]．北京：北京大学出版社，2006.

41 韩林合．虚己以游世：《庄子》哲学研究[M]．北京：北京大学出版社，2006.

42 苏晖．简单生活就是健康生活[J]．中国实用护理杂志，2012，28（02）：234.

43 素超人．北大教授徐凯文告诉您，时代空心病：焦虑的父母和迷茫的孩子[EB/OL].（2016-11-5）[2022-04-29].

44 沈玮．教师子女心理健康教育思考[J]．中小学心理健康教育，2013（12）：50-51.

45 王焱．梭罗在瓦尔登湖畔的简朴生活及其美育意义[J]．美育学刊，2012，3（06）：74-78.

46 出自清·袁枚《苔》：白日不到处，青春恰自来。苔花如米小，也学牡丹开。

47 陆奇平，张健华，赵小凯，等．黑蚂蚁的食性与生态习性的研究[J]．湖南文理学院学报(自然科学版)，2008，20（03）：42-45，57.

48 敖向阳．蚂蚁的生活习性及其控制害虫的作用[J]．江西林业科技，1982（04）：58-60.

49 摘自《文始真经·匕》，该书相传为武当师祖、文始真人尹喜所著，为道教五大经之一。

50 《孤勇者》是游戏《英雄联盟》衍生动画《英雄联盟：双城之战》的中文主题曲，由唐恬作词，钱雷作曲，陈奕迅演唱，于2021年11月8日以单曲的形式发布。

51 常爽．我们到什么时候才说话[J]．领导科学，2001（21）：28.

52 阿尔贝·加缪．加缪文集[M]．郭宏安等，译.南京：译林出版社，1999.

53 语出《了凡四训》:“故前辈有四不食之戒，谓闻杀不食，见杀不食，自养者不食，专为我杀者不食。学者未能断肉，且当从此戒之。”

54 李勇．从佛教戒肉食说起[J]．餐饮世界，2007（04）：60.

55 剑耕．张天师四不吃的传说[J]．中国道教，1989（03）：57.

56 蒋肖斌．如何与孩子谈论死亡[N]．中国青年报，2023-04-03.

57 国家卫生健康委员会．中国卫生健康统计年鉴2022[M]．北京：中国协和医科大学出版社，2022.

58 马兴帆．《2021年世界儿童状况》报告发布全球13%青少年患有精神疾病[N]．公益时报，2021-10-19.

59 黄淑津，朱晓茜，蒙天，等．儿童少年抑郁症住院患者非自杀性自伤回顾性分析[J]．大众科技，2022，24（270）：97-100.

60 比如，直接向人说："我想死。""我不想活了。"间接向人说："我所有的问题马上就要结束了。""现在没有人可以帮助我。""没有我，他们会过得更好。""我再也受不了了。""我的生活毫无意义。"对周围人诉说自己无助和想死的念头或在日记、空间日志、微博、微信、绘画中表现出来。

61 朱俊明．寿命与什么有关[J]．医疗前沿，2012（23）：36-37.

62 何琪杨．人类寿命到底能延长多久？[J]．科学通报，2016，61（12）：2331-2336.

63 齐治平．时间管理矩阵[J]．决策，2011（12）：67.

64 许阳．人的有限性与无限性的哲学解读[D]．济南：山东师范大学，2013.

65 语出《幼学琼林·衣饰》："唐文宗袖经三浣，晋文公衣不重裘。"

66 典故出自：《尹文子·大道上》："昔晋国苦奢，文公以俭矫之，乃衣不重帛，食不兼肉。无几时，国人皆大布之衣，脱粟之饭。"

67 语出《千金翼方·养老大例》："夫善养老者，非其食勿食。"

68 广东俗语"背脊朝天，人皆可食"，反过来，不朝天则不得食.

第三讲

了解儿童的特点

——养鸟应知鸟音

提到儿童，很多人大脑里立刻呈现出的是小孩子，认为幼儿园和小学生算儿童，中学生就不算了。究竟多大年龄的孩子才能被称为“儿童”呢？

一、儿童概述

在心理学、法学等众多学科以及《儿童权利公约》[1]里，定义儿童是指0—18岁的人，也就是说，未满18岁的人就是未成年人，都可以被称为“儿童”。

胎儿从28周到出生后一周称作围产期；出生后的28天内称作新生儿期；从出生后28天到1周岁称作乳儿期；1—3岁为婴幼儿期，也叫小儿期；4—6岁为幼儿期，也叫学龄前期；7—12岁是少年期，通常指小学生阶段；13—18岁是青少年期，一般指中学生阶段，包括初中生和高中生[2]。

1. 家庭视角的儿童

没有哪个孩子是莫名其妙主动要求来到人世间的，都是父母以爱的名义把孩子带来的，孩子都是爱的结晶。无论是“计划生育”还是“意外”，“生则养”是为人父母最起码的社会责任：既然有了孩子就要无条件接纳他们，珍惜生命、专心爱护、将其养育成人。在儿童的成长过程中，家庭应为儿童的成长提供一定的基础和环境条件，充分保障儿童健康成长的发展需求。父母的教养方式、家庭关系、家庭结构（即家庭成员的组成，爷爷、奶奶是否同住等）、家庭的经济状况、父母的受教育程度、父母的工作压力等决定了能否满足儿童生理、经济、情感等方面的成长需要。相关临床实践证明，家庭功能价值发挥的大小，对于儿童的健康成长具有重要影响[3]。父母既然生了孩子，就意味着要承担监护人的角色：保护孩子成长、引导孩子成人。

（1）儿童是家庭的核心

孩子是夫妻爱情的结晶，也是家庭的纽带，我们必须要以一种特殊的心态去面对孩子。夫妻两个人的感情好，才会孕育出来孩子；夫妻两个人的感情不好了，其他的财产都可以一分为二，唯独孩子不能一刀两半。我们反对夫妻两个人没有感情了还要捆绑在一起过日子，更反对为了追求所谓的个性解放与幸福，不顾孩子而离异。

孩子是生命的延续，也是父母的“影子”。有时孩子可能看上去长得像夫妻中的某一个人，但孩子看人的眼神、笑起来的样子、说话的神态，甚至动作都跟另外一个人一样。每个孩子都是双方家族的生命延续，会携带这两个家族各自的种系特征，每个孩子的身上，也能看到爸爸和妈妈两个人各自的“影子”。

养育孩子确实很累人，孩子的健康、安全、饮食、起居、教育……各种各样的琐碎事情都令人操心。但是当我们看到他的进步、感受到他的成长时，再累也心甘情愿，工作上的忧愁和生活中的苦楚都会烟消云散。尽管在孩子的成长过程中我们付出了很多，但是他回馈给我们的更多。所以，养育孩子重在过程，不是看结果。其实，孩子终究会离我们而去，但是每每回忆起抚育过程中的若干细节，心中都会充满温暖与甜蜜。生活这么难，爱孩子的爸爸妈妈从不惧艰难。对孩子的爱，用八个字形容就是“不离不弃，生死相依”。在没有人看到的角落里，藏着无数的父母、无数的家庭或平淡或苦中作乐幸福地生活着。这就是养孩子最大的幸福。

孩子代表着希望与未来。30年后，我们的生命质量绝不取决于自己这一辈子的努力工作，而是那时孩子的生活质量。30年后，如果我的孩子能像我今天这样有一份稳定的工作，有一个体面的社会身份，有一份饿不死的收入，有一个幸福的家庭，我将会有尊严地度过我的晚年。否则，我不得不白发苍苍还要看着别人的脸色，给人家守个门、看个库，听别人吆三喝四，给人家端个盘子、打点短工，挣点零花钱，补贴孩子的家用，甚至有可能是死无葬身之地：现在一个像样的墓地少则几万，多则几十万元，土地资源是有限资源，即便到那时土地没有涨价，如果我的孩子生活都没有着落，我能花几万甚至几十万块钱买块地躺那儿去，孩子每年再花几千块钱去维护吗？当下在孩子身上所花的每一分钱、所消耗的每一分钟、所投入的每一份精力，表面上是花在孩子身上，本质上都是我们对自己晚年生命质量的一种投入：一分耕耘，一分收获。

（2）家庭视角儿童的教育启示

经营好夫妻关系。在婚姻关系中，夫妻之间能彼此感受到温柔和体贴时，在抚养儿童的问题上就会倾向于合作，而且他们会更多地表扬和鼓励孩子，而较少唠叨和责骂孩子。相反，婚姻关系若充满紧张和敌意，夫妻在抚养孩子的过程中就经常会相互干扰，而对孩子的需求较少作出反应，经常对孩子批评、表达愤怒、惩罚。

了解孩子成长的规律。家长应合理地去引导孩子的发展，加强学习。养鸟需知鸟音，家长每天和孩子打交道，更需要了解孩子、了解成长的规律，方能胸有成竹，不急不躁地静待花开、不温不火地把握好分寸，对孩子从容智慧地施以教育。家长要了解规律、尊重规律、依据规律，科学促进发展，根据需要、根据规律，因材施教，不急于求成而去搞超前教育，也不让其“自然生长”错失良机。

责无旁贷地呵护孩子。家长要自觉保障孩子的安全，防患于未然。这就需要家长切实履行监护人的职责，呵护童心、呵护成长、呵护生命，捍卫尊严、捍卫权利、捍卫生命。

反对一切伤害孩子的行为。家长要尊重孩子的尊严，坚定地与孩子站在一起，依法维护孩子的权益。对孩子严慈相济，管教有尺度，绝不以“爱的名义”去做伤害孩子的事情——折磨、折腾孩子——管的时候要讲究方式和方法，反对简单粗暴，更反对放任自流。如果家长不管孩子，别人会代替其狠狠地管；如果家长管不好孩子，人民政府也会代替其好好地管。

特别提醒：在2020年12月26日，中华人民共和国第十三届全国人民代表大会常务委员会第二十四次会议通过了《中华人民共和国刑法修正案（十一）》[4]，将刑事责任年龄从14岁降低到了12岁！

2. 社会视角的儿童

从社会层面来看，儿童是祖国的花朵，拥有美好的未来，因此我们应对他们抱有美好的期待。花朵需要呵护，不能被摧残，所以社会应以儿童优先。今天的儿童就是明天的公民，今天孩子的模样就是明天公民的模样。

（1）儿童是社会发展的未来

儿童是民族的未来，需要发展，需要按照社会的要求塑造，他们是社会的资本、国家的财产。正如1957年毛泽东主席在莫斯科大学接见留苏学生时所说："世界是你们的，也是我们的，但是归根结底是你们的。你们青年人朝气蓬勃，正在兴旺时期，好像早晨八、九点钟的太阳。希望寄托在你们身上。"

"儿童是社会发展的未来"，这已经成为全社会的共识。早在1924年和1959年国际上便公布了《日内瓦儿童权利宣言》和《儿童权利宣言》，专门用来保障儿童的生存权和发展权。1990年，联合国出台了《儿童权利公约》，成为第一部有关保障儿童权利且具有法律约束力的国际性约定。

（2）社会视角儿童的教育启示

没有儿童谈何发展。随着社会经济的发展以及养育儿童成本压力的提高，很多发达国家和地区都出现了“少子化”[5]危机，如日本、意大利、西班牙等，这些国家已经进入超少子化行列，低总和生育率[6]已经成为阻碍社会发展的重要因素。我国当前也处于严重少子化状态，为了化解“未富先老”的人口危机[7]，我国先后于2015年和2021年实施“全面二孩”和“三孩政策”。全国各地积极健全生育配套服务，从孕期保健补助、住院分娩补助、延长产假和育儿假、提供托育服务、住房优先保障、实行差异化的个税抵扣、取消生育登记以保障非婚生育的平等权利、完善女性就业权益保障、辅助生殖费用支持等方面，降低生育、养育、教育成本。即便如此，2022年我国人口开始负增长，人口自然增长率为−0.60‰（初步核算，2022年末全国人口为141175万人，比2021年末减少85万人。2022年出生人口为956万人，出生率为6.77‰；死亡人口为1041万人，死亡率为7.37‰）。[8]人口问题关系到国家长期经济繁荣发展、民族复兴、社会安定，比如目前的人口问题导致年龄结构老化、劳动力不足、劳动力成本上升、养老负担加重、社会保障压力增大、住房等有效需求下降、消费支出减少、经济增速下降、企业利润减少以及储蓄和投资减少、公共设施利用率下降、教育生源减少等，更关系到每个人、每个家庭的幸福。

3. 国家视角的儿童

1990年，首届世界儿童问题首脑会议举行。这次会议明确提出了“一切为了儿童”的口号，同时提出了“儿童优先”的原则。这个原则要求世界各国应该为所有儿童的生存和发展提供基本的保护，在分配所有社会资源时，儿童的基本需求应该得到高度的优先。原因是大家达成了一个共识：儿童是一个国家的未来，也是世界的未来。

（1）儿童是国家未来的主人

儿童是一个国家发展的后备力量，今天的儿童是明天国家的主人。一个国家发展最根本的力量是人，尤其是人的质量。儿童是国家未来的建设者和守护者，今天的儿童肩负着明天建设祖国、保卫祖国、实现中华民族伟大复兴的重任。儿童时期是一个孩子长身体的关键期，也是世界观、人生观、价值观形成的关键时期，今天儿童的样子就是国家未来的样子！如果一个国家在儿童发展与保护方面做得不好，一切都是空谈。儿童的发展决定着国家的未来，因此必须高度重视儿童早期发展对国家发展的重要性，最大限度满足儿童的发展需要，充分发挥儿童的潜能，特别是要为处境不利的儿童提供公平的发展机会，这将有利于打破贫困代际和结构性循环、减少不平等、缩小社会差异，也为经济的持续增长、社会的稳定公平奠定了坚实的基础。

我国从20世纪90年代开始，每隔十年就会制定一则《中国儿童发展纲要》。每一则都会涉及“儿童与健康、儿童与安全、儿童与教育、儿童与福利、儿童与家庭、儿童与环境、儿童与法律保护”等七个领域。2021年9月27日，国务院印发的《中国儿童发展纲要（2021—2030年）》明确提出，我国到2030年要达到以下要求：

条目	关键词	内容
儿童与健康	婴幼儿死亡率[9]	新生儿、婴儿和5岁以下儿童死亡率分别降至3.0‰、5.0‰和6.0‰以下，地区和城乡差距逐步缩小。
	贫血率和生长迟缓率	5岁以下儿童贫血率和生长迟缓率分别控制在10%和5%以下。
	近视率	儿童新发近视率明显下降，小学生近视率降至38%以下，初中生近视率降至60%以下，高中阶段学生近视率降至70%以下。0—6岁儿童眼保健和视力检查覆盖率达到90%以上。
	体质	增强儿童体质，中小学生国家学生体质健康标准达标优良率达到60%以上。

续表

条目	关键词	内容
儿童与健康	龋患率	加强儿童口腔保健，12岁儿童龋患率控制在25%以内。
	母乳喂养率	实施母乳喂养促进行动，强化爱婴医院管理，加强公共场所和工作场所母婴设施建设，6个月内婴儿纯母乳喂养率达到50%以上。
儿童与安全	伤害死亡率	减少儿童伤害所致死亡和残疾。儿童伤害死亡率以2020年数据为基数下降20%。
儿童与教育	学前教育毛入园率	适龄儿童普遍接受有质量的学前教育，学前教育毛入园率达到并保持在90%以上。
	九年义务教育巩固率	促进义务教育优质均衡发展和城乡一体化，九年义务教育巩固率提高到96%以上。
儿童与家庭	家庭教育指导服务体系	覆盖城乡的家庭教育指导服务体系基本建成，指导服务能力进一步提升。95%的城市社区和85%的农村社区（村）建立家长学校或家庭教育指导服务站点。
儿童与环境	水与卫生	农村自来水普及率达到90%，稳步提高农村卫生厕所普及率。

《中国儿童发展纲要（2021—2030年）》部分条目及内容[10]

同时，在颁布的《中国妇女发展纲要（2021—2030年）》中明确提出，孕产妇死亡率下降到12/10万以下，城乡、区域差距缩小[11]。近年来，我国孕产妇的死亡率有明显的下降。2010年，我国孕产妇的死亡率是30/10万；到了2019年，我国孕产妇的死亡率是17.8/10万。截至目前，我国是全世界孕产妇死亡率唯一降到20/10万以内的国家。预计到2030年，孕产妇死亡率继续保持下降趋势。

从《中国妇女发展纲要（2021—2030年）》中可以看出，在2021—2030年这10年里，国家儿童发展的工作思路是十分明确的。即要落实立德树人的根本任务，优化儿童发展环境，保障儿童生存、发展、受保护和参与权利，全面提升儿童综合素质。坚持党的全面领导，把握儿童事业发展的政治方向，贯彻落实党中央关于儿童事业发展的决策部署，切实把党的领导贯彻到儿童事业发展的全过程和各方面[12]。坚持对儿童发展的优先保障，在出台法律、制定政策、编制规划、部署工作时优先考虑儿童的利益和发展需求。坚持促进儿童全面发展，尊重儿童的人格尊严，遵循儿童身心发展特点和规律，保障儿童身心健康，促进儿童在德智体美劳各方面全面发展。坚持保障儿童平等发展，创造公平社会环境，消除对儿童一切形式的歧视，保障所有儿童平等享有发展权利和机会。坚持鼓励儿童参与，尊重儿童主体地位，鼓励和支持儿童参与家庭、社会和文化生活，创造有利于儿童参与的社会环境[13]。

2014年5月30日，习近平主席在参加北京市海淀区民族小学庆祝“六一”国际儿童节活动时明确指出：“全社会都要了解少年儿童、尊重少年儿童、关心少年儿童、服务少年儿童，为少年儿童提供良好社会环境。对损害少年儿童权益、破坏少年儿童身心健康的言行，要坚决防止和依法打击。”[14]总之，国家把少年儿童工作看得很重，我们也应重视儿童，为他们的健康成长保驾护航。

（2）国家视角看儿童的教育启示

国家重视少年儿童发展的意义是重大的。儿童发展是经济和社会发展的重要组成部分，对经济和社会的发展有着重要的推动作用。儿童是实现可持续发展的重要人力资源，投资儿童对于开发人力资源、提高国民素质、提高经济和社会效益具有重要意义。

投资儿童对个体和国家具有双重效益。一方面，投资儿童可以提升个体未来获取收入的能力，使个体的未来更有保障；另一方面，儿童作为未来公民、国家的希望，代表着一定的经济价值，象征着今后几十年的国家繁荣[15]。儿童是从人口大国迈向人力资源强国的重要基础。对于儿童早期发展的投入，可以节省成年以后用于补偿教育、医疗保健、康复和社会保障等方面的费用，减轻国家的经济负担。

目前，全人类已经达成一个共识：儿童应该是人类一切成就的第一个受益者，也应该是人类失败的最后一个蒙难者。

二、儿童的脆弱性

脆弱性是指社会上某个群体因为贫穷、缺少知识或权力、无力抵抗等因素而缺乏应对突发灾难的能力。和成年人相比，在相同的生活条件下，儿童显得更为脆弱，更容易受到伤害。

因为儿童小，所以需要成年人的呵护。成年人在呵护儿童的过程中，能获得成就感：通过呵护一个弱小的生命，我们能看到自身的价值，能感觉到自己是被人需要的，感觉到自己对他人是有用处的，从而会有一种被需要的满足感，会产生一种价值感。成年人会觉得我活着，我的存在是有必要的，进而产生一种使命感。

我在2007年参与《中华人民共和国未成年人保护法》第一次修订工作时，一直尝试着从学理的角度回答“国家为什么要制定、修订这么一部法律来保护未成年人”的问题，答案绝不仅仅是“全世界好多国家都有保护未成年人的相关法律”这种简单的跟风。

1. 生命是脆弱的

生命不能永续，随时可能中断。生命其实有不堪一击的脆弱，随时会因为种种意外而定格——2008年5月26日，汶川地震中学生死亡达5335名；2011年7月22日，挪威恐怖袭击事件导致77名学生死亡、300多人受伤；2014年4月16日，韩国世越号轮船意外进水并沉没，船上296名学生遇难，迄今仍有8人下落不明；2022年，6032名美国儿童中枪受伤或死亡[16]……因此，一定要让孩子更深刻地懂得珍惜生命、善待生命，有限的生命需要我们用无限的爱来呵护。生命是如此脆弱，就像蜡烛，随时都有可能熄灭；就像花瓶，随时都有可能支离破碎。生命脆弱得让人害怕，原来一个事故、一场风雨、一种疾病，都会令生命随风而去。面对逝去的生命，自以为强大无比的我们，竟显得那样束手无策，只好心痛地任凭一个生命消失在我们无奈的视线中。

如今社会安全隐患众多，因此我们要引导每一个孩子从小树立保卫生命的意识。这些隐患包括交通事故、高空坠落、食物中毒、药物中毒、煤气中毒、触电、溺水、烧伤烫伤、玩具隐患、辐射、传媒伤害、校园暴力、绑架勒索、不慎走失、拐卖、故意伤害、恐怖袭击等，几乎潜伏在我们日常生活的方方面面。危险的事情不要做，危险的人不要接触，意外无法把控，但有些危险却可以躲避，切记，生命只有一次！

生命到底有多脆弱？窒息4分钟，脑组织就会永久性损害甚至死亡[17]；体温高于42°C，体内蛋白质就会失活凝固，整个人失去意识[18]；心脏骤停超过4分钟，多久心肺复苏术都不再起作用[19]。一个健康成年人体内的血液大约在3.8到5.6升之间，如果失去超过15%的血量，人的脉搏就会加速跳动，并觉得晕眩发冷。如果在短时间内丧失的血液达全身的30%或更多，就可能危及生命。多数人失血超过2000毫升时，如果没有立即采取抢救措施，很快就会死亡。失血的理论极限值为1.9到2.8升，约占人体血液总量的50%[20]。人体心跳极限是1分钟220次，也是迄今为止科学发现的心脏能够工作最大极限的心跳次数，超过这个数值，心脏就不能继续完成正常的搏血功能。正常人不吃不喝三天三夜便会死亡，所以有了地震后“72小时黄金救援时间”的说法……

2. 儿童是弱势群体中的弱势

儿童的身体发育尚不完备，体力不足以抵御外来侵犯；青少年的心智发育尚不健全，在遇见伤害和危险时智力不具备处理复杂局面的能力；涉世未深的孩子对社会认知尚不充分，社会经验不足以认清环境中有没有潜在的危害；未成年人的情感意志还不成熟，能力不足以承受心理伤害；作为成长中的个体，孩子的行为习惯尚在养成中，由于活泼好奇和爱模仿常出意外；年幼的孩子道德观念尚未明确，是非辨别能力不够完善，更容易因受到团体的压力而盲从；18岁之前孩子在政治上没有话语权，没法申辩所受委屈，尽管联合国在《儿童权利公约》中提到了儿童青少年的参与权，但现实中很难以制度化的形式承认并履行儿童青少年的参与权；孩子生活不独立，离开了父母，就没法独立生活；孩子也没有经济收入，缺乏最基本的生活保障……

弱势群体包括老人、儿童、妇女和残疾人。一般个体只有在满18岁后才能作为一个公民拥有自己相应的权利，所以相对于成年人而言，儿童是弱势群体中的弱势：这个社会的所有规则都是成年人制定的，所有标准也都是成年人决定的，所以儿童在大多数情况下没有发言权，没有表决权，也没有决策权。儿童的主张没有人代言，儿童也很难发出自己的声音[21]。特别是生活在贫困家庭中的儿童、少数民族儿童和流动儿童、留守儿童，具有多重脆弱性，例如经济上的贫困、脱离主流社会的生活方式、被边缘化的文化、政治上缺乏强有力的发声渠道、不占有足以保护自己的资源等，其在经济、政治和文化上的弱势以及社会的隔离或处在社会的边缘，严重地阻碍了他们的发展。

18岁之前，孩子的好多伤害源自自己最亲近的人。孩子小，大人情绪不好，孩子会把所有的错误都归结到自己的身上——是我不够好，又惹大人生气了。孩子最不希望两个最亲近的人闹矛盾，夫妻俩不和，孩子是最大的受害人。所以，夫妻俩应尽量不在孩子面前表现不和。另外，每一家都要有个“出气筒”，就是孩子可以发脾气，可以“欺负”的那个人。孩子承受的各种各样的压力，通过发泄在这个人身上，把它们释放出来，就不会堵在心里了。或者，可以给孩子提供各种各样的释放压力通道，比如运动、劳动、挖泥土等。

现在自杀的孩子越来越多、年龄越来越提前，从小学到大学，从线上到线下，从普通学校到各种补习班再到家庭，孩子大部分时间被禁锢在由钢筋水泥浇筑的教室和房间里，然而一个人的生命成长，恰恰需要充足的阳光和雨露、亲情、肌肤之亲、游戏和交流。如果成人每天都板着面孔催促孩子，这对孩子来说等于天天蹲大牢！

一位小学资深老师曾说，在本来并不平等的师生关系中，教师作为强势的一方，想要毁掉一个孩子，用不着批评、责备，更不用体罚，仅需从来不正眼看他、视其如空气就足以让他窒息，孩子会由怀疑到失落再到自我否定，而且恶性循环、越来越糟，直至厌学、崩溃。

脆弱的生命需要成人加以庇护，成人也正因为无私地保护孩子而变得更勇敢、更坚强，内心更坚定。我们爱孩子，为孩子付出了一切，孩子也让我们拼命努力成为更好的自己。

3. 严峻的儿童受伤害现实

（1）最具威胁的儿童伤害：死亡

儿童伤害被日益认为是一个重要的公共卫生和社会问题。根据世界卫生组织估计，仅在2016年，伤害和暴力行为约造成全球超过64万名0—14岁儿童死亡，占所有儿童死亡总数的9.6%。其中，非故意伤害所占比重超过90%。据估计，中国每年有超过1000万名0—17岁儿童遭受伤害，其中约有超过6万名儿童死于伤害，伤害致死的主要原因依次为溺水32.5%、道路交通伤害29.0%、跌落7.5%和中毒3.7%，其他原因还包括烧烫伤、自杀、暴力、窒息、锐器伤等。儿童伤害已成为1—17岁儿童死亡的首要原因，给家庭和社会造成了重大损失。伤害除了导致死亡，也是造成残疾的直接原因之一。2006年第二次全国残疾人抽样调查结果显示，儿童因伤害所致残疾的现患率为14.2/万，伤害所致残疾占全部儿童残疾的8.9%[22]。

从下图中可以看到，随着年龄的增加，伤害致死所占的比例越来越高，且呈逐渐递增之势。这就打破了大家一贯的认知，认为孩子大了，就安全了；其实不然，反而伤害致死的比例越来越高。12岁之前，儿童死亡的第一因素是溺水；12岁以后，儿童死亡的第一因素则是交通。

国家统计局做了相关统计：2019年儿童伤害死亡率为11.42/10万，比2010年下降了49%，占该年龄段死亡

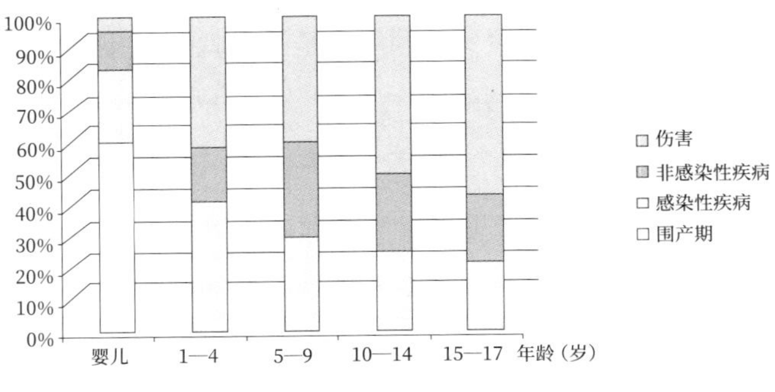

不同年龄段儿童致死原因的比例

构成的53.6%。这些数据告诉我们，养孩子要重点关注哪些方面。儿童伤害死因顺位依次为溺水、交通事故、跌落、中毒、自伤。溺水为我国儿童伤害死亡的主要原因，儿童溺水占儿童伤害死亡的37.3%，其中1—4岁儿童占该年龄组儿童伤害死亡的50.9%。

儿童在南北方受到的伤害有所不同。在南方，儿童受伤害更多的是溺水；在北方，儿童受伤害更多的是烫伤。在南方，关于溺水要着重教育；在北方，炕比较多，容易把孩子烫伤，要着重防范。

（2）最为隐蔽的儿童伤害：精神伤害

美国临床心理学家玛德琳·莱文在《特权的代价》一书中，描述了她进行心理咨询时所发现的问题——当代青少年常常感到内心空虚，其中一些人表现出严重的自毁行为，因为不少父母利用孩子的成就来填补自己脆弱的内心（富足的家庭环境和高投入的父母，反而抑制了青少年的自主独立性、健康处理情绪的能力、内驱力，等等，使得孩子内在的满足感、快乐感、驱动力等“发育不全”）。这些伤害的本质是精神和心理上的伤害。

作为老师、家长，我们要了解儿童的精神世界，关心儿童的精神生活，尤其避免过度教育。揠苗助长式的超前教育、超负荷教育会抑制孩子的生命成长，背离教育的初衷。这就好像是种地，如果总是过量施用化肥，这块农田将越来越板结，失去生命之力。同样，孩子不断地被过量的知识填灌着，他们的生命力也必然逐渐消隐。

“过度教育”是当前教育异化的集中表现，其表征为学习内容过多、过难，学习时间过长，学习起点过早，学习过程过死、过严。这种异化是工具理性教育价值观的宰制、“有罪推定”儿童文化的规约、“超级儿童”观的偏误及制度化教育的规训与压迫之结果[23]，其最大的伤害是导致“个体生命的退化”和“人类文明风险的增加”。应试教育的唯分数论、功利主义，会给孩子造成人格和身心缺陷。中国基础教育很长一段时间是“应试导向”，长期重视知识教育，“只育分不育人”，用单一分数标准评价学生，这让学生面临很大的学业压力、升学压力，个性和兴趣得不到充分发展，这是厌学、情绪倦怠的根源。孩子进入大学后，会陷入迷茫和困惑，进而丧失人生的目标。在某种意义上，应试教育是中国科举制的一种延续，具有教育目的的功利性、教学内容的单一性、教学方式的填鸭式和投机性等特点，其最大的危害是泯灭了一个民族的创造性[24]。近百年来，把所有的孩子都赶到学校去读书，用成绩的尺子评价每个孩子，聚焦智能而淡忘体能，忘却了人类有几百万年的“野生动物”生活史，真是为难了不少孩子。

在30年前，儿童的精神疾病是一种罕见病，而如今却成了一种常见病。这就需要我们从不同角度，预防和控制对儿童的伤害。我们需要建立多部门共同参与的合作机制，制定、完善有关保护儿童免受伤害的法律法规和政策措施，加强建筑安全、食品安全、交通安全、公共设施安全、场所安全等。我们要建立常规的儿童伤害事故记录和报告制度，准确了解和掌握儿童伤害情况，为决策提供依据。我们还要加强社会动员与宣传，通过健康教育、宣传，实现态度、知识和行为的改变。2021年国家出台了“双减”政策[25]，这项政策如果能够得到切实的落实，将是一剂良药。一方面，它可以使得教育更好地回归育人本质，坚持以学生为本，减轻作业负担，有利于学生身心健康；另一方面，它在一定程度上可以缓解家庭教育焦虑，聚焦课后服务，提升学校教育质量，减弱资本对于基础教育的影响，促进教育公平[26]。与此同时，我们也要保护儿童免受网络、手机、游戏、广告、图书和影视中不良信息的影响，避免儿童沉迷于网络，要教会儿童正确使用互联网，培养儿童健全的人格，加强对网络的监督和管理，打击黑网吧，并为儿童提供免费公益性上网、绿色上网软件。

（3）最具特色的儿童伤害：教育伤害——“空心病”

“空心病”是一种新的、看不见的伤害。近年来，全世界都出现了一种现象：名校毕业却跟父母生活在一起，不想工作、不想恋爱、不乐意结婚，更不愿意生孩子。他们觉得婚姻、家庭和孩子不是“成就”，而是需要规避的人生风险。他们无所事事，对任何事情都打不起精神，就像一艘艘没有方向的小船，在大海里随波逐流。这就是席卷世界的“丧”文化。“丧”文化以颓废、消极等负能量为核心特征，主要体现为话语的消极、颓废、麻木不仁和不思进取，与开朗、向上、积极进取形成鲜明对比[27]。那些成绩优异的年轻人们，都开始变得无所事事，不愿意为了获得成功而持续地投入。“丧”的背后是目标感的缺失：目标能够规划整个人生，不只是带来意义，还能为之后的学习和成就带来鼓舞和动力。

“空心病”一词形象地概括了在学习、生活、工作等方面都能够游刃有余应对的大学生，因无法准确定位自我、缺少对自我需求的正确认知、缺乏持续奋斗的动力而表现出迷茫、无助甚至想要放弃生命的现实问题[28]。他们觉得活着只是按照别人的逻辑活下去而已，他们感到疲惫、孤独、情绪差，觉得人生看不到希望，终日重复没有结果，生活迷茫，对未来没有任何希望，存在感缺失，身心被掏空[29]。

“空心病”看起来像是抑郁症，表现为情绪低落、兴趣减退、快感缺乏，如果到精神科医院检查，大概率会被诊疗为抑郁症，但问题是药物无效，所有药物都无效。明明是非常优秀的年轻人，成长过程中没有明显的创伤，生活和个人条件优越，内心却无比空洞、迷茫、压抑。这些年轻人有强烈的孤独感和无意义感，他们从小都是最好的学生、最乖的学生。他们特别需要得到别人的赞许，很在乎非常优秀的成绩和表现，也会因此而努力，但当达成目的后，内心还是空荡荡的、觉得无意义。于是有强烈的自杀意念，他们不是想自杀，只是不知道为什么活下去，活着的价值和意义是什么。

要想治愈“空心病”，就必须回到一个非常终极的问题——人为什么要活着？人生的意义是什么？对于我们来说最重要的东西是什么？

（4）最为残酷的伤害——拐卖

拐卖，是世界上最残酷的一种伤害！这是人类最丑恶、最肮脏、最反人性的古老犯罪，人间的地狱便是人口贩卖。联合国毒品和犯罪问题办公室（UNODC）2021年发布的《全球人口贩运报告》显示，2018年人口贩卖受害者中，成年男性占1/5，成年女性占将近1/2，儿童占1/3[30]。

全世界大约有4030万人沦为现代奴隶，被迫卖到全球各地，被拐走后他们将遭遇性剥削、强迫劳动、强迫犯罪，儿童会沦为童工、雏妓，男性会遭到劳工奴役，无价值的奴隶甚至被摘除器官。

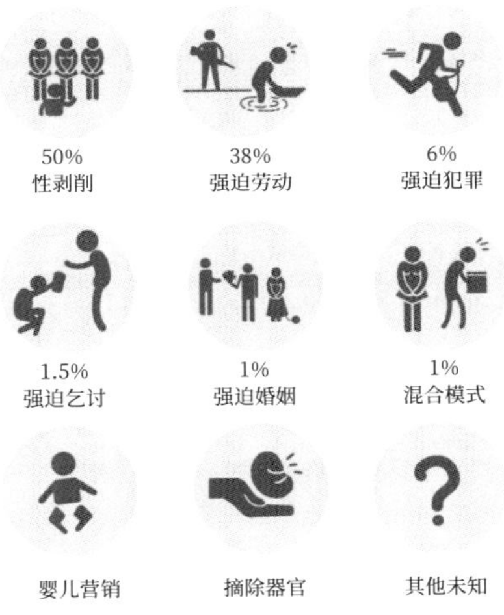

人口贩运受害者生活方式比例

1979年，《中华人民共和国刑法》设立拐卖人口罪，第二百四十条规定：拐卖妇女、儿童是指以出卖为目的，有拐骗、绑架、收买、贩卖、接送、中转妇女、儿童的行为之一的。注意此罪中称的儿童，是指未满14周岁的男童女童。从下图中可以看出，我国对于人口拐卖的量刑在逐年递进。

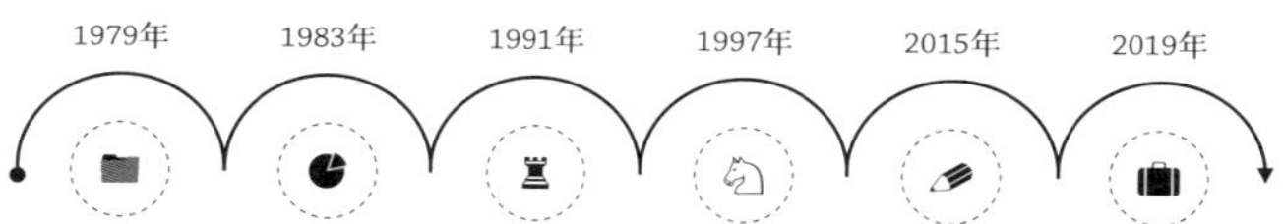

1979年：《中华人民共和国刑法》设立拐卖人口罪。

1983年：《全国人民代表大会常务委员会关于严惩严重危害社会治安的犯罪分子的决定》补充规定了拐卖人口集团的首要分子，或者拐卖人口情节特别严重的，可以在刑法规定的最高刑以上处刑，直至判处死刑。

1991年：《全国人民代表大会常务委员会关于严惩拐卖、绑架妇女、儿童的犯罪分子的决定》将收买被拐卖、绑架的妇女、儿童，聚众阻碍解救被收买的妇女、儿童，利用职务阻碍解救被拐卖、绑架的妇女、儿童的行为纳入刑法的处罚范围。

1997年：《中华人民共和国刑法》对“79刑法”进行了大幅度的修改，确立了拐卖妇女、儿童罪，新增收买被拐卖的妇女、儿童罪，聚众阻碍解救被收买的妇女、儿童罪，不解救被拐卖、绑架妇女、儿童罪，阻碍解救被拐卖、绑架妇女、儿童罪。

2015年：将“97刑法”第二百四十一条第六款修改为“收买被拐卖的妇女、儿童，对被买儿童没有虐待行为，不阻碍对其进行解救的，可以从轻处罚；按照被买妇女的意愿，不阻碍其返回原居住地的，可以从轻或者减轻处罚。”

2019年：两会人大代表建议将拐卖妇女儿童犯罪起刑点从“五年以上十年以下有期徒刑”调至“十年以上至死刑”，拐卖妇女儿童犯罪的量刑应重于绑架罪。

拐卖妇女儿童罪名及刑罚变更沿革

2020年，“鲍毓明案”[31]牵扯出一条“网络送养”产业链，那些人贩子表面上是“民间送养者”，实际却是儿童买卖的幕后黑手。在我国影响最大的寻找失踪未成年人论坛“宝贝回家”[32]上面，至今已发布13万条“寻亲登记”的信息，到2022年已找到宝贝6275人。

公安部决定，自2022年3月1日起至12月31日开展打击拐卖妇女儿童犯罪专项行动。2021年，全国拐卖妇女儿童案件与2013年相比，降幅达到88.3%，其中群众高度关注的盗抢儿童案件目前年立案不到20起。重要贡献是自2016年5月以来，公安部儿童失踪信息紧急发布平台一期、二期、三期先后上线运行，形成了“警民携手、警企合作、警媒合作”的防线，共同防范打击拐卖儿童犯罪的良性互动。拐卖犯罪的高峰期集中在20世纪八九十年代，受多重因素影响，当前滋生拐卖犯罪的土壤尚未完全铲除，还有一批积案没有侦破，拐卖犯罪形势仍然不容乐观，预防、发现、打击、解救、安置等工作机制尚不完善，打击治理工作还任重道远。

电影《失孤》的原型郭刚堂在找到被拐24年的儿子后，也同样遭遇了儿子坚持跟所谓的养父母一起生活的悲喜两重天。明明已经知道自己是被拐卖的，还坚持跟所谓的养父母一起生活的原因很简单：养父母对自己好，毕竟是养父母辛辛苦苦把自己养大，但这是假爱，目的只是占有。养父母是拐卖人口这个罪恶链条上的一个重要环节，是拐卖的参与者，是犯罪嫌疑人，因为没有买卖就没有伤害。对于被偷孩子的父母，那种失去爱子的煎熬比死还难受，没有经历过的人永远无法体会。

北大法宝[33]的司法案例库里有大量关于拐卖妇女儿童的判罚案例。从拐卖妇女儿童历年立案情况来看，自1997年以来，历年最高的是2000年，后来慢慢下降；2009年后又逐年升高，2013年达到一个高峰，之后逐年下降。以这两个高点为界，也可以看到，拐卖妇女儿童立案数量，经历了一个上升下降，再上升又下降的过程。因为公安部门在2000年开展了打击拐卖妇女儿童的专项行动，与拐卖妇女儿童相关的《最高人民法院关于审理拐卖妇女案件适用法律有关问题的解释》《关于打击拐卖妇女儿童犯罪有关问题的通知》等也都是2000年出台的。同样，2010年出台了《最高人民法院、最高人民检察院、公安部、司法部印发〈关于依法惩治拐卖妇女儿童犯罪的意见〉的通知》，又重点针对拐卖妇女儿童犯罪进行了一次专项行动。[34]

数据来源：中国统计年鉴

1997—2019年拐卖妇女儿童历年立案情况

有研究发现，在重男轻女的传统观念和计划生育政策双管齐下的影响下，男童在市场上的行情更好，价格也会更高，被拐卖儿童总量上男童多于女童[35]，频率上低年龄段高发[36]，年龄上青春期阶段女童多，新生儿期、婴儿期、幼儿及学龄前期和学龄期男童多，峰值分别在5—8月和10月、下一年1月，夏半年（夏秋）高于冬半年（冬春）[37]。小于1岁的婴儿大多是被自己的亲生父母所出卖；而1—6岁的儿童由于其外出机会较多，但自身记忆与辨识危险的能力较弱，认知能力较弱，难以辨别人贩子所设置的诱饵和圈套，且发现情形不对也难以自救，因此容易被拐卖。相比之下，7岁以上的儿童普遍开始接受义务教育，且随着个人成长和学校教育的帮助，记忆与辨识能力不断提高，对危险的辨认能力和对陌生人的警惕心也不断提高，此外，学校教育增强了他们对如何自救的认知，因此被拐卖的风险要低很多。相比于城市，农村儿童因缺乏相应监护以及家庭抚养压力较大，从而更容易被拐卖和出卖。

我们认为，差异化的量刑是对收买行为的妥协和宽容，导致买主逍遥法外，甚至罪行得逞，无法满足社会公众对正义、对公平的现实需求，不仅是对孩子及其父母的不公，还势必会让犯罪分子更加肆无忌惮，对更多的家庭造成威胁。正是由于现在对拐卖妇女儿童犯罪分子的量刑过轻，起不到震慑作用，使得一些拐卖犯罪分子依然敢铤而走险，使得拐卖妇女儿童犯罪案件仍不断发生。

我们主张买卖同罪，在贩卖人口问题上应持“零容忍”态度。对待拐卖人口尤其是拐卖妇女儿童的犯罪分子，应依法从重从快，彰显国家对此类犯罪的坚决态度。这不仅能增强对犯罪分子的震慑力，还能在一定程度上“弥补”对受害家庭造成的伤痛。愿天下无拐，愿所有的父母不再因为孩子被拐而骨肉分离、坠入苦海。

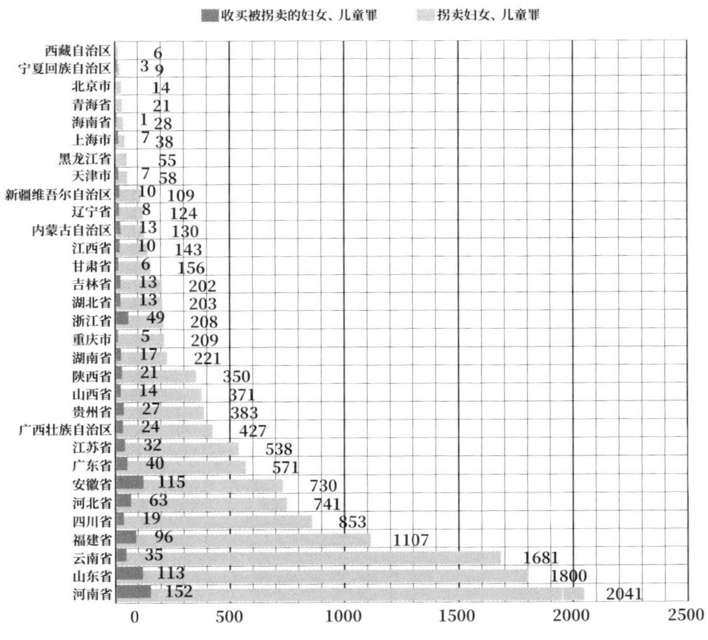

不同区域买卖妇女、儿童情况[38]

《中华人民共和国刑法》第二百四十条明确规定：拐卖妇女、儿童的，处五年以上十年以下有期徒刑，并处罚金；符合特定情形之一的，处十年以上有期徒刑或者无期徒刑，并处罚金或者没收财产；情节特别严重的，处死刑，并处没收财产。第二百四十一条规定：收买被拐卖的妇女、儿童的，处三年以下有期徒刑、拘役或者管制。

国务院办公厅2021年4月9日印发了《中国反对拐卖人口行动计划（2021—2030年）》的通知，其中提出：完善针对拐卖人口犯罪活动重点行业、重点场所、重点地区和重点人群的预防犯罪工作；坚持和完善集预防、打击、救助、安置、康复于一体的反拐工作长效机制，健全反拐工作协调、配合、保障机制，推进法治反拐、协同反拐、科技反拐、全民反拐的工作模式，不断提高反拐工作法治化、协同化、科技化、社会化水平，形成与社会发展相适应的反拐工作格局。比如举办“随手拍·解救被拐儿童”公益活动，每个人都可以通过手机与网络，对身边出现的可疑乞讨儿童和疑似拐卖人士进行记录查证，每一个人都能成为打拐的前线探员；通过最新的AI技术抓取关键信息、VR技术智能模拟成像，对分析犯罪高危区域、模拟嫌疑人画像以及在线搜查取证方面很有帮助；建立全国打拐DNA数据库，运用DNA比对技术等高科技手段，快速、高效地查找被拐卖儿童，采血检测DNA并输入全国打拐DNA数据库就能自动比对，即便儿童被拐多年之后体貌特征发生变化、身源难以识别，警方依然可以准确、快速地认定被拐儿童的身份；建立移动打拐平台——“团圆”钉钉系统[39]，广泛发动群众检举揭发拐卖犯罪。

为预防儿童被拐，我们建议监护人平时要注意教育孩子树立警惕心，培养孩子的安全意识；让孩子熟背父母的联系电话、单位、姓名，学会使用110紧急求助电话；在日常生活中不能让孩子离开自己的视线及保护范围；在人多嘈杂的公共场所要更为警惕，时刻注意孩子的动向；教孩子在无法摆脱陌生人纠缠时，及时找值得信任的人求助，如警察、军人、保安……

（5）最为恶劣的儿童伤害：童工

童工是指未满16周岁从事有经济收入的劳动或者从事个体劳动的儿童。我国的众多法规都明文规定：任何用人单位均不得招用不满16周岁的未成年人；禁止任何单位或个人为不满16周岁的未成年人介绍就业；禁止不满16周岁的未成年人从事个体经营活动。

儿童从事只有成年人才能承受的劳动，不仅剥夺了他们受教育的权利，还使他们的生存权、发展权、被保护权得不到保障。还会使得儿童智力荒废，在个人发展后期，由于在儿童阶段没有完成应有的知识积累，在其青年阶段及以后自然而然地会继续徘徊在低工资的体力劳动阶段，难以实现人生转折，导致贯穿其一生的苦难。

对成人来说普通的劳动强度，但对于儿童来说实质上是过大的劳动强度，长时间的繁重劳动会导致发育畸形，不少童工因此过早地失去了健康，寿命急剧降低，甚至断送生命[40]。加之儿童的心智都还未成熟，远离家人呵护，接触底层现实尤其是黑暗面，会形成扭曲的人生观、价值观，成年后对社会归属感低，崇尚弱肉强食，可能影响社会治安甚至会危害社会。企业主往往以“学徒工”“实习生”为名只为童工提供食宿和极低的工资，加之童工也更易于管理，使得童工的剩余价值有更大榨取空间，拐骗童工，强迫童工劳动、奴役或类似奴役的行为时有发生……[41]这会使得人类对于人性、道德不再坚守，造成整个社会的人性混乱，挑战人伦底线。更有甚者，让童工从事高空、井下、放射性、高毒、易燃易爆等危重劳动，甚至让儿童从事卖淫或从事非法活动，这些都已涉嫌刑事犯罪。

2002年6月，在日内瓦召开的第90届国际劳工大会决定将每年的6月12日定为“世界无童工日”；国际劳工组织（ILO）的第138号公约《准予就业最低年龄公约》要求，就业的最低年龄应不低于完成义务教育的年龄；2020年，国际劳工组织的第182号公约《关于禁止和立即行动消除最有害的童工形式公约》是该组织历史上首次获得全体成员国一致批准的一项国际劳工公约，该公约承诺我们的社会不容忍对儿童的奴役和剥削，要求禁止和消除危害儿童身心健康的非法或危险工作等最恶劣形式的童工现象，包括奴役、贩运儿童、债役劳动和其他形式的强迫劳动、在武装冲突中强迫儿童服兵役、卖淫和色情服务以及非法活动，呼吁世界各国密切关注日益严重的童工问题，并采取切实有效的措施加以解决。[42]但由于少数用人单位对廉价劳动力的追逐、童工自身对就业获取经济利益的需求和教育制度存在缺陷、监管部门的执法监察不到位等原因，童工现象屡禁不止。国际劳工组织和联合国儿童基金会于2021年6月10日发布的最新报告显示，全球童工人数20年来首次增加，人数为1.6亿，其中5至11岁儿童人数显著增加，占全球童工总数的一半多[43]。

由于我国农村贫困地区教育资源缺乏，整体教学水平相对落后，中学生能获得高中教育、大学教育的机会非常少，许多成绩差的学生及其家长便自动放弃了孩子继续读书的机会。[44]再加上某些地方由于教学质量和目标导向的问题，学生无法通过教育获得有用的就业技能，读书无用论在农村学生的辍学问题上也起了一定助推作用[45]。这些问题的症结在于落后地区生存问题、社会福利问题、教育问题、法治问题等一系列的社会问题，不是单纯的行政执法、不考虑善后遣散了就能解决的问题：摆脱压榨和改善当前的生活需要双管齐下。[46]

不少目光短浅的法盲父母把子女投入市场经济的大潮中；有些未成年人迫切追求独立自主，渴望摆脱贫穷，想要给自己找一条出路，过早步入社会，更有甚者，由于难以找到合法工作且缺乏独立生活能力，一些未成年人为了获取钱财而走上了犯罪道路，让青春蒙上一层阴影；一些违法犯罪分子利用经济发展落后地区农民急切盼望富裕起来的心理，把一些未成年人带入城市，强迫他们从事手工洗车、卖花、夜市卖唱、作坊打杂，甚至采矿、色情、童军等被控制、被奴役的工作；雇佣童工成为某些用人单位降低用工成本、扩大利润空间的手段——童工不具有合法的劳动者身份，无法获得劳动者权利保障，这在一定程度上有利于用人单位逃避履行签订劳动合同、按规定支付工资、解雇赔偿以及负担社会保险等方面的义务。[47]

童工现象暴露出法律漏洞，在目前的法制条件下，任何一个部门进行单纯的打击效果都不大，必须进行由各个部门组成的联合行动，让童工使用者付出沉重的代价，才能将这种现象控制在最低水平。[48]劳动、工商、公安、工会、妇联等部门要联合起来，对非法使用童工行为坚决打击。对违法的业主、监护人、职介所进行综合整治；对个体、私营业主，要进行经常化的道德教育；大力发展我国经济至关重要，尤其是城乡、农村经济；完善教育体制，国家对贫困地区孩童的教育进行扶持，保障穷人受教育权利[49]。

当然并不是所有由儿童从事的劳动都属于童工范畴，都要被终止。如果儿童或青少年从事的工作并不影响其身体健康、个人发展以及接受教育，这样的活动通常是具有积极意义的，如在家帮父母做家务、帮助打理家庭生意等。这类活动不仅能够促进儿童发展，提升其家庭福祉，帮助儿童掌握生活技能，积累经验，还可以为他们日后成为社会的有用之才做准备。

作为家长、教育工作者，我们要理解儿童，他们是弱势群体，需要保护和陪伴；要对儿童进行社会启蒙，并呼吁全社会都重视儿童、关注儿童；还要开化身边的家长，激发他们为人父为人母的责任感；要做到处处有心，孩子的事无小事。一个孩子对老师来说也许是1%，但是对孩子自己就是100%，孩子的事无小事。

三、儿童的学习性

1. 学习是人类最基本的方式

个体心理发展的过程就是学习的过程，个体不学习就不可能获得心理的发展，人不学习就没有知识、没有本领、难以成材、难以适应社会的发展、难以生存。世界上没有先知先觉的人，也没有一生下来就有本事的人，人的一切知识、技能、思想、观念、态度、行为方式、道德品质、审美趣味、认知策略、性格特征等都是学习的结果。

人类和动物的行为分为两类：一种是本能行为，比如遗传的种族经验，生来就有的，如鸭子会游泳、母鸡会孵蛋、新生儿会吮吸等；另一种是习得行为，即在后天环境中通过学习而获得的个体经验，如狮子滚绣球、耗子走迷宫、黑熊骑车、猴子打乒乓球等。

人类处于生物发展的最高阶段，其本能行为极其有限，主要是依靠学习来适应与改造环境。人类语言的获得，知识技能的掌握，生活习惯的养成，信仰观念的获得，甚至情感、态度、个性等无一不是后天学习的结果，但人类具有任何高等动物都无法比拟的学习需要和学习潜能。人类的学习是在社会生活实践中通过语言为中介进行的，是有目的的、自觉的、积极主动地掌握社会经验和个体经验的过程[50]。

那么，人类需要学习什么呢？华东师范大学王小明教授在《学习心理学》[51]一书中告诉我们，主要学习有关身体运动协调、心理认知发展以及情感社会适应的知识。有些人将这三部分的内容不断细化，但万变不离其宗，最终都归类到布卢姆所提出的这三个领域。

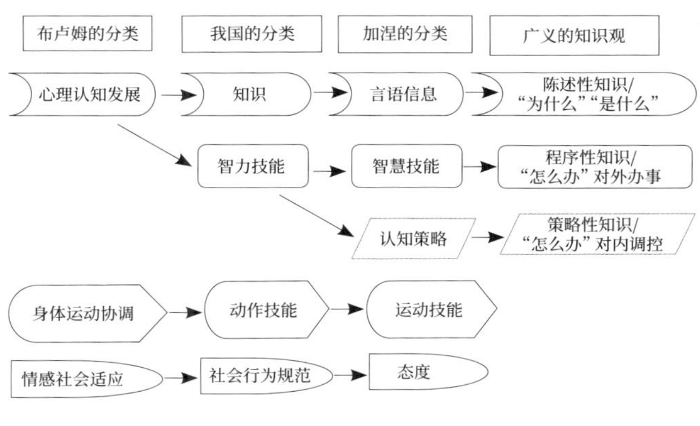

学习内容的分类

2. 个体的心理发展制约着个体的学习

个体的生理成熟过程是按照一定的遗传特征进行的，是由机体自身的生物学规律制约的，外界对个体生理成熟的影响是有限的，这一观点的重要依据便是格赛尔的“成熟优势说”。格赛尔当年用双生子爬梯实验证实：人的心理成熟一定受生理成熟的制约[52]。他提出“成熟优势说”，有些能力到了一定的时期自然而然就会发生。这提醒我们，要顺应儿童自身发展规律，尊重儿童的本能[53]，不要跨越心理发展的年龄阶段[54]，比如幼儿园的识字教学、拼音教学、运算教学就是典型的跨越年龄阶段的做法。智力的不成熟，令孩子学习的时候“教了很多遍还是错”。

奥苏贝尔的有意义学习理论启示我们个体通过新旧经验的整合而学习，依赖原有心理结构的发展水平[55]、遵循儿童心理发展的顺序性，方能达到教学有效[56]。比如，我们给二年级的孩子四个句子，让他们做逻辑性的梳理和排序，错误率是非常高的。但这个任务如果放到四年级去完成，绝大多数小朋友都能够轻松地正确排序。再比如，教材难度需递增，教学应当由浅入深，循序渐进，不能忽视孩子的身心发展顺序。在这个意义上，小学三年级学方程、四年级设未知数x似乎就是把抽象的东西强迫形象思维阶段的儿童接受、忽视发展顺序的操作。

个体心理发展不同阶段应有不同的学习要求、不同的学习内容、不同的学习形式。比如，语文教学是一个系统的问题，从“音—字—词—句—节”再到“段—篇—章—单元”和“听说读写”问题，如果忽视系统性，想着跳跃地做，最终会适得其反，例如小学语文教材忽视独体字到偏旁部首的过渡，就会让孩子学习起来很突兀。

3. 学习促进个体的发展

学习激发了人脑的智力潜能，促进彼此建立联系、积累经验、调节完善经验结构——学过的比没学过的强、接触多的比接触少的强；学习激发个体的动机，新环境引起认知不平衡，产生学习需要与期待，变潜在状态为活动状态；学习形成个体的个性，同化顺应到自己已有的知识结构中[57]，形成自己的个性，不同的经历就是不同的学习机遇，会产生不同的人生观、价值观。

历经磨难的人，通常更坚强、坚持，能够持之以恒，有韧性、富于挑战，不怕吃苦。而一帆风顺长大的人，则更容易多愁善感，也可以说是心地善良。这样的孩子，往往会怕吃苦，会安贫乐道；他们怕竞争，不争不抢；依赖性比较强，换个角度来看，他们就是温和听话的；他们也会缺少主动性，也可以说是稳重靠谱。我们会发现，学习的环境、内容不同，最终人的个性也会不一样。

4. 儿童学习的特点

儿童学习最大的特点就是学习的社会性，也就是间接性。人类学习是以间接经验为主的，不是什么事情都是直接经验，自己操作，而是积累前人的经验。人类学习是以语言为中介的，第二信号系统是高级形式，可进行抽象思维。人类的学习具有积极主动性，也就是主观能动性，要把孩子的动机给激发出来，孩子才能学习得更好[58]。

那么，儿童学习具备哪些特点呢？

（1）接受学习为主

儿童的学习不是对未知的阶段、领域进行探索的过程，不是创造、发明知识，而是再现、继承知识，把人类经过几年、几十年乃至几百年创造、发明的经验接收下来。儿童更多的学习是接受学习，接受前人经验，也就是在经验传递系统中把别人发现的经验掌握、吸收或占有，转化成自己的经验。接受学习是一种有意义的学习，不同于机械学习。“吾生也有涯，而知也无涯”，不是所有知识都需要亲身实践和独立发现，更多的是通过经济实惠的接受学习就可以掌握，只有站在前人的肩膀之上才能看得更远，否则就是坐井观天的井底之蛙。作为家长以及教育工作者，我们特别强调要引导孩子大量阅读与积累，大量的阅读对于孩子来说是学习的捷径、个体发展的捷径，能让孩子迅速站到前人的肩膀之上。要引导孩子将阅读作为人生第一需要，因为无论什么时候，也不论在哪里，扎实的知识功底、广博的知识视野、合理的知识结构、良好的知识素养都是教育所追求的目标、个体发展的基础，没有厚积，哪来薄发？

学校与家庭要求和鼓励青少年勤奋学习、刻苦钻研是对的，不经过艰苦的学习和锻炼，年轻人是很难成长起来的。悬梁刺股、穿壁引光、积雪囊萤、燃糠自照等勤奋好学的古代故事，主要是教育青少年树立好学上进的志向。[59]

（2）直接经验与间接经验并重

直接经验指亲身参加变革世界的实践活动所获得的

知识，间接经验指从他人或书本上学来的知识。由于受个人实践范围的限制，人不可能事事直接经历，多数知识都是从别人或书本那里学来的，是间接的经验，所谓“秀才不出门，能知天下事”。事实上，我们大多数情况下的知识都来源于间接经验，主要是从别人那里，或通过书本、视频、语音等载体来获得各种知识，即获得别人的直接经验。因此，“就知识的总体来说，无论何种知识都是不能离开直接经验的……一切真知都是从直接经验发源的。”[60]人的认知从整体上都起源于直接经验，因此直接经验是认知的“源”，但对于每一个具体的个人，其认知大量来源于间接经验。不过即使是间接经验的东西，在整个人类仍是直接经验，所以直接经验与间接经验的关系是“源”与“流”的关系。例如，我们的知识大部分来源于课本，而课本上的知识来源于作者对知识的总结，是作者或别人的社会实践。即便是互联网信息技术，包括更先进的5G技术在内，它也只是提高了信息（知识）传播的速度和效率，并没有改变知识的构成和来源：互联网平台，本质上同书本一样，都是一个知识载体。只不过我们使用的工具不同，互联网平台信息容量更大、信息分发更智能，背后是科技系统在做支撑。所以，知识的来源归根到底是直接经验——从根本上来说，实践是认识的唯一来源。

我们要引导孩子避免唯书、应试、脱离实践。尽管不是所有的认知都是直接的、要去做的，但有些认知是要直接去做的，比如生活习得，“怎么炒西红柿？”“怎么凉拌西红柿？”“怎么做西红柿炒鸡蛋？”这些都属于直接经验。好比“小马过河”的故事，小马来到小河边，老牛对它说河水很浅，而松鼠对它说河水很深，结果小马不知道听谁的。后来在马妈妈鼓励下，小马勇敢地尝试，大胆地实践，发现河水既没有松鼠说的那么深，也没有老牛说的那么浅。小马通过亲自实践，直接认识了河水的深浅。

（3）有组织、有计划、有系统、有目的地连续进行

很多人觉得把孩子送到幼儿园就是说说笑笑、打打闹闹、蹦蹦跳跳、鼓鼓捣捣、唱唱敲敲，不就是带着孩子玩吗？其实不然！比如春天来了，家长会带孩子出去春游，回来后问孩子春天在哪里？孩子的回答一般都是“不知道”。幼儿园的老师也会带孩子出去“找春天”，但是她们在带孩子出去之前，可能会跟孩子说：“春天来了，可是春天很害羞，躲起来了，躲在哪儿呢？有可能躲在天上、躲在云里、躲在小鸟的翅膀里，还可能躲在树上、躲在人们身上、躲在草丛里、躲在河里，我们今天去把它找出来。”于是带着孩子出去找了一圈儿的春天。回来后，孩子们会说：春天在天上，天更蓝了；春天在云里，云更白了；春天在小鸟的翅膀里，从南往北飞了；春天在人们的身上，衣服穿得越来越少了；春天在小草的嘴里，吐出绿芽儿了；春天在河里，河水解冻了，小鱼儿又开始游起来了！其实教案就是教学设计，幼儿园的玩是老师有组织、有计划、有系统、有目的地对孩子施加影响，让外部世界进到孩子脑子里来，同时让孩子也能够清楚有序地表达出来，比如表达春天的时候要按照从上往下的顺序，通过游戏活动促进儿童身心发展。有组织、有计划、有系统、有目的地对孩子身心施加影响希望有所改变的活动就是教育，这也是孩子到了一定的年龄就必须去幼儿园、去小学学习的根本原因——上学是孩子最安全的成长方式，是对孩子最专业的呵护，因为学习材料的结构、内容、层次、过程等都是经过专业人员精心设计和安排的：课程方案是专业人员研制的、课程标准是专业人员修订的、教材是专业人员编写的、教师是接受过专业培训的、学校是专业人员设计建造的……

有人说“幼儿园太贵了，还不如自己带”，“妈妈不上班，在家带孩子比上幼儿园好”，“妈妈本科毕业，完全可以对孩子进行学前教育”。然而关键在于，在家里是否可以按照幼儿园和学校的思路有组织、有计划、有系统、有目的地教育孩子，家里是否可以提供像幼儿园和学校那样专门设计的硬件环境和软件环境，家长是否可以像幼儿园老师和小学老师那样受过专业培训。比如，幼师读书的时候一定要学“三学六法”（三学：学前教育学、学前心理学、学前卫生学；六法：学前儿童语言、数学、科学、体育、音乐、美术教学法）的专业课程，工作以后要完成五年360学时的继续教育，一般的幼师都能唱100首儿歌、能背100首童谣、能弹100首曲子、能折100种折纸、能讲100个故事、能说100个谜语、能做100个手指操、能画100幅简笔画、能跳100个小舞蹈……

（4）学习是一个高速度、高效能的过程

在幼儿园和学校的学习，是按预定的教学计划系统、连续地进行的。学生的学习是在老师的指导下，用较短的时间、以有效的方法来掌握知识的过程。学生学习材料的结构、层次、学习过程的序列与程序都是经过精心设计和安排的，因而是一个高速度、高效能的过程。当前，人们生活的社会背景发生了重大变化，尤其是身处“知识大爆炸”的时代，知识在无限地增长，近30年所创造的知识，相当于过去的总和。孩子的学习时间是一定的，但是内容越来越多。在过去的2000多年里，只需要读四书五经，相当于只有现在的语文课；而现在的高考要考“3+1+2”共6门课，足足增加了5倍，上学的时间从过去的六天变成了五天，所以内容多、进度快，导致许多学习缓慢者跟不上学校的教学节奏。孩子必须在规定时间里掌握一定量的知识，这对学习缓慢者不利——这些孩子不是学不会，而是需要更多的时间，于是他们在现行快节奏教育体制中总是应付式疲于奔命，学校的教学不会等他，最终孩子面临被“淘汰”的命运。

现在好多家长抱怨今天的孩子非常疲惫，觉得自己当年学习没有这么累：“我当年读书没这么累，不用爸爸妈妈陪，不用爸爸妈妈操心。”其实是你命好，你早生了30年，那时孩子平均每天需要学的生字数是2个，也就是上午学1个生字、下午学1个生字。现在的孩子由于强调重心下移、提前识字，学生的识字负担突然加重，每天需要学的生字数是9.17个，也就意味着上午需要学习5个生字、下午需要学习4个生字，甚至周末还得学习。也就是说，现在的孩子每天学习的生字量相当于爸爸妈妈当年一周学习的生字量。所以有些孩子课余时间依旧要“加码”，弥补在校学习的不足。

年代	总识字量	一年级识字量	每天平均识字数
1963年	3500	750	3.7
1978年	3000	700	3.4
1986年	3000	650	3.2
1992年	2500	400	2.0（1995年后为2.35）[61]
2000年	3000	750(一类字)	8.4—12.1（不同版本，含二类字）
2017年	3000	750(一类字)	9.17（含二类字共1579个）
2022年	3000	700	4.11

不同年代一年级的识字量[62]

（5）学习具有一定的被动性

人类有一个重要的基本原则——最低能耗原则。我们想把生命延长，所以要避免无谓的能量消耗。自然选择将惰性深植于人类基因和神经元中，事实上，最低能耗原则提升了人类祖先的存活率。其实，人天生就是贪图安逸的，只要条件允许，每个人都想舒服地“节能”。人总是希望减少支出体力和心力，希望用最少的付出得到最大的回报。科学家们研究了现存的双壳类和腹足动物，发现懒惰是它们的生存秘诀。他们分析了从

5000万年前到现在的动物的代谢率，发现灭绝的生物代谢率比现存的物种高，说明低代谢率的生物更容易存活下来。人类的新陈代谢对灭绝率的影响尚不明确，但是至少有这个可能。逃避痛苦、追求快乐是每个人的本能选择，学习是一件痛苦的事情，所以孩子能偷懒就偷懒——因缺乏行动的欲望，而不想做任何事，是一种心理上的厌倦情绪，表现为精神松懈、行动散漫、拖延、不振作。

懒惰就是SLOTH。S是sit，总是坐着而不站着，能躺着更好；L是let，放任自流，不希望被严格的计划控制；O是open，张开嘴巴，等着喂；T是toil，不再劳神费力，希望能够坐享其成；H是happiness，快乐在我心中。所以，对于信奉懒惰的人而言，天天都过着这样的日子，觉得很幸福。懒惰的表现：

◉ 懒得动脑子：不思考张嘴就问、犹豫不决、不自信；

◉ 懒得动身子：肥胖不堪、躲值日、心动没行动；

◉ 懒得动手：慢慢吞吞、散漫、拖拉拖延、游手好闲；

◉ 懒得动笔：不记笔记、不写作业、偷工减料；

◉ 懒得动心：厌世悲观、得过且过、不思进取、无精打采、浑浑噩噩。

懒惰的孩子是被动地活着，懒得聊天，惜字如金；懒得运动，容易长胖；懒得收拾，混乱无序；懒得思考，习得无助；懒得上学，迟到早退；懒得听讲，经常发呆；懒得写作业，偷工减料。

懒惰的孩子的执行力和意志力低，不能够咬着牙坚持做事情。他们没有个人兴趣，没有爱好；不修边幅，不讲卫生；对什么事情都漠不关心，无动于衷；总觉得累，身心疲惫；萎靡不振，没什么开心时刻；无组织纪律，不愿受到约束；没有时间观念，总想着什么事都明天做。一个人身懒，毁了健康；心懒，毁了梦想！罗曼·罗兰说：懒惰是很奇怪的东西，它使你以为那是安逸、是休息、是福气，但实际上它所给你的是无聊、是倦怠、是消沉，它剥夺你对前途的希望，割断你和别人之间的友情，使你心胸日渐狭窄，对人生也越来越怀疑。

好多孩子对自我认识不清，对学习的意义认识不深，在学习方面具有一定的被动性。一个爱学习、习惯于主动学习的孩子在遇到难题时，大脑启动的是应战机制，他会想各种办法去解决问题；而在学习上消极被动的孩子在遇到难题时，大脑首先启动的是应付机制，要么乱写一通，要么直接放弃，并且会告诉你："我就是不行"，"我做不到"。

有的家长生怕孩子落后，孩子动作慢了一点，忍不住要催促；孩子做作业，忍不住指指点点；孩子的成绩差了几分，少不了要警告、指责或责骂几句。家长认为督促孩子愈多，孩子进步就会愈快。其实，这样的结果往往事与愿违：老是被人督促着学习，孩子就会变得非常被动，时间长了，就会失去学习的主动性。提醒、督促是必要的，但要讲究方法：切忌唠叨，不要大事小事都干涉。这需要老师和家长帮助孩子养成良好的学习习惯，树立符合孩子成长规律的学习目标，想办法去激发他们的动机——为兴趣而学，引导孩子在学习中获得快乐和满足感，让孩子在寓教于乐中体会到学习的快乐，孩子只有认为学习是一件有意思的事情，才能够主动地投入进来。还需要尽量给孩子营造安全感，减少孩子的紧迫感。

要知道，鸡蛋从内打破是成长，从外打破则是食物。孩子的成长同样如此，家长们应该重视培养孩子的内驱力，不论是学习还是生活，内在的力量远比外加的更强大。家长可以尝试带孩子去认识社会，看看人与人之间的差距，甚至带孩子去干点苦力；家长可以带孩子去看看大城市的繁华，也许强烈的对比可以诱发他们对美好生活的向往；家长可以适当通过“小目标”不断地让孩子产生“我要学”的内驱力，带着他往前走，形成习惯后，主观能动性就能发挥出来了：“为了取得好成绩之后在别人面前炫耀”，“为了以优秀的成绩引起某个异性同伴的注意”，“为了用好成绩来回报父母和老师”，“为了考取好大学、找个好工作”——不管是出于什么目的，只要孩子会主动去学习，想方设法去取得更好的成绩，也就实现了自我教育。

（6）学习的策略性

学习策略，就是学习者为了提高学习的效果和效率，有目的、有意识地制定的有关学习过程的复杂方案。不同的人学习方法和策略会不一样，对这个人很实用的方式、方法，未必对那个人就有用。所以，要学会学习，找到最适合自己的方法很重要。

“SQ3R”是全世界都公认的一种最佳学习策略。S是survey/scan，指浏览预习，快速浏览材料，对材料的基本组织主题和副主题有一个了解，注意标题和小标题，找出你要读的和学习的信息。Q是question，指提问、思考，问自己一些问题，根据标题用“谁”“什么”“为什么”“哪儿”“怎样”等疑问词提一些问题。3R，第一个R是read：阅读，指精读，要试图回答自己提出的问题；第二个R是recite/remember：记忆，指要装到脑子里去，通过大声陈述和一问一答，反复练习记住这些信息；第三个R是review：复习材料，主要是问自己问题，如果答不出来，重新阅读材料[63]。大量的实验证明，“SQ3R”不仅是一种有效的自主学习策略，也是一种有效的教学策略[64]。

随着社会变革的加剧，个体面临的社会环境也日趋复杂，终身学习的压力越来越大，学会学习成为社会对学习者的必然要求。

（7）学生的年龄特征、个别差异是学习的基础

忽视了年龄特征、忽视了个别差异的学习，都是折磨或折腾。这里的年龄特征包括生理年龄和心理年龄两个方面，在儿童学习过程中心理年龄需要尤为注意。心理年龄特征是指该年龄阶段学生在探索周围环境、认识外在事物的过程中，各年龄阶段会表现出的共同特点或相似性[65]。维果茨基的心理发展理论认为，儿童学习遵循从低级到高级、从具体到抽象的发展特征，高阶能力在低阶能力的基础上习得，因此在教学时需要了解孩子的心理特征，创造最近发展区[66]。

四、儿童的发展性

生命具有发展性。所谓发展，是指生物个体在解剖结构、生理与心理功能上，依照一定的程序由简单、幼稚的状态，逐步演化、成长，变成较复杂、成熟的状态，而且日后接着渐而衰退、老化的整个程序与现象[67]。诞生、成长、发展、衰老、死亡是生命的自然规律，每个幼小的生命都期待着茁壮成长，以证明曾经存在并创造出生命的最大价值。人的发展最重要的是全面发展，也就是一个孩子的身体运动协调、心理认知发展和情感社会适应三个方面都得到充分发展，这也符合国家提倡的“德、智、体、美、劳”五个方面全面发展的要求。

1. 儿童发展的特点

（1）儿童发展的连续性与阶段性

儿童发展是一个连续的过程，也是一个从渐进性的量变到跃进性的质变的过程，表现出若干个连续的阶段[68]。阶段性是指儿童发展具有不同的阶段，每一个阶段具有相对稳定且不同的发展特征。连续性就是指发展是连续的，尽管分各个阶段，但是各阶段并非彼此孤立，而是相互重叠式地渐进。

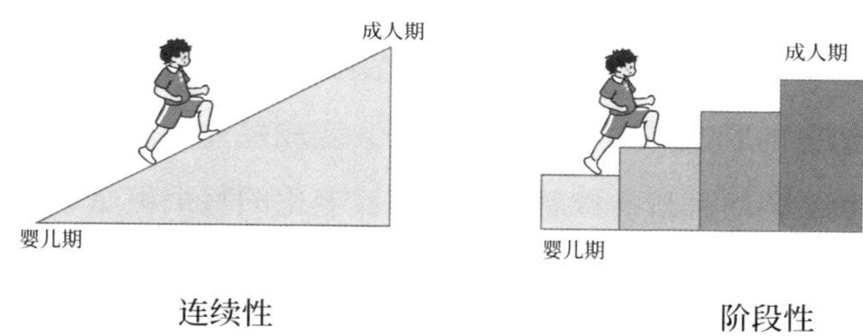

儿童发展的连续性与阶段性的统一

从表面上看，儿童发展是向上的一条连续的直线，但仔细看，它其实是一个一个台阶往上走的。儿童在发展过程中，每一阶段的初期和后期都包含着前后相邻阶段的特点，发展中任何新的一步都是和以前发展水平整合在一起的。量积累到一定程度发生质变，使个体的发展进入一个新的阶段，因此发展呈现出连续性和阶段性的统一，在某些年龄阶段会因为持续发展的积累而出现某种心理特质的突发性变化或出现新的心理特征。

著名的儿童心理学家皮亚杰把儿童认知发展理论分为4个阶段：0—2岁是感知运动阶段，2—7岁是前运算阶段，7—12岁是具体运算阶段，12—15岁是形式运算阶段[69]。皮亚杰还提出认知发展的三个特点：一是顺序性，阶段出现的先后顺序固定不变，不能跨越，也不能颠倒，必须按部就班；二是独特性，每一阶段都有独特的认知结构，这些相对稳定的结构决定儿童行为的一般特点；三是连续性，认知结构的发展是一个连续构造（建构）的过程，每一个阶段都是前一阶段的延伸，是在新水平上对前面阶段进行改组而形成的新系统，教育可以加速但不能逾越。

（2）儿童发展的方向性与顺序性

人类的发展总是从低级向高级、从简单向复杂、从不完善向完善发展，发展的总趋势是向上的。儿童发展的具体过程具有不可逆性，如个体动作的发展，就遵循自上而下、由躯体中心向外围、从粗大动作到细小动作的发展规律，这些规律可概括为动作发展的头尾律、近远律和大小律[70]。

儿童体内各大系统成熟的顺序是先发展神经系统，然后发展运动系统，最后再发展生殖系统。儿童大脑各区成熟的顺序是先长枕叶，然后是颞叶，接下来是顶叶，最后是完善额叶。儿童脑细胞发育的顺序是先长轴突，再开始分叉，长出树突，最后是轴突的髓鞘化。这种方向性和顺序性在某种程度上，体现出基因在环境的影响下不断把遗传程序编制显现出来的过程。

（3）儿童发展的差异性与互补性

虽然任何个体的发展总要经历一些共同的基本阶段，但由于个体受到遗传、环境等客观因素和主观因素的共同作用，在发展速度、发展水平和发展优势上具有差异性[71]，如发展起始时间有早有晚，发展速度有快有慢，最终达到的水平有高有低，发展的优势领域往往也存在千差万别等。个体差异非常明显，每一个个体的发展曲线都具有相同的发展趋势，但决不会完全重合。如有的儿童乐感强、有的儿童运动能力强、有的儿童语感好、有的儿童逻辑思维能力强，有的儿童天赋异禀、有的儿童大器晚成等。这种差异的存在要求家长和老师应该给予孩子充分的尊重，做好因材施教。

儿童发展的互补性，首先是身体机能的互补，当机体某一方面机能受损甚至缺失后，可以通过其他方面的机能的超常发展而得到补偿；其次是心理机能与生理机能的互补，人的精神力量、意志、情绪状态对整个机体起到调节作用，能帮助人战胜身体方面的残缺与不足，使身心得到发展。相反，如果一个人的心理承受能力极差，缺乏自我调节能力和坚强的意志，即使身体健康，也可能失去信心。

（4）儿童发展的不平衡性与全面性

“平衡”是皮亚杰认知发展理论中的重要概念，指个体的心理发展是在同化与顺应中取得相对平衡的过程[72]。儿童发展的不平衡性，主要指心理的发展可以因进行的速度、到达的时间和最终达到的高度而表现出多样化的发展模式。这种不平衡性一方面表现在个体从出生到成熟体现出多元化的模式，心理各组成成分在发展速度、起始时间、达到的成熟水平等方面不同，即有的发展领域在较早的年龄阶段已经达到较高的发展水平，有的发展领域则要到较晚的年龄阶段才能达到较为成熟的发展水平。比如人的神经系统发展较早，孩子三四岁时，大脑重量就已达到成熟时的80%，孩子六七岁时，大脑重量就已接近成人的水平[73]；人的生殖系统在青春期以前发展较慢，到青春期则飞速发展，20岁以前就基本达到成熟水平。另一方面，表现在同一机能系统特性在发展的不同时期（年龄阶段）有不同的发展速率，如智力的发展，在最初的几年发展很快，4周岁前就已达到成人智力成熟水平的一半，而后的发展呈阶梯形减速发展。

这种不平衡性提醒我们，家长和老师在对待孩子的发展时不要操之过急，否则可能给孩子带来压力。而这种压力、紧张、不安全感会损害孩子大脑的发展，也会导致对神经细胞造成伤害的激素过量释放[74]，这些激素会像酸液一样流遍整个大脑，阻碍突触联系的生长，最终导致脑部皮层（负责情绪、依恋的区域）和边缘系统区域受损。比如消极的思维、情感、行为模式等，并持续终身，表现为自闭症、抑郁症、情绪困扰、行为问题、多动症、抽动症、吸烟、电视成瘾、网络成瘾、游戏成瘾、性成瘾、酗酒、吸毒等行为问题[75]。

在关注孩子的发展时，不应只盯着某一方面，分数、认知固然很重要，但绝对不是孩子发展的全部。我们应该促进孩子全面发展，关注他们的方方面面，包括身体发展、心理发展和社会适应发展三个方面。

身体发展包括孩子的体质状况、身高、体重，以及神经协调、内脏和结缔组织（身体柔韧性）的状况，等等。

心理发展包括孩子的心理过程和个性心理，其中心理过程包括认知过程、情感过程和意志过程。比如认知过程包括感觉、注意、知觉、理解、记忆、想象、解释、分类、演绎、推理、策略评价等。认知发展得好不好，决定了这个孩子聪明与否。比如这是什么？这是什么颜色、什么质地？哪儿才会有这种东西？从形成概念到做出判断，再到推理，体现了一个人的认知发展水平。个性心理包括个性倾向、个性特征、个性调控三个方面，我们更关注的是孩子的人格发展状况。比如，孩子人格是否健康？乐观向上还是冷漠退缩？是属于积极向上的那种，还是属于消极退缩的那种？如何引导他，使他的人格更加健康……

社会适应发展包括自我认知、生活自理、自我控制、人际交往、环境适应、价值取向、道德规范、人文素养，等等。比如，孩子能管得住自己吗？能跟别人和谐相处吗？能适应自己所生存的这个环境吗？能够主动地去改善改进自己生活的环境吗？……

（5）儿童发展的不成熟性与不确定性

孩子处于成长中就说明其不成熟、未成年，所以孩子身上一定有孩子的童真、天性，保护孩子的天性实际上是保护纯真、保护率真、保护童心，使他们有一颗真、纯、朴素的童心。不要把孩子当“小大人”看、当“小大人”要求——懂事的孩子已经不是孩子，他背负了沉重的世俗生活的压力。

我们每个成人都来自儿童，我们没有理由歧视儿童的这种“不成熟性”。儿童既是我们的前身，也是人类的未来。心理学家霍尔、人类学家泰勒和教育学家蒙台梭利都认同“儿童是成人之父”这一思想。“细胞—胚胎—婴儿—幼儿”，儿童发展遵循着一个有规律的发展顺序，这个顺序是由种系进化顺序决定的，儿童的发展复演了人类种族发展的历程[76]。而成人是儿童在吸收周围世界的材料并将其塑造而成的[77]，“儿童的生活是连接两代成人的分界线，儿童创造的和正在创造的生活总是从一个成人开始又以另一个成人结束。这条航道总是紧紧围绕着成人的生活”[78]。从孩子身上，成人也能看到更多纯真和质朴。人类所面临的最大问题之一就是没有认识到儿童具有一种积极的精神生活，成长中的婴儿像一个精神胚胎，需要外界提供一种特殊的保护环境，这个环境应该充满了爱、温暖、支持与接纳[79]。在抚育儿童的过程中，成人也能被他们纯真浪漫的精神品质所净化和激励。

不成熟性也说明每个孩子都有很大的发展空间、都值得家长和老师满怀信心地期待，因为他终将会在他现在的基础之上有一个更好的发展。只不过受基因的制约，有的孩子发展空间很大，而有的孩子发展空间比较小，如此而已。每个孩子都会极力地发展、拓展自己的最大潜能。

不确定性就是可塑性，也是不可预见性。正因为儿童发展的可塑性才为后天的教育提供了可施展的空间。每个孩子都有极大的可塑性，具有发展潜能，就像谁知道哪朵云彩会有雨一样，谁也说不好哪个孩子将来会成为什么样的人。这就提醒我们家长和老师，不要小瞧每一个孩子。有些孩子当初真的不被看好，而后来却发展得很优秀。曾参的故事、爱迪生的故事、福特的故事、华罗庚的故事……大家可能都听说过，这些故事正是验证了这种可塑性和不可预见性。

曾参是孔子年龄最小的学生，他跟着父亲一起在孔子门下修行，《论语·先进》中说："柴也愚，参也鲁，师也辟，由也喭。"意思是说，高柴愚直（迂腐呆板厚道），曾参鲁钝，颛孙师（亦称"子张"）偏激，仲由（亦称"子路"）鲁率。此处讲述一个小小的关于曾参的故事：曾参因为种瓜误点被父亲打了一顿，挨打时，他不躲不跑，结果父亲越打越生气，骂道："怎么生了这么个蠢东西，挨打都不知道跑！"于是下手更重了，没想到把曾参打晕了。曾参醒来后还装作很高兴的样子。孔子听说此事后非常气愤，甚至不认他这个弟子。曾参听说老师生气了，知道自己犯了错，因此爬到孔子面前认错："老师，我错了，可我不知道我错在哪儿？"孔子说："你父亲打你，你为什么不跑？"曾参说："我要是跑了，他老人家没人打了，不就气坏了吗？"孔子说："当年舜对待父亲的责罚时，从来都是轻打就忍受，重打就逃跑。你不跑，你父亲就越打越生气，现在全城的人都知道你父亲这个人心狠手辣，把亲生儿子都打晕了，没人会愿意跟你父亲交朋友，你让你父亲陷入了一种不义的境地，你这叫孝吗？"曾参忙说："老师，我错了，但我还是不知道以后我父亲再打我，我该怎么办。"孔子说："要不说你笨，小杖则受，大杖则走。你父亲用小棍打你，你就让他打，用大棍子打你，你赶紧跑呀。"曾参受教，说道："老师，我记住了。"[80]

孔子去世后，他的弟子都来给他守坟，白天大家守坟的时候就想，老师什么时候在哪儿曾经跟谁说过什么话，曾参说："天，你们怎么都能记得住？"师兄们就笑话他说："这怎么能记不住呢？当然你最小，记不住也没事儿，难怪老师也说你笨。"但是笨人有笨招，曾参晚上回去把师兄们回忆的话都给写了下来，这就有了我们今天读到的巨著《论语》。

曾参后来继承了老师的教书事业，其中一位弟子是孔子的孙子子思，背过《三字经》的都知道“作中庸，子思笔，中不偏，庸不易”。子思写了一部巨著叫《中庸》。相传曾参看学生出书，自己也写了一本书——《孝经》，“身体发肤，受之父母，不敢毁伤”便源于此。后来，曾参便一发而不可收，又写了《大学》，开篇：“大学之道，在明明德，在亲民[81]，在止于至善。”别忘了，子思后来又教了孟子，孟子的学生又教了荀子，荀子教出了李斯和韩非子……这些都源于那个被老师认为有些鲁钝的学生——曾参。

2. 影响儿童发展的因素

孩子是最需要教育、也是最容易接受教育的。因此，我们应该给孩子提供适合其发展需要的教育内容和教育方式，抓住孩子成长的关键期，充分激发孩子各方面发展的潜能，这样孩子才能够成为最好的自己。如果不知道孩子在哪个方面有潜能，就多带他去尝试，看看孩子在哪个方面有天赋。

儿童需要科学施教，作为家长和老师，我们需要按照孩子身心发展的规律，不断地去挖掘他的潜能。不陵节而施，不要超过他的基本能力而提出一些非分的想法，否则就是揠苗助长，不但不能促进孩子的发展，反而会阻碍其发展，甚至把孩子毁掉。

我们还要尊重孩子的成长规律。科学地促进孩子的发展，需要讲究策略，方式方法要正确，不要蛮干。不要动辄嚷嚷“只要功夫深，铁杵磨成针”，那么大的铁杵，为什么非要去把它磨成针呢？何况，不是所有的孩子生来就是个铁杵，有的孩子生来可能是个棒槌，只能做根牙签；而有的孩子连棒槌都不是，就是块石头，完全应该根据这个石头的形状、质地、大小，最终把它雕琢成艺术品。因此，教育的目标是促进儿童发展，但是如何发展、发展到何种程度因人而异，不能用一刀切的标准来衡量。

人的发展受很多因素的影响，包括社会政治、经济、文化、制度等环境因素，同时也与遗传、教育、个体主观能动性有关[82]。人生活在环境中，就必须去适应环境，不要天天抱怨环境不好：为什么别人家的孩子能够在这个环境里生存下来？我们很多家长经常说：“哎呀，中国的竞争太激烈了。”有的人总以为国外的孩子学习任务很轻，于是就带着孩子移民走了。在中国没法混下去，以为到国外去就能走得比较好吗？把外国人都当傻子？是金子在哪儿都会发光的，倘若不是金子呢？其实是我们没有走到、深入到别人的社会里了解，比如西方国家真正的社会中层和上层，他们的孩子是怎么生活的？其实并不比中国的孩子轻松！为什么他们的社会两极分化更加厉害？去“标准化”的选拔方式，其实比标准化更加严苛。感兴趣的读者可以参阅美国社会学家安妮特·拉罗的《不平等的童年》一书，书中拉罗带着她的研究团队连续几个月驻地观察12个不同阶层的美国家庭和88个在校小学生，最终得出结论：美国不同社会阶层的家庭有着截然不同的教育方式，中产阶级采取的是协作教育（Concerted Cultivation），而工人阶级采取的是自然放养（Natural Growth）。真的不要以为仅仅是中国孩子活得累！如果想让孩子未来有比较体面的生活，无论在哪个社会里，总是要有所付出的。

有人戏谑地说，“985大学”原来是98.5%的高中生考不上的大学，“211大学”是21个学生中只有1人能够成功考入的大学（根据2023年的全国平均数据，进入“211大学”的录取率为

5.01%，进入“985大学”的录取率为1.62%，与戏称的基本巧合，然而有趣的是，它们基本上都是1977年恢复高考时就叫大学的大学，俗称“真正的大学”“好大学”）。如果你想读好大学、想实现阶层跨越、想成为那1.5%或5%的人，没有人会告诉你规则，你需要自己去探寻，并证明自己是有资格的。有些人已经出生在罗马，却还比你努力。撕开“轻松教育”的面纱，我们才发现美国学生同样在刻苦地学习。学区房、补习班、分层教学，美国家庭的教育战略同样从小学就已开始精心部署。没有付出，怎么可能有收获呢？不经历风雨，怎能见彩虹？

（1）先天因素

过去的教育学著作将先天因素等同于遗传，但当代生理学研究证实，先天因素是指个体出生前的影响成分，包括遗传、孕期和生产方式三个方面。

通过遗传学，我们知道每个人都是爸爸妈妈各自提供的一个生殖细胞结合而成的，每个生殖细胞里都携带了来自父母双方的23条染色体，每条染色体里都有成千上万个基因，每个人都会继承父母双方两个家族的种系特征，每个生命从精卵子结合的一刹那，就决定了其特有的发展顺序[83]。正如生活中我们看到的人与人之间在相貌、体形等方面的差异是受遗传决定一样，人的心理也受遗传影响，每个人的发展只不过是这些内在的遗传因素，在后天环境和教育的作用下自我展现的过程而已，遗传素质是人的发展的生理前提或物质前提。遗传素质为人的发展提供了生理基础与可能性。人的发展总是要以遗传所获得的生理组织和最初的生命能力为前提，没有这种遗传素质或者遗传素质有缺陷，身心的发展水平就会受到不可弥补的影响，某种发展可能永远都不能实现。比如，一个先天色盲的人，很难成为一个优秀的画家。遗传素质的成熟过程制约着人的发展进程，个体的遗传素质是逐步发展成熟的。美国心理学家格赛尔基于其双生子爬台阶实验研究提出了成熟理论，认为儿童的生理成熟是推动儿童心理成熟的前提，没有足够的生理成熟就没有心理的变化[84]。人们常说的婴儿的发展是“三翻、六坐、八爬，十个月会喊爸爸”，就反映了人的遗传素质的发展过程。教育必须按照遗传素质发展的水平进行，不要违背孩子发展的内在“时间表”，人为地通过训练加速孩子发展，超越遗传素质成熟水平的教育不利于人的发展，将会导致欲速则不达。在立足遗传的基础性前提作用的同时，要注意也不能过分夸大遗传的作用，遗传素质为人的发展提供的是可能性，而不是现实性。

它只是影响因素之一，还有其他如环境、教育和主观能动性的影响。遗传素质为人的发展提供了可能性，这种可能性必须在一定的环境和教育的影响下才能变为现实，如“狼孩”的事例就充分说明了这一点。生活中很多人动不动就说“龙生龙凤生凤，耗子的孩子会打洞”，这其实是完全否定了其他因素的作用，陷入“遗传决定论”或“血统论”的泥潭里了。

孕期除了保持愉悦心情之外，还有很多相关因素与个体健康发展密切相关：父亲年龄在24—32岁之间、母亲年龄在21—28岁之间生育的孩子体质更好；受孕季节在7月底8月初可以把温度的变化、疾病的流行、食品的供应等有利因素和不利因素控制得最佳；孕期营养供应充足确保胎儿健康发育；在胎儿3个月的致畸敏感期避免病毒感染和回避药物可降低残疾出现的概率；关注机械损伤、挤压振荡、高热粉尘辐射、环境污染、气压变化、农药或其他有毒物质摄入等因素都是预防胎儿发育异常的策略。

生产方式异常会影响胎盘血循环，使胎儿在子宫内缺血缺氧，胎儿缺氧会损及中枢神经系统和脑细胞，导致脑瘫、抽搐、弱智；胎位异常和各种难产也会增加新生儿窒息率的发生：若受伤的是小脑，轻则共济失调，中则脑瘫，重则全身瘫痪；若受伤的是脑干，轻则惊厥痉挛，中则癫痫，重则出现行为与语言障碍；若受伤的是大脑，轻则学业不良，中则弱智，重则多重残疾；若选择胎头吸引术，多动和弱智出现概率较高；若选择产钳术，会对胎儿中枢神经系统有损伤，尤其是大脑。

（2）环境因素

环境是指人生活于其中、赖以生存并影响人发展的一切外部因素的总和。如按照环境的性质来分，可分成自然环境和社会环境两大部分。自然环境（包括自然条件与地理位置）对人的发展的影响，如影响人的身高、性格等。但对人的发展影响较大的是社会环境（包括政治、经济、文化以及与个体相关的其他社会关系），它是人的发展的外部条件。

人的发展受后天环境的制约，遗传素质仅仅为人的发展提供了可能性，没有一定的环境，这种可能性不会转变为现实。俗话说："近朱者赤，近墨者黑。""蓬生麻中，不扶而直。"还有历史上流传的"孟母三迁"的故事，都说明了社会环境对人的发展的作用很大，是人的发展的现实基础。

孩子在亲子互动中会获得安全感并诱发良性情绪；在亲子互动中形成信任、依恋、依赖、期待等积极情感，建立安全地带——母亲的怀抱（孩子受到惊吓时总是往妈妈怀里钻，即便我们成人受到惊吓时也会情不自禁地喊“哎呀，妈呀！”）；在亲子互动中学会交往、形成社会适应能力；在亲子互动中发展智力——大量的心理学实验告诉世人：婴幼儿在成长过程中获得的刺激越多，脑神经树突建立暂时神经联系的概率越高、心理发展的可能性越大，且0—6岁是个体一生发展的关键期，0—3岁又是关键期中的关键期。因此孩子早期的成长不仅需要营养等物质基础，还需要有来自亲人的呵护与互动。

人是从他所处社会的科技环境、宗教环境、政治环境、经济环境等社会环境中寻求发展的内容、手段、资源与机遇的。社会环境中的政治稳定是个体平安健康成长的前提保证；经济条件是保障；文化影响会决定其发展的方向。我们正处在社会的转型时期，转型时期原有社会控制性规范被削弱、新的尚未确立，市场化原则、利益驱动原则和竞争性原则冲击传统价值，唯利是图、利益至上的功利主义价值取向扑面而来，使得人们的精神生活出现危机。外来文化的功利主义价值观和新科技交往工具的冲击使得新一代成长的社会环境越来越复杂，未成年人成长的环境危机重重：竞争的激烈化使得父母没时间陪伴孩子；竞争的低龄化、竞争分层提前使得孩子从小就面临竞争压力；工业化、城镇化的加速推进使得越来越多的人离开乡村或城镇的“熟人社会”，一头扎进大中城市的“陌生人丛林”，社会监督和家族呵护日益缺失……社会转型对家庭生活带来了太大的冲击，家庭生活节奏“被加快”、家庭人际空间扩大、家庭亲情时间缩短、家庭远离家族呵护、家庭的静谧性被打乱、家庭的稳定性被挑战、家庭的伦理性被动摇、家庭的责任感被淡化、家庭沟通概率减少、家庭间邻里相对封闭、家庭形式多样化、畸形家庭出现、延伸式家庭出现……这些都使得家庭的价值观念、婚姻制度、代际结构、生活方式、交往方式、家庭功能等都发生了重大变化，家庭教育环境面临着深层次的挑战。[85]

个体的生存环境对个体的生命安全、身体健康产生着不容忽视的影响。生态环境的变化间接地影响着经济的发展，而经济能否实现可持续健康发展、能否产生社会财富，则关系着个体生活质量的变化。人对自然环境具有受动性的一面，人的成长发展会受到自然环境的制约，个体成长必然受到自身所处的自然环境的影响。生态环境、气候条件、空间拥挤程度等这些物理因素还会影响到人格的形成与发展。比如，气温会提高烦躁不安人格特征的出现频率，寒冷地区的人性格稳重、温和内敛，热带地区的人性格活泼热情外向，气候因素还对人的健康和寿命有着直接的影响。

环境对人的发展虽然起着重大的影响作用，但不能决定人的发展。环境决定论是错误的，因为人们受环境的影响不是被动、消极的，而是积极、能动的实践过程。环境对人发展的影响要通过主观努力和社会实践活动才能实现。有的人虽然有良好的环境，但他不能正确对待这些有利条件，个人不努力，意志力薄弱，贪图享乐，结果一生平平庸庸，没有什么成就，甚至走向与环境所要求的相反的道路——腐化堕落。有的人虽然处在恶劣的环境中却能“出淤泥而不染”，刻苦努力，顽强拼搏，最终成为很有作为的人。如司马迁遭宫刑而作《史记》、屈原被放逐而赋《离骚》等。即使在同一条件下，有的人卓有成效，有的人却平庸无奇。因此，仅仅认为人是环境的消极产物、人的发展为环境所决定，就会滑入“环境决定论”的错误之中。

（3）教育因素

教育其实是特殊的环境，是家庭或学校对个体有计划、有目的、有系统地施加影响，旨在使其发生某些变化的活动。教育在人的发展中起着促进作用：教育可以加速人的发展、发掘人的潜力、发挥人的力量、提升人的价值、健全人的个性。但由于教育在人的发展中处于外因角色，这就决定了其影响力不可能超越先天和主观能动性。

关键期理论是1937年由奥地利生态学家劳伦兹提出的，该理论在他获得诺贝尔奖后在全球迅速推广开来，改革开放后在中国慢慢传播开来。现在孩子的祖辈当年带孩子时很多确实没有早教的概念，所以在年轻的父母送孩子到价格不菲的早教机构接受专业训练的时候，总是质疑早教的价值和必要性。其实，现在已经进入不是争论是否需要早教，而是选择哪个早教机构更为科学的早教时代了。早期教育应该是从胎儿脱离母体的那一刹那就开始做的事情：出生第一个月，如果没有足够的光线将眼底视网膜的视锥细胞处于最佳激活状态，可能会导致儿童弱视；为保证睡眠，新生儿听力损失一般在60分贝左右，只对妈妈3000Hz左右的声音频率最为敏感，妈妈的语音会协助新生儿安全感的建立；新生儿的舌苔味觉记忆最敏感，关键在于第一口奶的味道，如果第一口奶不是母乳，再进行更换就会非常困难，所以应该坚持从第一口奶开始就是母乳喂养；2.2—3.5岁时耳蜗顶端感受高频音的基底膜处于激活关键期，此时需要大分贝的高频率声音去激活它，如果抚育环境太安静，就会导致儿童弱听；1—3岁是学习言语的关键期，此时若孩子没有养成眼睛看着人再说话的习惯，将来极有可能有注意力缺陷；2.5—3.5岁是儿童成长的第一次反抗期，若被纵容溺爱，不教孩子知道什么叫规则规矩、服从遵守，将来孩子成为顽劣儿童的可能性极大；阅读障碍往往是儿童6岁前电视看多了，导致无法适应部分到整体的迁移；诸多违法犯罪的孩子，往往与7岁左右第二次反抗期中父亲角色的缺失有关……遗憾的是，一些父母在转型时期没有时间陪孩子早教，或还没意识到早教的价值，也不知道怎么给孩子早教。当年法国狼孩维克多、印度狼孩姐妹的事实告诉我们，错过关键期可能会导致终身遗憾。

在认识到早期教育的必要性、瞄准幼儿学习的最佳年龄、施以及时教育的同时，也要防止片面夸大关键期的作用，将它绝对化：如果错过这些关键期，不是说不能取得教育效果，而是会增加教育的难度。也要防止过度、过早的教育，孩子过早学习知识或技能，学习其尚未做好心理准备的东西，会导致孩子对学习的畏缩，扼杀其学习兴趣，表面上似乎是丰富了给孩子的心理刺激，实际上却造成刺激剥夺的后果；过早或过度教育剥夺了婴幼儿以健康心理走向成熟的机会，也妨碍了父母以轻松、愉快的心态参与到孩子早期成长的过程中去。实践证明，其最后的结果就是揠苗助长，“因势利导”和“水到渠成”是最理想的。

教育在人的发展中起主导与促进作用。然而，我们不能过分夸大教育的作用，否则就会陷入“教育万能论”的错误之中——对教育作用的高度评价，对于认识教育在人的发展中的作用具有一定的意义，但是，把教育视为人发展的决定因素，就夸大了教育的作用。因为人的发展并不仅仅由教育决定，还受到各种因素综合作用和人的多方面实践活动影响。更何况，教育在人的发展中是个外因。

（4）主观能动性

主观能动性是人对外界或内部的刺激或影响作出积极的、有选择的反应或回答，通过主观意识与实践活动的结合，自觉地、有目的地、有计划地反作用于客观世界。

主观能动性最早表现为探究反射的快与慢：新生儿听到一个异响，有的孩子反应非常快，迅速地转头寻找；

有的孩子是慢慢悠悠转过头来，探索究竟发生了什么。这一先天的无条件反射对后来人的主观能动性形成的影响极大，这是后天发展的先天基础[86]。

主观能动性和后天形成的人生态度、人生理想、价值观、道德品质、知识结构、身体素质、个性特征、生活经历等相关。对于主观能动性差的孩子，家长和教师需要想方设法不断地激发其学习动机、培养其学习兴趣、调动其学习积极性、端正其学习态度、养成其良好习惯、建立其自信心、使其懂得努力与坚持，家长和老师对他们要多一些责任感与耐心，静待花开！需要特别提醒的是，主观能动性是内部因素，家长、教师再努力也只是外因，外因是通过内因发挥作用的。“激励”孩子“世上无难事，只怕有心人”“皇天不负有心人”“天道酬勤”……这固然没有错，但是要有度！不要动辄就归因于孩子用功不够，努力不到位。“只要功夫深，铁杵磨成针”，这句话是有前提的：必须是个“铁杵”！是铁才能磨出针。每个孩子的内心都有一种希望自己优秀的本能，只是实现愿望需要很多的现实条件来支持，这个世界不可能以个人的主观意志为转移，否则就会掉进唯心主义的泥潭。

总之，人的发展是环境和教育组成的外因作用与先天和主观能动性组成的内因交互作用的结果，是在先天与环境的共同作用、家庭与幼儿园和学校的联合塑造、自发生长与外在培养的相互促进下的结果。先天是前提，承认“瓜豆各得”的同时要看到“龙生九子”的现象，反对“遗传决定论”；环境是条件，承认“近朱近墨”的同时要看到逆境成材的现象，反对“环境决定论”；教育很重要，承认教育改变命运的同时要遵循“功能有限”规律，反对“教育万能论”；主观能动性是催化剂，承认“天道酬勤”的同时要看到事与愿违现象，反对“主观决定论”。只有用科学的儿童发展观来指导家庭教育和学校教育实践，才不会“蛮干”或“盲干”。

作为家长必须了解孩子的成长规律，科学合理地引导孩子去发展，加强学习。养鸟知鸟音，父母给了孩子多少学习基因，对他的期待就要与此相适应。儿童的发展也需要呵护，家人要责无旁贷地去呵护孩子，自觉地保障孩子的安全：因为孩子在18岁之前还是个未成年人，对很多事情没有预见性，所以做父母的必须要懂得防患于未然。要反对一切反儿童的行为，依法维护孩子的权益，责无旁贷地去承担起呵护自家孩子的责任，义不容辞地承担起保护孩子的义务。

3. 儿童发展性的教育启示

（1）人生来的天赋并非平等的，但都有发展的可能性

下图中4个字，都读作“人”，它们有什么不同呢？有大小的不同，面积大的叫“大人”，面积小的叫“小人”，这就是社会：可支配社会资源多的人，叫大人；可支配社会资源少的人，叫小人。以美国人为例：左上角的“人”好比是小罗斯福、小布什等美国众多的官二代、富二代，他们的父母就很优秀，自己的努力也很不一般，于是可支配的资源就多；右上角的“人”好比是克林顿、奥巴马等人，父母均为普通人，通过自己努力、改变自己命运，最后得到的面积和小罗斯福、小布什是一样的；左下角的“人”是小巴顿、小艾森豪威尔，父母都是很

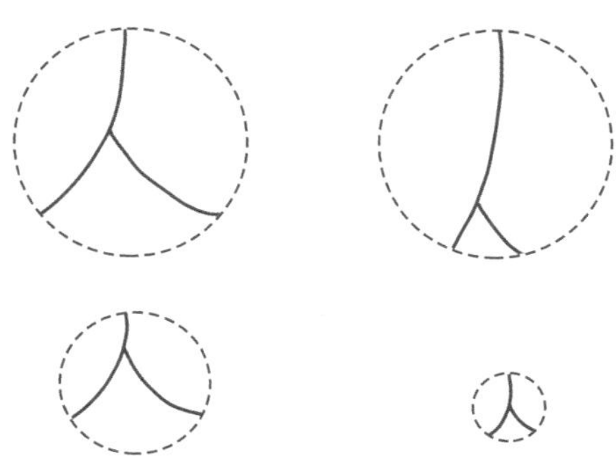

不同“人”字

厉害的人物，而自己就一般努力，就算躺平也能吃老本儿，瘦死的骆驼比马大；右下角的“人”是普普通通的美国亿万老百姓，父母均为普通人，自己也只有一般努力，平庸之人，最终可支配的社会资源也就有限了。

（2）每个人出生时便被烙上家庭的社会阶层印记

不要以为乌鸦生来就愿意当乌鸦，它何尝不想生来就是个凤凰，被人赞美，但是没办法，这是“命”，就像每个人出生时便被烙上家庭的社会阶层印记。

（3）后天的努力也能改变一个人的发展

“命”没法改变，但是“运”是自己主观努力可以争取的。出人头地也简单，只要用心就行了。今天的态度决定了明天的生活——路在自己脚下。

每个人脚下都有路，关键看你的路怎么走。一个上了年纪的木匠准备退休了，他告诉雇主，他不想再盖房子了，想和他的老伴过一种更加悠闲的生活，虽然很留恋那份报酬，但他该退休了。雇主看到他的好工人要走感到非常惋惜，就问他能不能再建一栋房子，就算是给他帮个忙，木匠答应了。可是，木匠的心思已经不在干活上了，不仅手艺退步，而且还偷工减料。完工后，雇主来了，他拍拍木匠的肩膀，诚恳地说：“房子归你了，这是我送给你的礼物。”木匠感到十分震惊，心里默默说道：“太丢人了呀！”……要是他知道他是在为自己建房子，他干活的方式就会完全不同。如果一个孩子每写一个字、每读一本书、每写一道题都没有竭尽全力，最后他也将会住进自己没有竭尽全力营造的那所房子里。人生就是一项自己做的工程，我们今天做事的态度，决定了明天住的房子！

（4）父母要不断努力，为下一代发展奠定更坚实的基础

原本普通的孩子假如父母一般，自己努力也一般，此时如果妈妈或者爸爸努力一下，他的可支配资源就会

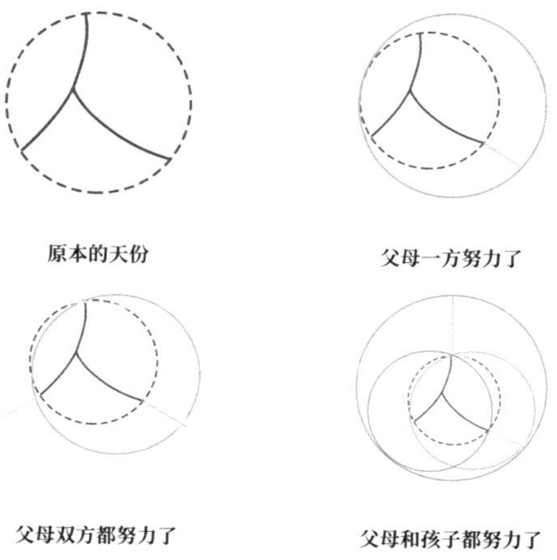

扩大；如果爸爸妈妈都努力，他所能支配的资源会更多。爸爸妈妈不但自己努力，而且教育孩子也努力，在这样的情况下，三个维度都往外扩，于是这个孩子也能成为一个更“大”的人，支配更多的社会资源。

父母一生最大的悲剧就是自己很努力，但培养了一个不努力的孩子。

（5）教育的主要任务是激发学生不断地努力

原本一个普通的学生可支配的社会资源只有那么多，但是如果父母和老师培养了他学习的兴趣，激发了他学习的动机，明确了他学习的目的，端正了他学习的态度，

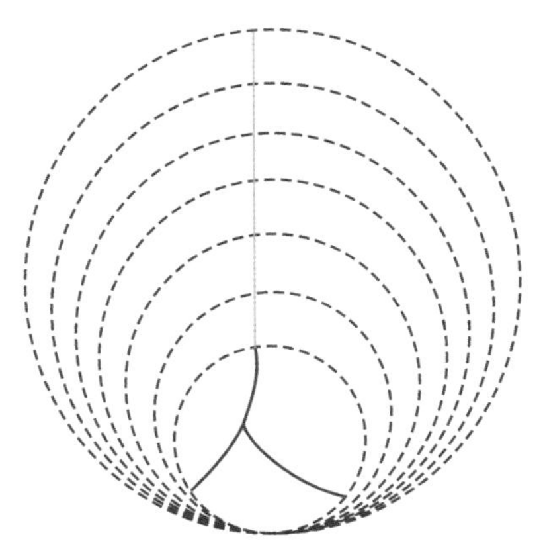

努力才能出人头地

调动了他学习的积极性，发挥了他学习的主观能动性，他也会出类拔萃，在人群中脱颖而出。

对家长和教师而言，很多教育失败的悲剧其实都源于错误的儿童发展观。好比海上漂冰山，水面之上的体积一定是由水面之下的体积来决定的，水面之下是观念，水面之上是行为，观念错了行为也就会错。失败的教育者不了解儿童发展的特点，没把握住它的脆弱性、发展性、学习性，形成了错误的儿童观。而儿童观是错误的，行为自然而然也就错了。

转型时期社会竞争激烈化、低龄化，加之家庭独生子女化，社会和家庭对儿童的教育越来越重视已经成为一个不争的事实，在家长对孩子的期待越来越高的今天，家长对教育的期待被市场炒作得急剧膨胀——“教育有多大胆，孩子就有多高才”“望子成龙不是梦，别输在起跑线上”“你可以不是天才，但是你可以成为天才的父亲”“没有教不会的孩子，只有不会教的老师”——生活中经常听到一些错误的儿童发展观，混淆了社会视听，蒙蔽了家长的视界，耽误了孩子的发展，搅乱了社会秩序。

延伸阅读（使用这些标题在互联网上可以搜索到相关资料）

1. 什么是儿童或童年？诸位名家如是说
2. 教育中最艰难的功课：理解儿童
3. 《中国儿童发展纲要（2021—2030年）》
4. 2021年度3—6岁儿童健康成长发育报告
5. 疫情背景下儿童身体健康保护
6. 你们想要的名校我读完了，现在我只想躺平啃老

参考文献

1 联合国儿童基金会.《儿童权利公约》文本[EB/OL]．[2022-04-29]．https://www.unicef.org/child-rights-convention/convention-text.

2 程炜．人的一生儿童期[J]．走近科学，2006（03）：66-69.

3 张婷婷，杨子珺．家庭功能视角下儿童心理行为问题分析[J]．科技资讯，2021（18）：195-198.

4 许永安．中华人民共和国刑法修正案（十一）解读[M]．北京：中国法制出版社，2021.

5 人口出生率21.0‰以上为超多子化；21.0‰—19.0‰为严重多子化；19.0‰—17.0‰为多子化；17.0‰—15.0‰为正常；15.0‰—13.0‰为少子化；13.0‰—11.0‰为严重少子化；11.0‰以下为超少子化。

6 Total Fertility Rate（简称TFR），是指国家或地区的妇女在生育年龄期间，每个妇女的平均生育子女数，也就是指假设妇女按照某一年的年龄别生育率度过育龄期，平均每个妇女在育龄期生育的孩子数。国际学术界一般把低于更替水平即总和生育率2.1，也就是新生人口以弥补生育妇女和其伴侣数量的生育率称为“低生育率”；当总和生

育率低于1.5时称为“很低生育率”；低于1.3时称为“极低生育率”。

7 茆长宝，穆光宗．国际视野下的中国人口少子化[J]. 人口学刊，2018，40（04）：19-30.

8 人民网.《中华人民共和国2022年国民经济和社会发展统计公报》发布[EB/OL].（2023-02-28）[2023-05-15]. https://www.360kuai.com/pc/9c53536f6d89ad347?cota=3&kuai_so=1&sign=360_57c3bbd1&refer_scene=so_1.

9 国务院妇女儿童工作委员会．中国儿童发展纲要（2021—2030年）[EB/OL]. https://www.nwccw.gov.cn/2021/09/27/99338976.html.我国新生儿、婴儿和5岁以下儿童的死亡率要分别降到3.0‰、5.0‰和6.0‰以下。2010年，这3个数据分别是8.3‰、13.1‰和16.4‰；到了2020年，已经下降为3.5‰、5.4‰和7.5‰。这3个死亡率都必须要往下降，而且幅度不小，越往下难度越大。

10 国务院妇女儿童工作委员会. 中国儿童发展纲要（2021—2030年）[EB/OL].https://www.nwccw.gov.cn/2021/09/27/99338976.html.

11 中国政府网．中国妇女发展纲要（2021—2030年）[EB/OL]. (2021-09-27)[2022-05-04]. http://www.cnwomen.com.cn/2021/09/27/99232622.html.

12 郭玉强．高质量推进儿童福利和国家未成年人保护工作[N]．社会福利（实务版），2022（04）：7-8.

13 国务院妇女儿童工作委员会. 中国儿童发展纲要（2021—2030年）[EB/OL].https://www.nwccw.gov.cn/2021/09/27/99338976.html.

14 彭波. 习近平到北京市海淀区民族小学参加庆祝“六一”国际儿童节活动[N]. 新华社，2014-05-31.

15 刘云香，朱亚鹏. 向儿童投资：福利国家社会政策的新转向[J]．中国行政管理，2017（06）：127-134.

16 《环球时报》．2022-12-28引用美国2022-12-27《国会山报》.

17 佚名．小儿噎食抓紧“黄金四分钟”[J]．健康必读：乡村医生，2011（06）：38.

18 宰春和．体温计的刻度为什么只有42℃[J]．人民军医，1993（04）：35.

19 鄢雯．心脏骤停，抓住4分钟急救“黄金时间”[J].家庭医药（快乐养生），2022（10）：49.

20 汤世明．别让生命如此脆弱[J]．家庭医学（新健康），2003（12）：26-27.

21 新浪网．「教育强国」朱永新：童年的长度与国家的高度[EB/OL].(2019-06-10)[2022-05-15].http://k.sina.com.cn/article_1151924281_44a8f83901900joqa.html.

22 梁晓峰．中国儿童伤害报告[M]．北京：人民卫生出版社，2017：59.

23 闫守轩，朱宁波．“过度教育”的表征、归因与救赎[J]．中国教育学刊，2012（08）：18-21.

24 卢现祥，唐静芳，罗小芳．中国应试教育的制度分析[J]．湖北经济学院学报，2007（06）：5-12.

25 中共中央办公厅 国务院办公厅印发《关于进一步减轻义务教育阶段学生作业负担和校外培训负担的意见》[EB/OL]. (2021-07-24)[2022-05-15].https://www.gov.cn/gongbao/content/2021/content_5629601.htm.

26 周洪宇，齐彦磊．“双减”政策落地：焦点、难点与建议[J]．新疆师范大学学报(哲学社会科学版)，2022，43（01）：69-78.

27 董扣艳．“丧文化”现象与青年社会心态透视[J]．中国青年研究，2017（11）：23-28.

28 崔欣玉．大学生“空心病”现象的反思与对策——基于价值虚无主义的视角[J]．思想政治教育研究，2018，34（03）：148-152.

29 素超人．北大教授徐凯文告诉您，时代空心病：焦虑的父母和迷茫的孩子[EB/OL]．(2016-11-5) [2022-04-29]. https://www.suchaoren.com/wei-sushi-38011.

30 搜狐．看见“被消失”的女性：全球人口贩卖调查报告[EB/OL]．（2022-03-08）[2022-05-15]．https://www.sohu.com/na/528128243_656058.

31 2020年4月，一段6分钟的短片被媒体曝光。短片中一名女孩自述“被烟台上市公司高管性侵四年”的事件随之成为舆论的中心。4月9日，被害女孩对《新京报》记者表示，从2016年起，她和“养父”鲍毓明一起生活，3年时间里遭到多次性侵，其自述“第一次被性侵时刚满14周岁”。后来，最高人民检察院、公安部联合督导组通报鲍毓明涉嫌性侵案调查情况：经全面深入调查，现有证据不能证实鲍某某的行为构成性侵犯罪，但因涉嫌向司法行政部门提供虚假材料被驱逐出境。

32 “宝贝回家”创立于2007年，是中国第一家公益寻人网站．https://www.baobeihuijia.com/bbhj/.

33 北京大学法学院开发的一套法律查询软件．https://www.pkulaw.com/help/product-judicial-and-case.html.

34 王会娟．我国拐卖儿童犯罪的时空特征与影响因素研究[D]．西安：西北大学，2017.

35 王锡章．拐卖儿童犯罪的现状与遏制对策——以F省为例的实证研究[J]．中国人民公安大学学报(社会科学版)，2015（05）：21-31.

36 王志祥．拐卖妇女儿童犯罪专题研究[M]．北京：中国政法大学出版社，2016.

37 李钢，王莺莺，杨兰，等．拐入侧视域下我国拐卖儿童犯罪的时空格局[J]．陕西师范大学学报（自然科学版），2019（03）：95-102.

38 李钢，谭然，王会娟，等．中国拐卖儿童犯罪的地理特征研究[J]．地理科学，2017（07）：1049-1058.

39 该系统基于“钉钉”软件的移动打拐平台，由公安部刑事侦查局打拐办主导、阿里巴巴集团提供技术支撑，2016年5月15日正式上线.

40 陆士桢．童工问题及其治理[J]．社会，2003（04）：57-60.

41 蔡濛萌．对滥用童工事件的多层面反思[J]．商业文化（学术版），2008（12）.

42 张洁．国际劳工组织首次全体成员国一致通过公约：禁止和消除最有害童工现象[N]．经济日报，2020-08-14.

43 青木．全球童工人数20年来首次增加且仍在持续恶化中[N]．环球时报，2021-06-11.

44 杨宝露，郑林．“常熟童工”辍学调查：不是因为穷　是家长漠视教育[J]．云南教育（视界），2017（1X）：43-46.

45 周卫军．“辍学只因教育质量不高”是拙劣借口[J]．当代教育家，2016（05）：12.

46 赵瑞希，廖婷婷．“没有活干，不能上学”——深圳“童工”遣送回乡后又陷困境[J]．现代人才，2013（06）：44-45.

47 邱婕．企业，你的社会责任在哪里[J]．中国劳动，2004（05）：57-61.

48 阎润文．让童工的悲剧不再上演[J]．甘肃教育，2014（03）：14.

49 龚龙飞．常熟童工事件背后：回不去的学校和乡村[N]．中国新闻周刊，2016-12-13.

50 钱志亮．科学的早期教育[M].长春：北方妇女儿童出版社，2019：70-71.

51 王小明．学习心理学[M].北京：中国轻工业出版社，2009：6-12.

52 王振宇．儿童心理发展理论[M].上海：华东师范大学出版社，2000：78.

53 刘晓东．儿童的本能与儿童的教育[J].学前教育研究，2000(02)：14-16.

54 薛亚楠．格赛尔成熟势力说对儿童早期教育的启示[J]．教育界（基础教育），2019（09）：159-160.

55 王小明．学习心理学[M]．北京：中国轻工业出版社，2009：10-12.

56 余文森．论有效教学的三大理论基础[J]．课程教材教法，2012，32(02)：15-22.

57 林崇德．发展心理学（第三版）[M]．北京：人民教育出版社，2018：48-50.

58 常永才．人类学习的特点：当代美国教育人类学的视角[J]．外国教育研究，2007(08)：41-44.

59 江泽民．关于教育问题的谈话[J]．国家教育行政学院学报，2000(02)：4-5.

60 毛泽东．毛泽东选集（第一卷）[M]．北京：人民出版社，1951：265.

61 1995年5月1日起，我国正式实施“一周五天工作制”。

62 钱志亮．急用先学的140个汉字[M]．长春：北方妇女儿童出版社，2020：1.

63 张伟．SQ3R学习法探究与反思[J].教育革新，2006（03）：32-33.

64 袁昌仁．“SQ3R”教学模式简介[J].教师之友，1999(10)：31-32.

65 张维倩．儿童科学学习的心理年龄特征研究综述[J]．学前教育研究，2007（01）：23-26.

66 高文．维果茨基心理发展理论与社会建构主义[J]．外国教育资料，1999（04）：10-14.

67 曾文星．儿童心理发展有什么特点？[J]．心理与健康，2001(07)：30-33.

68 程海云，姚本先．辨析儿童心理发展的连续性与阶段性[J]．现代中小学教育，2007（11）：54-55.

69 林崇德. 发展心理学（第三版）[M]. 北京：人民教育出版社，2018：50-52.

70 朱旭东. 加强对中国儿童发展规律及其教育的研究[J]. 人民教育，2019（23）：30-34.

71 罗志慧. 遵循儿童心理发展规律开展家庭教育[J]. 亚太教育，2016（17）：246-247.

72 林崇德. 发展心理学（第三版）[M]. 北京：人民教育出版社，2018：50-52.

73 朱智贤. 儿童心理学（第五版）[M]. 北京：人民教育出版社，2009：157.

74 杨元魁. 毒性压力对儿童脑与行为发展的影响[J]. 教育家，2018(28)：56-59.

75 艾里克·J.马施，大卫·A.沃尔夫. 儿童异常心理学[M]. 孟宪璋，冼漪涟，罗文文，等译. 广州：暨南大学出版社，2004：5.

76 刘晓东. 儿童精神哲学[M]. 南京：南京师范大学，1999：321-339.

77 刘晓东. 论"儿童是成人之父"[J]. 南京师大学报（社会科学版），1999(04)：65-70.

78 蒙台梭利. 蒙台梭利幼儿教育科学方法[M]. 任代文，译. 北京：人民教育出版社，1993：349.

79 蒙台梭利. 童年的秘密[M]. 刘惠芝，译. 哈尔滨：黑龙江科学技术出版社，2012：30-32.

80 典出《孔子家语》卷四："小棰则待过，大杖则逃走。"意思是要是父亲抡着棍子打过来，那就扛着，要是棍子又粗又长，那就赶紧跑，跑不是因为怕疼或怕死，而是担心自己没出息不禁打，万一被一棍子打死了，岂不是陷父亲于不义？认为子女受到父母惩罚时，轻打就忍受过去，重打就逃走，以免受伤而陷父母于不义，这是为人子女的孝顺态度；即该跑就跑，不要愚孝。《后汉书·崔骃列传》："钧曰：'舜之事父，小杖则受，大杖则走，非不孝也。'"

81 "在亲"：在于亲近自己的亲人；"民在"：心中有人民在。这样与其学生的学生孟子所说的"亲亲而仁民，仁民而爱物"，由小爱到大爱再到博爱构成体系、一脉相承。

82 朱智贤. 儿童心理学（第五版）[M]. 北京：人民教育出版社，2009：64-69.

83 贾香花. 科学人性观与教育现状散议[J]. 郑州牧业工程高等专科学校学报，2001（02）：135-137.

84 边玉芳. "循序渐进"与"拔苗助长"——格塞尔的双生子爬楼梯实验[J]. 中小学心理健康教育，2015(11)：21-22.

85 朱永新. 中华人民共和国家庭教育促进法解读[M]. 北京：新华出版社，2022：87.

86 钱志亮. 科学的早期教育[M]. 长春：北方妇女儿童出版社，2019：53-67.

第四讲

了解儿童的权利

——清晰相处底线

无论是家长还是教师，有且只有了解了儿童的权利，才会知道跟孩子相处时怎样才能不越界。儿童权利的实现，体现在儿童成长过程中的方方面面，对他们的健康、安全、教育、福利、家庭、环境、法律等保护缺一不可。

一、儿童的优先权

孩子是家庭的希望、祖国的未来，今天的儿童就是明天的公民，今天孩子的模样，就是明天国家的模样。

儿童期特别是儿童早期，是儿童生理、心理发展的关键时期，也是儿童从不成熟逐步走向成熟的时期。为儿童成长提供必要的条件，给予儿童必需的保护、照顾和正确的教育，将使儿童有个良好的人生开端，为儿童一生的发展奠定良好基础。童年生活幸福与否会对一个人的一生产生深远的影响，一个成年人身上几乎所有的问题都可以从他的童年生活中找到原因[1]。关爱儿童，为他们创设积极、友好、更具关怀力的环境，是儿童健康成长与顺利发展的重要保障。

从人力资本角度来看，对于儿童早期的投入，可以节省成年以后用于补偿教育、医疗保健、医疗康复和社会保障等方面的费用，减轻社会的经济负担——早期投入对于开发人力资源，提高国民素质，提高经济和社会效益具有重要意义。研究表明，儿童期良好的健康和智力发展，有利于提高劳动生产力、就业质量、工资报酬、资产占有率，有利于社会降低失业率、犯罪率等。“因此，任何有远见的政府都应该把儿童放在最优先考虑的位置。”[2]对儿童关心，让他们有更好的成长环境、更好的呵护，就是关注我们的明天、人类的未来。儿童优先，关乎每个孩子的健康成长，关乎每个家庭的幸福，关乎社会安宁。

我们终将会死去，但是我们的儿童将承受因我们的错误而酿成的后果，对儿童友好才会让社会更美好，让明天更美好。重视儿童是一个国家、一个社会文明进步的标志，所以在讨论儿童权利的时候，我们必须知道一个全世界的共识，那就是儿童的优先权（First Call for Children）：主张“一切为了儿童”，“向所有儿童的生存和正常发展提供基本保护”，在资源分配方面，儿童的基本需求应得到高度优先[3]。

在出台法律、制定政策、编制规划、配置资源时，在公共设施、文化环境、舆论氛围等各方面，尤其是健康、教育、福利、社会环境、法律保护等各个方面，要优先考虑儿童的利益和需求，为广大儿童健康成长提供全程关怀和全面保障。立法机构在制定法律、监督法律实施的过程中，政府在依法施政、依法管理的过程中，司法机构在依法提起公诉、行使司法权的过程中，均优先考虑儿童的需求、体察儿童的方便，更加尊重和保护儿童权益，确保“儿童教育的优先发展、儿童健康服务的优先供给、儿童福利的优先保障”[4]。

小学语文课本有一篇《一个降落伞包》的课文，记录了1946年周恩来同志在危急时刻把降落伞包让给11岁儿童的真实故事，在这千钧一发的生死关头，周恩来同志想到的是儿童优先，孩子始终是被他放在第一位的。

1. 儿童优先是世界共识

澳大利亚在1995年的《家庭法改革法案》中正式提出了“儿童最大利益优先原则”。而英国在1989年的《儿童法》中明确规定，法官在处理涉及子女问题时，应以儿童最大利益为首要的考虑，从而确立了“儿童最大利益优先原则”。

澳大利亚《1975年家庭法》（以下简称《家庭法》）第七章经

过了根本修改，采取了“以儿童权利和父母责任为基础的立法新模式”。《家庭法》第64b条规定了“接触令”等命令。1998年，澳大利亚家庭法立法会为保障父母对子女“接触令”的执行，发布了《子女接触令——执行和处罚》的报告，依据“儿童最大利益原则”提出了改进的建议。自2017年起，澳大利亚对家事司法系统进行了全面审查，并于2019年4月10日发布了最终报告。此次审查与改革建议反映了澳大利亚家庭法系统在新时代的发展方向。儿童最大利益优先原则后来被全世界普遍应用。

美国在20世纪70年代用“儿童最大利益优先原则”取代了“母权优先”，并于1997年在《收养和家庭保障条例》中确立“儿童最大利益优先原则”。

“儿童优先”原则在1990年世界儿童问题首脑会议上被提出，联合国在《儿童权利公约》中明文规定：儿童能否长大成人，心理和身体能否正常发育，营养是否充足，能否享有卫生保健、预防接种，能否受到学校教育等，都不应该因国家的收支情况、利率水平、贸易方面的波动、政党的选举结果或成人世界任何不可避免的骚乱而受影响——应为所有儿童的生存和正常发展提供基本保护。

基于联合国《公约》的原则，1991年我国通过了《中华人民共和国未成年人保护法》（以下简称《未成年人保护法》），于2006年第一次修订，2012年修正，2020年第二次修订。在2020年修订版《中华人民共和国未成年人保护法》中提出，要从家庭、学校、社会、网络、政府和司法六个方面全方位地保护未成年人。其中第四条规定：保护未成年人，应当坚持最有利于未成年人的原则。处理涉及未成年人事项，应当符合下列要求：

（一）给予未成年人特殊、优先保护；

（二）尊重未成年人人格尊严；

（三）保护未成年人隐私权和个人信息；

（四）适应未成年人身心健康发展规律和特点；

（五）听取未成年人的意见；

（六）保护与教育相结合。

1959年11月20日，联合国大会通过了《儿童权利宣言》。原则二规定：儿童应享受特别保护，并应以法律及其他方法予儿童以机会与便利，使其能在自由与尊严之情境中获得身体、心智、道德、精神、社会各方面之健全与正常发展。为达此目的，制订法律时，应以儿童之最大利益为首要考虑。

1989年11月20日，第44届联合国大会通过了《儿童权利公约》（以下简称《公约》）。到2015年底，签署、批准该《公约》的国家已经达到196个，其中美国是目前全球唯一一个没有签署的国家。世界上约有96%的儿童生活在《公约》缔约国中，该《公约》也因此成为有史以来最为广泛认可的国际公约。《公约》于1992年4月2日在中国生效。

2016年，联合国儿童基金会在第三次联合国住房和城市可持续发展大会（简称"人居三"）期间发布了"你对人居的看法"的调查报告，来自65个国家35000名儿童和青少年的网上调查结果显示：30%的儿童表示没有充分获得所在城市在健康、保护和教育方面的服务；25%的儿童表示在其生活的城市没有安全感；50%的儿童表示关心的主要安全问题是犯罪；超过40%的儿童表示在乘坐公共交通和居住区外行走时会感到不安全；50%的儿童认为受到了歧视；只有26%的儿童表示成人或相关机构听到了他们的意见；超过50%的儿童认为其所在城市没有做好应对自然灾害的准备……儿童还对他们的需求按优先顺序进行了排序：就医（80%）、上学（70%）、更加安全（65%）和住得离家人和朋友更近（55%）[5]。中国房地产研究会人居环境委员会于2009—2010年，在部分城市进行了城镇人居环境居民满意度评价调查。在所在城镇人居环境建设存在的主要问题一项中，约有29%的城镇居民对少年儿童的人居环境表示不满意，认为应该增加少年儿童的游玩空间与场所，提高少年儿童的人居环境质量[6]。儿童优先还要求全社会在公共设施、文化环境、舆论氛围等各方面都要实现“儿童优先”，为儿童成长提供健康而宽松的儿童友好型社会环境。比如，深圳市自2015年提出系统性建设儿童友好型城市以来，出台了社区、街道、公园、学校、医院、图书馆和母婴室等各领域儿童友好建设指引，从空间、服务、文化、运营四个层面对儿童友好实践基地建设工作进行规范。到2021年8月，全市授牌市级各类儿童友好基地201个，建立妇女儿童之家713个，各级各类儿童议事会381个[7]。2018年，深圳相继发布了《深圳市创建无障碍城市行动方案》和《深圳市建设儿童友好型城市战略规划（2018—2035年）》，旨在为弱势群体营造良好的出行和生活环境，从而实现为市民建设全生命周期覆盖的宜居城市目标。2022年4月28日，深圳市地方标准《儿童友好公共服务体系建设指南》发布，并于同年6月1日起正式实施。

2. 处理与儿童关系的四大原则

联合国《公约》提出，任何组织或个人在处理与儿童关系时应遵循四大原则：无歧视原则、儿童利益最大化原则、确保儿童基本权利原则、尊重儿童观点和意见原则。

遗憾的是，世界上依然有孩子忍饥挨饿、被剥削、被歧视、被强迫劳动、被贩卖、被暴力对待、被性侵、被迫卖淫、被侵害、被毒品和疾病威胁、被战争裹挟、被迫早婚、被剥夺受教育权利等。

（1）无歧视原则

每个儿童都平等地享有《公约》所规定的全部权利，不因其本人及父母的种族、肤色、性别、语言、宗教、政治观点、民族、财产状况和身体状况等受到任何歧视[8]。

无歧视原则，又叫"无差别原则"，指所有的孩子一律是平等的，学校、家庭、教师、家长要对所有的孩子一视同仁，不因他们的文化背景、出身贵贱、贫富、性别、正常还是有残障而差别对待，让他们受歧视或者被忽视。他们享有的权利不因父母、监护人、家庭成员的身份、活动、信仰和观点而受影响。[9]《世界人权宣言》

第1条规定：人人生而自由，在尊严和权利上一律平等。第25条规定：一切儿童，无论婚生或非婚生，都应享受同等的社会保护。我国亲子立法也顺应世界亲子立法的发展趋势，将“非婚生子女”和“婚生子女”统一为自然血亲子女，取消“非婚生子女”的歧视称谓，无论父母有无婚姻关系，其所生子女都统称为“子女”，以彻底消除在立法上和现实生活中对非婚生子女的歧视，保障非婚生子女的合法权益。1991年，最高人民法院的批复中曾认定在婚内借助人工授精技术生育的子女应当是婚生子女。在我国司法实践中，通常对生父的认定遵循血缘关系，而对生母的认定按照“分娩者为母”进行判断。代孕行为不具有合法性，但非法的民事行为所导致的民事后果不一定是非法的，代孕之非法的法律效果并不应该牵连至孩子监护权的归属。在代孕的孩子已经出生的前提下，对监护权的判定应该从儿童利益最大化原则出发，基于各方的年龄和监护能力、孩子的成长环境和情感需求等角度综合考虑，无歧视平等对待。

无歧视原则要求《公约》所列的所有权利适用于全体儿童。所谓全体儿童，是指不同性别、民族、种族、国籍、宗教信仰、居住期限、文化程度、经济条件等所有儿童。在现实中，儿童可能会受到各种各样的歧视，如对女婴的歧视、城市中对农村儿童的歧视、对成绩较差儿童的歧视、对艾滋病儿童的歧视，等等，这些歧视对儿童的身心发展产生了不利影响。

2020年修订版《未成年人保护法》第二十九条规定：学校应当关心、爱护未成年学生，不得因家庭、身体、心理、学习能力等情况歧视学生。对家庭困难、身心有障碍的学生，应当提供关爱；对行为异常、学习有困难的学生，应当耐心帮助。对老师来说，不能因为学生成绩好与坏、平时有没有犯错误、父母的社会背景、家庭的社会阶层以及长得好看不好看、个子高矮、肤色、体味、有没有残疾而有所歧视。教师职业的底线是对所有学生一视同仁，“一碗水端平”。

对家长来说，无论是儿子还是女儿要一律平等，不应出现歧视女童、重视男童的不正常家庭现象，手心手背都是肉，要平等对待。受落后“女子无才便是德”“养儿防老”“嫁出去的女儿泼出去的水”等传统旧观念的影响，有些地区有的家庭选择不让女童接受教育、只让男童接受教育，这就导致女童教育机会在城市与农村之间有着较大的差异。其实女童不仅仅是未来的国家建设者，也是未来的母亲。女童的教育不仅仅涉及她自身的发展，还涉及下一代的成长，所以要拒绝性别歧视，抵制性别歧视。1989年实施的“春蕾计划”，直接目的就是救助贫困地区失学女童重返校园；1996年，国家教委发布《关于进一步加强贫困地区、民族地区女童教育工作的十条意见》，要求各级政府和教育部门采取有力措施，制定女童专项扶助政策，保障女童接受义务教育的权利。党和国家一直非常重视和关心女童教育，通过一系列的立法、规划、政策等手段和社会力量助学，持续提升女童的受教育水平。

现在关心和重视女童教育是全社会共识，改变了很多像当年安徽大眼睛女孩苏明娟一样的贫困女童和她们家庭的命运。2018年，普通本专科在校生里，女孩所占的比例已达52.5%，超过男孩。但是女孩与男孩在选择专业和未来培养方向上存在很大差异，长期以来社会性别意识塑造了人们的观念，认为女孩有着与男孩不一样的发展潜力。比如，认为女孩应该学一个离家近且不费力的师范专业；男孩应该去大城市闯荡，学一些理工类专业，在未来能多赚钱以此赡养老人。由于过度强调生理性别的差异，以此形成了社会性别中男女应扮演不同角色的观念。这样定义式的“男孩就应怎样，女孩就应怎样”的思路和发展模式，短期看确实省去了很多分析孩子性格和爱好所花费的时间，但若是从长远来看，不仅限制了女孩的发展机会，还导致了对女孩教育中存在不公平问题，让女孩在入学机会、受教育过程、教育结果和未来发展几方面都处于劣势地位[10]。当然，讲不歧视女孩也要防止“女儿奴”的极端倾向，从而忽视了男孩的感受与成长问题。

家庭实现不歧视还要注意，不管是老大、老二还是老三，都应一律公平对待。出现冲突时，不要强制大的一定要让着小的，父母一定要秉持公平原则，不要让大的觉得父母偏心不公正，更不要让小的觉得自己拥有特权。不将孩子们进行比较，不在家里用同一标准要求彼此甚至引入竞争机制。由于小宝的突然到来，原本完全属于大宝独享的爱突然之间需要和别人分享，因此家长要更多地关心大宝的情绪，多和大宝沟通，让他感受到自己的地位不会受到威胁，爸爸妈妈依然会一直爱着他。同时也让大宝更多地参与到照顾小宝的过程中，这样不仅可以强化孩子们之间的感情，还能让孩子有一个接受的过程。

父母的偏爱表面上看是一种仁慈的扶助，但实际上是不公正的。如果总是无原则地偏袒某一个孩子，被父母偏心的孩子往往自私自利，恃宠而骄，产生优越感，并且容易有玻璃心，永远长不大，使孩子在父母的保护下逐渐丧失抵御风险的能力，成为一个“巨婴”。父母的偏心也容易对不被偏爱的孩子造成心理伤害，导致兄弟姐妹间的感情不好，亲情冷淡，甚至势不两立，造成其性格冰冷、心理自卑。父母的偏心对待会成为孩子心里永远的芥蒂，影响孩子的一生。

多子家庭为孩子购物时不是非得买同样的物品，而是应引导孩子选择自己喜欢的，家长给出规则就行。比如零食、玩具、鞋袜、衣物等统一频率（如零食每周买一次、玩具每月买一次）、统一定额（如零食20元以内、玩具50元以内），让他们各自去挑选，选什么、怎么选都由他们自己随意支配，只要不超过次数和额度就行。如果这次不想买，或者钱不够，可以记账存下来，将来自如支配，这些都应让孩子自己来决定。

（2）儿童利益最大化原则

儿童利益最大化原则，是指针对有关儿童问题应以儿童为本位，从其根本利益、长远利益出发分析问题、解决问题。利益最大化的标准是，能够使儿童在健康和正常的状态下，获得发展身体、心智、道德、精神和社会能力的机会和便利。也就是说，“利益最大化”涵盖了儿童作为人在健全的人类环境中依据其能力的全面发展。涉及儿童的一切事物和行为，必须首先考虑以儿童的利益最大化为出发点，让其享有幸福所需的保护和照料，尤其是在安全、卫生、工作人员数目和资格以及有效监督等方面。

无论对儿童采取何种措施，应当优先考虑儿童的利益最大化。就全体儿童而言，在进行立法或进行其他规范、调整时，应当考虑最大多数儿童的最大利益（尽管儿童作为为数众多的个体组合，其利益最大化的考虑对于个体可能失去实际意义）；就儿童个体而言，对其进行的保护性活动或采取的保护性措施，都应当首先考虑该儿童利益的最大化。儿童的利益应被视为与成年人的利益一样重要，而不是将考虑的重点仅仅局限于父母的利益或国家的利益。儿童利益最大化原则已成为一个国际法律概念。联合国《公约》成员国在国内立法和司法中，必须考虑该原则精神的贯彻及其适用[11]。

当面临与孩子相关的家庭重大选择时，首先应当考虑孩子利益的最大化，儿童利益必须高于成人利益，应以儿童利益最大化原则作为对未成年人的特殊保护，以“儿童本位”而不是以“家长本位”——处理相关问题时全方位考虑儿童的长远利益和根本利益，以最有益于儿童的发展为根本出发点。2020年颁布的《中华人民共和国民法典》（以下简称《民法典》）在立法层面正式确立该原则，在监护、收养、婚姻家庭事务中广泛应用儿童利益最大化原则，规定了第三十五条最有利于被监护人原则、第一千零四十四条最有利于被收养人原则、第一千零八十四条离婚时已满两周岁的子女抚养问题按照最有利于未成年子女的原则判决。

夫妻不论聚散离合，都应尽量不要伤害孩子，无论什么时候，孩子的利益都应放到第一位。有的父母为了孩子能有个所谓完整的家，坚持耗在感情已经破裂的婚姻里，让孩子在父母日复一日的冲突或冷暴力中艰难度日，却不知在父母无休止的冲突中成长的孩子，更容易形成心理上的扭曲和人格上的缺陷。如果夫妻最后选择了离婚，父母一方无论是不是直接抚养孩子，只要认真履行教养孩子的义务，孩子依然可以享受来自父母双方的爱，家庭的教育功能依然没有残缺。这样可以最大限度地减少夫妻离异对孩子的不利影响，这才是以儿童利益最大化为原则的明智选择。

在外出打工挣钱让孩子留守还是为了陪伴孩子在家将就的问题上，也应该考虑儿童利益优先。很多父母没有意识到，童年的亲子分离会给孩子造成难以磨灭的心理阴影和人格缺陷，对他的一生都将产生不利的影响。父母外出打工挣的钱多了，孩子的物质条件比以往好多了，但是常年见不到父母、缺少父母呵护的困境仍然令孩子难以忍受。儿童遭受意外伤害、产生心理疾病、自杀、犯罪等令人痛心的事情时有发生，根本原因是父母监护责任的缺失。政府、社会、学校即使给孩子提供再好的生活环境或者心灵抚慰，都不能代替父母的亲情和陪伴。[12]很多父母没有意识到，童年的亲子分离会给孩子造成难以磨灭的心理阴影和人格缺陷，对他的一生都将产生不利的影响。所以那些正在打算走出和已经走出农村的父母，还是要把孩子利益的最大化放在心上。父母心里要有一杆秤，仔细考量和权衡一下，眼下挣更多的钱和孩子一生的幸福哪一个更重要。

2021年修订版《未成年人保护法》第五十七条规

定：旅馆、宾馆、酒店等住宿经营者接待未成年人入住，或者接待未成年人和成年人共同入住时，应当询问父母或者其他监护人的联系方式、入住人员的身份关系等有关情况；发现有违法犯罪嫌疑的，应当立即向公安机关报告，并及时联系未成年人的父母或者其他监护人。第八十七条规定：地方人民政府及其有关部门应当保障校园安全，监督、指导学校、幼儿园等单位落实校园安全责任，建立突发事件的报告、处置和协调机制。这是全世界都达成的共识——儿童利益最大化原则。

《北京市控制吸烟条例》明确规定，妇幼保健机构、儿童医院等属于全面禁烟的场所，即室内、室外都不允许吸烟，不设立吸烟区。有儿童就不可以有烟，因为“二手烟”对儿童的危害极大，儿童对尼古丁的过滤能力几乎为零。

2008年汶川地震发生时，作为国家应急工作委员会的委员，我们第一时间建议救援物资必须包括奶粉，人员配备中必须包括儿科护士和儿童心理治疗师。为什么必备这三样？奶粉可以换成方便面吗？不行！不是所有孩子都在能吃方便面的年纪，襁褓中嗷嗷待哺的孩子就吃不了方便面。我们得考虑到在地震非常时期的救灾现场，这些孩子可能已经失去了母亲，或者他们的母亲因为惊吓或悲伤过度或饮食饮水不足导致孩子没有奶吃。儿科护士换成普通护士行不行？不行！因为婴幼儿的静脉太细、太软，打针、输液会在头部居多，儿科护士天天往孩子额头上扎针有经验，其他科的护士可能就不行。孩子哭，家长心疼，这不是受罪吗？儿童心理治疗师可不可以不带？不行！因为灾后儿童的心理极度脆弱，地震造成的巨大心理创伤要想方设法第一时间介入治疗。

家庭落实儿童利益最大化原则时，需注意将就孩子。比如孩子学习时将就孩子，大人不看电视，尽量不出声，为孩子提供安静的、没有诱惑的学习环境；卧室安排将就孩子，家里有阳光照射的房间优先给孩子，孩子需要更加洁净的环境，而阳光紫外线具有杀菌消毒的作用；煮饭的软硬将就孩子，因为其咀嚼功能不够发达，太硬了他们吃不了，或者吃进去后胃肠系统消化不良；做菜的咸淡将就孩子，盐的摄入量需减半，优先满足孩子的胃口，成年人已随着年龄、饮食习惯的影响，味觉逐渐钝化，儿童和大人吃得一样咸，不仅会导致呼吸系统疾病、肾脏损害、缺钙缺锌或者缺铁等问题，还会诱发成年后高血压，毕竟大人嫌淡可以另加盐，但孩子嫌咸了则没法减盐。

（3）确保儿童基本权利原则

联合国《公约》第6条规定：缔约国承认每个儿童享有固有的生命权。缔约国应最大限度地确保儿童的存活与发展，即每一个儿童都享有生存发展的权利，任何危害儿童身心健康的行为都是违犯《公约》的，是损害儿童尊严的，应当采取一切措施包括立法、行政等促进儿童的健康成长。不可否认，儿童在生理、心理上都是弱小和不成熟的，因此当然需要成年人来保护。但是，保护不能替代儿童行使自己的权利，保护更不能抹杀对儿童权利的应有尊重。儿童的基本权利主要包括生命权、生存权和发展权，所有儿童都享有生存和发展的权利（两者完整兼具），要最大限度地确保儿童的生存和发展，包括达到标准的卫生保健、医疗服务、基本生活标准以及身份登记、获得父母照料、接受义务教育等。

确保儿童基本权利原则也可被称作“尊重儿童尊严原则”，尊重儿童尊严就是给孩子面子，而这是现实生活中老师和家长很容易忽视的。儿童从一出生就具有人格尊严，他们与我们同样是一个社会成员，不能因为孩子小就敷衍他、忽视他、欺负他，甚至虐待他；不能因为孩子小，就随意冒犯他、指使他、指责他、奴役他；也不能因为孩子小，就随意羞辱、肆意打骂；更不能拿儿童作为宠物玩耍，随意给他们起绰号，当众披露他们的缺陷。孩子虽然小，但是他们有尊严、要面子，我们要足够尊重孩子的人格尊严，绝对不可以当众、肆意践踏，比如当众批评、羞辱、责打孩子等。孩子犯错，尤其是自己没法控制的错比如遗尿，家长不要广而告之，而是越少人知道越好，即使是家里人也要保密，要会替孩子保守秘密，这样孩子才会懂得你的良苦用心，会以更好的表现回报你。

民间俗语说“当面教子，背后说妻”，这其实是错误的观念。原本，父母当面教育孩子的出发点是希望子女能够规范自身行为，在子女犯了一些小过失时，当着外人的面对孩子进行训诫，不仅会让别人觉得这个家庭有良好的家教，还能对孩子的行为作出相应的评判，也是借助群体压力，在众人面前让孩子记住这次所犯错误的严重性，并让他们及时改正，争取以后不要再犯。但这里的当面，应该是指教育孩子要及时，也就是说，当孩子犯错误之后，要马上制止并严厉地告诉孩子这样做不对。孩子的记忆很短，如果顾忌孩子的面子，当时不指正，等到没人的时候再说，可能孩子早都把白天犯的错误忘得一干二净了，这时再去教育起不到应有的作用。所以“当面教子”原本的意思是当即、马上，而不是要当着所有人的面一顿骂，让孩子感到羞愧。

责备孩子应当注意场合，不能以伤害孩子的自尊心为代价。孩子的自尊心不能忽视，孩子的情绪发展更不能熟视无睹。如果批评的结果是孩子的逆反和对错误的隐性持续，那么教育的意义也就荡然无存。教育的目的是“使之为人”，如果连对孩子起码的尊重都不存在了，他能成人吗？教育也就失去了其使之为人的方向。现在观念变了，不能把孩子当成家长的私有财产，教孩子不能当面，家长要懂得确保儿童的基本权利、尊重儿童的尊严。动辄打骂、大吼大叫的方式往往适得其反，声音越大，彼此的间隔就越大，心也就越远。对孩子说话的声音越小，他反而越认真听，教育的效果也越好。经常吼孩子带来的负面影响有很多，比如丧失安全感；产生自卑感；导致叛逆，越来越不“听话”；孩子会模仿，会学习，学会了同样的表达……

古人总结教育孩子“七不责”[13]：

“对众不责”，给以尊严。即在大庭广众之下不要责备孩子，要在众人面前给孩子以尊严。让孩子当众出丑，孩子不仅不能反思错误，还可能变得胆小懦弱，对人缺乏信任，让孩子的性格变得更加懦弱，产生自卑感，面对什么事情都有一种抬不起头的感觉；或者不以为耻，习以为常，在无形中强化其错误行为。

“愧悔不责”，给以信任。即如果孩子已经为自己的过失感到惭愧后悔了，家长就不要再责备孩子了。本来批评的目的就是希望孩子能够反思错误，过度指责会让孩子抗挫折能力下降。

“暮夜不责”，利其睡眠。即晚上睡觉前不要责备孩子，孩子带着沮丧失落的心情上床睡觉，很容易心神散乱，辗转反侧，夜不成寐，会影响他们的睡眠质量甚至可能会影响孩子的生长发育问题。

“饮食不责”，勿致脾虚。即正吃饭的时候不要责备孩子，在吃饭时的负面情绪，会影响消化功能的完善，导致孩子脾胃虚弱。

“欢庆不责”，勿损经脉。即孩子特别高兴的时候不要责备他，因为人高兴时，经脉处于畅通的状态，忽然被责备，经脉就会立马憋住，情绪大起大落对人的身体伤害很大。

“悲忧不责”，勿伤倍至。即孩子忧心忡忡或者特别悲伤的时候不要责备他，此时人的负面情绪占主导，家长再不断责罚，让他们的情绪无处得到释放，只会让孩子心情变得更糟糕、更难过，容易使责备演变为对抗争吵、逆反违拗、走极端，甚至导致心理疾病，得不偿失。

“疾病不责”，爱如良药。即孩子生病的时候不要责备他，因为生病是人体最脆弱的时候，孩子更需要家长的关爱和温暖，这比任何药物都有疗效，如果受到严厉的责备和埋怨，病情有可能会拖延甚至加重。

由此可见，中国传统家庭教育是“儿童本位”，尊重儿童尊严，是很仁义的教育，蕴含了深刻的医学、心理学和教育学原理。

（4）尊重儿童观点与意见的原则

联合国《公约》第12条第1款规定：缔约国应确保有主见能力的儿童有权对影响到其本人的一切事项自由发表自己的意见，对儿童的意见应按照其年龄和成熟程度给以适当的看待。也就是说，在进行影响儿童利益的行为时，应当征求有自己理解能力的儿童的意见，并充分尊重其按照自己意见作出的选择。没有谁能比自己更了解自己的需要、想法和主张。虽然儿童处在生长发育期，但他们也已经形成一定的思想，他们应当被看作是一个独立的、拥有权利的个体，并应当受到尊重。在儿童能力允许的范围内，在所有影响儿童权利的事项上，都应当倾听和尊重儿童的意见。

尊重儿童尊严原则，即尊重儿童的参与权，保障儿童有获得参与社会活动的权利。让儿童享有参与社会活动的权利，积极主动地参与到关系自身权利的各种活动中去，儿童才能真正地成长和发展。虽然儿童正处在发展中，但是作为独立的个体，他们有自己的感情和对事物的意见，他们在表达自己的需要时是最有发言权的。给予儿童适当的支持和尊重，他们将可能作出合理的、负责任的决定。这不仅是他们基本的权利，还是他们成长和发展的基本需要。

任何事情涉及儿童，均应听取儿童的意见。所有儿童，无论他们出生在哪里、属于哪个种族或族群，无论是男孩还是女孩、富有还是贫穷，都必须得到充分的机会成为对社会有用的成员，必须享有发言权，他们的声音也必须获得倾听。

在与孩子沟通的过程中，不要总是对孩子说：“你这样不行！”“我说的话没错，你得听我的！”“不听老人言，吃亏在眼前。”而是要经常对孩子说：“我认为……你觉得呢？”“我觉得这样不太好，因为……”“这件事，妈妈的意见是……”这种沟通方法能够充分尊重孩子的意愿和想法，把孩子置于平等的地位。尊重孩子的意见，孩子自己的事情让他自己做主，小到吃、穿、用、玩，大到中考报学校、高中选择文科或理科、高考填报志愿等重大事情，都应认真听取孩子的意见。重大事情反复讨论时，家长只提参考建议，不替孩子做主。当然，引导性的意见很重要。

《公约》第12条第2款规定：为此目的，儿童特别应有机会在影响到儿童的任何司法和政策诉讼中，以符合国家法律诉讼规则的方式，直接或通过代表或适当机构陈述意见。

孩子发表自己观点的时候，家长、老师要耐心地倾听，让他把想说的话说完。说得好的地方，可以采纳，并给予表扬；说得欠妥的地方，不能采纳，就告诉他原因以及按照此法做了之后会产生的后果。在家庭教育中，有些父母按照自己的理想模式和目标左右孩子的成长，如在教育内容上，不顾孩子的感受、需求、能力和长远利益，用自我意志为孩子安排生活，确定发展目标和行为选择；在教育方式上，热衷于对孩子单向说教，不屑于听取孩子的意见，不屑于取得孩子的认同，甚至对孩子动辄打骂；在评价标准上，认为听大人话的孩子才是好孩子，把“循规蹈矩”当作楷模，让作为独立个体的孩子本应在家庭中享有的权利难以实现。很多家长容易有一个心理定式，认为孩子总跟大人对着干。事实上，“对着干”是孩子在争取被大人剥夺的、自己能够决定自己事情的权利。家长不要动不动就嚷嚷“我家孩子不听话”“我家孩子叛逆”。孩子最早关注到自我就是在两三岁的年纪，这时候的他们刚刚进入第一次反抗期，这个阶段的孩子动不动就会说“我自己来，我自己来”，实际上是自我意识的开始。

尊重孩子有两个底线，分别是安全底线和规则底线。在没有安全问题也不破坏规则的前提下，尽量满足孩子，该挑战的挑战，不把他们的好奇心、创造心、探索心停止在两三岁。在学校教育中，建设儿童友好型学校，以儿童发展为中心，师生、家长、社会民主参与学校管理，倡导儿童优先、儿童平等和儿童参与的理念，促成儿童发展的环境良好，儿童权益依法保护，儿童观点充分表达，儿童安全有效保障，促进儿童德、智、体、美、劳等全面发展。

联合国儿童基金会等国际组织在中国推行儿童友好型学校，是为了把尊重儿童的观点与意见的原则融入学校办学和管理。友好学校要求：促进儿童自尊和自信；以儿童为中心的学习活动；禁止任何暴力形式（包括体罚、讽刺和辱骂）；尊重儿童的多样性；性别平等；鼓励家长、社区与学校合作，为儿童成长建立一个良好环境。

我国涉及儿童权利的法律有很多，主要有五项法律，分别为：《中华人民共和国未成年人保护法》（1991年制定，2006年、2012年、2020年修订）、《中华人民共和国义务教育法》（1986年制定，2006年、2015年修订）、《中华人民共和国收养法》（1991年制定，1998年修订）、《中华人民共和国预防未成年人犯罪法》（1999年制定，2012年修订）、《中华人民共和国反家庭暴力法》（2015年制定）、《中华人民共和国家庭教育促进法》（2021年制定）。

《健康中国“2030”规划纲要》设立“提高妇幼健康水平”专节，制定《国民营养计划》《健康儿童行动计划》《综合防控儿童青少年近视实施方案》《青少年体育活动促进计划》等政策，从体质健康、营养改善、卫生保健、体育教学等方面多维度助力儿童健康促进机制[14]。

二、儿童的生存权

生存权是指未成年人享有其固有的生命权、健康权和基本生活保障的权利。人的生命安全与维持个体生存的必要条件是生存权最基本的内涵。在2020年颁布的《民法典》中生存权被称为“人格权”，即人之为人的权利，其中第四编人格权第九百九十条规定：人格权是民事主体享有的生命权、身体权、健康权、姓名权、名称权、肖像权、名誉权、荣誉权、隐私权等权利。这些权利，父母和老师应毫不犹豫地帮孩子捍卫。

在一个家庭里，父母生育了孩子就要保障他生命的存续。要想想是否为孩子提供了最好的生存空间？是否能改善孩子的起居和住宿条件？家里最好的卧室，是不是给孩子住？（孩子需要有阳光的房间，紫外线消毒杀菌，日出东方，朝南、朝东的房间应该优先给孩子住）孩子的床铺舒适吗？春夏之交、乍暖还寒，孩子晚上冷不冷，褥子够不够厚，被子上面要不要再盖一床毛毯？家长为孩子提供足够的健康食品了吗？家庭饮水达标了吗？……做家长的要想到这些，这是生存最基本的保障，都是作为家长要操心的事。

孩子上学以后，家长要想到学习负担对孩子生存健康和可持续发展构成的威胁。《未成年人保护法》对此足够关注，专门增加了一条第三十三条规定：学校应当与未成年学生的父母或者其他监护人互相配合，合理安排未成年学生的学习时间，保障其休息、娱乐和体育锻炼的时间。学校不得占用国家法定节假日、休息日及寒暑假期，组织义务教育阶段的未成年学生集体补课，加重其学习负担。幼儿园、校外培训机构不得对学龄前未成年人进行小学课程教育。减负不但学校有责任，家长也有责任。这条规定不仅直面了学生课业负担的现实问题，还实现了与国际公约的接轨。联合国《公约》第31条规定：缔约国确认儿童有权享有休息和闲暇，从事与儿童年龄相宜的游戏和娱乐活动，以及自由参加文化生活艺术活动。缔约国应尊重并促进儿童充分参加文化和艺术生活的权利，并应鼓励提供从事文化、艺术、娱乐和休闲活动的适当和均等的机会。

生存权主要包括：生命权，即性命的维持和安全利益；身体权，自由支配身体的权利；健康权，不生病，有病去看；医疗保健权，接受可达到最高标准的医疗服务；基本生活保障的权利（食物住所等），吃喝拉撒睡穿梳戴抹等最基本的保障；国籍权、姓名权等。

1. 生命权、身体权和健康权

现实生活中确实存在很多的问题，比如父母没有对儿童成长负首要责任，贫穷剥夺了儿童最基本的生存所需，社会不能给儿童优先保障营养、教育、卫生服务、饮用水、卫生设施等。

《民法典》第四编人格权第二章中对生命权、身体权和健康权做了详细规定：

◉ 第一千零二条　自然人享有生命权。自然人的生命安全和生命尊严受法律保护。任何组织或者个人不得侵害他人的生命权。

◉ 第一千零三条　自然人享有身体权。自然人的身体完整和行动自由受法律保护。任何组织或者个人不得侵害他人的身体权。

◉ 第一千零四条　自然人享有健康权。自然人的身心健康受法律保护。任何组织或者个人不得侵害他人的健康权。

◉ 第一千零五条　自然人的生命权、身体权、健康权受到侵害或者处于其他危难情形的，负有法定救助义务的组织或者个人应当及时施救。

生命是人体维持生存基本的物质活动能力。生命是不可替代、不可逆转的，生命是人得以存在的体现，是公民享有权利和承担义务的前提和基础，是自然人最高的人格利益。生命权一旦被剥夺，其他的权利就无从谈起。生命权是公民最根本的人身权。保护公民的生命权不受非法侵害，是法律的首要任务。生命对于人的根本利益，使得维护人的生命安全成为法律的根本任务之一。反映在《民法典》上，是确认和维护自然人的生命权，保障生命不受非法剥夺，保障生命在受到各种威胁的时候得到积极的维护。维护人的生命活动的延续，保障公民最高的人格利益。生命权是自然人一项根本的人格权，它在维护自然人的生命安全的同时，也成为自然人享有其他人格权的前提和基础。公民的各项人格全都以生存为前提。一旦公民的生命权遭受侵害，甚至丧失生命，其他的人格权也都不复存在了。生命权不能被抛弃；生命权无高低贵贱之分；生命权的积极价值具备优先性。与其他权益相比，生命权为法律保护的最高法益。在宪法确立的价值秩序中，相较于其他法益（尤其是财产性的利益），人的生命或人性尊严有明显较高的位阶。生命权的消极价值具有不可评估性。生命无价即这个意思。即使自然人享有的自杀权都会被社会秩序观所否定；即使是完全失去知觉的植物人、毫无治愈希望的病人，只要在医学上仍然活着，医院或病人家属都不能据此而随意中止医治。

◉ 第一千零六条　完全民事行为能力人有权依法自主决定无偿捐献其人体细胞、人体组织、人体器官、遗体。任何组织或者个人不得强迫、欺骗、利诱其捐献。

完全民事行为能力人依据前款规定同意捐献的，应当采用书面形式，也可以订立遗嘱。

自然人生前未表示不同意捐献的，该自然人死亡后，其配偶、成年子女、父母可以共同决定捐献，决定捐献应当采用书面形式。

◉ 第一千零七条　禁止以任何形式买卖人体细胞、人体组织、人体器官、遗体。

违反前款规定的买卖行为无效。

◉ 第一千零八条　为研制新药、医疗器械或者发展新的预防和治疗方法，需要进行临床试验的，应当依法经相关主管部门批准并经伦理委员会审查同意，向受试者或者受试者的监护人告知试验目的、用途和可能产生的风险等详细情况，并经其书面同意。

进行临床试验的，不得向受试者收取试验费用。

◉ 第一千零九条　从事与人体基因、人体胚胎等有关的医学和科研活动，应当遵守法律、行政法规和国家有关规定，不得危害人体健康，不得违背伦理道德，不得损害公共利益。

◉ 第一千零一十条　违背他人意愿，以言语、文字、图像、肢体行为等方式对他人实施性骚扰的，受害人有权依法请求行为人承担民事责任。

机关、企业、学校等单位应当采取合理的预防、受理投诉、调查处置等措施，防止和制止利用职权、从属关系等实施性骚扰。

◉ 第一千零一十一条　以非法拘禁等方式剥夺、限制他人的行动自由，或者非法搜查他人身体的，受害人有权依法请求行为人承担民事责任。

学校里有人丢了东西，可能有的老师会采取“搜身”的方法“找小偷”。打住！这是违法的。让孩子们互相“搜身”，也是违法的。只能想方设法让“小偷”自己把“偷”的东西拿出来，这是可以做的事情，而不是简单粗暴地“搜身”。

我国未成年人医疗保障制度正在逐步建立和完善。《未成年人保护法》规定，卫生部门和学校应该对未成年人进行卫生保健和营养指导，提供必要的卫生保健条件，比如学校必须提供免费饮用水，市防疫站定期检测，确保饮用水安全；比如卫生部门针对儿童的疫苗接种工作，国家免疫规划项目的儿童疫苗预防接种，要免费、及时；比如积极防治儿童常见病、多见病，尤其是对传染病进行防治、监督管理。

贫穷剥夺了儿童生存最需要的东西，比如营养、教育、卫生服务、水和卫生设施，甚至危及儿童的生命。但可以通过为孩子选择恰当的保险来避免因贫困而导致的疾病和意外伤害。比如国家推出的“一老一小”医疗保险：城镇无保障老人和在校学生及学龄前婴幼儿纳入基本医疗保险体系。孩子普通的发生频次高的如感冒发烧、拉肚子、急性肺炎、猫抓狗咬、打闹受伤等基本都能覆盖，确保不至于因病对孩子的生活品质和家庭经济稳定造成重大的影响。国家还推出了诸如儿童重疾险、儿童医疗险、儿童意外险等，保险的本质是利用社会力量维护孩子的生存权，为孩子提供生存保障——通过小额的投入换取对大额不确定的损失的补偿，把相应风险转移到保险公司，为孩子的健康和生活提供实实在在的安心和保障，减缓家庭经济压力、抵御家庭经济风险、维持家庭生活稳定、为孩子提供风险保障[15]。本着生存权至上的原则，家长为孩子购买保险时要注意医疗保险优先（0—6岁的孩子免疫系统还不成熟，抵抗力比较差，孩子很容易出现感冒、肺炎、脑炎、支气管炎等疾病，只要孩子一满月就要买；另外，不仅医保性价比高，而且在有医保的情况下再去买其他医疗险，也会便宜不少；有医保的情况下，报销比例也会高于没有医保的情况）、少儿高发疾病涵盖（比如脑膜炎、手足口病高发人群是5岁以下儿童；脊髓灰质炎10岁以下发病率高；重症肌无力平均发病年龄在14岁左右；再障性贫血高发年龄在16—25岁；严重癫痫、I型糖尿病以青少年为主要发病群体）、重疾险必备（比如白血病等这类风险虽然发生概率并不高，像白血病虽然发病率只有4/10万，但一旦发生治疗费用非常高）、意外险不能少（1岁前的孩子几乎每时每刻都有大人看护着，宠物咬伤、摔伤等意外发生的概率相对小些，意外险的需求自然也就没那么强烈；孩子学会了走路，具备了独立探索世界的能力，活泼好动而自己不能分辨危险，也没有自我保护的能力，这时的孩子是意外伤害的高发人群，尤其是中小学生）[16]。

打孩子等家庭暴力属于典型的侵犯孩子生命权的行为，必须坚决禁止！

2. 姓名权和名称权

姓名权的核心问题就是专有权，他人不得享有、使用，只能是权利人自己享有和使用。姓名权是绝对权、对世权，除了姓名权本人外，任何人都是义务主体，都负有不得侵害其姓名权的义务。专有的客体就是自然人的人格文字标识，不仅包括正式的登记姓名，还包括笔名、艺名、别号等。联合国《公约》第7条第1款规定：儿童出生后应立即登记，并有自出生起获得姓名的权利，有获得国籍的权利，以及尽可能知道谁是其父母并受其父母照料的权利。我国《民法典》第三章姓名权和名称权中也有相应的明文条款：

◉ 第一千零一十二条　自然人享有姓名权，有权依法决定、使用、变更或者许可他人使用自己的姓名，但是不得违背公序良俗。

◉ 第一千零一十三条　法人、非法人组织享有名称权，有权依法决定、使用、变更、转让或者许可他人使用自己的名称。

◉ 第一千零一十四条　任何组织或者个人不得以干涉、盗用、假冒等方式侵害他人的姓名权或者名称权。

◉ 第一千零一十五条　自然人应当随父姓或者母姓，但是有下列情形之一的，可以在父姓和母姓之外选取姓氏：

（一）选取其他直系长辈血亲的姓氏；

（二）因由法定扶养人以外的人扶养而选取扶养人姓氏；

（三）有不违背公序良俗的其他正当理由。

少数民族自然人的姓氏可以遵从本民族的文化传统和风俗习惯。

◉ 第一千零一十六条　自然人决定、变更姓名，或者法人、非法人组织决定、变更、转让名称的，应当依法向有关机关办理登记手续，但是法律另有规定的除外。

民事主体变更姓名、名称的，变更前实施的民事法律行为对其具有法律约束力。

2022年最高人民法院颁布的《未成年人人格权司法保护典型民事案例》中就提出："变更未成年子女姓名应遵循自愿和有利成长原则。"最高人民法院在《关于人民法院审理离婚案件处理子女抚养问题的若干具体意见》中规定：父或母一方擅自将子女姓氏改为继母或继父姓氏而引起纠纷的，应责令恢复原姓氏。比如2011年10月，被告向某云（父亲）与原告向某杉（未成年人）之母郑某离婚，约定原告由母亲郑某抚养。原告跟随郑某生活后，郑某将其姓名变更为“郑某文”，原告一直使用“郑某文”生活、学习，以“郑某文”之名参加数学、美术、拉丁舞等国内、国际比赛，并多次获奖。2018年12月，被告向某云向派出所申请将原告姓名变更回“向某杉”。在原告姓名变更回“向某杉”后，其学习、生活、参赛均产生一定困扰。原告及其母亲郑某与被告向某云协商未果，遂将被告诉至法院，请求判令被告配合原告将原告姓名变更为“郑某文”。审理中，原告到庭明确表示，其愿意使用“郑某文”这一姓名继续生活。重庆市合川区人民法院经审理认为，姓名是自然人参与社会生活的人格标志，依照《民法典》第一千零一十二条的规定，自然人有权依法决定、使用、变更或者许可他人使用自己的姓名，但不得违反公序良俗，结合《未成年人保护法》中父母离婚后涉及未成年人利益的纠纷处理，应坚持以未成年人利益最大化为原则，充分听取具有一定判断能力和合理认知的未成年人的意愿，尊重公民姓名选择的自主权，最大限度保护未成年人的人格利益。此案中，原告多年来持续使用“郑某文”这一姓名，该姓名既已为亲友、老师、同学所熟知，也已成为其人格的标志，是其生活、学习的重要组成部分。原告作为年满12周岁的未成年人，已经能够理解该姓名的文字含义及人格象征意义，结合其多次参加国际、国内赛事的获奖经历以及自身真实意愿，继续使用该姓名，有利于原告的身心健康和成长。遂依照相关法律规定，判决被告配合原告将户籍登记姓名变更回“郑某文”。此判决收到了良好的社会效果[17]。恢复孩子的原姓名，更加有利于维护未成年人的物质利益，对未成年人的精神利益亦无实质性损害，因此应当判决恢复孩子的原姓名。

但在现实生活中，夫妻离异后孩子姓名的变更只要产生纠纷，必然影响孩子与父母另一方的亲情，影响抚育费用的支付，对孩子生理和心理健康发育势必带来负面效应。解决纠纷是法律的终极目的，当所维护的权益发生冲突时，首先维护的应是物质上的权利，其次才是精神利益、人格利益。最高人民法院关于子女抚养问题的司法解释，的确要求法官对孩子的意见予以考虑，但并不是说孩子的意见就是决定性意见，不仅孩子的意见很难不受到与其共同生活的父母一方的影响，而且法官的判决最终要根据对孩子有利的原则进行，孩子的意见仅是法官作出决断的一项参考。

3. 隐私权

隐私是一种与公共利益、群体利益无关，当事人不愿他人知道或他人不便知道的个人信息（只能公开于有保密义务的人），当事人不愿意他人干涉或他人不便干涉的个人私事，以及当事人不愿他人侵入或他人不便侵入的个人领域，包括身体隐私、情感隐私、私密空间、私密活动、私密信息等。隐私权是公民的一项重要民事权利，包括公民的私人生活不被不相干的人打扰。儿童的隐私更是关系到健康成长问题，不能随便被侵犯，儿童的隐私权更加需要得到保护。联合国《公约》第16条规定：儿童的隐私、家庭、住宅或通信不受任意或非法干涉，其荣誉和名誉不受非法攻击。儿童有权享受法律保护，以免受这类干涉或攻击。

儿童的隐私权，因权利主体的弱势性使其极易遭受来自各方的侵害。甚至由于传统观念、儿童自身及社会因素的影响，使得儿童隐私权在大多数情况下被漠视[18]。没有人有权利触碰儿童的身体隐私，除了在医生检查的情况下（父母或监护人在场）；家庭成员和老师需要尊重孩子，他们有不希望被抱、挠痒或亲吻的权利；儿童有拒绝海滩裸体、泳装的权利，不可强迫；儿童有要求学校提供可关门洗手间的权利；未经孩子和监护人许可，不得公开孩子姓名、肖像、住址、身份证号码和电话号码、微信号、电子信箱等联系方式；儿童的身高、体重、病史、婚恋史、身体缺陷、健康状况、爱好等未经儿童和监护人同意，不得公开；儿童有权按照自己的意志从事或者不从事与社会公共利益无关的活动，不受他人的干涉、破坏或者支配；不得非法侵入、搜查儿童房间，或以其他方式破坏儿童居住安宁；不得非法跟踪儿童，监视儿童住所，安装窃听设备，私拍儿童私生活镜头，窥探儿童室内情况；不得非法刺探儿童财产状况或未经本人允许公布其财产状况；不得私拆儿童信件，偷看儿童日记、存折、储钱罐，刺探儿童私人文件内容，以及将它们公开；不得调查、刺探儿童社会关系并非法公之于众；不得泄露儿童的个人材料或公之于众或扩大公开范围；不得收集儿童不愿向社会公开的纯属个人的情况；未经儿童和监护人许可，不得私自公开他人的秘密，等等。《未成年人保护法》在保护儿童隐私方面作了详细规定：

◉ 第四十九条　新闻媒体应当加强未成年人保护方面的宣传，对侵犯未成年人合法权益的行为进行舆论监督。新闻媒体采访报道涉及未成年人事件应当客观、审慎和适度，不得侵犯未成年人的名誉、隐私和其他合法权益。

◉ 第六十三条　任何组织或者个人不得隐匿、毁弃、非法删除未成年人的信件、日记、电子邮件或者其他网络通讯内容。除下列情形外，任何组织或者个人不得开拆、查阅未成年人的信件、日记、电子邮件或者其他网络通讯内容：

（一）无民事行为能力未成年人的父母或者其他监护人代未成年人开拆、查阅；

（二）因国家安全或者追查刑事犯罪依法进行检查；

（三）紧急情况下为了保护未成年人本人的人身安全。

◉ 第七十二条　信息处理者通过网络处理未成年人个人信息的，应当遵循合法、正当和必要的原则。处理不满十四周岁未成年人个人信息的，应当征得未成年人的父母或者其他监护人同意，但法律、行政法规另有规定的除外。

未成年人、父母或者其他监护人要求信息处理者更正、删除未成年人个人信息的，信息处理者应当及时采取措施予以更正、删除，但法律、行政法规另有规定的除外。

◉ 第七十三条　网络服务提供者发现未成年人通过网络发布私密信息的，应当及时提示，并采取必要的保护措施。

◉ 第七十七条　任何组织或者个人不得通过网络以文字、图片、音视频等形式，对未成年人实施侮辱、诽谤、威胁或者恶意损害形象等网络欺凌行为。

遭受网络欺凌的未成年人及其父母或者其他监护人有权通知网络服务提供者采取删除、屏蔽、断开链接等措施。网络服务提供者接到通知后，应当及时采取必要的措施制止网络欺凌行为，防止信息扩散。

◉ 第八十条　网络服务提供者发现用户发布、传播可能影响未成年人身心健康的信息且未作显著提示的，应当作出提示或者通知用户予以提示；未作出提示的，不得传输相关信息。

网络服务提供者发现用户发布、传播含有危害未成年人身心健康内容的信息的，应当立即停止传输相关信息，采取删除、屏蔽、断开链接等处置措施，保存有关记录，并向网信、公安等部门报告。

网络服务提供者发现用户利用其网络服务对未成年人实施违法犯罪行为的，应当立即停止向该用户提供网络服务，保存有关记录，并向公安机关报告。

◉ 第一百零三条　公安机关、人民检察院、人民法院、司法行政部门以及其他组织和个人不得披露有关案件中未成年人的姓名、影像、住所、就读学校以及其他可能识别出其身份的信息，但查找失踪、被拐卖未成年人等情形除外。

◉ 第一百一十条　公安机关、人民检察院、人民法院讯问未成年犯罪嫌疑人、被告人，询问未成年被害人、证人，应当依法通知其法定代理人或者其成年亲属、所在学校的代表等合适成年人到场，并采取适当方式，在适当场所进行，保障未成年人的名誉权、隐私权和其他合法权益。

人民法院开庭审理涉及未成年人案件，未成年被害人、证人一般不出庭作证；必须出庭的，应当采取保护其隐私的技术手段和心理干预等保护措施。

学校和老师有义务保护学生私人的不愿或者不便让人干涉的、与公共利益无关的信息，保护其生活领域不被他人所知的权利。老师不可以随意透露学生的家庭隐私，比如某某学生的爸妈在离婚、私拆学生的信件、看学生的日记。学生可以写日志、周记交上来给老师看，但是孩子的日记，老师包括家长都不可以碰。学校侵犯学生隐私权还包括公布学生的成绩排名，更有甚者按照成绩排名、高低安排家长会的座位，这不仅是在侮辱孩子也是在侮辱家长。

中国的父母喜欢让孩子被亲友“抱抱”“拍拍脑袋”“搂过来亲亲”，以此显示亲热。甚至当路人对孩子亲吻搂抱时也不加制止，对孩子表现出的抵触情绪不以为然，还一味教孩子“听话”“亲一下不要紧”。孩子的口唇、耳根、胸部、脖颈等都是他人不可以随意触碰的地方。父母还要告诉孩子，被短裤背心遮挡的部分都是“不能随意看和触碰”的。父母可以明确地告诉孩子：“如果你对别人任何的抚摸或接触感到不舒服，都可以说‘不’，并立即想办法‘走开’，即使是拉你的手、亲你的脸、摸你的头。”

4. 身体权

生存权最重要的是身体权。身体权是公民维护其身体构造的完整性并支配其肢体、器官和其他组织的人格权。《中华人民共和国宪法》第三十七条规定：中华人民共和国公民的人身自由不受侵犯。任何公民，非经人民检察院批准或者决定或者人民法院决定，并由公安机关执行，不受逮捕。禁止非法拘禁和以其他方法非法剥夺或者限制公民的人身自由，禁止非法搜查公民的身体。

在孩子的手上锁上链条限制其自由活动，属于非法拘禁。可能家长是担心孩子走丢，叫人贩子拐了去；也可能是孩子精神有问题，家长害怕他跑出去惹祸……无论是出于哪种顾虑，家长都不能这样锁着孩子。家长剥夺、限制孩子的人身自由是犯法的。

下课后，学生本应在教室外玩耍，但是下课时间是学校安全事故的高发时段。有乱跑撞伤的、蹦跳扭伤脚的、跌倒磕伤牙齿的、被危险玩具伤害的、楼上抛物砸伤的、玩水淋湿感冒发烧的、楼梯追逐跌落摔伤的、嬉戏打闹抓伤的、打架受到伤害的……有的学校为了减少学生的安全事故，为了让学生少犯错，就把学生关在教室里，限制学生的自由，不仅违反了《民法典》的相关规定，还违反了《中华人民共和国宪法》的规定。教育部2021年6月1日正式颁布《未成年人学校保护规定》[19]，要求学校不得设置侵犯学生人身自由的管理措施，不得对学生在课间及其他非教学时间的正常交流、游戏、出教室活动等言行自由设置不必要的约束。也就是说，学校不应把学生关在教室，而应给学生室外活动时间和区域，以所谓的预防事故发生为借口把学生关在教室属于非法行为。这种过度管理会造成学生自主精神的缺失，把学生培养成"应声虫"；会影响到学生的心理健康，导致学生心理压力过大，从而厌恶学校、厌恶学习；会造成不和谐的师生关系，当压力超过了学生的承受能力，学生会更叛逆，更难以管理。

一般认为，对身体组织的破坏只要不造成严重的痛楚，就不认为是对健康权的侵害，而认定为对身体权的侵害。依据这一标准，构成对身体权侵害的行为一般应是针对人体没有痛觉神经的身体组织而实施的行为，如头发、眉毛、体毛、指（趾）甲等，如果学校对学生强行理发、剪指甲、造成没有碰到牙神经的牙齿损伤、强行抽取少量血液、殴打、体罚等，都认定为对身体权的侵害。

每年学校开学时都有学校强制理发的新闻，其实从法律的角度看，学校强制剪头是违法的。因为学校侵犯了学生的身体权；从学校的角度看，为了学生的身心健康和学校的整体形象，学校规定学生的发型并禁止一些不雅发型是无可厚非的，也没有什么不妥的地方，并且法律也没有明文禁止学校不能做这样的规定。学校对学生有一定的管理权，同时学校也有校规，学生的发型应当符合学生行为守则。当校规与法律有冲突的时候，应当以法律为准。学校是教育机构，没有强制执行的权力，对待学生的发型学校只能说明其要求、解释校规班约，但不能强制。如果个别老师或学校对不遵守校规的学生强制剪发、停课甚至予以劝退等处罚，那就侵犯了学生的身体权和受教育权，属于违法行为。如果学校未经本人同意就强制将学生的头发剪了，给学生造成了精神损失，学生是可以向法院提起诉讼的。《中华人民共和国刑法》第四章有如下规定：

◉ 第二百三十四条　故意伤害他人身体的，处三年以下有期徒刑、拘役或者管制。

犯前款罪，致人重伤的，处三年以上十年以下有期徒刑；致人死亡或者以特别残忍手段致人重伤造成严重残疾的，处十年以上有期徒刑、无期徒刑或者死刑。

本法另有规定的，依照规定。

◉ 第二百三十五条　过失伤害他人致人重伤的，处三年以下有期徒刑或者拘役。

本法另有规定的，依照规定。

学校里不可以对学生关禁闭。学校放学，学生都回去了，如果把一个犯错的学生留在教室反思自己的过错，老师得坐在教室里陪着他。否则，让学生一个人在教室，离开老师的视线范围，就是侵犯了其人身自由权。体罚和变相体罚属于侮辱人格尊严的行为，比如给学生起外号，就是在侵犯他的人格尊严权。

家长也有一些没有意识到但侵犯了孩子身体权的非法行为。青春期的孩子开始发育，他们是否从家长这里获得了他们想知道的有用信息？谈性色变的家长是否以影响学习、可能学坏为借口，禁止孩子接触性，对性知识避之不谈？这实际上是剥夺孩子了解自己身体权利的行为。根据心理学的研究，每个年龄段的孩子都有自己的信息需要。西方有些国家专门为青春期的孩子开办了有关性知识的电视节目。生活在不同环境中的每个孩子也都有他自己特殊的需要，家长不可以封锁这些信息。

关于早恋，多大叫早？体内荷尔蒙开始分泌，身体发生变化，对异性感兴趣，是一件极其正常的事情。看到班上某两个孩子走得近了，老师可以给孩子的家长“通风报信”：恭喜您家孩子发育正常，开始对异性感兴趣了，还请密切关注，收到请回复。剩下的事情，交给家长去做吧。老师不要出面横加干涉，甚至采取一些非理性的暴力措施侵犯孩子的人身自由权，只需要发短信或微信告诉家长发现了什么。家长如果回复了，确认他已收到了信息，法律上叫文书送达，表示他签收了。后面发生什么事，老师已经尽了告知的义务，教养的义务交给家长就好。

《民法典》中有如下规定：

◉ 第一百零九条　自然人的人身自由、人格尊严受法律保护。

◉ 第一千零三条　自然人享有身体权。自然人的身体完整和行动自由受法律保护。任何组织或者个人不得侵害他人的身体权。

◉ 第一千一百八十三条　侵害自然人人身权益造成严

重精神损害的，被侵权人有权请求精神损害赔偿。

因故意或者重大过失侵害自然人具有人身意义的特定物造成严重精神损害的，被侵权人有权请求精神损害赔偿。

孩子的人身自由、人格尊严受法律保护，不容侵犯。它们都属于生存权范畴。

三、儿童的发展权

发展权是指保障儿童成长过程中各种需要得到满足，充分发展其全部体能和智能的权利。发展权的目的在于对个人潜能进行最大化发掘，让孩子做最好的自己。儿童有权接受正规教育和非正规教育，以及儿童有权享有促进其身体、心理、精神、道德的生活条件，家长和社会应该给孩子提供这些生活条件。家长们需要扪心自问，是不是在最优生年龄选择计划生育把孩子生下来？是不是在最优生季节把他们生下来的？自己抚育孩子尽心吗？能不能为孩子好好地做家校沟通、家校共育呢？

1986年12月4日，联合国大会第41届会议通过《发展权利宣言》，其中第1条第1款规定：发展权利是一项不可剥夺的人权，由于这种权利，每个人和所有各国人民均有权参与、促进并享受经济、社会、文化和政治发展，在这种发展中，所有人权和基本自由都能获得充分实现。正是在这一背景下，发展权概念得以产生并逐步从一个人权概念演变为一种人权规范和人权制度。

儿童的监护人重视儿童发展权，儿童才能成长为一个具有良好社会适应能力，并对社会有用的人才。儿童的发展权主旨是要保证儿童在身体、智力、精神、道德、个性和社会性等诸方面均得到充分的发展，应当包括：通过大众传媒获得有利于身体健康信息的权利；接受教育的权利（包括获得父母指导与养育的权利）；享有娱乐、休闲、游戏的权利；享有自由参加文化生活和艺术活动的权利；享有思想信仰、宗教自由的权利；享有家庭团聚的权利，脱离家庭以获得特殊保护的权利；结交朋友、参与社会活动，以利于性格发展的权利；获得足够的食物、衣着、住房以维持相当的生活水准的权利；等等。

在联合国《公约》里，涉及发展权的条例有十多条，主要指信息权、受教育权、娱乐权、文化与社会生活的参与权、思想和宗教自由、个性发展权等。

尤其是受教育权，通过受教育最能充分发展儿童的个性、才智、身心能力，培养对人权、基本自由、本土文化、各国文化、男女平等理念等方面的尊重。

1. 如何看待“自然发展”？

儿童是未成年人，不具备对发展的明确选择能力。儿童发展一般都是由养育他或者是教育他的成年人引导和左右的。想让孩子长成一个具有良好社会适应能力并且对社会有用的人，在他们的发展早期就要重视儿童发展权，这是确保教育公平原则的一个重要前提。

对于儿童发展权的认识不能只强调自然发展，尊重天性也不等于尊重发展，强调自然发展往往就是忽视或放弃理想发展的发展权。我们的责任是对个体的一生负责，看一个孩子不仅仅看当下，还要看到几十年后；不仅仅要他童年幸福，更重要的是一生幸福！单单强调所谓给孩子幸福童年，而放弃孩子一生幸福与成功的做法是对孩子的不负责任。尊重儿童不仅仅是一句口号，指向未来幸福的尊重儿童才是负责任的尊重儿童。尊重儿童如果只是一味强调尊重儿童的天性，忽视了人性趋利避害的本能、忘却了人性中的贪性惰性和任性，顺由所谓的“自然发展”，其本质是对孩子的不负责任和对教育引导作用的忽视。儿童只有将他律内化为内在要求才能实现自律，所以自律的学习过程，是将外在要求、约定、规范内化的过程。

自然法则不是放任自流，而是促进儿童发展：在尊重孩子的人格和身心发展需要前提下，让孩子学会为自己的决定承担后果，从孩子的内驱力出发，父母引导孩子独立自主，为孩子创设有成就感的体验机会，在自我实践与实现中逐渐学会担责和管控自己，慢慢实现从他律走向自律的目的。

2. 如何看待“特长发展”？

发展权不是指某个单方面的发展权利，更重要的是全面发展的发展权。只为孩子提供他因某种原因而感兴趣方面的发展机会，不重视其他方面的发展是错误的。尊重兴趣不一定符合尊重发展的原则，因此全方面地激发孩子兴趣变得尤为重要。那些动不动强调儿童生存天性，而忽视生存价值、忽视儿童发展权利的，看似尊重儿童，实际上是放弃儿童发展的机会。在早期发展中，任何以强调某种专长发展而忽视整体结构发展的做法，都不利于儿童可持续性的发展，最终也不利于该种特长的后续发展。因此，在早期发展中强调基础发展要超越特色发展，全面发展要超越特长发展。必要的时候，家长和老师可以带孩子尝试各种各样的兴趣班，这样才能发现他的潜能。

2022年北京冬奥会上两个18岁的孩子给家长们上了一课，一个是苏翊鸣，另一个是谷爱凌。苏翊鸣参加过《智取威虎山》电影的拍摄，他可以接着演戏，但是他自己选择要继续滑雪，参加冬奥会。拿了“金墩墩”后，他又自己选择回去上高中，准备考个好大学。没有说要一辈子滑雪，而是继续学业深造，要全面发展。谷爱凌在拥有冬奥会冠军的头衔之前，她已是斯坦福大学的学生，学习与滑雪不相干的物理专业，而且爱好广泛。他们俩都是典型的全面发展的例子。

3. 如何看待“玩”？

对6岁之前的孩子来说，“玩”是他们的权利。联合国《公约》第31条规定：缔约国确认儿童有权享有休息和闲暇，从事与儿童年龄相宜的游戏和娱乐活动，以及自由参加文化生活艺术活动。缔约国应尊重并促进儿童充分参加文化和艺术生活的权利，并应鼓励提供从事文化、艺术、娱乐和休闲活动的适当和均等的机会。这说明：第一，儿童享有休息权和闲暇权；第二，儿童享有娱乐、游戏的权利；第三，儿童享有自由参加文化生活和艺术活动的权利；第四，国家和社会应该尊重儿童的这种权利，并为处于文化条件劣势的儿童提供均等机会。

“玩”也许不有利于学习，但是它有利于儿童的身心健康。有一些家长和老师错误地以为，在学校的学习成绩就是评价孩子唯一的标准。因此不利于儿童学习成绩提高的一些媒介活动被学校统一取消掉了，也不管孩子喜欢不喜欢，这是对孩子休息和闲暇权利、娱乐权利、自由选择文化权利的侵犯。有些学校体育课、美术课、音乐课动不动就被占用，这是不可以的。有些家长认为，孩子上幼儿园不就是玩吗，什么也学不到。但是这些家长并不知道，“玩”实际上是6岁之前孩子的“职业”。尽管孩子看上去什么也没学到，但是在玩的过程中他悄悄地在做量变的积累，等到上学的时候才能看到他的质变。

幼儿园老师带着孩子，家长看着是在玩，这种“玩”

是有教案的，是有组织、有计划、有系统、有目的地对孩子施加影响的活动。建议家长带孩子出去玩时，不妨模仿一下幼儿园老师的思路，让孩子在玩的过程中，通过有计划的引导让孩子真正感受到教育和发展。

4. 如何看待“不上学”？

我国法律规定公民有受教育的权利和义务，公民有获得文化科学知识和不断提高思想觉悟、道德水平的权利，而且每个公民都必须按照法律要求，接受教育。

公民的受教育权最早可以追溯到1919年德国的《魏玛宪法》。《中华人民共和国教育法》规定，中华人民共和国公民有受教育的权利和义务。公民不分民族、种族、性别、职业、财产状况、宗教信仰等，依法享有平等的受教育机会。这一权利如果受到侵犯和损害，公民有权要求人民政府以强制力保障其受教育权利的实现。

受教育权包括两个要素：一是公民都有上学接受教育的权利；二是国家提供教育设施，培养教师，为公民受教育创造必要机会和物质条件。如果某一个人没有受教育的机会，他就丧失了受教育权。如果缺乏教育的物质保障或者法律保障，公民受教育权也就落空了。政府要采取措施，保障贫困、残疾、失去监护或者是暂住人口当中未成年人以及其他有实际困难的未成年人接受义务教育，要敦促每个家庭履行义务。孩子在成长中没有受教育，将来怎么可能有更大的发展空间呢?

保护受教育权是必须落实的，因为只有接受教育孩子才能摆脱软弱的状态而能够自助，才能开启潜能而得到发展。教育就是通过向个人传授一定价值观念、文化规则、生产技能和知识来促进个人实现社会化的一种活动。每个人都是通过教育来完成自己的社会化过程的，在受教育过程中获得的生存知识和技能则是将来独立谋生的必要准备。人不仅要谋生存，而且要谋发展；不仅要生活，而且要追求优质的生活。要实现这种高于生存的目标，更是离不开教育。教育对个人一生的生存和发展至为关键。

既然有受教育权就有学习权。学习权指学生有权利在义务教育年限内在校学习，在教育教学过程中，教师不得以任何借口随意侵犯或剥夺学生参加学习活动的权利。

受教育权还包括公正评价权，即学生在教育教学过程中，享有教师、学校对自己的学业成绩、道德品质等进行公正评价，并客观真实地记录在学生成绩档案中，在毕业时获得相应的学业成绩证明和毕业证书的权利。

国际上对受教育权的讨论还包括：技术和职业教育应普遍设立；高等教育应根据成绩而对一切人平等开放，并逐步实现费用免除；为没有受过完整教育的人提供“扫盲教育”；提供专业培训机会；通过最低教育标准保证同等教育质量；为教师提供优质培训和支持；建立适当的奖学金制度、保证教学人员的物质条件；自由选择权；等等。

侵犯受教育权体现在，适龄儿童没有依法接受教育，国家和社会没有保证国民教育。

侵犯受教育权体现在，适龄儿童没有入学接受规定年限的义务教育，比如我国是九年义务教育，有的省份一直到前几年才刚改为九年，他们搞八年义务教育——小学五年制，初中三年制，这是典型的侵犯受教育权。

侵犯受教育权体现在，义务教育阶段对学生乱收学费。义务教育阶段是不能收学费的，属于免费教育；有些地方甚至涵盖高中阶段也是免费的。我国农村地区现阶段实行义务教育“两免一补”：免学杂费、教科书费，并对寄宿制学校困难家庭学生补助生活费。

学校侵犯孩子的受教育权还体现在，动辄把犯错的适龄儿童赶出教室、停课居家反省、开除学籍等。

家庭侵犯孩子的受教育权还体现在，父母不让适龄儿童接受义务教育。6—15岁的孩子必须上学，家长不送孩子上学，就是侵犯孩子的受教育权。

当然，会有一些外界因素干扰适龄儿童接受教育。比如对城市暂住人口子女接受义务教育的管理，有的地方提高门槛，使限制和歧视变得合理合法。正是在这种错误观念的指导下，很多地方认为普通的外地农民工没有作出什么贡献，不能为他们的子女入学提供方便，同样在这种观念支配之下，以贡献为理由，为那些所谓的成功人士及其子女提供超长的、不应该得到的优惠条件。这些都是违反《中华人民共和国义务教育法》规定的。地方各级人民政府应当保障适龄儿童、少年在户籍所在地学校就近入学。父母或者其他法定监护人在非户籍所在地工作或者居住的适龄儿童、少年，在其父母或者其他法定监护人工作或者居住地接受义务教育的，当地人民政府应当为其提供平等接受义务教育的条件。

受教育权受侵犯还体现在，非法雇佣童工的行为；学校周边有不利于学生学习的环境，比如网吧、噪声、封建迷信行为等；结伙斗殴、寻衅滋事、扰乱学校秩序，破坏校舍、场地和其他财产等行为；对危险校舍不及时维修而造成人身伤亡或重大财产损失的行为等。

与大家一起分析一个侵犯受教育权的案例：2012年4月，某省一个市立中学一名初中老师发起“民主投票”，要求全班学生在不让老师继续教课和淘气学生豪豪退学两者中二选一。投票结果意料之中，绝大多数学生都选择让豪豪走。最后豪豪被赶出校门，课桌也被收走。豪豪之后被送往另一所学校借读，但不久又被要求退学[20]。这个所谓的民主投票乍看公平，把投票权交给学生，由学生决定学生的去留，实际上毫无公正性可言。让学生在老师和调皮学生之间做选择，学生能怎么选？作为老师，利用身份的不对等让学生赶走学生，学生何其无辜，被老师推出去充当打手、恶人。那个被投票结果裹挟着自动退学的调皮学生，先是被老师嫌弃，又被同伴抛弃，最终被学校放弃。很难说他会不会从此不再信任任何人。那些参与投票的学生，不得不在自己的良知和老师的权威之间去做选择。他们被迫放弃了自己的良知，这也是一种伤害。对所谓的差生，用挑起学生斗争的方式去解决问题是不可取的，这是在侵犯学生的受教育权。在学生管理乃至学校教育活动中，无论是运用民主的方式，抑或其他方式，教师都必须坚持一条最基本的底线责任原则，要以不伤害学生的身心发展为底线。这一原则或许可以称之为学生管理中的伦理原则。一个不守公共秩序的人是不讨人喜欢的，但我们不能简单通过举手表决的方式就要把他“送走”。学校里有有问题学生，社会上也有有问题的人。社会上有好人、有坏人，也有不好不坏的人，你不能因为你看不顺眼就把人家赶走。我们应当维护自己的权利，但维护自己的权利不应通过剥夺他人的权利来实现，人不能做弱肉强食的帮凶。权利没有大小之分，一群人的受教育权和某一个人的受教育权同样都是受法律保护的。

四、儿童的受保护权

受保护权是不受危害自身发展影响的、被保护的权利。包括儿童免受歧视、剥削、酷刑、虐待或疏忽照料，以及对失去家庭的儿童和难民儿童的基本保证。每一个孩子都不应被歧视、被虐待、被忽视。保护幼小者的目的是使他顺利地强大起来，而不是继续幼小下去，今天的保护是为了明天的不保护。所以儿童作为权利主体，其主体权利意识的觉醒是维护儿童权利的重要内部力量。要通过各种教育活动在儿童心中从小种下“权利”的种子，如在日常生活中与儿童分享和讨论有关儿童权利的新闻，可以利用《孩子的权利》《世界为谁而存在》《马拉拉》等绘本开展教育活动以传播和普及权利知识，也可以设计游戏活动帮助儿童认识自身享有的权利并通过模拟情景演练获得维护自身权利的方法[21]。

儿童受保护权是最基本的权利，做父母的甚至是要用自己的生命来捍卫这个权利的。我国留守儿童、流浪儿童、未成年人犯罪最大的症结，在于父母监护职责的缺失、教育的失当和对孩子权利的漠视。

在日常生活和学习中，成人对儿童人格的凌辱大多出现在对儿童的不当评价、对儿童的过分要求和对儿童的非理性恼怒之中。具体表现为对儿童的蔑视、体罚、辱骂或恶意比喻，对儿童的恐吓和威胁，对儿童的无端指责，让儿童与同伴分离，禁止其说话等精神虐待。这些现象在家庭和学校中都不同程度地存在着。

对儿童的凌辱、虐待和忽视使儿童远离幸福和有尊严的生活，使儿童体验不公平、焦虑、悲伤及自卑，影响儿童的自信，影响儿童与同伴的正常交往，进而影响儿童个性的发展，长期处于这种苦难中的儿童必定会产生心理扭曲甚至心理疾病，严重地影响了儿童身心的健康发展。

针对未成年人性侵害及性骚扰案件，新修订的《未成年人保护法》明确提出，对性侵害、性骚扰未成年人等违法犯罪行为，学校、幼儿园不得隐瞒，应当及时向公安机关、教育行政部门报告，并配合相关部门依法处理。此外，该法还要求，密切接触未成年人的单位在招聘工作人员时，应当向公安机关、人民检察院查询应聘者是否具有性侵害、虐待、拐卖、暴力伤害等违法犯罪记录，发现其具有前述行为记录的，不得录用。

1．家庭保护

《未成年人保护法》第二章“家庭保护”第十五条首先提出了“未成年人的父母或者其他监护人应当学习家庭教育知识，接受家庭教育指导，创造良好、和睦、文明的家庭环境”的家长学习要求——养鸟知鸟音，家长是孩子保护的主体、第一责任人，家长必须履行监护的保护职责：为未成年人提供生活、健康、安全等方面的保障；关注未成年人的生理、心理状况和情感需求；教育和引导未成年人遵纪守法、勤俭节约，养成良好的思想品德和行为习惯；对未成年人进行安全教育，提高未成年人的自我保护意识和能力；尊重未成年人受教育的权利，保障适龄未成年人依法接受并完成义务教育；保障未成年人休息、娱乐和体育锻炼的时间，引导未成年人进行有益身心健康的活动；妥善管理和保护未成年人的财产；依法代理未成年人实施民事法律行为；预防和制止未成年人的不良行为和违法犯罪行为，并进行合理管教；其他应当履行的监护职责。

《未成年人保护法》同时也规定了父母或其他监护人的禁忌：虐待、遗弃、非法送养未成年人或者对未成年人实施家庭暴力；放任、教唆或者利用未成年人实施违法犯罪行为；放任、唆使未成年人参与邪教、迷信活动或者接受恐怖主义、分裂主义、极端主义等侵害；放任、唆使未成年人吸烟（含电子烟，下同）、饮酒、赌博、流浪乞讨或者欺凌他人；放任或者迫使应当接受义务教育的未成年人失学、辍学；放任未成年人沉迷网络，接触危害或者可能影响其身心健康的图书、报刊、电影、广播电视节目、音像制品、电子出版物和网络信息等；放任未成年人进入营业性娱乐场所、酒吧、互联网上网服务营业场所等不适宜未成年人活动的场所；允许或者迫使未成年人从事国家规定以外的劳动；允许、迫使未成年人结婚或者为未成年人订立婚约；违法处分、侵吞未成年人的财产或者利用未成年人牟取不正当利益；其他侵犯未成年人身心健康、财产权益或者不依法履行未成年人保护义务的行为。

在家庭安全保护方面，《未成年人保护法》明确要求：为未成年人提供安全的家庭生活环境，及时排除引发触电、烫伤、跌落等伤害的安全隐患；采取配备儿童安全座椅、教育未成年人遵守交通规则等措施，防止未成年人受到交通事故的伤害；提高户外安全保护意识，避免未成年人发生溺水、动物伤害等事故。

2020年10月初，全网被刷屏、被推上热搜、获70万狂赞、感动3亿人的经典案例“这才是家长群该有的样子”，讲的是一个妈妈在班级群里发了一段文字，大意是说女儿美琪因为少了一条胳膊，开学这几天总是被同学们议论。妈妈知道女儿内心的敏感和脆弱，同时也理解孩子们是无心的，说出来是希望孩子们把美琪当成正常孩子，和她一起玩耍、一起学习、一起劳动、一起牵手，不用刻意回避美琪，也不要当着她的面去讨论她的手臂。“请给我的孩子我们成年人该有的温暖和善良。”最后又表达了感谢。美琪妈妈的话没有刻意卖惨，没有得理不饶人，而是有理有节，真诚无比。她的真心换来了其他家长将心比心的暖心和爱心。群里的爸爸妈妈纷纷表示，自家的孩子一定会愿意和美琪做朋友的，会让孩子主动找美琪玩；还有的家长回复说：“如果美琪在学校有任何困难，可以找我的孩子来帮忙。”面对群里热心又有爱心的家长，美琪妈妈很感动，“一万个谢谢都表达不了我的感激之情”。面对这样温暖的故事，面对群里热心又有爱心的家长，网友也表达了自己的感动和羡慕。这个案例里美琪妈妈为美琪提供了最佳保护！家长不要动不动就对孩子说“别人家的孩子”，让孩子向“别人家的孩子”学习。我们做家长的也要看一看“别人家的家长”，看看美琪的妈妈是怎样当家长的，每个家长都要进步。

孩子有有尊严地生活的权利。法定监护人或其他任何负责照管儿童的人照料时（如早教机构、幼儿园、学校、寄养机构等），要确保儿童不致受到任何形式的身心摧残、伤害、凌辱、忽视或照料不周、虐待或剥削、性侵犯等。2023年2月8

日土耳其震区救援时发现，一位父亲在地震时用身体紧紧护住孩子，被救援人员发现时，父亲的身体已完全僵硬，但始终保持着将孩子护在怀中的姿势，最终在父亲的保护下孩子获救，而父亲为此献出了生命。人类在大自然面前太脆弱，希望每个家长都能用生命去呵护孩子好好地活下去[22]！

2. 校园保护

《中华人民共和国教师法》规定，要“关心、爱护全体学生，尊重学生人格，促进学生在品德、智力、体质等方面的全面发展。惩治有害于学生的行为和其他侵犯学生合法权益的行为，批评和抵制有害于学生健康成长的现象”。教师应努力提高自身的法律意识，明确儿童权利的底线，掌握侵犯儿童权利的边界，使儿童权利保护意识成为一种内在自觉。在此基础上，增强专业能力，尊重儿童的主体地位，改变对儿童在校生活高控的局面，让儿童参与活动规则的制定，加强学习儿童心理和教育理论等知识，反思处理儿童问题的方法，用智慧理性的教育策略取代惩罚和压制为主的方式，有效保护儿童权利。

在遇到突发事件时，学校和教师必须尽到保护未成年人的职责，遵循儿童利益最佳原则。2008年5月12日汶川大地震发生时，太多的人民教师第一时间站出来用自己无私的爱舍身救学生，用鲜血甚至生命维护师尊、铸就师魂。那时涌现了许多可歌可泣荡气回肠的故事，谭千秋、严蓉、向倩、张米亚、苟晓超、杜正香、方杰、张家春、瞿万容、张辉兵、吴忠洪、汤巨集……他们舍弃了自己的安危，换来了学生的安全。他们牺牲了自己，在生死攸关的时候他们用实际行动诠释了师德的力量[23]。教育部2008年9月1日发布了修订的《中小学教师职业道德规范》，其中第三条“关爱学生”一栏中加入了“保护学生安全”一项。

校园霸凌问题也关乎受保护权。不可否认，校园霸凌具有偶发性、随机性等特点，个别校园霸凌事件的发生并不能完全反映当地的真实教育生态。但是从更大的范围来看，最终被曝光出来的校园霸凌事件恐怕只是总量的一部分。新修订的《未成年人保护法》明确要求，学校应当建立学生欺凌防控工作制度，对教职员工、学生等开展防治学生欺凌的教育和培训。把预防、教育、干预制止、认定调查、处置等工作做到位。不仅需要在预防和及时处置上下功夫，对校园暴力第一时间制止，还要通知实施霸凌和被霸凌未成年学生的父母或者其他监护人参与霸凌行为的认定和处理，在严惩霸凌者问题上亮明态度，更要关注霸凌行为产生的原因，铲除校园欺凌行为产生的土壤，从而构建一个和谐、安全、友爱的校园环境，全方位保护未成年人健康成长。根据《民法典》的规定，无民事行为能力人或者限制民事行为能力人在幼儿园、学校或者其他教育机构学习、生活期间，受到幼儿园、学校或者其他教育机构以外的第三人人身损害的，由第三人承担侵权责任；幼儿园、学校或者其他教育机构未尽到管理职责的，承担相应的补充责任。

校园霸凌有来自教师的、来自同伴的、来自闲杂人员的，比较严重的是老师的体罚问题。上我课的一些大学生跟我讲起他们中小学时被霸凌的真实经历，让我觉得惊心。曾经体罚学生的老师至今还在担任班主任，霸凌着他们的学弟学妹。被老师体罚，孩子是不敢跟家长讲的。对一个由母亲十月怀胎、冒着生命危险好不容易生下来的孩子践踏霸凌，这是一个老师该做的吗？孩子是来学习的，不是来受折磨的。善待学生，是做教师最基本的良知、最起码的良心。动不动就打学生，这是心理变态。《中小学教师职业道德规范》中，第三部分“关爱学生”要求“关心爱护全体学生，尊重学生人格，平等公正对待学生。对学生严慈相济，做学生良师益友。保护学生安全，关心学生健康，维护学生权益。不讽刺、挖苦、歧视学生，不体罚或变相体罚学生”。2021年6月1日起施行的新《未成年人保护法》第二十七条规定：学校、幼儿园的教职员工应当尊重未成年人人格尊严，不得对未成年人实施体罚、变相体罚或者其他侮辱人格尊严的行为。

2018年12月26日，北京市朝阳区人民法院依法对被告人刘某某虐待被看护人案公开宣判。被告人刘某某系北京市朝阳区红黄蓝新天地幼儿园国际小二班教师，2017年11月间，刘某某在所任职的班级内使用针状物先后扎4名幼童。法院认为，幼儿是祖国的未来、民族的希望，是需要特殊保护的群体，其合法权益不容侵犯。刘某某身为幼儿教师，本应对其看护的幼儿进行看管、照料、保护、教育，却违背职业道德和看护职责要求，对多名幼童进行伤害，情节恶劣，其行为严重损害了未成年人的身心健康，已构成虐待被看护人罪，依法应予惩处。根据其犯罪情况和预防再犯罪的需要，依法应当适用从业禁止。法院以虐待被看护人罪一审判处刘某某有期徒刑一年六个月，同时禁止其自刑罚执行完毕之日或者假释之日起五年内从事未成年人看护教育工作。[24]

3. 媒体保护

儿童因为心智不成熟，对信息的筛选和判断能力弱。在纷繁复杂的网络和新媒体环境中更容易受到不良信息的侵害，所以媒体作为信息的发布者和把关人，有责任和义务保护儿童的媒介使用安全：媒体及工作者应加强对儿童的引导，引导儿童关注积极、健康、阳光的内容；通过技术手段过滤不良信息，并提高对儿童隐私的保护。

媒体和媒体人在报道涉及儿童被侵害案件时应当秉持如下原则：不暴露未成年人隐私。这关乎受侵害儿童能否走出阴影，回归到正常生活。如果处置不当会对受侵害儿童造成二次伤害，对孩子的心灵造成难以愈合的损伤。比如在某视2014年“寻找最美孝心少年”公益活动中，10名少年获“最美孝心少年”荣誉称号，最小的5岁、最大的16岁。他们都背负着沉重的家庭负担，为了照顾生病的父母、爷爷奶奶和年幼的弟妹，有的课余时间打工、有的放弃优越的学习环境、有的靠捡拾废品维持家人生计。该活动在褒奖孩子的“孝心”时，全然不顾法律对监护人的要求、国家明令禁止童工的规定，以及政府和社会应尽的保护儿童的责任。还有，对儿童隐私权全然不顾的报道、以儿童取悦成年人的各类搞笑节目等，都在无意中造成对孩子的隐性伤害。

联合国儿童基金会修订涉及儿童问题的媒体报道原则[25]时提出，在记录报道虐待行为的同时要保护处境危险的儿童。

——不能让任何儿童蒙受进一步的耻辱；避免可能使儿童招致报复的归类或者描述——包括进一步的身体或者精神伤害、终身虐待或者遭到当地居民的歧视和排斥。

——讲述儿童的故事或者图片，总是提供准确的背景信息。

——对下列儿童，应使用化名并且对其视觉形象进行模糊处理：遭到性虐待或者剥削的儿童；施行暴力或者性虐待的儿童；艾滋病病毒携带者或艾滋病患者（除非儿童、其父母一方或者监护人在完全知情的情况下同意公开身份）；被起诉或者定罪的儿童。

——在存在危险、可能对儿童造成伤害或使其遭受报复的情况下，对下列儿童应使用化名并且对其视觉形象进行模糊处理：目前或者曾经是儿童士兵；寻求庇护者、难民或者在国内丧失家园的儿童。

——在一些情况下，公开儿童的身份（例如其姓名或可辨认的图片）符合儿童的最大利益，但是，即便公开儿童的身份，也必须确保儿童不受伤害、侮辱或者报复。例如儿童主动和记者联系，要求行使其自由发表意见的权利和要求他人能够倾听其意见的权利；儿童长期参与社会活动或者社会动员，并要求其参与的身份得到认可；当儿童参加社会心理项目时，表明其姓名和身份是其健康发展的体现之一。

——确认儿童所讲述内容的准确性，可以和其他儿童或者一名成年人进行核实，最好两方都核实。

——当不确定报道是否会使儿童处于危险境地的时候，无论该报道多么有新闻价值，应坚持报道重点为儿童的整体处境，而不是单个儿童的情况。

4. 网络保护

新修订的《未成年人保护法》专门增设“网络保

护”一章。针对未成年人沉迷网络等问题作出规定：网络产品和服务提供者不得向未成年人提供诱导其沉迷的产品和服务。网络游戏、网络直播、网络音视频、网络社交等网络服务提供者应当针对未成年人使用其服务设置相应的时间管理、权限管理、消费管理等功能。在应对网络霸凌方面，新修订的《未成年人保护法》提出，遭受网络欺凌的未成年人及其父母或者其他监护人有权通知网络服务提供者采取删除、屏蔽、断开链接等措施。网络服务提供者接到通知后，应当及时采取必要的措施制止网络欺凌行为，防止信息扩散。新修订的《未成年人保护法》从政府、学校、家庭、网络产品和服务提供者不同主体出发，对网络素养教育、网络信息内容管理、个人信息保护、网络沉迷预防和网络霸凌防治等内容作了规定，力图实现对未成年人的线上线下全方位保护。

我国一些公益组织在儿童保护方面开展了积极的宣传倡导，比如“女童保护”项目（一方面制定了专业的防性侵教案，进入学校、社区宣讲，宣传普及传播防性侵知识；另一方面通过多方调研形成专业的调研报告，以推动立法保护和规章方面的改进）、重庆儿童救助基金会“男生女生”儿童防性侵教育、“阳光童年”预防儿童欺凌和暴力教育等项目。此外，作为“消除针对儿童的暴力全球合作伙伴”的一员，世界宣明会以“针对儿童的家庭暴力”为主题，开展“重享家，世界更美好”的倡导行动，期望中国的男孩和女孩在积极和关爱的环境里成长，免于家庭暴力的威胁；中华少年儿童慈善救助基金会通过开展儿童保护宣导计划、社区儿童保护营造计划、受虐儿童救助计划等减少虐待儿童事件的发生；救助儿童会（英国的儿童慈善机构）在云南省试点建设了一站式未成年人性侵受害者取证与保护中心，加强警察、司法和社会工作者之间的合作，确保儿童获得所需的医疗、法律和社会心理服务。2019年民政部新设儿童福利司，负责拟订儿童福利、孤弃儿童保障、儿童收养、儿童救助保护政策、标准，健全农村留守儿童关爱服务体系和困境儿童保障制度，指导儿童福利、收养登记、救助保护机构的管理工作。

截至2021年9月底，全国省、市、县三级人民政府全部建立了未成年人保护工作领导小组（委员会），一个从家庭、学校、社会、网络、政府、司法等六个方面共同发力来保护儿童的大格局基本形成，未成年人保护工作迈入新阶段[26]。

五、儿童的参与权

参与权是指儿童有权参与家庭、社区、学校、社会组织的各种活动，并有权对影响他们的任何事情发表意见，被成年人按照儿童年龄和成熟程度给予适当看待，获得丰富而均衡的生活体验和教育实践，从而积累经验、发展能力、增强自信，有机会更好地表达意见，更为主动全面地发展。

儿童是发展的受益者，也应该是自我成长的参与者，在儿童发展的全过程，应该尽可能地倾听儿童的声音，创造机会让儿童发声，为自我发展创造条件。

1. 儿童的社会参与

“两会”期间，鼓励儿童青少年做小记者，积极参政议政，引导儿童参与工作的常态化、规范化、有序性开展，从诉求表达、参与决策、结果反馈、监督评价等全过程，使得儿童从小关注自身、关注民生，从小培养儿童作为社会小主人的责任感。

2020年深圳市出台了《深圳市儿童参与工作指引（试行)》，明确提出儿童参与的内容、形式、流程，并规范了儿童议事会的人员组成，议事内容、类型、流程以及组织实施等，编制了儿童议事会章程模板和实施过程中各阶段工作工具包，为基层提供了一本非常实用的儿童参与工作手册。该文件提出儿童参与的组织形式除社区/学校儿童议事会、学生会/学生联合会、红领巾议事团、少先队代表大会、共青团代表大会五种形式外，还可以设置儿童意见箱（或儿童意见收集簿）、儿童热线（或儿童广播电台、儿童电视台）、儿童论坛（或儿童报告会）、儿童座谈会（或儿童听证会）等形式。《深圳市建设儿童友好型城市行动计划（2018—2020年）》将“儿童参与实践行动”列入6项行动，并将“儿童参与专题培训”“儿童议事会培育计划”“儿童参与城市发展规划议题”“儿童参与各类公共设施、公共空间新建和改造”4个项目列入项目库。截至2019年，全市已建立市级儿童议事会1个，区级儿童议事会5个，儿童议事联盟1个，社区儿童议事会119个，开展各类儿童议事活动近千场[27]。

挪威城市环境署设计了一款App“Traffic Agent”，以便了解奥斯陆（挪威首都）儿童如何使用街道和从他们角度出发的关注点。App让孩子们扮演城市“特工”的角色，帮助他们记录行动路线并报告他们途中遇到的任何问题，如堵车、危险的十字路口、需要修剪的危险灌木丛等。该App充分调动了儿童在城市中探索并改善环境的主动性，将儿童纳入参与和主导公共空间决策的过程中，实现儿童权利的保障。

2. 儿童的学校参与

有调查显示，68%的中小学生同意上学是为了“找个好工作”；71%的中小学生同意上学是为了“回报父母”；74.2%的中小学生同意上学是“为社会作贡献”；71.5%的中小学生同意上学是“为祖国作贡献”；75.4%的中小学生同意“读书改变命运”；但是只有36.4%的中小学生同意上学是因为“上学本身很有乐趣，没有别的目标”；另外还有15.7%的中小学生认为，上学“没有目标，是父母让上学”。约一半以上的中小学生参加了学校社团，占到了57.3%，并且多数学生是参加1—2个社团。近10%的中小学生几乎每天都会“主动找老师交流”，其中，小学生的比例（12.2%）高于初中生的比例（9.5%）和高中生的比例（7.2%），但是仍然有接近1/4的学生从来不主动找老师交流。近一半的中小学生遭遇过身体霸凌和语言霸凌。其中，身体霸凌的比例是47.7%，语言霸凌的比例是45.1%，近20%的中小学生遭遇过关系霸凌。[28]

在学校里，学生既是受教育者，也是学校的管理者，更是学校的主人。“如果学生们的看法无人征询，如果他们没有机会对影响自己生活和命运的学校决策建言献策，肯定会通过别的方式来发挥影响力。”[29]与其让学生被动地接受学校管理，不如让学生积极主动地参与学校建设与管理。没有学生参与的学校管理是“无本之木”“无源之水”，甚至是不完整的或者毫无意义的。儿童的学校参与可以涵盖学校生活的不同方面：学校氛围、领导和管理、学校董事会、学生自治、课程、教学和学习、公民教育、课外活动和专业发展等，要充分发挥学生的主观能动性、积极性和创造性，尊重学生个体差异，鼓励学生个性化发展，注重把学生的价值观念、行为准则、思维方式等融入学校的办学理念与管理体系之中，从而实现学校、教师和学生的共同发展。比如可以让学生代表参加教师会议，让他们把学生的意见和愿望带到会上，把教师有待改进之处在会上指出来。学生代表拥有了话语权，使老师不能不正视、不能不重视学生的意见，从而增强了老师的自律思想和规范意识，还可增进师生了解，促进校园和谐[30]。

学生可以通过“学生代表大会”，本着民主自愿、畅所欲言的原则向全校同学征集提案，提交涉及教师态度、教学安排、考试形式、德育宣传、午间开放、体育活动、外出活动、班级管理、学生干部管理、学生行为规范管理、学校日常管理、网络管理、图书馆管理、食堂管理、学校设施设备的增添维修等提案，可以涵盖学校的方方面面。学生在参与学校管理的过程中，通过引导学生自我要求、自我约束、自我激励、自我批评，可以达到自我教育的目的，创建和谐、融洽、奋发上进的学生集体，增强学生的自我约束意识，培养学生自立、自治精神和组织管理能力，学生由过去被动的被管理者变成主动的管理参与者，在责任感的驱使下由参与产生认同，由认同走向自律，从而有效地发挥自我管理的作用。学生参与管理活动从根本上改变了传统的“警察式”“裁判式”的管理格局，确立了学生的主体地位，有助于缓解学生与管理者之间的矛盾，学生与学校管理人员之间互相理解，互相信任，默契配合，有利于实现学校管理的目的，提高管理效能[31]。

班级里班干部的选举、荣誉评比、班服遴选、班规制定等应该完全交给孩子，让他们自己做主。

3. 儿童的家庭参与

很多中国父母在家里做某些决策的时候几乎不会告知孩子，更不会询问他们的意见。他们会认为，小孩子懂什么？这些事和他们根本没有关系，何必要告诉他们呢？传统文化习俗和教育观念比较少地鼓励儿童参与。儿童也很少真正地参与到家庭生活、学校和公共事务当中，大多数时候儿童是“沉默”的。即使有机会说话，儿童也很难形成独立的声音；即使有机会选择和决策，通常也是受成人的控制和影响；即使有机会参与活动，也很难做到不被成人牵着走。久而久之，当儿童习惯了生活在“他治”的状态下，就很难获得自主发展的机会和能力。

虽然孩子的想法还不成熟，对很多事情的看法还不完善，但是孩子是独立的主体，他们对和自己有关系的事情是有感情、有想法的。所以，他们有权利参与家庭的重大决策。比如父母在作出搬家这样重大决策的时候，不要完全自己做主，不理会孩子的想法。应该开个家庭会议，将家里只要是有自主意识的成员都召集来，通过举手表决来决定是否搬家。如果孩子予以强烈反对，并说出充分的理由，比如喜欢现在的幼儿园或学校、离不开现在邻居的玩伴、害怕新家的治安环境、听说那儿的学校有霸凌或学业竞争激烈等，父母就不要强制搬家了。

有研究表明，在亲子沟通上，女孩和父母沟通学习、心情、交友等内容的频率更高，参与家庭决策的频率更高；男孩的公共参与兴趣指数和公共参与行为指数更高。独生子女和父母的沟通指数更高，非独生子女家务参与的程度更高，放学后和朋友玩、锻炼身体、看课外书、看电视的时间更长。城区家庭的亲子沟通频率显著高于郊区家庭、乡镇家庭、农村家庭[32]。在放学后时间分配的自主性上，经济水平最低的一部分家庭，孩子们放学后看电视的时间显著多于经济水平更高的家庭；而经济水平最高的一部分家庭，孩子们放学后做家庭作业的时间则显著低于经济水平更低的家庭。每周做家务时间在3天以上的中小学生高达59.8%；71.2%的人表示完全有信心或比较有信心通过自己的努力改善公共生活；52.2%的人当过志愿者；75.9%的人有专用的手机；52.7%的人有自己的电脑；85.5%的人有QQ号；70.9%的人有微信。就人际交往而言，14.5%的中小学生从来没有和邻居说过话；经常和邻居说话的中小学生比例不到30%，26.7%的学生从来不看电视新闻，43.2%的学生从来不看报纸新闻，28.8%的学生从来不看网络新闻。接近一半的中小学生没有和外国人说过话。就校外活动而言，68.3%的中小学生没有参加过校外主题活动，65.8%的人没有参加过国内营地活动[33]。

《民法典》第一千零八十四条第三款中增加规定：（父母离婚后跟随哪一方生活）子女已满8周岁的，应当尊重其真实意愿。8周岁以上的未成年人为限制民事行为能力人，他可以独立实施纯获利益的民事法律行为或者与其年龄、智力相适应的民事法律行为。虽然是未成年，但是其真实意愿不应当被忽视、被埋没。《民法典》给予了未成年人更多自由空间，保障其得到应有的尊重。

高度关注儿童参与意识保护、参与能力培养的家庭，会创造各种机会让儿童在学校内外获得丰富的见闻和阅历。而更加关注儿童学业竞争的家庭，则对儿童采取更加严格的管理方式，以各种或刚性或柔性的方式，把儿童的体力和智力尽可能多地投入到学校竞争当中[34]。其实家里有些事情可以让孩子参与，比如买房，是大人出钱没错，但是孩子也要住，他要离开原来的生活环境的。比如买文具，是大人掏钱买没错，但是谁天天在用，好不好用谁有发言权？再比如给孩子买衣服，色彩孩子喜欢吗？质地全棉还是化纤？买校服有没有问一下孩子，还是老师或者校长直接决定了？

儿童参与程度主要有8个层级：

- 第一级　儿童被操纵
- 第二级　儿童成为“装饰品”
- 第三级　儿童象征性参与
- 第四级　成年人决定，但事先通知儿童
- 第五级　事先征询儿童意见
- 第六级　儿童参与决定
- 第七级　儿童决定
- 第八级　儿童策划并邀请成年人一起决定

其中，第1—3级属于非参与，第4—8级属于参与，阶梯越高，儿童参与程度越高。

好多孩子的自我意识在成年人的呵斥、指责、摆布、溺爱中慢慢被削弱，孩子的好多意见不被关注、不被倾听。比如儿童文学、儿童电视剧的评价，有独立儿童评审团吗？没有。怎么才能让孩子参与？阿德勒说，归属感和价值感是孩子童年最重要的追求。“家庭会议”是一个充分体现尊重、帮助儿童实现参与权的好做法。简·尼尔森认为，积极的养育会让孩子感受到归属感和价值感。要让孩子学会有价值的社会技能和生活技能，培养孩子的良好品格，包括自律、责任感、合作，尊重和关心他人，善于解决问题，敢于担当，乐于贡献。

六、儿童权利的教育启示

作为家长或教育工作者，我们要自觉维护儿童的权利，反对一切反儿童行为，反对一切反教育行为，杜绝一切校园暴力。

1. 家长不能家暴孩子

在孩子还小的时候，他跟父母是一个共同体，需要的是父母无条件的爱，无条件的接纳和呵护。儿童暴力零容忍原则要求不对儿童采用任何形式，包括身体、语言、情感及性方面的暴力。发现暴力行为，应及时制止，并根据情节严重程度判断是否需要执法等相关部门介入。

如果这个时候家长给予孩子恶和暴力，孩子就会恐惧，然后讨好，逐渐变成一个更可怕的人。他如果不在心里头长出芒刺，就没法保护自己。他如果不长出盔甲，必然惨遭长期的戕害。所以，只有硬起来，坏起来，甚至扭曲变态起来，才能让自己不被动。在这种关系下长大的孩子，轻则孤独、自闭、厌世，没有热情，没有创造力，生命如死水一般，不会有太多的火花，也不会有很好的成就；严重的会变成一个极端的人，或者狂妄，或者攻击成性甚至自杀，或者是成瘾性人格，或者是反社会人格。

从2020年抚顺虐童案到前不久留守女童受伤事件，从校园的欺凌屡禁不止，到未成年人的自杀犯罪案件层出不穷，家庭暴力、责任缺位、教而不当的突出问题暴露在大众面前。要尊重儿童的每一天，尊重儿童的无知，尊重儿童认识世界过程中的努力，尊重他们的失败，尊重他们的泪水，以及尊重他们对生活的基本要求。孩子有权保持他原本的样子，不让我们大人去改变。

有的家长下手没轻重，气头上容易把孩子给打坏了。家长养孩子，要有佛系心态。辅导孩子作业要事先做好心理建设和铺垫，哪怕喝口冰水，镇静一下；默念三遍孩子是“亲生的”。因为孩子无论在体力还是智力上，都远远不能和父母抗衡。仅仅因为学习，孩子就要承受肉体和心理的摧残？父母不要动不动用“为你好”的借口，堂而皇之地摧残孩子。

2015年“3·31南京虐童案”（4月2日，南京市公安局高新分局接到辖区某学校老师反映，儿童小施身上有多处表皮伤，怀疑系遭其养母李征琴殴打所致。4月5日，养母李征琴因涉嫌故意伤害罪被公安机关依法刑事拘留。4月12日，警方以李征琴涉嫌故意伤害罪向南京市浦口区检察院提请批准逮捕。9月28日，南京浦口法院公开审理李征琴涉嫌故意伤害罪一案。9月30日，南京浦口法院对“虐童案”作出一审判决，养母李征琴因犯故意伤害罪，被判处有期徒刑6个月。被告人李征琴不服一审判决，提出上诉。11月20日，经过长达4个多小时的公开开庭审理，南京市中级人民法院对备受关注的虐童案作出二审宣判：维持原判，养母李征琴犯故意伤害罪，被判处有期徒刑6个月）一审二审结果，均判处被告人犯故意伤害罪，有期徒刑六个月。[35]《中华人民共和国刑法》第二百六十条规定：虐待家庭成员，情节恶劣的，处二年以下有期徒刑、拘役或者管制。犯前款罪，致使被害人重伤、死亡的，处二年以上七年以下有期徒刑。

养孩子不要急，养孩子需要好的心态。2020年春新冠疫情暴发后，大人们居家办公，孩子们在线网课，当父母骤然停下忙碌的脚步，用心辅导孩子的学习时，亲子关系遭遇了前所未有的危机：“45岁的父亲，在辅导孩子作业的时候，被气到心梗，送医院救治”；“上海一位虎爸就因辅导孩子写作业情绪失控，把作业本点燃往楼下扔，结果差点烧了邻居家”；“浙江台州一位爸爸因为儿子不写作业，气得他大半夜拉着儿子到太公坟前罚站”；“苏州一爸爸因为9岁的儿子不好好写作业，气得离家出走，扬言断绝父子关系”；“四川的一名9岁男孩，因为不写作业挨了妈妈一顿揍，结果跑到派出所报警，称自己被‘家暴’”；“孩子因为写不完作业而大哭，妈妈在旁边焦虑地看着，用真诚的语气说道：‘不要哭，天还没亮。’”；“黑龙江大庆某小区妈妈深夜狂吼式辅导孩子作业”；“妈妈辅导女儿作业，被气得喊女儿‘姐姐’”；“孩子7个字写3个小时气哭妈妈”；“河北母子俩写作业边做边哭”；“武汉妈妈辅导孩子写作业头疼入院”；“山东一位妈妈因辅导孩子作业过于崩溃，气得自己在床上号啕大哭：‘太难了’”；“武汉妈妈辅导作业气急，一巴掌打落孩子乳牙”；“上海刘女士辅导作业和儿子起冲突，一气之下跳河轻生”；“重庆一名10岁的男孩，因为害怕妈妈检查作业，离家出走三天三夜”；“熊孩子因为不想写作业，打电话报警喊救命：‘把妈妈带走’”……整个“大型亲子关系破裂现场”。看上去全国的小朋友好像都是一个师父教的，学的功夫都属于“磨蹭派”，能把每一个家长都气坏。玩手机个个都是天才，但是一写作业，大脑就好像没有连上Wi-Fi，一片空白。真是“不谈学习，母慈子孝，连搂带抱；一写作业，鸡飞狗跳，呜嗷喊叫。前一秒如漆似胶，后一秒叮咣就削”。在孩子眼中，妈妈就是有神经病的母老虎。你是要让人耻笑，让老人血压升高，让邻居不能睡觉。何必呢？不是孩子飘，也不是家长没有刀，都是家长的手不肯抬高。家长若能高抬贵手，饶了自己，也饶了孩子。孩子学习慢，缺乏兴致等问题，父母应该多和孩子沟通，了解他们的想法，不能一味大吼大叫、怒斥孩子，更不能“出手”。

《中华人民共和国家庭教育促进法》自2022年1月1日起施行。从此打孩子是犯法的了。有的家长要说“这是我的家事”。错！打孩子已经上升为国事了。法律开始管家事。不是直接参与家庭教育，不是控制家庭，而是通过立法保证每个家庭获得必要的知识，调动资源对家庭教育加以专业指导，规范家长的行为，规范服务机构的行为。

◉ 第二十三条　未成年人的父母或者其他监护人不得因性别、身体状况、智力等歧视未成年人，不得实施家庭暴力，不得胁迫、引诱、教唆、纵容、利用未成年人从事违反法律法规和社会公德的活动。

◉ 第五十三条　未成年人的父母或者其他监护人在家庭教育过程中对未成年人实施家庭暴力的，依照《中华人民共和国未成年人保护法》、《中华人民共和国反家庭暴力法》等法律的规定追究法律责任。

虐待孩子已经不是道德问题、人性问题，而是心理变态问题，是犯法！是对生命的故意冒犯。自己的问题没有解决好就不要结婚，否则传染对方，感染两个家族；两个人的问题没有解决好就不要生孩子（计划生育），害了下一代，孩子遭罪；不小心有了就要无条件接受，不接受的你可以推掉抚养权，给另外一个人，但不要用虐待伤害孩子的手段泄愤、报复对方。孩子是无辜的。

父母的责任不只是生下孩子，更重要的责任是养育和保护孩子，生而不养其实是一种罪恶。作为父母，必须为孩子提供庇护，守护他的一生，如果做不到这点，就没有权利生下一个孩子。

2. 学校不能惩罚孩子

2020年12月23日，教育部颁布《中小学教育惩戒规则（试行）》，自2021年3月1号施行，首次对教育惩戒的概念进行了定义，明确教育惩戒不是惩罚，强调遵循合法适当原则，学校和教师有惩戒权但不能惩罚孩子，更不能体罚孩子、羞辱孩子。

坚决抵制“差生伺候优等生吃饭”，用暴力对待“后进生”，用非人性的标语口号来督促学生拼命学习，把竞争机制引入学校，用沉重的学习负担剥夺其幸福的童年，以及让差生坐在冬天的走廊考试好让他们脑子冷静冷静，让犯错的孩子在操场上跪成一长串……这些都是反儿童行为，是违法行为。

“好孩子”戴上红领巾，“差孩子”戴上绿领巾。成绩好的学生，穿红校服，成绩不好的学生，就穿蓝校服。作业得了某类分数，有黄牌警告，还有红牌警告。这些都是反教育行为。

有的老师把教室和课堂当作自己的独立王国，任性而为，把学生当作自身情绪发泄的对象，肆意惩罚。这实际上触及了新规“红线”。老师的教育对象始终是未成年人，实施教育惩戒应当慎重。教育惩戒必须满足三个条件：实施的主体必须是学校，不能是个人；要有程序条件，有既定程序明文规定，按照明文规定来进行；必须通知被惩戒学生的监护人，否则就是私设公堂，是违法的。学校的集体生活离不开纪律，学校不能把纪律建立在儿童需要之上。要使纪律成为他们成长的内在需要。片面地突出外在的惩罚，把希望寄托在惩戒威慑之上，这是需要我们去反思的。

虐待儿童的情形一般包括身体虐待、精神虐待、性虐待和疏忽四种类型。身体虐待是指照顾者对儿童所造成的非意外性身体伤害，而导致其死亡、外形损毁、身体功能损害或丧失，或是让儿童处于可能发生上述伤害的情境中，此外，也包含过度及不符合年龄、不适合情境的管教或惩罚。精神虐待包括辱骂、恐吓、威胁、藐视、排斥儿童，或是持续对子女有不合情理的差别待遇；对儿童的福祉漠不关心，而导致或可能导致其身体发育、智能、情绪、心理行为及社会等各方面发展产生明显的伤害。性虐待指成人以儿童为性的刺激对象，而发生任何与儿童性的接触，也包含加害者年龄在18岁以下，但其年龄长于受害者或对于受害者居于控制或强势的地位。疏忽是指因无知、无意或有意不加注意，而忽视儿童的基本需求，以致照顾不当，使儿童的身心受到伤害或可能受到伤害。虐待儿童涉嫌虐待罪、侮辱罪、故意伤害罪、寻衅滋事罪。2014年5月北京市朝阳区因“幼师殴打孩子”依法吊销了阳光亿婴国际幼儿园和威斯顿幼儿园的办学许可证，并严惩了当事人。[36]2017年北京市朝阳区红黄蓝新天地幼儿园22岁的刘老师因部分儿童不按时睡觉，遂采用“缝衣针扎”的方式进行“管教”，家长决不饶恕坚持起诉，最后该老师以虐待被看护人罪被判处有期徒刑1年6个月，同时禁止其自刑罚执行完毕之日或者假释之日起5年内从事未成年人看护教育工作。[37]她若刑满释放，谁敢娶？她的孩子上学，会被人指指点点：他妈妈当年用针扎人家孩子。她的孙子去上学，继续被人指指点点：他奶奶当年用针扎人家孩子。

3. 建立正确的儿童观

了解儿童权利，有助于我们树立正确的儿童观：

（1）儿童是人

儿童不是动物，动物要生存，而人还要生活。人能够运用自己的理性，过一种自觉的、有意识的、有目的的生活。人更要尊严！渴望也应该被尊重。

（2）儿童是鲜活的人

儿童的鲜活性告诉我们，儿童是有心灵世界的自由成长和自主发展的独特个体。他不是简单的学习机器，被动地接受灌输。机器可以经受简单机械的重复和训练，而生命需要生动丰富的经历和体验。人渴望通过自己的感情、意志、精神和思维方式，过一种有诗意的、主动创造的、能动改造的生活，获得自由的人生。

（3）儿童是独立的人

儿童的独立性告诉我们，儿童不是成年人的附庸，也不是家长实现个人理想的工具。

（4）儿童是完整的人

儿童的完整性告诉我们，儿童要全面发展，不要片面发展。当我们说到孩子的学习和成长，如果你只盯着他的分数、他的错题、他的书写规范，而不考虑他的身体状况、精神状态的好坏，把孩子当作动物或者机器，当作手段或者工具，那么你正在扼杀儿童追求美好生活的可能性。

（5）儿童是弱小的人

儿童的脆弱性告诉我们，孩子是个弱小的人。要承认他们弱小、不成熟，需要给予特殊的保护。但不因此而轻视他们，要将他们看作是有能力的、积极主动的权利主体。他们拥有权利，并且可以行使自己的权利。儿童的权利是与生俱来的，不是我们成年人给予的。儿童需要外界提供特殊的保护。

（6）儿童是发展中的人

儿童的发展性告诉我们，儿童是发展中的人，他们最需要教育，也拥有最强的可塑性，需要拥有各种尝试的机会。发展需要遵循儿童身心发展的规律，不要陵节而施、揠苗助长。要通过教育把孩子的潜能最充分地挖掘出来，让他做最好的自己。

（7）儿童是有差异的

儿童的差异性告诉我们，每个儿童都是与众不同的，需要尊重这种不同。家长要发现差异，了解差异，因材施教，合理指导。

延伸阅读（使用这些标题在互联网上可以搜索到相关资料）

1. 朱永新：为什么要强调儿童优先？
2. 2018年儿童权利十大事件
3. 生活在贫困地区的0—6岁的儿童大概有2000万
4. 胡华：成为“儿童立场”最坚定的代言人
5. 为什么要坚持“儿童优先”原则？
6. 推荐电影：《何以为家》

参考文献

1 施琪嘉．疗愈你的内在小孩[M]．北京：人民邮电出版社，2021.

2 崔宇杰，张云婷，赵瑾，等．我国儿童早期发展工作现状分析及策略建议[J]．华东师范大学学报（教育科学版），2019（03）：107-117.

3 林崇德．心理学大辞典（上卷）[M]．上海：上海教育出版社，2003.

4 耿兴敏．少年强则中国强、基础还要儿童强[N]．中国妇女报，2019-06-01.

5 张馨月．用儿童视角　建设儿童友好城市[N]．晶报，2022-07-14.

6 王宝刚．浅论我国少年儿童的人居环境[N]．中国建设报，2011-06-08.

7 刘莉．深圳全域推进儿童友好型城市建设[N]．深圳特区报，2021-08-16.

8 郑素华．儿童权利保护的"非歧视"原则探究[J]．青少年犯罪问题，2011（01）：33-37.

9 郝卫江．儿童权益在百姓的心中有多重——《儿童权利公约》公众调查报告[J]．当代青年研究，1999（03）：38-43.

10 路一凡．社会性别视角下的女童教育中存在的公平问题、原因分析及解决措施[J]．考试周刊，2019（31）：192-194.

11 徐小飞．关于儿童权利保护的基本原则[N]．人民法院报，2016-07-22.

12 关颖．儿童利益最大化才是"为孩子好"[N]．中国教育报，2021-08-22.

13 出自明代著名思想家吕坤所著的语录体、箴言体的小品文集《呻吟语》："卑幼有过，慎其所以责让之者：对众不责，愧悔不责，暮夜不则，正饮食不责，正欢庆不责，正悲忧不责，疾病不责。"

14 徐阳晨．"儿童优先"原则全方位呵护"少年的你"[J]．中国妇女报，2022（22）：3.

15 鲁静雯．儿童保险投保现状调查及政策建议[J]．青年与社会，2020（05）：233-234.

16 王雯，邢栋．少儿保险配置之法[J]．金融博览，2019（08）：70-72.

17 最高人民法院．民法典颁布后人格权司法保护典型民事案例[N]．人民法院报，2022-04-12.

18 闻琪．儿童隐私权研究[D]．哈尔滨：黑龙江大学，2012.

19 中华人民共和国教育部令第50号，公布《未成年人学校保护规定》，自2021年9月1日起施行。

20 新闻焦点．"民主投票"能决定学生去留?[N]．新民晚报，2012-07-06.

21 孙蕾蕾．幼儿园如何保护儿童权利——写在《儿童权利公约》颁布30周年之际[J]．福建教育，2019（46）：20-22.

22 今日头条．土耳其地震后令人动容的救援现场：父亲用身体死死护住儿子，自己却被废墟淹没[EB/OL].(2023-02-14)[2023-05-16]．https://www.toutiao.com/article/7199982163457049099/.

23 胡子祥，胡海利．抗震救灾教师英雄谱[N]．中国教育报，2021-12-23.

24 熊琳．北京红黄蓝幼儿园虐童案一审宣判[N]．新华网，2018-12-28.

25 中国新闻周刊学院．怎样在新闻报道中保护儿童的基本权益[EB/OL]．(2016-06-01)[2022-05-16]．https://mp.weixin.qq.com/s/U5NcZoj_8RdbABZp_AcGBg.

26 王玉明．让温暖关爱惠及更多孩子——党的十八大以来儿童福利和未成年人保护工作综述[J]．中国民政，2022（11）：13-17.

27 深圳市妇女儿童工作委员会．深圳市儿童参与工作指引（试行）[EB/OL].(2021-07-28)[2022-05-16]．http://www.szfegw.cn/gzdt/tzgg/content/post_714987.html.

28 丁道勇，霍雨佳，李烨．中国儿童参与的基本状况[J]．中国校外教育（上旬刊），2018（01）：4-12.

29 路易斯·斯托尔，迪安·芬克．未来的学校变革的目标与路径[M]．柳国辉，译．北京：北京大学出版社，2010：159.

30 钟玲芳．学生参与学校治理的实践探索——以高桥初中学生校长助理制为例[J]．教育，2022（03）：33-34.

31 李瑾瑜．让学生真正参与变革[N]．中国教育报，2007-06-13.

32 丁道勇，霍雨佳，李烨．中国儿童参与的基本状况[J]．中国校外教育（上旬刊），2018（01）：4-12.

33 苑立新．儿童蓝皮书：中国儿童参与状况报告（2017）[M]．北京：社会科学文献出版社，2017：75-114.

34 杨咏梅．儿童参与：家庭教育新指标[C]//第十九届海峡两岸家庭教育学术研讨会论文集．中国教育学会，2018：167-170.

35 央广网．南京中院对“虐童案”作出二审宣判：维持原判[EB/OL]．(2015-11-20)[2022-05-16]．http://news.cnr.cn/native/gd/20151120/t20151120_520557817.shtml.

36 蒋桂佳．涉打人幼儿园被吊销办学许可证[N]．法治晚报，2014-05-05.

37 刘苏雅．红黄蓝幼儿园虐童案二审宣判：涉事幼师获刑1年半　5年内禁止从业[N]．北京日报，2019-06-18.

第五讲

了解儿童的需要

——因材施教的前提

我们常常讲因材施教，也就是孩子需要什么，我们根据他们的需要，施以针对性的教育。

一讲到孩子的需要，我们回避不了的是本能（instinct），也会被译为直觉、天赋、冲动，需要属于本能，但本能不完全是需要。本能是与生俱来、无须学习的天生能力，是人最深层次的欲望，是推动个体行为的内在原动力。本能是生物体趋向于某一特定行为的内在倾向，比如动物之间的战斗、印刻现象、求偶行为、逃生、筑巢等。人的一切成就，无论其本质、动机如何，从一开始必然是对本能的炽热追求[1]。

什么是人的本能？许多学习理论家研究发现，单纯用学习和经验来解释人类的一切行为是困难的。因而，一些学习理论家如霍尔特、赫尔等人，他们在研究行为的外部动机的同时，又不得不考虑其内部动机。他们将行为的内部动机看成是由内驱力所推动的，而内驱力又是由人的生物或生理需求的缺失而产生的。这样，人类行为实际上就成了有机体的内部需要与外部环境之间相互作用的结果。内部需要就是与生俱来的、不需教导和训练的、天赋的、在人类进化路上所留下的一些行为和能力[2]。

习性学家的研究表明，本能行为都是天生的而不是后天习得的。同时他们还发现，在种系发展阶梯上，越是高级的动物，其种属特有的行为就越少，而取决于学习来满足需要的行为也越多。然而，即使是人类也有一些固有的行为模式。虽然人生来就是文化的产物，并具有理性和道德，但文化和理性并非独立于人的本能而存在，而是与本能相互依赖的，并且正是人的本能在决定着人类文化发展的方向。本能是潜伏在人体的幽暗之火，不易察觉，因而往往不为人知，更不知道如何运用。发现并运用本能所蕴含的巨大能量，能够让人超越自我、突破设限、走向成功，实现个人的荣誉感、价值感、归属感、安全感以及幸福感，让人变得更加自信、更加自由、更加充满活力[3]。

美国心理学家威廉·麦独孤认为：本能是天生的倾向性，即对某些事情特别敏感，并伴随着特定的情绪体验。人的思想和动机是由本能引起的，本能是激发行为的根源，比如觅食、母爱、逃避、好奇、合群、争斗、性驱力、创造、服从、获取、支配、排斥等。威廉·麦独孤在1908年出版的《社会心理学导论》[4]一书中力图运用达尔文的进化论来阐明，人和其他高等动物一样，都是由低等动物进化而来的，人和动物在其生物发展史上具有一种延续性，它们之间并不存在什么天然鸿沟。因此，既然动物的一切活动都受本能所支配，那么，在决定人的行为和心理的作用上本能也占有主要地位。他将本能定义为：由遗传而来，或是本有的一种生理兼心理的倾向。它使其主体对某一类客体有知觉而注意；当知觉时，主体感受到一种特殊质的情绪冲动，并且对这个客体亦有一特殊的动作，至少也感受到要做出这种动作的冲动。但是，他也认为，在由本能决定其行为的过程中，人和动物并非完全一样。智慧不高的动物，其本能动作是本能的纯粹形式，未被智慧和后天学习所改变；智慧程度愈高的动物，其纯粹形式的本能动作愈来愈少。而人的本能倾向则是与后天的学习和经验相结合来推动其行为的，因此，人的行为从总体上讲可视为遗传本能及其在经验中改变的结果。

美国俄亥俄大学心理学和精神病学终身教授，同时也是RMP莱偲动机图谱发明者的史蒂文·赖斯说：“几乎人类想做的每一件重要的事情都可以分解为15种欲望中的一种或几种，而且大都具有其遗传学基础，这些欲望引导着我们的行为。”这15种基本欲望和价值观分别是好奇心：对学习的渴望是不可抗拒的；食物：对食物的渴望无须赘言；荣誉感（道德）：文明社会的基础；被排斥的恐惧：这令我们守规矩；性：种系延续；体育运动：生命在于运动；秩序：希望在日常生活中占有一席之地；独立：对于自作主张的渴望；复仇：报复、反击；社会交往：渴望成为众人中的一分子；家庭：与家人共享天伦之乐的欲望；社会声望：对名誉和地位的渴望；厌恶：对疼痛和焦虑的厌恶；公民权：对公共服务和社会公正的渴望；权力：希望影响别人。

精神分析家弗洛伊德在1920年的《超越唯乐原则》一书中提出了“生本能”和“死本能”这一组相对的概念。他认为，人有两种本能，一是生的本能（或为性本能），二是死的本能。前者是建设性的，后者是破坏性的。两种本能虽然作用相反，但同时并存，此涨则彼消，此消则彼涨。生的本能，弗洛伊德称之为“力比多”，代表着爱和建设的力量，指向生命的生长和增进——性；死的本能，弗洛伊德称之为“达那多斯”，代表恨和破坏的力量，表现为求死的欲望。死的本能有内向与外向之分，当冲动指向内部的时候，人们就会限制自己的力量，惩罚折磨自己，变成受虐狂，并在极端的时候毁灭自己；当冲动指向外部的时候，人们就会表现出破坏、损害、征服和侵犯他人的行为。

自20世纪以来，心理学、生物学、遗传学、人种学、社会学等学科的许多研究成果一再表明，我们的机体远比一般所认为的更值得信赖，有更强的自我保护、自我指导、自我控制的能力。各种新近的发现已表明有必要从理论上假定机体内部有某种积极生成或自我实现的倾向。精神病学家、心理分析学家以及许多心理学家一再发现，人类个体在某些需要遭受挫折时会产生病态反应，而另一些需要受挫时却不会；某些需要的满足会令人健康，另一些却不会。这些更为基本的需要不可思议地“顽固”，难以对付，它们反对所有的奉承、取代、贿赂和削弱，没有任何通融的余地。它们只要求适当的内部满足，所以人们总是有意无意地寻求满足这种需要的方式。因此，对于人类的行为，我们决不能简单地用学习、环境或特定的刺激反应来理解和解释，而是需要寻找它们的内部动机。

美国心理学家马斯洛认为，人的“似本能”是由人的生物机体所决定的，而不是由环境和文化决定的，它表现为人的一系列基本需要[5]。这些基本需要按其强弱层次分别为生理需要、安全需要、社交需要、尊重需要以及自我实现需要。在这种需要的层次和序列中，当前一种需要得到适度满足后，后一种需要就从一种潜在的状态中呈现出来，并上升到突出的地位。

马斯洛需要层次理论主要包括生理需要：呼吸、饮食、休息、衣着、居住、医疗；安全需要：人身安全、健康保障、资源所有性、财产所有性、道德保障、工作职位保障、家庭安全；社交需要：归属感、友情、爱情、性亲密；尊重需要：自我尊重、信心、成就、对他人尊重、被他人尊重；自我实现需要：道德、创造力、自觉性、解决问题的能力、公正度、接受现实的能力。在当代中国，孩子的生理需要和安全需要基本得到满足；孩子的社交需要，尤其在农村留守儿童中，严重缺失；更高层次的需要，比如尊重需要、自我实现需要，则需要我们教育工作者在和孩子相处的过程中，重点关注、不断满足。换句话说，中国孩子在基础需要（包括生理动机和安全动机）上的形成和发展是正常的，而部分孩子在精神需要（包括情绪动机、情感动机、社交动机和自我实现动机）上得不到满足，也就产生不了动机。

马斯洛把人的“似本能”的需要看成是在一个强度

有差异的层次序列里能动地相互联系的，在其本质上是一元性的或整体性的。在这个层次序列中，一个需要的满足产生另一个需要。其中，低级需要的满足更有躯体性，更有限度，但高级需要如友爱、尊重以及认识的满足则几乎是无限的。这种观点能更好地解释人的需要动机的连续性、发展性和无限性。

因此，我们需要辩证、客观地看待本能。本能理论家们过分强调了人类天性对文化的决定性作用，而忽视了文化对人类天性的反作用。我们需要结合人类学、社会学和遗传学方面的知识，避免过分强调行为的遗传因素而陷入种族中心论、阶级中心论和庸俗化的社会达尔文主义。

在实际生活中，人的攻击行为是普遍地存在着的。对于这些行为，我们很难简单地用文化因素来进行解释。例如，我们也许可以用宗教信仰、种族主义或阶级矛盾等来解释中世纪和近现代的一些战争，但不能用类似的理论去解释原始氏族或部落之间的战争，以及人们因经济利益、爱、尊严等而导致的互相攻击。而在这些问题上，洛伦兹关于同类种族在生存竞争方面的攻击本能却能给出更好的解答。

我们也需要避免将本能污名化，避免把人类本能的生物属性完全看成是恶的动物性，并认为人类大多数的原始冲动是邪恶的、贪婪的、自私的、敌意的，以至于只看到动物界的竞争，完全忽视了同样普遍存在的合作。

一、儿童的生理需要

1. 生则养

儿童的生理需要主要包括呼吸、饮食、休息、衣着、居住、医疗、排泄。生则养，既然生了孩子，就要把他养大。养育一个孩子，我们需要关注以下几点：

（1）空气

“自在呼吸计划”是由包括Blueair、全球行动计划（Global Action Plan）、气候和清洁空气联盟（The Climate and Clean Air Coalition）、环境教育中心（Centre for Environment Education）以及全球儿童安全组织（Safe Kids Worldwide）、联合利华和全球健康和污染防治联盟（Global Alliance on Health and Pollution）等在内的62家社会团体、学术和商业机构共同发起的活动，旨在呼吁确立儿童呼吸洁净空气的权利。参与到这项计划中的儿童先是通过在校开展的教育活动，了解洁净健康空气的重要性，以及如何从我做起改善空气质量，并进而了解到可以通过参与此项计划为自己呼吁相关权利。该计划认为，由于儿童较轻的体重和更快的呼吸频率，以及肺还没完全发育好，免疫系统还比较脆弱，所以儿童的身体会对空气污染更为敏感。况且孩子通常比成人更为好动，也不懂得如何保护自己。而肺、大脑和其他器官组织完全长成需要几十年，因而空气污染对儿童健康造成的危害会伴随他们一生。全球每年有约60万名儿童死于空气污染导致的急性呼吸道感染，联合国儿童基金会曾预测，到2050年，空气污染会成为导致儿童死亡的“头号杀手”[6]。

（2）饮食

饮食，“饮”指水。对人来说，水是仅次于氧气的重要物质。成年人体重的60%是水，儿童体内水的含量更高，可达80%。如果一个人不吃饭只喝水，依靠自己体内贮存的营养物质或消耗自体组织，可以存活一个月，但是如果不喝水，连一周时间也很难熬过：人体内发生的一切化学反应都在介质水中进行，没有水，养料不能被吸收；氧气不能被运到所需部位；养料和激素也不能到达它的作用部位；废物不能排除，新陈代谢将停止。水是非常重要的，80%的疾病和30%的死亡与水污染有关。全球每天因饮用水卫生状况恶劣而死亡的少年儿童更是多达6000名。据调查显示，我国江河湖库底质的污染率高达80.1%[7]。水中的物质通常分为三种：第一种是看得见或闻得到的有害物，如铁锈、灰尘、余氯等；第二种是人们平时察觉不到的有害物，如铝等重金属离子、细菌、孢囊孢子、VOC（发挥性有机物）、致癌物质（如三氯甲烷）等；第三种是对人体有益的微量矿物元素。19世纪以前生物污染是水污染中最可怕的。这类污染物主要指细菌、藻类、寄生虫、病毒等微生物。水体受到它们污染后，就能够传播各种疾病，比如霍乱、病毒性肝炎、脊髓灰质炎、阿米巴痢疾、伤寒和副伤寒、钩端螺旋体病、血吸虫病、感染性腹泻病。20世纪中叶，水体开始受到工业废水、废气、废渣的化学污染。在这一时期，污染物主要是重金属如铅、汞、铬以及氰化物、氟化物、亚硝酸盐等无机物。这些饮用水中的无机污染，在当时给不少地区的人们带来沉痛的灾难。当年日本发生的水俣病就是一个典型的饮用水无机污染事件。每升水中氟化物超过1毫克，就有可能使儿童、青少年的牙齿出现色斑的人数超过30%。这种牙齿除影响美观外，牙齿本身也容易碎裂，往往在人刚到中年时牙齿就掉了。如果饮用水中氟化物的浓度更高，还会严重影响骨骼发育，使患者不能直立，疼痛不堪。砷中毒主要表现为皮肤损伤、周围神经病变，重者发展为皮肤癌。砷在中国地下水中分布较广。据现有资料估计，中国因饮用水中氟、砷超标而使健康受到影响的人数可能超过2000万[8]。1980年后，随着工业污染排放、化肥农药等农业污染排放，以及人类的日常生活废水排放，饮用水安全的最大隐患逐步变为有机污染，它们很多都能躲过传统自来水净化工艺的处理，大摇大摆地进入人体内。

美国科学家发现自来水厂水处理工艺中最为重要的消毒剂氯可跟某些化合物反应产生致癌物质，这表明用氯杀死水中细菌病毒的同时，也会产生一部分危害人体健康的物质。现已发现经氯消毒饮用水产生的副产物超过100种。据世界卫生组织报道，发展中国家3/4的农村人口、1/3的城市人口得不到安全卫生的饮用水。80%的疾病和1/3的死亡率与饮用受污染的水有关。饮用水卫生恶化的主要原因在于水源水质严重污染，尤其是看不见的化学污染，诸如农药、合成洗涤剂、重金属、各种有机和无机化合物及其他有害毒素等。目前我国90%的水厂仍在采用上世纪初形成的传统方法对源水进行处理，只能对物理污染和微生物污染进行净化处理，而无法对化学污染，诸如农药、合成洗涤剂、重金属、各种有机和无机化合物及其他有害毒素进行深度处理。[9]我们喝的自来水，也不能完全称之为安全水，自来水刚刚出厂的时候很安全，但是流入住户前，漫长的管道经过了复杂的地形和道路，有些管道年久失修，老化、生锈、材质不达标，有些流经的地表有污染源。高楼供水过程中，自来水在水箱、水塔里停留时间过长，水中余氯消失，微生物滋生，且水箱长期不清洗，都造成了水龙头里流出的自来水重金属、有机物等超标现象。对自来水进行家庭终端深度处理，是有效解决“难以饮用安全的净水和健康的好水”的重要途径。

去除了有害物、保留微量的矿物质元素的水才是真正安全健康的家庭饮用水！要高度重视饮用水的安全与健康，教育孩子要从小养成及时补水的习惯（口渴才喝水，等于泥土龟裂再灌溉，不利于身体健康。长此以往会造成肾脏损伤，甚至导致肾结石等疾病。当人体感到干渴时，体内已出现“水荒”，缺水已使体内代谢和补偿功能失去平衡，体内甚至已经出现水“透支”的体渴状况。此后即使补充了水，也难以弥补先前缺水对机体已经造成的损害。在还没口渴时适当多饮些水，可使肾脏功能有活力，循环充盈，尿液足量，促进新陈代谢，对维持身体健康大有裨益），养成孩子每日喝奶、亲近凉白开、控制甜饮、拒绝碳酸饮料、严禁酒饮和药饮的习惯。还要保障孩子能够用水清洗（手、脚、臀部、衣物），必须有水才能保持卫生，这是最基本的条件。（感兴趣的可以参阅中国建筑工业出版社2001年出版的、美国Martin Fox博士著《健康的水》一书，其中告诉人们：怎样饮水才能帮助预防心脏病，水中哪种矿物质有助于预防癌症，氯化消毒为什么是不安全的，为什么蒸馏水是不健康的，活性炭过滤器与瓶装水要注意什么……）

饮食，“食”指保障供给。对于“食”，提倡营养均衡，不挑食不偏食。世界卫生组织的报告告诉我们，随着人民生活水平的不断提高，影响人们健康的主要疾病不再是传染病，而是一些慢性病和非传染性的疾病，比如恶性肿瘤、心血管疾病、高血压、糖尿病等，这些“现代病”“富贵病”越来越多。大量的医学研究表明，不健康的饮食和生活方式会加速这些疾病的发生与发展。营养学认为，人体营养分为七大体系：水、矿物质、膳食纤维、维生素、碳水化合物（糖类）以及蛋白质和脂类。[10]

从下图我们会看到，贫困年代的人往往是因为营养不良导致生病，主要是糖类、蛋白质和脂类这三个方面摄入不足。富裕年代的人往往是因为维生素、膳食纤维、矿物质、水摄入不足导致疾病，尤其是矿物质和膳食纤维不足。反之，如果糖类、蛋白质和脂类摄入过多会营养过剩，从而导致肥胖和代谢障碍。

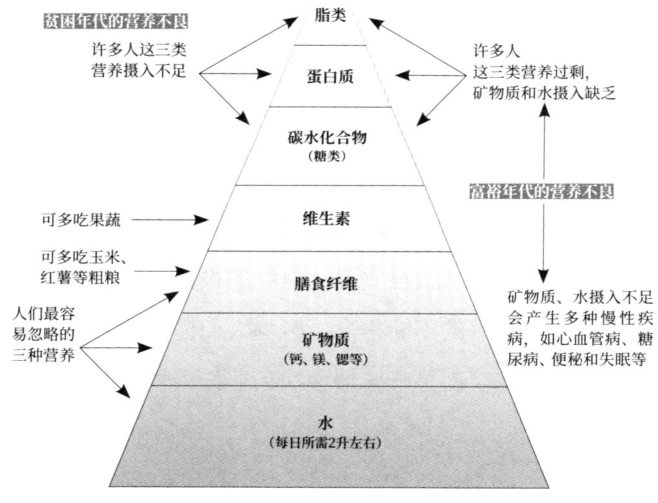

人类营养构成图

中国营养学会发布的《中国学龄儿童膳食指南(2022)》指出：学龄儿童处于特殊生理阶段，生长发育迅速，需要充足营养以保证健康成长。学龄儿童时期也是一个人饮食行为和生活方式形成的关键时期，孩子从这个阶段开始培养健康饮食行为和生活方式将受益终身。为此特别提出了五条平衡膳食准则：主动参与食物选择和制作，提高营养素养；吃好早餐，合理选择零食，培养健康饮食行为；每天喝奶，足量饮水，不喝含糖饮料，禁止饮酒；多户外活动，少视屏时间，每天60分钟以上中高强度身体活动；定期监测体格发育，保持体重适宜增长。特别是在食方面，一日三餐、定时定量、进食规律是保证学龄儿童健康成长的基本要求。应每天吃早餐，并吃好早餐，早餐食物应包括谷薯类、蔬菜水果、动物性食物、奶豆坚果等食物中的三类及以上。适量选择营

中国居民平衡膳食宝塔

养丰富的食物做零食。在外就餐时要注重合理搭配，少吃含高盐、高糖和高脂肪的食物。做到清淡饮食、不挑食偏食、不暴饮暴食，养成健康饮食行为。[11]

其实现在很多病都是吃出来的，尤其是一些孩子患上老年人才会出现的疾病——儿童老年病，都与营养过剩密切相关。北京大学公共卫生学院和联合国儿童基金会曾经发布的一项儿童肥胖报告显示，20世纪90年代以来，我们国家儿童超重和肥胖率不断攀升，原因就是摄入了过高的脂肪以及高热量的饮食，再加上缺少运动，所以孩子得高血压、糖尿病、高甘油三酯以及代谢综合征等老年疾病的越来越多。（更多内容参阅人民卫生出版社出版的、中国营养学会主编的《中国居民膳食营养素参考摄入量（2023版）》一书，书中对儿童成长过程中需要的蛋白质、钙、维生素D、铁、维生素C、锌、磷等都根据不同年龄和性别给出了具体的摄入量。）

随着改革开放的推进，我们的生活习惯和饮食也越来越西方化了。其实东西方的差异是很大的，从哪开始？饮食。西方主要为游牧民族，和我们东方农耕民族不一样。游牧民族的生产劳动方式是以游牧为主，食物以肉、蛋、奶为主，粮食和蔬菜为辅，所以他们的消化方式更多的是通过分泌大量的胆汁，将蛋白质和油脂降解，以利于消化吸收。而东方主要为农耕民族，生产劳动方式主要是耕作，食物以五谷为主，果蔬肉为辅，消化方式主要是胃分泌盐酸、胃肠系统蠕动，协助消化吸收。

（3）睡眠

睡眠是高等脊椎动物周期性出现的一种自发和可逆的静息状态，表现为机体对外界刺激的反应性降低和意识的暂时中断。睡眠可以消除疲劳，恢复体力；保护大脑，恢复活力；提升免疫力，增强抵抗力；促进生长，保障发育；延缓衰老，延年益寿。要让孩子睡得下、睡得着、睡得深，一般建议每天的睡眠时间是：小学生10小时、初中生9小时、高中生8小时。2021年3月30日，教育部发布《关于进一步加强中小学生睡眠管理工作的通知》，将睡眠列为监护人为孩子提供的“五项基本保障”中的头一条（“五项基本保障”分别是：基本保障睡眠、规律早餐、保证每天体育活动时间、保证每天阅读半小时、父母关注子女生活），要求保时间、防干扰、提质量，提出将学生睡眠状况纳入学生体质健康监测和教育质量评价监测体系。有研究数据表明：每天晚上睡眠不足4小时的人，死亡率要比正常人高180%；睡眠不足的人群，衰老的速度是正常人的2.5到3倍；经常失眠的人，患上抑郁症的几率是普通人的5倍，每晚睡眠不足5小时的人易患老年痴呆症[12]。睡眠不足会慢慢吞噬掉生命。中国青少年研究中心发布报告显示，我国中小学生每天平均睡眠不足8小时[13]。

（4）其他生理需要的保障

穿衣，首要是蔽体。蔽体是讲文明，把身体该遮的地方遮住，衣不蔽体就没有了为人的尊严，没有了最基本的保障。其次是保暖、防护、洁净、美观。唐代医学家孙思邈在《千金翼方》中告诫世人：新生儿肌肤娇嫩，不能穿戴过多，那样会使筋骨缓弱。宜于经常到室外见见风日，如果长期不晒太阳、不吹风，新生儿肌肤适应能力差，容易生病。新生儿应当用旧棉衣裤穿戴，而不要用新丝绵。天晴、和暖无风时，乳母应抱新生儿去户外阳光下嬉戏玩耍，经常带到户外活动，则气血通利，肌肉牢密，能耐受风寒的侵袭而不易生病。假如经常藏在室内，穿得过厚过暖，就像背阴处的草长期见不到风日，柔弱得不耐风寒一样[14]。孩子小时候，要经常换洗尿布，穿干净、柔软的衣物。年幼的孩子在穿衣方面不会选择，也不会拒绝，只能被动地接受大人的“恩典”。但是生活中发生着大量因孩子穿衣不当影响孩子身心发育的事[15]。等到孩子大一点，开始注重自我形象，就要讲究搭配。孩子的自我形象影响着同伴关系，同伴关系好不好意味着能不能被社会所接纳，关系到他的自我定位。还有研究表明，儿童衣着会影响儿童运动量的多少和身体的健康状况，儿童薄衣着及加强运动可以增强机体抵抗力，预防疾病[16]。

居住，避风雨的地方，冷热要合适，卫生要整洁，环境要安静。放学后，孩子要有可以读书、写作业的地方。

医疗，要有及时医疗，尽最大努力达到最好效果。

排泄，是隐私，要做到隐蔽、保护尊严，还要卫生、环保。

2. 生命早期1000天

从胎儿期（280天）到宝宝出生之后的2岁（720天），这1000天被世界卫生组织定义为一个人“健康与疾病的发育起源”，即生长发育的“机遇窗口期”。按照平均寿命75岁来算，人一生约2.8万天，前1000天只占1/28，但这是人一生最关键的时期。生命早期1000天的良好营养是胚胎和婴幼儿体格生长和脑发育的基础，影响终身体能和神经心理潜能的发挥[17]。

如果生命早期的1000天被忽视，就会造成一些危害。比如，近期危害：体格和智力发育迟缓，患病率和死亡率增加；远期危害：智力发育滞后，学习和工作能力下降，患心血管疾病、糖尿病、高血压等慢性病的风险增加。营养不良的代际传递，妈妈怀孕时营养不良，孩子出生后也会营养不良。

比如贫血，尤其是缺铁性贫血，是我国儿童最常见的营养缺乏性疾病。其中，6—24月龄儿童贫血患病率最高，2—3岁儿童贫血患病率是一个平台期，3岁以后逐渐下降。缺铁性贫血不仅会影响胎儿期生长发育，还会使胎儿产生持续性结构、功能改变，导致其成年后一系列疾病的发生[18]。儿童的营养状况影响着整个国家人口素质的基础。

大脑不同部位的发育关键敏感时期并不相同。一般而言，我们的感知通常最先发育，例如听觉、视觉，从出生前两三个月开始到出生后三四个月进入最敏感期。然后是语言的基础能力的发育，从出生前两三个月开始到9个月左右进入最敏感期，主要涉及语音、区分语音的接收和再生产。接着是高级认知能力开始发育，一岁左右到达高峰，一直持续到青春期。

因此，大脑的不同部分在形成回路时，有着不同的敏感期和关键期。出生时，大脑的细胞已经基本都生成，但脑回路相对较少。大脑随着孩子的成长不断发育，回路逐渐被塑造，同时会受到环境的影响。

以出生为界，出生之前以月为单位、出生以后以年为单位，这样我们可以绘制出儿童的感知通道、语言和高级认知机能神经通路形成的时间表。

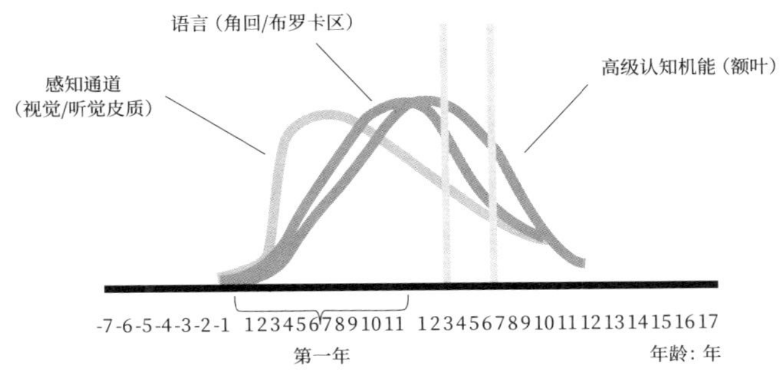

儿童早期发育顺序图[19]

从图中可以看到，孩子在3个月左右，视觉和听觉的曲线会突然提升。因为孩子刚生下来的时候，尽管睁着眼睛，但是只有光感，满月时才能看清25厘米处妈妈的脸，双满月时才能看清妈妈的眼神，3个月左右的孩子突然看到了彩色——此前看的都是黑白。新生儿听力损失是60分贝，一般大人讲话的声音是听不到的，只能听到60分贝、3000赫兹以上即女人的声音，难怪小孩哭，妈妈哄一会儿就好了，爸爸哄孩子，哄半天依旧哭。因为爸爸声音的频率往往会低一些，孩子听不到，所以爸爸要把嗓子捏到女人的发声频率，孩子才能听到。到3个月时，听力损失降到40分贝左右，而且听到的频率也拓宽了，所以家人的声音不断传到孩子耳朵里、送到脑子里，于是大量的声音被储存，到10个月的时候就开始咿呀学语了。

由于听觉信息的刺激，孩子语言发展的曲线随之而抬升，到10个月左右的时候达到最高峰，难怪谚语说："七坐八爬，九个月长牙，十个月喊妈妈。"所以在孩子3个月能听到大人语音的时候就要开始不停地跟他说话，千万不要等到10个月才开始，那就晚了！由于语言的发展，孩子慢慢能与大人进行情感沟通了，于是随着语言的发展，高级认知机能也随之发展起来，这条曲线在11个月至1岁左右的时候达到最高峰，从3岁以后就开始下降。图中，我在3岁画一条线，3岁以后孩子上幼儿园了，可见早期教育对宝宝的意义；在6岁画一条线，6岁以后孩子上小学了，留给小学老师开发的空间还有多少？[20]

关于儿童的生理需要，推荐一部电影：《天堂的孩子》（又译《小鞋子》）。内容梗概如下：

阿里是贫穷人家的孩子，一次他不幸弄丢了妹妹的鞋子。阿里想补偿妹妹，当他看到全市长跑比赛通知时，他便苦苦哀求老师让他参加比赛，因为季军的奖品是一双鞋子。

阿里如愿参加了比赛，他拼命奔跑、一心取胜，眼前晃动着妹妹放学后奔回来与他换鞋以及他换好鞋奔向学校的画面。快跑到终点的时候，阿里因为体力不支摔倒，他赶忙爬起，一口气冲刺，在混乱中率先撞线，他胜了，是冠军！人群向他祝贺，可阿里抬头看到的却是妹妹失望的泪眼：因为冠军的奖品不是鞋子。

回到家中，妹妹难过地走开了，阿里脱下了鞋子——它也彻底磨烂了。

后来他们发现，妹妹的鞋子被低年级一个女孩捡走了。他们上门准备要回，却在看到女孩一家的生活后，放弃了要回鞋子的想法——父亲双目失明，一家人生活在比阿里一家更为窘迫的贫困中，妹妹放弃了要回鞋子的想法，开始和哥哥穿同一双鞋。一双鞋子却试出了一颗金子般纯洁的心灵。

因为有爱，他们都是一群生活在贫民窟里的“百万富翁”！[21]

电影中，阿里的爸爸是个老实巴交的工人，为了给孩子们幸福的生活，他一直在努力工作，却摆脱不了贫穷的困扰，后来他利用休息日去城里做园丁，虽然受尽蔑视，但他很欣慰，因为他买到了两双新鞋，用自己的双手为儿女架起了幸福的保护伞，成就一份沉重生活重担下的温暖[22]。

二、儿童的安全需要

人的安全需要主要包括人身安全、健康保障、资源所有性、财产所有性、道德保障、工作职位保障、家庭安全。被寄养的孩子、留守的孩子有时会“讨好”：讨好主要表现为渴望得到别人的认可、赞扬和尊重，为此而揣摩别人的心思、了解别人的兴趣、迎合别人的心理，做一些能够让对方开心的事。在关系中讨好别人、迎合别人，其实是自己缺乏安全感的一种表现。

安全感就是靠得住，让孩子觉得有靠山。那么，孩子要怎么做才能获得安全感？

母乳喂养与依恋、亲子陪伴与信任、及时出现与安全、规律生活与轻松、收放自如与自主等都非常重要。有安全感的儿童会感到被人喜欢、被人接受，从他人处感到温暖和热情；有归属感，感到自己是群体中的一员；将世界和人生理解为惬意、温暖、友爱、仁慈，普天之下皆兄弟；对他人抱有信任、宽容、友好、热情的态度；乐观倾向；倾向于满足；开朗，表现出客体中心、问题中心、世界中心倾向，而不是自我中心倾向；自我接纳、自我宽容；为问题的解决而争取必要的力量，关注问题而不是关注对他人的统治；坚定、积极，有良好的自我估价；以现实的态度来面对现实；关心社会，合作、善意，富于同情心。

1. 早期心理阶段与安全感

美国著名精神病医师埃里克森提出心理发展八阶段理论，成年前的五个阶段都与安全感密切相关，一不小心就可能构成伤害。

（1）0—1.5岁（婴儿前期）

信任和怀疑的冲突：母乳喂养与陪伴。这个阶段的儿童最为孤弱，因而对成人依赖性最大。如果护理是充满爱和惯常的，那么儿童就懂得他们可以不必为失去一位慈爱和可信赖的母亲而担心，所以，当母亲不在身边时，他们也不会有明显的烦躁不安；如果他们的母亲拒绝他们的需要或以非惯常的方式来满足他们的需要，儿童就会形成不信任感，会因为母亲的离开而产生过分的焦虑和愤怒[23]。

我们提倡母乳喂养，是因为6个月以后母亲喂的不仅仅是奶水，更重要的是亲子互动，是原始感情。通过喂奶，建立母子依恋，有依恋才会有依偎，有依偎才会有信任，有信任才会有安全感。通过喂奶，建立正确的亲子关系，有了良好的亲子关系，将来才会迁移到同伴关系、同事关系。信任感占优势的儿童具有敢于冒险的勇气，不会被绝望和挫折所压垮。

得到信任的儿童敢于希望，对未来有信心，而缺乏信任的儿童不可能怀有希望，因为他们必须为需要是否能得到满足而担忧[24]。

（2）1.5—3岁 （婴儿后期）

自主与害羞的冲突：在这个阶段中，儿童学会了走、爬、推、拉和交谈，能自如把控物体、自控大小便，可以也渴望随心所欲地决定做和不做某些事情，如果此时外界给予他们更多的是理性忍耐、充分克制、更多肯定、不断鼓励、放手，儿童形成的自主性会超过羞怯与疑虑，可以更好地自我控制、形成自主性；如果总是被质疑、溺爱、过度保护、批评否定、不恰当惩戒，儿童就会感到疑虑而体验到羞怯。因而这个阶段要注意放手与管制"度"的把握——"我自己来"，只要不违背安全和规则都可以[25]。

（3）3—6岁（幼儿期）

主动与内疚的冲突：鼓励形成主动性。在这一时期，儿童能更多地进行各种具体的运动神经活动，更精确地运用语言和更生动地运用想象力，这些技能使儿童萌发出各种思想、行为和幻想，并试图规划未来。在这个阶段，儿童检验了各种各样的限制，以便找到哪些是属于许可的范围，哪些是不被许可的。如果父母鼓励儿童的独创性行为和想象力，那么儿童会以一种健康的独创性意识离开这个阶段。然而，如果父母讥笑儿童的独创性行为和想象力，儿童就会以缺乏自信心离开这一阶段。由于缺乏自主性，因此当他们在考虑种种行为时总是易于产生内疚感，所以，他们倾向于生活在别人为他们安排好的狭隘的圈子里。

这个年龄段孩子的玩具世界是在构建成年的梦想生活，会充满艺术家的想象和科学家的推理，游戏和愿景是对未来生活的构建[26]。因此我们特别提出这时的父亲一定要多鼓励——来自孩子心目中权威的肯定——多对孩子说“你真棒”“这么能干呀”“我为你感到骄傲”。父亲个子高，力气又大，是孩子心目中的“权威”人物。得到父亲的肯定，对孩子来说是莫大的鼓励。孩子会发自内心地觉得“我真行”，做事更加积极、主动，整个人都充满希望地积极向上、意志坚定地奋发进取、充满追求有目的生活的勇气。

（4）7—12岁（童年期）

勤奋与自卑的冲突：顺利完成学业。这时候，对他们影响最大的已不再是父母，而更多是同伴、同学，尤其是学校中的教师。这个年龄段如果能得到成人的支持、帮助与鼓励、赞扬，他们就会更加努力地设法完成学习任务，就会获得能力感，能力感会激发他们获得更多成功的愿望，使他们生成勤奋感，并获得成功。机会能激发其成就感，这使他们在今后的独立生活和承担工作任务中充满信心。反之，如果家长和老师把这个年龄段孩子的好奇、探索、尝试等看作是捣乱行为，漠视其努力和来之不易的成绩，看重的总是负面，如“比上不足”“为什么不是满分”“那一分怎么丢的”“别人家的孩子”等，孩子就会认为自己不如别人、怎么努力也得不到家长和老师的肯定，于是就会产生自卑，产生无能感，甚至会自暴自弃地“躺平”、消极怠工地磨蹭。

这个阶段的另一个极端是养成了过分看重自己学校任务的态度，而对其他方面木然处之，长大后会把工作当成其唯一的任务，以为工作是义务，工作就是生活，把工作看成是唯一有价值的标准[27]，看不到人类生存的其他重要方面，那他们就可能成为自己工作技能和老板们最驯服、最无思想的奴隶。所以这个阶段还要鼓励他们尽自己最大努力与周围人发生联系，进行社会交往，使他们相信自己是有能力的、聪明的，任何事情都能做得很好的。

（5）13—18岁（青少年期）

自我同一性和角色混乱的冲突：自我感觉。正在生长和发展的青少年正面临着一场内部生理发育的革命，面临着摆在他们面前的成年人的使命，他们试图回答“我是谁”“别人把我当什么”和“我将成为什么人”“别人觉得我将如何”的人生问题。埃里克森将其描述为

"一种熟悉自身的感觉，一种'知道个人未来目标'的感觉，一种从他信赖的人们中获得所期待的认可的内在自信"[28]。同一性是个体对自身身份的认同，即自我意识的确定和自我角色的形成，所解决的是过去的我、现在的我、他人眼中的我，以及这些是不是同一个我的问题。

同一性包括内在人格自我同一性和与外界环境同化同一性两个方面。内在人格自我同一性是个体自己构成"人"的各种特质，如本能、情感、需要、能力等交缠在一起，逐渐把"过去的我"与"现在的我"和"将来的我"统合为一个统一的人格框架，亦即是"真正的自我"，也可称为"核心的自我"；与外界环境同化同一性是个体和环境的统合，包括家庭、文化、国别、本人经历、民族记忆、政治环境等因素，而这种是外在于人的、对历史和社会综合性的关注，即社会与个人的统一。

同一性的获得源于别人对他的态度、自己扮演的各种社会角色、个人的观察思考。

同一性达成的个体会顺利选择自我投入的目标和方向并对特定的目标、信仰和价值观做出坚定、积极的自我投入，通常表现出更高的自主和自尊水平，具有更高的自我发展潜力，对外部环境具有更强的适应性。

同一性延缓的个体往往具有更高的焦虑水平，并通过拒绝、发泄和认同来控制焦虑，同时表现出较低的决断性。

同一性停滞的个体没有亲历过危机或者探索，而是父母、老师或权威人物把自己的愿望强加给他们，替他们做主。他们往往是老师、家长眼中的“好学生”“好孩子”，通常会表现出高水平的专制性、低水平的自主性和外控的行为方式。

同一性混乱的个体没找到自我定位，他们没有详细计划将来的生活方向，他们既没有对各种选择进行探索，也没有做出投入，他们没有明确的生活目标，没有方向且缺乏心理活力，外向性较差，在人际交往上容易出现障碍，他们做事情马虎，看不到努力工作与获得成就之间的关系，对领导与被领导之间的共同点与差异看不清，要么持对立情绪，要么盲目顺从等，有的还表现在认识不到两性之间的同一性与差异性等[29]。同一性混乱的人发现自己不伦不类（自己在别人眼中的形象差），入不了主流（进入不了社会集体），他就将以令人吃惊的力量抵抗社会环境，对社会不满、犯罪或自杀等，宁做一个坏人，或干脆死人般地活着[30]。

2. 信任建立与安全感

子曰:“人而无信，不知其可也。大车无輗[ní]，小车无軏[yuè]，其何以行之哉？”只有建立了良好的信任关系，孩子才会有安全感，才愿意与父母沟通，父母也才能更好地关注孩子的成长。

(1) 3岁前

孩子3岁之前，父母要与孩子建立良好的亲子关系。相信“不哭才抱”的家长后来发现，虽然孩子对哭声免疫了，但是失去了对父母的信任感和自身的安全感。及时满足儿童的生理需要与心理需要，满足孩子的基本生活和成长需要，比如每次分别和见面都有拥抱和亲脸的仪式、外出回来给孩子小伴手礼、生日会有小蛋糕……让孩子很容易就感受到父母对自己的爱意，孩子才会感受到父母的关爱和支持；如果父母总是忙于自己的事情，不关心孩子的生活和学习，孩子就会感到被忽视，从而对父母失去信任。

创设温暖、和谐的家庭环境，家长要用温和亲切的语气和孩子说话、唱歌、做游戏，和孩子紧紧依偎在一起(肌肤之亲)。赞美和鼓励孩子，让孩子感到自己的努力和进步得到了肯定，从而建立起信任关系。

尽量不与孩子分离：爸爸妈妈尽量不要出差，幼儿园以后可以偶有出差，但不要过第二宿。因为爸爸妈妈经常不在身边，孩子会产生不安全感。当孩子遇到困难、挑战和问题时，爸爸妈妈要及时出现，给孩子以安全感，父母可以陪伴孩子一起学习、玩耍、探索，与孩子分享自己的生活和经验，让孩子感受到自己与父母一起成长的价值和意义。

规矩和原则可以帮助孩子建立正确的价值观和行为准则。家长可以和孩子一起制定规矩和原则，让孩子参与其中，让孩子感到自己也是家庭的一分子，同时，也可以让孩子更加认可和遵守这些规矩和原则。规则是对孩子的最好保护。

（2）幼儿园阶段

幼儿园阶段与孩子建立信任关系需要倾听和理解孩子。当孩子有话想说的时候，家长应该给予足够的关注和耐心，认真倾听孩子的心声，以开放、支持和理解的态度去倾听孩子，让孩子感受到自己的话语被认真对待和尊重：当你与孩子面对面交谈时，请勿接听电话、看手机、查看电子邮件或整理办公桌上的文件，如果孩子找你聊天，而你又忙于其他事情而没有时间，请诚实地告诉孩子说:“我也很想和你交流，但是我现在很忙，没办法全神贯注听你讲话，我们随后再约一个时间沟通怎么样？”

当孩子犯错时，家长也应该给予孩子足够的理解和支持，不要过于苛刻和批评孩子。家长自己也要学会承认错误，不要掩盖错误，让孩子觉得你是个真诚的人——如果父母犯了错误，也应该诚实地向孩子承认和道歉，让孩子感受到父母的真诚和尊重。

当信任度很高时，孩子会很放松，觉得自己被认可，可以做真实的自己；当信任度很低时，孩子会感到不舒服，甚至处于防御状态，就不能做真实的自己。

（3）小学阶段

小学生的信任和安全感来自被尊重。家长要做到信守承诺，有诺必行，即便承诺的是件小事，也一定做到，比如你答应了孩子6点钟回家陪他打球，请信守承诺；如果你答应孩子按时参加他的赛事或表演会，请务必参加。

如果孩子向你吐露了一些秘密，或与你分享了他的私人信息，请不要将这些私下对话告诉其他人。

家长、老师要与孩子坦诚交流，并与孩子分享你的想法或疑虑，当你不认同孩子的行为方式时，不随意质疑孩子和贬低孩子，请私下为孩子提供建设性建议，而不要在众人面前让孩子难堪，指责孩子只会让孩子逃避和你在一起。当与孩子谈论棘手的问题时，请避免使用可能引发冲突，或使孩子处于防御状态的言语和行为，比如“你总是……”“你从来没有……”“这是你的错”“你为什么不……”等否定性话语，疏远亲子心理距离。你可以这样表达：“咱们可不可以……”“如果……，效果会不会更好”“要是……”“有没有另外一种可能，咱们……”这些建设性的话语方式，可以给孩子建议和指导，注意最好是建议，不要太过于强硬，以免孩子产生逆反心理。

家长可以从孩子的兴趣爱好、优点和缺点等方面去了解孩子，让孩子感到被尊重和重视。

（4）中学阶段

随着孩子一天天长大，他会有自己的想法，自己的主张，自己的选择。中学生的安全感来自适当的自主权，孩子在成长过程中，会逐渐形成自己的价值观和行为准则，这些准则可能与父母的不同，但是这并不代表孩子是错误的。中学生需要足够的自由和空间去发掘和探索自己的世界，当父母给予孩子足够的自由和空间时，孩子会感受到父母对自己的信任和尊重。

父母应该尊重孩子的选择和想法，让孩子感受到自己的独立性和自主性被尊重和认可，从而建立良好的信任关系，当孩子能够自主地做出一些决定和选择的时候，会感到更加自信，例如，孩子可以自主地选择自己的课外活动、朋友、衣服等，这样可以让孩子更加有主见，同时也可以培养孩子的自我管理能力。

跟中学生的沟通需要语言简明扼要，点到为止，父母或老师的长篇大论会堵住孩子的耳朵和嘴巴。当孩子以为沟通就是要长时间说教的时候，家长就失去了和孩子沟通的机会，失去了孩子对你的信任，孩子此后可能会躲着你，懒得跟你沟通。

不要随便拆孩子的信件、偷看孩子的日记或邮件、翻看孩子的手机，不对其交友随意干预，否则会使孩子感到自己没有得到尊重与自由、安全感缺失、人格受挫，也会增加孩子对家长的不满情绪。

每个孩子都有自己的个性和特点，家长应该尊重孩子的个性和特点，让孩子感到被认可和接受，从而更加自信、开放和快乐地成长。

3. 规律生活与安全感

规律其实就是秩序，表现出来的状态都是“稳定的、有条理性、有章可循、可以控制的”。在这种状态下，我们内心就是安全的，因为我们知道自己处在什么环境中、该做什么事情、会遇见什么人。规律对于孩子来说就像房子的墙，赋予生活的界限和范围，稳定的规律能够赋予孩子清晰感，继而产生真正的自由——在既定的规律中生活是安全的，不会受伤、不用害怕，没有哪个孩子能在无法预知的生活中过得愉快而安逸——当孩子感觉没有界限，或者说界限像天空那样遥远时，他会茫然不知所措。规律的作息可以让孩子在自己可控范围内，按提前做好的各种计划或既定程序有序推进，没有变化，没有焦虑，确定感和可控感自然而然带来安全感，这能让孩子心情舒畅、精神饱满，从而提升做事效率。

如果规律被破坏，内心的秩序感就会被打乱，会给孩子带来不安全感——感觉混乱、情绪混乱、思维混乱。所以要尽量让孩子从小就学会给自己做一个时间上的规划，列清单，去行动，然后完成，打钩，然后再做新的计划，列清单，循环往复。尽管这样千篇一律的生活显得有些呆板，但能在混乱无序的日子里找到从容应对不可抗的变化的规律，找到安全感！没有定力过规律的生活，身心就会越来越浮躁。

谁送我上学，谁来接我，在哪儿接；什么时候吃饭，什么时候上床睡觉，谁来哄我睡觉，睡前能听几个故事，第二天几点必须起床；什么时候全家大扫除，周三晚上吃什么口味，周末晚上在哪儿吃；周末怎么安排，哪个假期能旅行，什么时候回老家；家中物品的摆放位置、分类规划——确定了类似这些规律，就能给孩子提供一个有序、有章法、有规则的外部环境。规律的生活如同孩子们喜欢学校里安排好的课程表一样，这样的生活给人安全感，也给予个体对生活的掌控感，使孩子感到轻松愉快。孩子也喜欢惊喜，但如果惊喜是生活的全部，孩子会感到茫然。不找借口熬夜、不动辄搬家、不随便换照顾者、尽量不转学、维护家庭稳定不在孩子面前冲突、不带孩子做冲动冒险的事……即便因为某种原因生活的日程安排被中断，也要尽快恢复正常。

4. 亲子陪伴与安全感

孤单，不该是童年的底色。父母的陪伴是孩子成长中不可缺少的一样东西，陪伴是物质和精神的结合，陪伴让孩子从父母身上获得了爱，让孩子拥有了爱人的能力。被陪伴的人感觉有了依靠，有了安全感，体会到了温暖和舒适，陪伴才有意义——人在心也在，不仅仅是指物理空间上的两个人在一起就好了，而是指思想上的交流沟通，心灵上的互相安慰与寄托以及物质上的互助。很遗憾，忙碌的现代生活使得父母能够陪伴在孩子身边的时间越来越少。

（1）亲子陪伴的失落

早在2010年宜家就发布了《玩耍报告》——一份对世界范围内儿童的兴趣爱好及家长态度进行全面调查后得出的调研报告，也是史上规模最大的相关研究之一。“73%的孩子愿意和父母一起玩耍而非看电视”“45%的父母承认没有足够的时间陪孩子玩耍”“26%的父母感到压力太大而无法乐在其中”……2015年宜家调查表明，55%的父母称，他们和孩子在一起的高质量时间不够；3/4的父母称，他们希望有更多时间和自己的孩子一起放松。参与调查的中国父母中，80%表示，和孩子一起看电视是他们最常做的事情，90%的人会和孩子一起玩电子类产品。而宜家报告则认为，居家生活中几乎每个时刻都有机会转变成绝佳的亲子互动时间，可以轻松将家里各个区域变成方便孩子一起行动的“游乐场”，以玩乐的形式，让孩子参与到居家生活中来；即使是在厨房，借助儿童安全产品等的保护，孩子也一样可以享受欢乐的互动时光[31]。

在传统结构的家庭中，祖父母可以协助父母照顾、管理、教育第三代，孩子可以得到更多的爱和更充分的教育，生活上的照顾和日常的管理也比较周到。老年人对孩子的照料更有经验，也比较耐心、细心，能较细致地体察到孩子的心情，教育工作也会做得更为深入和细致[32]。这样的形式一方面满足了家庭中的老人对子女陪伴的需求，儿童也容易从父母那里学到关心、照顾老人的好品质。家长的言传身教，对儿童的语言、情感、角色、经验、知识、技能与规范方面的学习与发展都产生着潜移默化的影响，家风在言传与身教中得以传承。社会变迁中的家风建设却随着家庭组织的松散化、家庭能力的弱化而不同程度地被忽视，甚至出现断层的现象，家庭教育的形式变得简单粗暴，25.1%的四年级学生和21.8%的八年级学生表示“家长从不或几乎不花时间与我谈心”，22.5%的四年级学生和21.2%的八年级学生认为“家长从不或几乎不问我学校或班级发生的事情”[33]。

（2）高质量亲子陪伴

有时陪伴并不是把家长捆在孩子身边，而是孩子一旦出现了任何的困难，家人都会立马出现在他的身边，积极回应，帮他解决问题。父母积极回应，孩子不仅看到自己存在的重要性，也感受到父母的爱。陪伴是孩子成长中最重要的精神食粮，父母的陪伴会让孩子觉得父母是自己的依靠和得到了父母的认可，这是他们早期获得自信的来源和基础，会起到安抚孩子心灵的作用——安全感是孩子对抗人生挫折的利器。陪伴孩子是父母给到孩子最好的爱，也是最好的成长礼物，优秀的孩子都是父母高质量陪伴、用心爱出来的——不仅能投入时间，更能投入心力和情感。父母高质量陪伴孩子，使孩子内心不仅有深深的安全感、价值感，孩子也更独立、自信，亲子陪伴时的投入程度大小比亲子陪伴时的投入时间多少更为关键。陪伴可以是陪孩子一起做游戏、绘画、看绘本、背唐诗、学英语、科学小实验，也可以是和孩子一起做家务（虽然大部分时间他在捣乱）、和孩子一起运动、睡觉前给宝宝讲故事、一起听儿歌，等等，陪着只是形式，高质量的亲子陪伴核心是交流与尊重，在陪伴孩子的过程中通过和孩子相处，把自己做人做事的道理以潜移默化的方式影响孩子。在悉心陪伴中，家长总是会与孩子积极互动，天长日久，对孩子的智商、情商，甚至逆商、财商的培养都会发挥重要作用。

陪伴孩子的过程从来不是单方面的，而是我们和孩子共同成长的过程，在双向的陪伴中，孩子可以学习到新鲜的知识帮助自己成长，家长也可以在陪伴中总结经验，在高质量的陪伴中让自己从中学习，有更多的思考，从中获得知识，不仅对教育孩子有利，有时对家长的工作也会带去些许帮助。假装陪伴比不陪伴更加伤害孩子，因为假装陪伴孩子，就会给孩子传递一个信息：我是不重要的，我不值得父母陪伴。所以家长要在陪伴孩子时做到心无旁骛，切忌“身在曹营心在汉”，老人关掉电视、父母放下手机，不敷衍更不能不耐烦。否则家长会被各种各样并不重要的信息所干扰，陪着孩子时总有三心二意的表现，陪伴效果肯定差。宁可要半小时的悉心陪伴，也不要一小时的消极敷衍。现代社会节奏越来越快，很多家长因为工作忙，把孩子交给祖辈看管，只能周六日陪孩子，或者利用碎片化的时间陪伴孩子，孩子兴致刚起，家长就要忙其他事情，留给孩子的只有失望和沮丧。父母可以“规定”自己每天留至少半小时全身心陪伴孩子，尤其是爸爸，必须要参与到孩子的成长中来，带着孩子“冒险”探索或者做些“危险”动作，让孩子感受到爸爸的价值，以此锻炼孩子的胆量和勇气。

（3）陪伴的目的是放手

父母当然也要防止一直跟在孩子后面的“窒息”式陪伴，孩子会失去探索研究和自得其乐的能力。必要时需要留出时间让孩子自己独立玩耍，学会耐心等待，不断暗示自己：先别着急说话，先别着急过去，先别着急给他想法、给他建议，停一停，看看孩子需不需要我的帮助，看看孩子希望我怎样帮助他，尊重孩子的选择。毕竟陪伴的最终目的是为了放手，让孩子学会技能慢慢独立。

有一首大家耳熟能详的儿歌《爱我你就抱抱我》，该曲由彭野创作，其创作灵感来源于他和女儿相处的点点滴滴。在2006年，有一次彭野问他女儿需要什么奖励时，女儿回答说：“多陪我玩一天。”这让彭野深受触动，他从中感悟到比起物质，孩子更需要的是亲情，他以此为灵感，再把这种爱意人性化、具象化，迅速地创作出了《爱我你就抱抱我》：“爸爸（妈妈）总是对我说，爸爸妈妈最爱我，我却总是不明白，爱是什么……如果真的爱我，就多多的陪陪我、亲亲我、夸夸我、抱抱我。”

歌词质朴、亲切，简单、直接地表达了孩子在成长中渴望家长陪伴的情感需求，鲜明地反映了“陪伴是最好的爱”这个主题。

5. 物质满足与安全感

儿童时期的物质需求没有得到满足，或者家长满足孩子的方式出了问题，便会影响孩子安全感的建立。

在一档节目中，演员张某某称自己有几百双鞋，引得在场嘉宾一阵羡慕。而当她讲述自己如此“疯狂”买鞋的原因，又让现场很多人心疼落泪：“我小时候因为家里条件不好，想要一双小白鞋，妈妈答应我考到好的名次就买，但最终我考上约定的名次之后，也没有得到那双鞋。”这段经历，让她下定决心在赚钱后，要给自己买很多很多鞋。

一些父母怕总是给孩子花钱会骄纵了孩子，使孩子不懂得勤俭节约，就会在物质方面限制孩子。满足孩子的愿望后还要叮嘱孩子珍惜，强调赚钱的不易，或者在孩子面前哭穷——“爸爸妈妈要特别辛苦地赚钱，才能给你买这个玩具，要爱惜哦。”更有一些父母，会斥责孩子不该提出那些要求，怪孩子不懂事。比如孩子想买一双班里同学都有的运动鞋，家长说：“不要爱慕虚荣，现在要以学习为主。”“我们家什么条件你不知道吗？怎么总是要这要那的！”

孩子成长过程中，有一些小心愿，提出物质上的需求是很正常的。家长能力范围内，愿意满足孩子的，就痛痛快快地及时满足。这样孩子会产生确定感和安全感，反而不会执着于那些物质上的欲望，进而转向更高的精神层面的需求。

满足不了的或者当时不想满足的，可以直接跟孩子说出真实原因，不要打压和否定孩子的需求，比如：“太贵了妈妈舍不得买。”“这次出来没打算给你买玩具，下次吧。”还可以说“我真希望可以给你买这件漂亮的裙子，但是爸爸妈妈现在能力达不到，你长大了可以努力工作，这样想要什么就可以给自己买。”这样孩子也能明白，需求无法被满足不是自己的问题，而是一些外在的客观原因，心理是可以健康发展的。一方面我们认可了孩子的愿望，同时也展示给他一个真实的世界——并不是你想要什么就马上可以得到。

然而，如果孩子合理的需求父母总是故意不满足，甚至斥责孩子提出的需求，那么孩子就会觉得自己有需求是不对的、不应该的，自己配不上那些美好的东西，造成心理匮乏感，影响其一生。心理有匮乏感的孩子，长大以后，要么不断地追求物质上的满足，以填补童年时期缺少的那个空洞；要么就是舍不得花钱，买贵一点就焦虑、心疼。在个人发展和亲密关系中，也缺乏自信，不敢去追求美好的事物，畏惧挑战。是否会给孩子造成匮乏感，不在于家庭贫富，而是家长对待金钱的态度，对待孩子提出需求时的态度。

反之，如果家长对孩子无条件满足，百般迁就，比如孩子在别人家里看上了别人的玩具，非要带回家，家长就想办法让别人送给自己的孩子，或者给孩子买个一模一样的；比如家长炒好了菜，孩子一上桌就开始挑剔，说没有自己喜欢的，家长就马上给孩子炒个想吃的菜；比如家庭条件一般，孩子还要求家长买昂贵的手机，家长决定自己省一省，给孩子凑钱买……这种方式同样也不利于孩子性格和身心发展，容易导致孩子形成“巨婴心理”，以自我为中心：我要什么必须得到；不满足我就是你的错。

不管能不能满足孩子，都应当给孩子传递这样的信息：你的需求是合理的、好的，你值得一切美好、珍贵的事物；现在无法满足的需求，可以通过自己的努力去实现。

6. 毒性压力与安全感

身体遭受强烈的、频繁的或者长期存在的压力，比如低质量的看护、混乱的家庭环境或者持续的生存威胁等都可能导致身体遭受毒性压力，比如极度贫困、身体虐待、情绪虐待、同伴欺凌、营养不良、被霸凌、长期被忽视以及居无定所等。

当儿童处于“毒性压力”（Toxic Stress）的状态中，安全感遭遇极大挑战而形成不安全感——通过情绪体验、生理反应及行为意向等表现出来的一种情感体验——个体被不安全感威胁时，血糖血压会升高、心跳加速、压力荷尔蒙升高、炎症系统也会被激活，大脑的一些敏感部分会因此失调，从而影响孩子的专注力和自控力。即使程度比较低的毒性压力，也会影响孩子未来应对压力的方式以及未来学习的好坏[34]。

缺乏安全感的孩子心理问题表现为：往往感到被拒绝，感到不被接受，感到受冷落；感到孤独、被遗忘、被遗弃；经常感到威胁、危险和焦虑；将他人视为基本上是坏的、恶的、自私的或危险的；对他人抱不信任、嫉妒、傲慢、仇恨、敌视的态度；悲观倾向；总倾向于不满足；紧张的感觉以及由紧张引起的疲劳、神经质、噩梦等；表现出强迫性内省倾向，病态自责，自我过敏；罪恶和羞怯感，自我谴责倾向，甚至自杀倾向；不停息地为更安全而努力，表现出各种神经质倾向、自卫倾向、自卑等，趋于自私、自我中心。

安全感缺失的孩子行为表现多见于：怕黑，怕广场，开灯睡觉，爱趴着睡或骑着被子睡，喜欢关着门，总担心门没锁好，爸爸不在家则心不安，出门总是拉着大人的手，怕与陌生人打交道，不敢走夜路，坐靠里朝外或靠门的座位，对他人总有戒备心，考前晚上睡不着，考前总要去厕所……

这就能理解为什么那些在生命早期有更多逆境的人在未来会遇到更多的问题，他们的身体早早受到了磨损和影响，他们有更高的概率患心脏病、糖尿病、高血压以及滥用酒精药品等。

要学着建立与孩童的回应性关系，当孩子遇到困难挑战时，可以提供一定的缓冲保护，从而防止毒性压力的释放。对于成年人来说，健康和谐的关系同样也会提升幸福感，不管是通过提供实际的帮助、情感支持还是加强信心，这些都是面对压力的生存必需。

关于儿童的安全需要，推荐一部电影：《走路上学》。内容梗概如下：

小男孩瓦娃和姐姐娜香一家生活在大山深处，瓦娃最大的梦想就是能像姐姐那样，每天到江对岸的学校去读书上学。但是他们村没有桥也没有路，要想到江对岸只能依靠横跨在大江上空的一条溜索，冒着生命危险去上学。

为了安全起见，妈妈一直不允许瓦娃溜索去对岸。终于，没能抵抗住来自对岸的诱惑，瓦娃独自偷偷溜索过江了，看到了心仪已久的学校！没想到，瓦娃溜索过江的秘密居然被第一次来家访的聂老师戳破了！聂老师给娜香送来了一双红雨鞋，姐姐把这双雨鞋送给了瓦娃。他答应妈妈和姐姐：有了这双鞋，他就不再偷着溜索。

第二天一早，懂事的瓦娃又把这双漂亮雨鞋还给了姐姐。

日子就这样平静地过着。谁也想不到，因为赶着给弟弟送一双新鞋回来，姐姐娜香失手从溜索上坠落江中……

从此，瓦娃对于溜索有了一种深深的恐惧，并再不敢上溜索一步。瓦娃从此沉默寡言，直到政府修建了一座新桥，他才得以“走路上学”。

多么希望，有很多很多这样的桥，这是一座生命之桥，一座心灵之桥，让上学路上不再有任何安全隐患；通过这些桥，让那些仍处在贫困边缘的孩子们能够获得知识；也多么希望有很多很多的心灵之桥，把我们和孩子们紧紧地连在一起，让我们与他们一起获得心灵的慰藉。儿童的安全需要除了要有路、有桥，有没有其他?车祸、超载、绑架、勒索、敲诈、同伴霸凌、流氓滋扰……这些都是安全隐患，如何才能让每一个孩子都无忧无虑地安全上学?

三、儿童的被爱需要

被爱需求就是寻找归属感、友情以及成年后的爱情和性亲密。孩子的内心就好像一座花园，小的时候没有埋下爱的种子，没有让他感受到阳光雨露般的爱和呵护，那么他的内心就可能逐渐滋生黑暗，杂草丛生。

1. 爱不设任何条件

(1) 爱，不求回报

一部流传两千多年、印量极大的著作这样告诫世人：爱是恒久忍耐，又有恩慈。爱是不嫉妒、不自夸、不张狂，不做害羞的事，不求自己的益处，不轻易发怒，不计算人家的恶，不喜欢不义，只喜欢真理。凡事包容，凡事相信，凡事盼望，凡事忍耐；爱是永不止息。只有正确地理解爱，才会有真诚的爱，才能乐于去爱。我们做充满爱心的父母，这是因为我们愿意这样去做。也只有在真诚的爱的滋润下，孩子才可能具有美好的心灵和健康的体魄。

“你听妈妈的话，我就给你买最喜欢的玩具，不然，我就不要你了。”“我身体这么不好，全是为你操心，给你气的！”“爸妈养你有多不容易，你可不能辜负我们，将来可要记着报答我们！”一味地给予和破坏性的养育，虽有很多动机，但共性是：以“爱”的名义回应自己施“爱”的需要，而无视对方心灵成长的需要。这种“爱”，并不是无私的，深深隐藏在“爱”的背后的是施“爱”者对受“爱”者的控制欲望。生育孩子是父母的选择，养育孩子是父母应尽的职责。为了子女而放弃一些，也是父母的自由取舍。父母把自己对生活应负的责任，轻而易举地转嫁于孩子，会使孩子在这种本不该由他来承担的重压下，产生身心方面的问题。

（2）爱，不讲条件

有些父母最典型的一句口头禅就是“我都是为了你好”，并以此为借口对孩子进行人生控制。

有些父母缺乏正确的儿童观、家庭观和教育观，漠视儿童主体地位、家庭意识淡薄、有“唯分数”倾向，通过不断加大教育资本投入来增加孩子考入“好大学”的筹码。

有些父母为了保障孩子的学习，代劳了许多本该孩子自己做的事情，存在过度干涉、过度保护和过度期望等越位现象。

不少年轻的父母经历了应试教育、升学压力、就业困难、经济转型等种种压力，他们超时工作、超量吃饭，压力大、挣钱难、社会成本高，上升空间逐渐被堵塞，觉得发展前景迷茫，洞悉并受困于自身无能，从而接受自己的不完美，与自己和解，变得“佛系”“禁欲系”，并对孩子也放弃要求，当“甩手”父母。

有研究表明，四、八年级学生大都认为家长对自己最关注的是学习情况（选择比例分别为79.8%、79.9%），远高于对其道德品质、日常行为习惯、兴趣爱好或特长、心理状况等方面的关注。与此同时，四、八年级班主任也认为家长最关注学生的方面是考试成绩（88.3%、90.1%），远高于对其爱好或特长发展、心理状况和人际交往等方面的关注[35]。

电视剧《小舍得》里的子悠背负着妈妈田雨岚的高期待，一直努力学习。每天放学后，他原本想踢踢球、养养蜗牛，却被妈妈阻止，要求他做完学校布置的作业，再完成额外的练习。每个节假日，他都要参加各种培训班，即使培训班被叫停，他也会被妈妈拉着爬坡过坎，去偏远的角落里参加老师的补习。在妈妈看来，孩子多考一分，进入名校的希望就多一分，未来就更稳当了。并且，孩子成绩优秀，也代表她这个妈妈教子有方，她可以在家人邻里面前炫耀一番。她拼命对孩子填鸭式教育，看到孩子休息片刻，就叫孩子背单词和做试卷，看到孩子名次稍微下降，就如临大敌，对孩子一顿数落。她没有想过，孩子不想让她伤心，所以默默忍受着，已经被压得喘不过气来，直到最后出现幻觉，在考场上掀翻桌子，撕掉试卷。在孩子眼里，“妈妈爱的不是我，而是考满分的我”。电视剧《小欢喜》里，有句台词道出了父母的焦虑："进不了前一百，就进不了重点高中，进不了重点高中，就进不了重点大学，这辈子就完了。"

鸡娃父母太喜欢给孩子"打鸡血"了，孩子的课余时间被安排得满满当当。在部分父母看来，社会竞争压力大，内卷严重，与其让孩子疯玩疯跑、天马行空地想象，还不如让他们多学一些实用的才艺，以后升学和找工作可以多一份机遇。毕竟，老话说得好，"艺多不压身""艺高人胆大"，甭管孩子学习成绩好不好，学有一技之长，社会存活能力强，以后走到哪里都吃香。

（3）爱，张弛有度

"无条件的爱"对孩子的成长和发展至关重要，但爱也需要给孩子的行为和欲求设立清晰的边界——有原则，不能无原则地满足孩子提出的一切要求。管教，重点在于"教"的教育，而不是"管"的管制，"管"的目的是"教"，教其如何做人、教其如何做事；教育，重点在"育"，而不是"教"，"育"是"教"的目的，"教"是"育"的手段，只"教"不"育"和马戏团驯兽没有什么两样。优秀的父母和教育者必须将规矩和爱统一，否则要么童年情感被忽视，要么孩子总要"买买买"，要么孩子行为不端。

明确的规矩可以帮助孩子建立结构和纪律，同时也是父母表达关心和保护孩子的方式。有清晰的规矩可以帮助孩子知道哪些行为是可以接受的，哪些行为是不可以接受的，这样可以减少矛盾和冲突，并且提供稳定的环境，让孩子能够成长和发展。在制定规矩时，需要考虑到孩子的年龄和个性特点。规矩应该明确、简单和具体，例如“保持房间整洁”“遵守时间表”等。

真正爱孩子，是要引导孩子发现自己的兴趣和热爱，如此，他们才能在日复一日的训练中找到坚持的力量，才能在微小的进步里感受到持续的成就感。给孩子报兴趣班，不是从父母的“兴趣”出发，而是要考虑孩子的“兴趣”。可以参考两个标准：一是孩子自身的接受度，学有余力；二是孩子上完课后跟父母是否有亲切感，至少不拒绝。否则前者属折腾、后者成折磨。

2. 亲近与安抚

触觉对抑制肌肉紧张、惊觉度、触觉防御、触觉识别、情绪稳定具有重大意义。孩子出生过程中胎盘的包裹、子宫和产道的收缩以及出生后吃奶、穿衣、吹风、洗澡等都不断为触觉提供丰富的刺激，促进个体的正常发展。

（1）肌肤之亲

家长与孩子之间有亲近的需要，亲爱亲爱，有肌肤之亲才能感受到爱，如今城市寄宿制儿童、农村留守儿童都缺少这种肌肤之亲。触觉有着用来表示亲密、善意、温柔与体贴之情这一神奇而崇高的作用，是启迪人们心灵的窗口。如果你将一只友爱温暖的手搭在处于困境的孩子肩上，可以使他振奋，给他以勇气；如果搭在处于紧张状态和焦虑不安的孩子肩上，可以使他肩部的肌肉放松而感到轻松；当亲子之间满怀热情拥抱、握手、击掌时，彼此会觉得更亲切；当孩子哭泣时，为其擦去眼泪，会令人感到无比安慰。当一个孩子因受到惊吓而畏怯、恐惧时，解决问题的最好办法就是将他抱起来，紧紧地拥抱着他，并且亲切地亲吻他的面孔，孩子便会意识到人们在保护他。

（2）没有触觉

“没有触觉”的社会是一种病态的社会，因为它忽视了人的肉体和感情系统的需要。转型时期人们的自我意识迅速增强，人们对自身的尊严、权利和价值日趋重视——承认、尊重、保护“隐私权”使得家庭成员的亲密性日益疏远，家庭人际空间在不断扩大；大人努力工作、孩子专心学习的需要与人们享受生活的愿望之间正在进行着一场较量，为生活和竞争所迫，工作和学习正蚕食家庭的私人空间和家人享受亲情的时间，家庭亲情时间在不断缩短；工业化、城镇化加速推进的社会转型期使越来越多的人离开乡村或城镇的“熟人社会”，一头扎进大中城市的“陌生人丛林”，熟人社会的监督和家族监管的呵护日益淡化，家庭正远离家族呵护；各种交友平台和短视频软件打破了“暂时与世隔绝”“清静安逸的世外桃源”“家人享受亲情交流的地方”等家的属性，家庭的静谧性被打乱；家务活市场化淡化了家庭义务感和责任感，加深了家人间的隔阂、疏远了亲情；成人忙于生计，孩子忙于学习，子女急切需要的感情呵护被繁忙的生活节奏所吞没，多数情况下子女处在一种冷漠、疏远、缺乏交流的环境中，家庭沟通频率日益减少；精密度要求迅速提高，按时按点到岗接受一定的制度约束，格式化、规律化的生活方式使得接送孩子上学、辅导孩子功课、陪伴孩子娱乐等都受到制约，逐渐导致孩子生活上缺人照料、行为上缺人管教、学习上缺人辅导的“三缺”现象；家庭间邻里相对封闭，邻里间只有水电气声相通，而人却老死不相往来[36]，大大限制了孩子与社会接触的时间和空间……

汉字“亲”的繁体字右边有个“见”字，看见了才叫亲。没见面就喊“亲”的是购物网——亲，掏钱吧！

传统文化特别强调“父子有亲”，父母亲和孩子之间一定是要亲近的，有亲才会有爱。可今天父母和孩子之间还有亲近吗？有钱的父母把孩子送到寄宿制的幼儿园、小学，一个星期见一次，有的父母还问星期六、星期天能不能不接。没钱的父母外出打工，把孩子扔在老家，一个月甚至一年才能见一次，能“亲”吗？从小在没有爱中长大，成年后说能给他人以爱、回报社会爱，你会信吗？[37]

（3）亲爱亲爱

孩子还未出生时，我们就要对他进行一些触觉的训练，例如遛胎。胎儿八九个月大的时候，妈妈要注意加强运动，通过走走停、走一走再停，来给孩子提供丰富的触觉、本体觉和前庭平衡觉的训练。

同时，在身体条件允许的情况下，妈妈们最好坚持顺产，因为在顺产的过程当中，子宫的收缩、胎盘的紧裹以及产道的挤压都会给孩子提供丰富的触觉刺激。

孩子出生后，妈妈最好坚持母乳喂养，如果实在没有母乳，一定要注意给孩子提供非常丰富的触觉补偿——在喂奶的过程中，妈妈要有持续的抚触、拍打等动作，给孩子提供丰富的触觉刺激，使他体验到爱。

用软毛刷、干毛巾或丝绸等柔软的布类，轻擦孩子的背、腹、腕、面、手、脚等部位的皮肤。

水中游戏、泥土游戏、抓痒游戏、涂料游戏、吹风机游戏、抓沙游戏、草坪上的裸足游戏，同样能让孩子获得丰富的触觉刺激，感受到轻快和舒适。

让孩子和爸爸妈妈一起睡。在睡的过程当中，孩子跟父母有“肌肤之亲”，大人用手拍着、哄着孩子，孩子的手也会抓着大人，这都属于触觉的交流、亲情的交流。

把孩子抱在怀中，孩子跟大人贴着的是一面，大人的手还会从外面环抱住孩子，形成双面的接触。

无论男孩或女孩，在他们出生之前，爸爸妈妈一定要给孩子准备一个毛绒玩具，让孩子一睁开眼睛就能发现这个毛绒玩具，就在他们的床头，就在他们的身边，伸手就能摸到。在生活中，我们经常会看到有一些小孩子，晚上睡觉必须揪着妈妈的耳朵，抓着妈妈的一撮头发，或者是摸着妈妈的脸，甚至是抱着妈妈的某个器官才肯睡觉，还有的孩子非要抱着自己尿得骚臭的小花被或者洗得跟抹布似的小毛巾才睡得着。这都是因为，在孩子出生之前，父母没有给他准备好毛绒玩具。这个毛绒玩具，它所产生的实际作用就是孩子的一个依恋的物品、心灵的伴侣，等到他将来上幼儿园，出现入园焦虑的时候，家长要允许他带着这个毛绒玩具一起上幼儿园，让孩子内心找到一种依靠。

为孩子提供干净自由的活动空间，利用好洗脸、洗澡、梳头的机会，在亲子互动中传递爱[38]。

孩子还有被安抚的需要，当孩子有情绪时，是最好的引导孩子认识情绪的时候。不要离开孩子让他独自承受，陪伴他，耐心倾听并给予他足够的爱——及时安抚。孩子的成长过程当中，除了饮食饥渴必须得到解决之外，皮肤的饥渴问题即被抚触的需求也必须得到解决，否则就会生病，甚至死亡。

第二次世界大战后，法国孤儿院的大量实验都证明了这一点。有安全依恋历史的孩子和没有安全依恋历史的同龄人相比，在相当程度上会表现出更高的自尊和情感健康程度，更好的自我韧性以及正向的情感、主动性、社交能力和注意力集中的能力。所以这样的孩子在学校里通常容易得到老师更加温暖、更加符合其需要的对待。反过来，那些回避型的、没有形成依恋的孩子，通常被看作消沉、自大、敌对，更容易引发愤怒。

脊椎动物情绪情感的中枢都在后脖颈到后背这一条，养过猫狗的人都知道，抓他们的脖颈拎起来，它们会非常安静，从头到尾顺毛撸，它们会很享受。人也一样，后背背心是关键部位——脊椎是中枢神经系统的一部分，背心神经末梢丰富，被抚触会起到镇定、安抚的作用。小儿哭闹，无须呵斥、吓唬，只需将其抱起，在后背背心由上而下轻轻抚触拍打，很快孩子就能安静下来。同样，青春期前后的孩子由于荷尔蒙的影响，往往点火就着，家长和老师唯一能做的事情就是不管三七二十一，上去先给予其拥抱，遇到所谓的“反抗”不让抱，其实是希望抱得更紧、更多，手在后背抚触轻拍，先使其安定，择日待其情绪好时再“秋后算账”——三句话：“宝贝，你那天发脾气吓死妈妈了”“妈妈胆儿小，以后别那样表达你的情绪”“你可以……”

这么做不是扼杀孩子的个性，而是教会他如何更好地表达情绪，协助孩子发展。家长需要洞察孩子的潜能，让孩子成为他能够成为的人；认清我们自己的长处和短处，为了孩子努力完善自己；创造一种环境，让孩子从中找到意义和价值；具有追求真理的勇气，不糊弄、欺骗孩子；提供孩子真正需要的事物，并尽量排除他们不需要的一切；重视积极正面的引导，不回避消极负面的部分；满怀勇气和希望面对生活中的失败和挫折；盼望奇迹的发生，但也接受平庸甚至落后；一起过有温度的生活，做有感情的人。

孩子有与家长、老师一致的需要，同意他人的观点、相信他人、自己的观点和言行被人接纳，甚至自己的衣着也要模仿大人，这让他觉得自己跟大家是一样的、不被排斥，可以获得一种认同感，这样他才会有一种安全感。孩子需要成人做榜样，而不是僵硬的权威。

3. 接纳与支持

（1）从属的需要

人类具有强烈的交往动机，而且交往也是一种回报，把自己视作某个特殊群体的一员，进而认同并维系，是一种本能。当人们的从属需要没有得到满足的时候，会导致负面情绪，产生一种失去控制的感觉以及归属感的缺失。孩子同样也有从属的需要，需要与同一环境的他人建立友谊，进行合作，加入小组、进行亲密交往，这样会让孩子觉得心灵有归属。学校老师把孩子们分成小组的管理方式，本质是让他们找到归属感。现实生活中，孩子需要成人做榜样，而不是僵硬的权威，需要成人的引导，而不是命令，需要参与，而不是服从。尤其重要的是，孩子需要成人接受他们本来的面目，而不要被社会塑造成预先设计的模样。

在这个世界上，每个人都是孤独的，只有得到了别人的某种认可之后，才能够让自己处理事情的时候不那么被动，各种各样的事情才能够给自己带来更多的幸福。成人需要为孩子创设特殊的群体、创立生活公共空间[39]、创设集体活动、建立值日制度、建个微信群等，将孩子纳入其中，让他感受到其中的爱和人文关怀，让他觉得自己是其中的一员，被他人接受，被认为是有价值、被尊重的，从中得到温暖，获得协助和爱，然后消除或削减孤单和孤寂感，找到舒适感、识别感、安全感、交流感、成就感甚至占有欲，获得友情与支持，在思想上、感情上和心理上产生认同，并愿意承担作为群体一员的责任和义务。让孩子觉得有一种依靠，做事情的时候不会担心自己一个人去面对。

研究发现，个体的从属感和归属感较强，可以减少焦虑、抑郁和孤独等负面情绪，提高心理健康水平。没有从属感的个体，社交圈子狭窄，朋友不多；活得没有激情，缺乏兴趣爱好，生活单调，责任感不强。在心理学家阿德勒看来，失败者之所以失败，是因为缺乏从属感和社会兴趣。如果一个人不顾别人和社会的需要，只专心于个人的优越，就可能产生优越情结，而具有优越情结的人可能成为一个专横跋扈、自吹自擂、傲慢之人，这种人不太受社会欢迎[40]。

当孩子在家里面，也就是在父母那里找不到归属感，感受不到被需要、被看见、被认同的时候，他们就会往外比如同学、同伴中找寻；当孩子在现实的家庭和学校中找不到归属感，他们就会在虚拟的网络世界与游戏中找寻。早恋、同伙犯罪、沉迷网络、游戏上瘾、离家出走、沉沦朋友圈等都是归属感失落的表现。如果孩子童年缺失归属感，长大后对家庭就没多少感情。学校归属感缺失会影响学生认知事物的方式，影响其正常的学习生活和人际交往，而且与吸烟、自杀等不良行为相关联，其患抑郁症的概率更高[41]。美国密歇根大学的研究人员的一项最新研究显示，缺乏归属感可能会增加一个人患抑郁症的危险。研究人员给31名严重抑郁症患者和379个社区学院的学生寄出问卷，问卷内容主要集中在心理上的归属感、个人的社会关系网和社会活动范围、冲突感、寂寞感等问题上。调查发现，归属感是一个人是否会患抑郁症的最好预测剂。归属感低是一个人陷入抑郁的重要指标[42]。

当孩子在学习上面临挫折、在发展人际关系时碰壁，或是在竞争比赛中失利时，都希望能获得关心、鼓励和安慰，而父母正是扮演这个角色的最佳人选。在孩子受挫伤心、受伤生病时，及时给予关怀和抚慰，才能在孩子的心灵上筑起一座爱的避风港。两项长期的研究显示，居住在高度危险环境中的孩子，在直接面对贫穷、冲突、家庭破裂和疾病问题时，其中高达30%的孩子能够努力成为适应环境、充满自信、能干，并能保持稳定人际关系的个体，还能妥善处理工作和闲暇的需求。不过，其他70%的孩子却没有能力适应生活。30%表现出色的儿童有哪些特点？他们有某些人格特征，如灵活性、适应性、自我价值感、积极的自我形象、自信、应付压力的能力、承担责任以及良好的交流技巧，并且在社会环境中有一些可以帮助他们的因素，比如至少和一位成人有紧密的联系——父母、祖父母、邻居或朋友。当他们长大后，很快能够在社会网络中找到替代父母角色的人。他们在学校受到欢迎，有许多的朋友或伙伴，他们能以建设性的方式接受和运用别人提供的帮助。

（2）顺从的需要

孩子有顺从的需要，也就是孩子为了维护既有关系、希望被对方喜欢、维护群体的一致性、获得爱与友谊、回报对方曾经的付出，在他人的直接请求（或要求）下按照他人的意愿去做，即接受他人请求、遵从他人意愿，做出迎合对方、使他人的请求得到满足的行为。孩子往往钦佩、尊重或者遵从他心目中“崇敬”的人，心目中崇拜自己认为了不起的人，他渴望被人夸作是一个乖娃娃、好孩子。“同言而信，信其所亲”，即他更相信自己亲近的那个人。“同命而行，行其所服”，同样一个命令要求，他心服口服的那个人让他做，他就会去做。

父母不要认为孩子现在还小、什么都不懂，而忽视孩子的内心感受。只有我们把孩子作为一个独立的个体对待，孩子才会感受到父母对自己的关心和爱，因此孩子才会感受到真正的幸福。每当孩子有反抗行为时，建议父母给予孩子表达抗议与选择的权利，并对孩子的意见给予回应，在情绪上给予同理心与接纳。但是父母仍需坚持重要的规范与原则，坚定地告诉孩子合理的底线是什么，并要求孩子遵守。这就是所谓“合理的权威”教养方式。

长期以来一些人往往认为那种温顺、老实、规规矩矩、顺从大人和父母的“乖孩子”是好孩子，幼儿园和学校里老师也偏爱那些“老实听话”的孩子。不少家长和老师往往对孩子的服从行为给予过多的肯定和鼓励，只要听话就给予表扬和奖励，而那些好奇心强、胆大、主意多、好说好动的孩子则被视为“坏孩子”，经常受到批评和压制，甚至惩罚，以致从幼年起他们的“棱角”就被磨平，这扼杀了孩子的主动创造精神，使他们变得畏畏缩缩、不敢表达自我，失去了发挥自己的想象力去大胆创造的精神[43]。

如果孩子出现不顺从现象，会表现出哭泣、生气、吵闹、臭脸、骂人、顶嘴、拒绝执行等行为，当一向顺从的孩子变得执拗，有的家长采取了打、罚、哄和物质引诱等方法，但效果也只体现在一时一事，而且在一定程度上还出现了副作用。[44]此时家长和老师需要先确认自己要求的合理性、当时孩子的健康状况，然后站在孩子的立场同理孩子的情绪、给予孩子调节情绪的时间、将注意力转移至称赞孩子的正面行为、允许孩子表达意见、让孩子有表达意见和选择的机会、提前预告“打预防针”、弹性地更改执行标准，温和且坚定地说出你的要求，并具体地赞扬孩子好的行为，这样孩子才会持续表现顺从的行为，让亲子关系更好[45]。

4. 游戏与依靠

(1) 游戏的需要

游戏是孩子的学习方式，是孩子最纯洁、最神圣的活动，是组成儿童学习和生活的一个重要因素，是人类在童年时代生活中最快乐的一种现象。在游戏中，既有想象、直觉、兴趣、意愿、爱好、情感、意志等主观的体验和感受，又有对客观、真实、具体、规范的社会存在的理智判断和逻辑思考。在游戏中，孩子过去的经验得以再现，当前的现实得以表征。在游戏中，孩子既有对自然的亲密接触，也有与人和社会的交往，还有对自我的认识和评价。游戏中孩子能够放松、娱乐、获得快乐、消解闷恼。儿童在游戏中获得的解放感、自由感，并不仅仅止于逃避现实或从现实束缚中挣脱出来的解放与自由，而是进一步朝向自身的“人性”的解放与自由。

游戏是“假想”与“现实”的统一；是“自由”与“约束”的统一；是“主体性”与“反主体性”的统一；是“我在”与“无我”的统一；游戏具有双重性格，是多样性、矛盾性的辩证统一[46]。成人需要放下身段，让孩子能够在人与人的互动当中来获得学习机会。

游戏是儿童的自然本性和社会性的最佳融合。比如说，课间十分钟，不要为了所谓安全的需要，不允许孩子到操场上去玩耍，甚至禁止出教室门，这是反儿童、反教育、反人类的行为。

父母和教师要努力帮孩子满足无法独立实现的人性需求，包括思想意识、精神体验、行为状态、物质需求等。实现这些，唯有陪伴游戏与呵护。在孩子的眼里，大人的陪伴与呵护，是一种依靠，是一种最温暖的感情，就是被爱。在孩子伤心难过的时候，不要吝啬你的拥抱；在孩子犯错误的时候，不要吝啬你的“夸奖”。或许你以为这些都不算什么，但是在一个孩子眼里，你的关注比任何“良药”都重要。

（2）共情的需要

渴望被人理解。儿童害怕被人了解，但又渴望被人理解。如果不被人理解，那是非常孤单的。人人都渴望被人理解。他们希望有人能够理解自己、因为被人理解而兴高采烈、不停地寻找知音、渴望自己有一个兄弟或姐妹、乐于与某个人处于“共生状态”。家人和老师需要学会共情的表达方式：“你是对的，我能理解你。”“当你告诉我你的经历时，我感受到揪心的疼痛，我想这也许是你所感受到的。”“你一定付出了很多努力，辛苦了。”“你没精打采的姿势看起来很沮丧，很郁闷。我还感受到，你是不是难过得想哭？”“不是说你真的需要这么做，而是你的感受。”“你知道吗？在我的生命中，也有这样一段时间。”……

家长们总是教育孩子做“乖”孩子，称赞孩子时也多用这个“乖”字。“乖”有两个含义：其一是乖顺，就是温良、听话；其二是乖巧，就是伶俐、机敏。“乖”，一是通情，就是善解人意，关心和体察他人的感受，这是同情心，是善良；二是达理，就是讲道理，懂道理，这是理解力，是智慧；三是在通情达理的基础上，能够克制自己不合理的欲求，这是自制力，是节制。所以“乖”应该是善良、聪慧、节制这三种积极品质的综合表现。其实共情不仅仅是让孩子成为“乖孩子”，共情不等于认同或者赞成对方的行为和观点，而是让他感受到有人关注他的感受。毕竟，尽管行为不一定正确，但情绪永远是真实的，孩子的内心感受希望被人理解。“乖孩子”一定能共情、善共情，因为共情是一种社交能力，有助于个体理解和体会他人的感受，也有助于处理人际关系中的矛盾。共情是我们与他人建立良好关系的纽带。共情能力强的人能很好地体会他人的感受，更容易体察别人的快乐、痛苦、压力、悲伤，但也可能沉浸其中，产生如亲历般的“替代性创伤”，被消极情绪“劫持”，不自觉地承担起本该属于他人的责任，降低对自身感受的关注，忽视自我人格，造成心理内耗，进而催生焦虑、无助、不安的情绪，产生情感耗竭进而出现倦怠，不堪重负。恰当的共情表达，既不应过度干涉他人的决定，也不要深陷他人的情绪。回应他人的情感需求很重要，但同时要学会避免情绪感染，适当限制自己去接触令人沮丧、难受的信息，给予他人关怀的同时也不要忘了关爱自己，确保自身状态健康平稳，避免过度消耗自身心理资源。

一位妈妈开车去送女儿到住校小学学习，母亲对孩子说：“妈妈虽然没有时间陪你，但妈妈是为了赚更多的钱，将来送你到更好的学校学习，你懂吗？”女儿说:“我知道。”接着女儿又对妈妈说:“等我长大了,也要赚很多的钱,送你去最好的养老院。”母亲听后一脚刹车,停在路边放声痛哭。这是一个真实的故事。这位母亲原以为给孩子提供了最好的物质生活,就是对孩子最大的爱了。按照这位母亲灌输给孩子的价值观来看,妈妈认为赚钱送女儿去最好的学校就是爱,女儿认为送妈妈去最好的养老院就是爱,这又何尝不是对等的爱的表达方式呢?可是当听到女儿的回答后,这位母亲还是忍不住落下了辛酸的眼泪。你给孩子的是钱,认为钱里面包含着你的爱,可孩子只看到了钱,没看到爱。孩子已经习惯了没有妈妈陪伴的日子,以为钱可以买来一切。

有一种爱叫陪你长大,有一种幸福叫我们共同成长。不要找借口说没时间,只要父母心中有孩子,总会有时间的。陪伴孩子是一种不能以任何借口推卸的义不容辞的责任,爸爸妈妈给孩子最重要的最好的礼物,应该是高质量的陪伴和良好的家庭教育。

(3)求助的需要

孩子有求助的需要,他们会在需要的时候寻求帮助或保护。孩子天生就会通过哭的形式寻求亲人的帮助,但是如果在孩子求助的时候，家人总是不耐烦，甚至对孩子加以指责，就会让孩子觉得向外界寻求帮助是一件丢人的事情，进而羞于求助。其实我们生活在集体社会之中，“人人为我，我为人人”，没有人从未遇到过困难，谁不需要帮助？然而，孩子只有学会求助，才是真正的内心强大，才是孩子独立的第一步。

面对孩子的求助需要，要注意静心倾听孩子的诉说，理解孩子的感受。不能用一两句话敷衍孩子，孩子的事没小事：在孩子眼里，这事很重要。孩子既然愿意把事情的经过告诉家长，肯定是希望从我们这里得到帮助。如果家长不重视、不给他提供有效的解决办法，孩子就会觉得连最信任的爸爸妈妈都不理解他，他心里会更难过。孩子会觉得没有任何人能帮助他，从而茫然失措，做出一些过激的反应。当然，家长也不能有求必应甚至包办，要防止步入“爱的误区”：

爱不是百依百顺、随叫随到、倾心呵护。对孩子的爱无微不至甚至是无孔不入，会逐步让孩子失去培养判断能力的机会，失去对外界事物探索的兴趣，爱是懂得放手，让孩子去试探与体验。

爱不是包办代替。包办代替虽然节省了父母等候的时间，但从长远看却剥夺了孩子实践的机会，使孩子身心得不到锻炼，即使孩子长大一点有能力完成那些事时，可能也因为没有养成自己完成的习惯，而不愿自己动手，更不会情愿去尝试超出自己能力的事了。

爱不是物质的。尽管物质方面的支持是爱的一种表达形式，但真正的爱不仅仅取决于物质财富或物质的提供，更多的是精神支持、思路激发、潜能挖掘。

爱不是一味满足，而是要学会辨别孩子求助的合理性。要辨识他有没有自己的努力和守候，拒绝孩子不经思考张嘴就问、不尝试伸手就要帮的无理要求，培养好孩子的自我约束。在教育子女的过程中，一定要保持理智，要对孩子爱得有原则，给予爱的行为应该是深思熟虑的、合理的。

爱不是特殊待遇。时间长了，孩子可能会从自己得到的特殊待遇中总结出“我是特殊的人”的结论，并容易变得自私，不懂得关心他人。

爱不是消极的，爱是积极、包容和建设性的。它不是通过批评、责备或消极情绪来表达，而是通过支持、鼓励和理解来培养和增进。

爱不是亲密无间，而是适时得体的进退。在孩子需要你时，成为参与者、合作者；在孩子不需要你时，不委屈地成为支持者、鼓励者。尊重孩子独处的需求，让他做自己想做的事，这个过程也是培养孩子独立思考和独立人格建立的过程。

爱不是害怕孩子哭闹的轻易妥协。这样孩子会不懂得克制自己的欲望，更没有耐性去等待希望和理想一点点通过努力得到实现的过程。爱只在爱和原则中满足。

爱不是有求必应，马上给出答案，而是开启其想象力的空间。不妨跟孩子一起来一次脑力激荡，列举更多的点子，合理的、不合理的、荒唐的、可笑的、恶心的、幼稚的……等到他再也想不出任何点子的时候，再去启发他、引导他。

爱不是一味鼓励“自己的事情自己做”，而是教他学会必要的时候合理、主动、目的明确地求助。在什么时候、在什么方面、找谁、解决什么问题。君子不但善假于物，更要善假于人。一个孩子的生存竞争力，不取决于他自己能够做多少事，而取决于他能够获得多少人的帮助。

爱不是过分保护。保护如果过分了反而会打击他们的自我探究精神，使孩子很难做好应对新变化的准备，更容易缺失自信，养成依赖心理，缺乏独立思考能力，阻碍孩子的发展。

爱不是纵容懒散。长期的懒散生活，必然使得孩子长大后缺乏上进心、好奇心，做人得过且过，做事心猿意马，有始无终。

爱不是过分控制。被过分控制的孩子很难获得心灵的成长，容易对外界环境缺少适应和调整能力，很多人成年后要不长成巨婴、妈宝，要不变成了愤世嫉俗的刺猬，还有些人做事一味教条只知循规蹈矩。

爱不是袒护。一味地袒护不仅会扼杀孩子独立生活的能力和自信心，更容易使孩子变得自私、胆小娇气或胆大妄为、为所欲为。

当孩子面临巨大压力，当孩子变得抑郁，当孩子受到霸凌（语言欺凌、身体欺凌、社交欺凌、财务欺凌等）……孩子不经意中会向家长求助，孩子的问题并不是一天爆发的，而是早在他们的语言中就在不断“提示”父母，只是家长没有意识到或者没当回事儿而已。比如：当孩子说“我什么都做不好”，其实是在表达“我很无助”——孩子接连不断地受到挫折，而自己无论做什么都没法改变，便会感到自己对于一切都是那么无能为力，最终丧失信心，陷入一种无助的心理状态。当孩子说“算了，反正……”其实孩子是在说“我害怕被拒绝”，是孩子“需求被忽视”而出现的一种逆反心理——这两个词表面代表着“期待落空时的反抗形式”，背后却代表着“恐惧和害怕被拒绝的执拗”，一方面因为妥协而没有主见，没有自我决策能力，过得压抑而自卑；另一方面你越不让我做的事，我偏要做，就形成破罐破摔的局面。孩子说“不关你的事”，其实潜台词是“我需要自由”，这并不是故意顶撞父母，而是保护自我边界的表现——是“你已经越界，别再管我了”的警告，孩子在与外在环境、他人的互动中，开始想要拥有自我的信念和价值观，进而发展出心理的自主能力，他想成为独立的个体。当孩子说“都是我的错”，其实孩子是在说“我想讨好你”——带着讨好和谨慎，就是想通过“揽错”来博取别人的喜欢，这种“讨好型人格”慢慢会演变成为了获得别人的目光而牺牲自我从而成全别人[47]。

关于儿童的被爱需要，推荐一部电影：《妈妈再爱我一次》。内容梗概如下：

精神病医生林志强留学归国，正要开展精神病院的业务，偶然发现院中一名病人，竟是他失踪18年的母亲秋霞。

当年，其母秋霞与其父林国荣相恋。林母以秋霞身家不清白为由拆散鸳鸯，另外为国荣娶妻。已经怀孕的秋霞到乡下投靠姨母，并在生下志强后独立抚养孩子，母子二人感情极佳。数年后，国荣之妻经证实不能生育，林家父母为了延续香火，以种种借口把志强抢到林家认祖归宗。秋霞几经内心挣扎，终于答应了万不得已的母子分离。但年幼的志强因思念母亲而无法过平静生活，经常偷偷回到乡下找母亲。一个风雨之夜，志强躲在庙外避雨，秋霞等人遍寻不着，翌晨找到志强时，志强已奄奄一息昏迷不醒。秋霞大为激动，失足跌下楼梯，成为疯妇。18年后，志强终于找到他心爱的母亲，并以一曲儿歌《世上只有妈妈好》重新唤醒母亲尘封多年的记忆。那是爱战胜一切的呼唤，母子相认大团圆[48]。

影片插曲《世上只有妈妈好》，没有哪一首歌能让人如此耳熟能详，也没有哪一首歌能如此打动人的心弦：有妈妈的人唱起这首歌倍感被爱的温馨，没妈妈的人唱起这首歌充满被爱的回忆，只因为被爱刻骨铭心。

四、儿童的尊重需要

儿童的尊重需求包括自我尊重、信心、成就、对他人尊重、被他人尊重。诗人纪伯伦的《孩子》中的孩子与父母是彼此独立又相互促进的，他这样写道：

你们的孩子并不是你们的孩子。
他们是生命对自身的渴求的儿女。
他们借你们而来，却不是因你们而来。
尽管他们在你们身边，却并不属于你们。
你们可以把你们的爱给予他们，却不能给予思想，
因为他们有自己的思想。
你们可以建造房舍荫庇他们的身体，但不是他们的心灵，
因为他们的心灵栖息于明日之屋，
即使在梦中，你们也无缘造访。
你们可努力仿效他们，却不可企图让他们像你。
因为生命不会倒行，也不会滞留于往昔。
你们是弓，你们的孩子是被射出的生命的箭矢。
那射者瞄准无限之旅上的目标，用力将你弯曲，
以使他的箭迅捷远飞。

让你欣然在射者的手中弯曲吧；

因为他既爱飞驰的箭，也爱稳健的弓。

强迫儿童去背诵只有到了成年才能理解的“圣贤之书”，声称长大了就懂了；强迫儿童去接受他们的心灵发展阶段还不能吸收之事物，自然使其对这种枯燥的教育心怀抵触，兴趣索然，这就是对儿童的不尊重。把儿童当成人，更不用说那些用驯兽的方式去“教养”子女的，这种“他制他律”的方式，会在人格养成方面造成孩子没有个性、没有尊严、逆来顺受。

1. 边界与尊重

面对孩子，要基于人格独立性和行为自主性，倾听其意见、尊重其兴趣、允许其选择。家长和老师要学会尊重孩子的兴趣爱好、情绪情感、个性差异、抱负和志向、选择和判断、个人意愿等。教师还要学会尊重所有孩子，智力发育迟缓的、被孤立和拒绝的、有过错的、有严重缺点和缺陷的、和自己意见不一致的……

（1）边界的需要

家长是学生成长的关键利益相关者，与其他国家的家长相比，中国家长尤为关注孩子教育，甚至愿为孩子付出一切。在现代教育环境下，教育的所有利益相关者都面临转型，家长也应转型为懂育人、能改变和提升人的教育家，帮助孩子认清自我、追求梦想、学会学习，而不是简单地教给孩子知识，或给孩子设计一个发展模板，更不是让孩子帮自己实现未了的心愿，不要把父母的世界强加给孩子，人与人是存在边界的[49]。家长和老师最容易犯的错误就是把自己的意愿强加于孩子，强行跨越孩子的边界，还美其名曰“为你好”。其本质是控制。批评、灌输、命令、惩罚、指责、羞辱、跟踪、调查、限制人身自由都属于硬控制；讨好、利诱、撒娇、胡闹、施苦肉计、要挟都属于软控制；信用、承诺、保护、恩赐、以身作则、威望、自信、勇猛属于无形的控制。反社会型人格障碍喜欢控制别人，把别人当作自己的身体或工具来使用，常用的方法是硬控制；表演型人格障碍也喜欢控制别人，常用的方法是软控制；边缘型人格障碍常常软硬兼施；自恋型人格障碍则是硬控制和无形的控制并用。[50]

人际边界不清是一个比较普遍的社会现象，经常发生在亲子之间、伴侣之间、老板和员工之间、朋友之间等。亲子之间的界限不清，对孩子的人格成长有着重要的影响，关系再好，也要保持界限感[51]。人际界限不清的人往往以为自己比别人更了解别人，当别人产生某种想法、出现某种情绪变化、想做某件事的时候，他会告诉那个人其想法、情绪和行为是错的，不应该这样，而应该那样，总是以冒犯的方式踏入他人的精神领地，不尊重他人的空间，不尊重他人的独立性[52]。这样的纠正其实非常有害，人际界限不清、暗示性高的人会接受别人的纠正，把自己的真实想法、感受和意图压抑掉。一个人越不了解自己、越压抑自己，越容易受暗示，越容易人际界限不清。虽然边界感的建立是个体身份认同建立的重要维度，是维持情绪与心理健康的重要前提，但在强调人与人之间“亲密无间”“和为贵”等传统观念的影响下，家长和教师很容易忽略对孩子边界感的引导和教育，甚至自己在生活中也不懂得如何与周围人保持良好的界限。很多家庭常常是共生的关系，边界感模糊，我中有你，你中有我，陷入死循环。

分寸感是成熟的爱的标志，它懂得尊重人与人之间必要的距离，这个距离意味着对于对方作为独立人格的尊重。以爱为名，不留余地地突破安全边界，不但给了孩子最深的伤害，也让孩子承受着难以想象的压力。以爱为名的控制，看似是保护，实则是给孩子打造了一座樊笼，让他们不断地想要逃离。最可怕的是，这种无形的控制任意流动，最后蔓延到孩子生命的每个角落，酿成人生的苦酒：一个身体只能承受一个灵魂，如果父母的控制密不透风，孩子实际上已经精神死亡，父母令人窒息的爱，如同往孩子的身体里塞入其他不合规格的灵魂，久而久之，孩子丧失的不仅仅是正确的自我认知和决断力，更会囿于终身无法摆脱的心魔。

学校与家庭基于孩子的教育而产生交集，在“剪不断，理还乱”的复杂关系中，边界的厘清是非常重要的，否则不仅教育不好孩子，也让学校焦头烂额、家庭怨声四起[53]。我们要让孩子明白，有边界感是一个人骨子里有教养和生命质量的表现。我们可以这样教育孩子：

首先，让孩子了解自己的底线，明确自己身体上、情绪上、心理上以及精神上的承受限度。学会照顾好自己，为自己负责，能够把自己放在首位，这样才有精力和积极的态度去向这个世界传递自己的善意。

其次，让孩子认识边界被侵犯的信号，不舒服和愤恨不满（心里堵得慌的不满情绪）是一个明确的信号。要认可自己的重要性和价值，尊重和忠于自己的感受。孩子要学会骄傲地告诉自己，我的时间和精力不是给别人随意挥霍的，我的尊严也容不得别人随意践踏。

再次，让孩子懂得直接说出来。如果碰上那些与你生活理念、行事风格和生活环境截然不同的人（比如文化背景不同），很多时候就不得不明确而直接地表达出你的边界在哪里了。比如有些父母喜欢给孩子夹菜表示照顾，但是有的孩子可能会觉得不舒服甚至恶心，长期憋着不说，这些微小的不舒服积少成多，很可能会葬送一段美好的关系。

最后，让孩子学会拒绝。我们之所以不敢拒绝，大多因为害怕看到拒绝后对方的反应。很多时候，我们的不拒绝不是因为善良，而是因为怯懦。要用坚决的态度亮出你的底线。先给自己说不的权力和勇气吧，再难也要说出第一次，之后的路就会好走很多。

（2）被尊重的需要

在人际交往中，尊重会给我们创造一种安全、温暖的氛围，让对方能敞开心扉，最大限度地表达自己，也可以让倾听的人能够完整把握、体验诉说的一方的内心世界。尊重可以让对方感到自己是受尊重的、被理解的、被接纳的，从而获得自我价值感。孩子很渴望被尊重，被家长和老师认为有能力、有希望、表现好、有价值，渴望有着同家长平等的地位和相同的权利。尽管年龄小，但他们也会以不同年龄段所特有的思维方式去思考、去观察，并希望自己的建议能得到家长的重视。每个人都有改变自我的潜能，当感受到了被尊重，这种潜能或许会变成无穷的力量让孩子超越自我。

尊重是接纳。接纳就是意识到他是他、我是我，不要把他变成我，不试图改变对方。既接纳和自己相同的一面，也要接纳和自己完全不同的一面；既接纳自己喜欢、赞同的一面，也要接纳自己厌恶、反对的一面；既接纳对方的价值观、生活方式，也要接纳其认知、行为、情绪、个性等。总之，尊重就是接纳对方的一切，而且是无条件地接纳对方的全部。家庭和学校需要营造和谐民主的氛围，给孩子参与家政管理的机会，遇到棘手问题，一家人坐下来讨论，让孩子畅所欲言，对孩子正确的建议及时给予肯定和采纳，对孩子片面的想法也不简单地否定，而要循循善诱，把孩子引到正确的观点上来。这样，孩子心理上得到满足，就会以极大的热情不遗余力地去做好事情。给孩子多一点信任、多一点表现的机会，不仅能增长孩子的才干，也有利于孩子将来踏入社会做事为人。

尊重是平等，平等体现在双方在价值、尊严、人格等方面的平等，尽管现实中亲子、师生信息不对等，但人格平等。有些人有潜在的“表现型人格”，他们在奚落孩子或夸张地讨论孩子的事情时，能获得压孩子一头的存在感和优越感，让他们得到某种心理层面的自我价值满足或虚荣满足。殊不知在人前被数落、被教育的孩子，除了内心的惶恐之外，还有更多的“面子”问题，这些都会潜移默化地影响到孩子内心的发育。而屡次在人前被数落、被教育的孩子，随着年龄的增长，性格中的叛逆感也会翻倍地增加；直到拥有能够和父母对抗的能力之后，他们就会绝尘而去，不留一点念想。由于社会竞争激烈，孩子不同程度存在着或多或少的心理压力，辛苦一天之后他们需要一个独立的空间尽情发泄自己的情感。作为父母，应多了解孩子的喜好，以便和孩子拥有更多的话题，不要因为自己不喜欢就对孩子的喜好大加批评。在孩子沉默寡言时不要一个劲儿地追问，最好等孩子情绪比较稳定时再提示孩子把心里的话说出来。

尊重是礼貌。要告诉孩子，要想赢得别人的尊重，自尊自爱、自制自知是基础，尊重他人、谦逊低调是前提，独立自主、自强不息是方法，严于律己、宽以待人是手段[54]。不能自私自利、欺负他人、搬弄是非、小气计较、窥探隐私、势利眼……尊重不代表没有原则、没有是非观念、没有自己的主见或是无原则地迁就，尊重应体现在对别人的真诚上，应该怀着真诚的心、真诚的情感、真诚的态度对待别人，在一定关系建立的基础上，适度地表明对对方的看法，以及自己的观点、态度、意见等，这样不但不会损害双方的关系，还会对双方有积极的促进作用。

做老师要坚守尊重学生的底线：不伤害学生、不体罚学生、不辱骂学生、不大声训斥学生、不羞辱嘲笑学生、不随意当众批评学生、不随意向家长告状。热爱学生尊重学生是教师最基本的道德素养。一个教师只有热爱学生，才会依法执教，无微不至地关心学生的健康成长；才会爱岗敬业，乐于奉献，竭尽全力地去教书育人[55]。教师应该事事、处处尊重学生，摆正自己的位置，始终站在学生中间，做学生的知心朋友，与学生建立平等、合作、友好的师生关系，这样才能为学生架起通往成功的桥梁[56]。

我在北京师范大学教《公共教育学》三十多年，每年我都会语重心长地告诫学生：如果走出北师大的校门还伤害未成年人，欺负他们年纪小、读书少，以此来换口饭吃，你对不起北师大对你的教育；北师大毕业的绝不能把学校变成监狱，把自己变成狱卒；如果面对学生已经无法心平气和，面对家长已经不能将心比心，赶紧转行，但别说你毕业于北师大；如果你总是牢骚满腹、无心工作却从未想过离开，那么，你现在的这份工资或许满足不了你的欲望，但它一定对得起你的实力，你辜负了学校对你的期待。

对那些无计可施的学生，大不了告诉他："我是不能拿你怎么样，但社会能！"其实尊重学生就是有边界感地教育学生——像对待自己的孩子一样对待学生，但他们不是自己的孩子。尊重学生应该是一个教师骨子里的教养。

2. 关心与呵护

孩子有避害的需要：避免羞耻、羞辱、焦虑、失败和伤害，我们就要让孩子远离这些，更不要以此为要挟吓唬他，不当众批评、不逼孩子说谎，要了解其委屈、伸张正义。有篇孩子写的作文《小时侯》，文章中的奶奶很了不起，给足了孩子面子。孩子也知道偷钱是不对的，奶奶看破但不说破：

我偷奶奶的钱，长大后我问奶奶："您知道钱少了吗？"

奶奶说："知道。"

我说："知道咋不换地方？"

奶奶说："怕你找不到了。"

现在……

我却找不到奶奶了。

现实中有不少父母关心呵护过度，反而让孩子产生一种被控制、被支配的感觉，父母的关心在孩子眼里成了专制，孩子并不领情。湖南卫视综艺节目《少年说》有一期中，有位初一年级的女生，说自己有位爱"坑"女儿的父亲，从小就给女儿报各种培训班、兴趣班，让她来学习各种特长。可是女儿根本不喜欢这些，也反感爸爸这样擅自做主的行为，于是她想通过这个机会提醒一下爸爸。节目现场，女儿也学起了平时爸爸对待她的方式"坑"起了自己的父亲——让父亲上台来唱歌。她说:“爸爸，你一直说你唱歌好听，今天我也请来了我的朋友们，要不你也现场唱一首歌，让大家听听。”爸爸听了女儿的提议，觉得难为情，开始找各种理由，不愿意上台去唱歌。这时，主持人站出来说:“女儿都站出来了，爸爸是不是应该用一首歌鼓励一下，给女儿增加点信心。”最后，爸爸被迫无奈，只得唱一首。唱完后主持人问爸爸:“感觉到那种被支配的恐惧了吗？”

3. 认可与肯定

“每一个成长中的孩子都渴望得到认可。”“肯定是孩子生命的阳光。”每一个孩子都有被赏识的需要，他做得好，一定给他表扬，让他得到奖励，获得他人的肯定，下次他会表现得更好。当孩子遇到困难的时候，家长要肯定他的能力，帮他分析原因，相信他一定能克服困难，走出低谷。当孩子初次犯错误、做错事时，一定要注意管教方式，先以严为主，动之以情，晓之以理，在适当的批评和惩罚后给孩子以鼓励，告诉他大人批评的、否定的不是孩子本身，而是这种错误的行为，在管教之后要有一个充满爱与信任的结尾。

台湾作家三毛40岁才得到父亲的第一次赞美，她感慨道:“等你这一句话，等了一生一世，只等你——我的父亲，亲口说出来，肯定了我在这个家庭里一辈子消除不掉的自卑和心虚。”三毛在家里长期不被认可的情感匮乏，可见一斑。

当孩子有情绪时，学会去理解去接纳；当孩子有问题时，学会去聆听去交流；当孩子犯错时，学会包容，正确引导。只要把孩子当成一个完整的、人格独立的人来对待，更多地、设身处地地站在孩子的角度思考问题，也就不难理解孩子行为背后的原因了。让我们从日常生活中的每一件小事做起，给予孩子更多的认可和肯定。

4. 称赞与欣赏

孩子有统治的需要，即影响、控制、领导和指导他人，所以有时候也可以让他来教你，让他获得一种统治的成就感，记得给他机会。他在学校里学过了什么东西，你提出“你教爸爸妈妈好吗？”如果你很虚心，他就会很得意:“你看看我还可以教他们呢！”——放下身段、多倾听。孩子年幼，很多想法不成熟，甚至会提出对家长来讲太幼稚的问题。此时一定要俯下身来，认真地听孩子“叽叽喳喳”，就算孩子的表述没有意义或偏离现实，也不要打断或否定孩子的倾诉，要耐心地探讨他的奇思妙想，适当地给出自己的建议和想法。

孩子一旦有了成绩和进步，哪怕是极其微小的，爸爸妈妈都要给予及时表扬，使孩子感受到爸爸妈妈的关怀，感受到在家庭中他不是无足轻重的，从而树立起必要的自我意识。“你真棒！”“你怎么这么能干？！”“你真了不起！”“我真为你感到骄傲与自豪！”……这样孩子才有可能自信。

了解儿童的尊重需要，推荐一部反面电影《看上去很美》，内容梗概如下：

方枪枪是个一直由奶奶带着的3岁男孩，被爸爸丢进了幼儿园的集体环境里。方枪枪使出了吃奶的力气，克服了各种各样的小毛病，但他总是得不到5朵小红花。

生存的本能使方枪枪仔细地观察幼儿园这一新环境并试图尽可能迅速地融入这个新的社会里：慈眉善目的唐老师、不苟言笑的李老师、性格各异的小朋友们，方枪枪试图接近他们、了解他们，本能地寻找着自己的盟友。儿童的想象，儿童的社会性——同伴的交往、师幼的交往、攻击性的行为一览无遗。故事里儿童观和教育观落后的李老师和园长，甚至采用禁止任何孩子与方枪枪交往的霸凌手段孤立方枪枪，没有尊重，只有控制和霸凌……

影片中只有唐老师蹲下来和孩子说话，与孩子平视，尊重孩子。孩子们在李老师和园长眼里都没有被当正常人看，更没有被当弱势群体看。李老师是孩子的“最高统治者”，一声令下，要求孩子乖乖顺从，听从她的指挥，否则将严加惩罚。李老师冷酷无情，高高在上的态度，令所有孩子望而生畏。她教育孩子务必按她的规则进行游戏。幼儿园的管理方法粗暴、简单、非人性化，并列出条条框框：不许说话、不许吵闹、要自己穿衣服、要听话、要有礼貌、不许尿床，这一切都是加入“红花会”的标准。方枪枪犯错时班主任从不问任何原因，也没有示范过任何正确的方式，凡事先批评，如果孩子的观点和自己不一致，坚决扼杀。李老师用一把大剪刀给了方枪枪一个下马威，她不懂得尊重儿童、倾听儿童，从不看孩子的闪光点，眼里全是孩子的毛病，看谁都不顺眼。她让方枪枪当众脱衣服，让孩子们都嘲笑他、羞辱他，伤害他的尊严，让小朋友不愿意和他玩。在方枪枪的眼中，李老师就是会吃人的大妖怪。李老师扮演了一个可怕的大猩猩，所有的孩子都害怕得不得了，睡觉也做噩梦。这部影片折射出在不尊重孩子的幼儿园里生活的孩子的挣扎与困境：没有自由，没有幸福，更没有快乐！李老师没有慢慢引导方枪枪融入这个集体，而是让他变得更极端更叛逆。李老师和园长世俗、势利，违背教师公平的底线，差别对待孩子。比如孩子家长是部长，老师立刻转换态度。故事的结尾让人看着很心寒，我看到了孩子的孤单、无助，渴望被关注、被尊重。一切看上去是那样的美好，可是背后的丑陋让人心寒。

了解儿童的尊重需要，还推荐一部正面电影《圆梦巨人》，内容梗概如下：

孤儿院里一个名叫苏菲的小女孩一天夜里睡不着觉，她在“巫师出没的时刻”看到一个和楼房一样高大的巨人沿街走过来。巨人发现苏菲看见了他，于是便把她拎回了巨人国。所幸，苏菲遇见的是一个喜欢收集美梦的“好心眼巨人”(BFG)。

BFG专门搜集好梦，把梦分门别类地装在一个个玻璃瓶子里，再挨家挨户地把捕捉来的好梦吹到孩子们睡觉的卧室里。他与其他巨人国中的巨人不一样。其他巨人都吃人，他只吃自己种植的食物。

为了阻止其他巨人继续吃人，聪明的苏菲让BFG调制出一个关于巨人吃小孩的噩梦，并想要把这个梦吹到英国女王的卧室里。两人由此开始了一段奇幻的冒险之旅。一路上，他们面临着巨人国吃人的重重威胁。与此同时，小女孩与好心眼儿巨人也从一开始的彼此不信任，到最后结成一段非同寻常的深厚友谊。

五、儿童的自我实现需要

儿童的自我实现需要包括道德、创造力、自觉性、问题解决能力、公正度、接受现实能力等。过分呵护，孩子没法体验生活，没有生活实践的体验，怎能享受到第一次“我能行”的成功的快乐？当孩子第一次洗衣服、收拾书包、炒菜……做家长的一定要给予肯定：“真好，能自己做事了！”即使孩子做得不完美，也不要去指责，因为失误能使孩子学到不失误的知识。孩子有了第一次成功的体验，也就有了“我能行”的信心，就会以“我能行”的心态迎接新的挑战。

聪明的父母，一定要让孩子自己的事情自己做，教孩子学会做事、学会做人。这样既锻炼了孩子，又减轻了自己的负担。让孩子自小有成功的喜悦，在“我能行”的感觉中长大，何乐而不为呢！

1. 自主与自由

孩子有自治的需要，渴望独立与自由、自己管理好自己，要给他一定的独立探索的机会和相对自由的空间。孩子从两三岁开始，动不动就“我自己来，我自己来”，这就是渴望独立和自由。什么事情他都希望自己动手去参与，这时就主张要适当地放手，给孩子一些机会。不要把一个孩子的好奇心、创造性扼杀在所谓的规则限制中。

在养育的过程中对孩子说“不”就像家长的本能一样，是非常自然且容易的事情。孩子小的时候，告诉他“不要动”“不要碰”“不要摸”“不要拿”……孩子大一些的时候，就会吼叫他“不要贪玩”“不要不懂规矩”“不要不懂装懂”“不要惹我生气”……其实，孩子为什么会对父母的话“听而不闻”？就是因为这个“不要”。从小就开始听，每天重复无数次，很快就听够了、听烦了、充耳不闻了！家中若是正好有对万事万物充满好奇、主动探索世界的小孩子，就把那些贵重的、易碎的、会影响到身体健康的东西放在孩子看不到、够不到的地方，从而减少对他说“不”的次数。而面对大一些的孩子，如果不是什么涉及人身安全、影响他人的行为，可以尝试用其他积极的方式沟通，或者用自己的行为去带动孩子，言传身教，减少对他说“不”的可能性。

“近朱者赤，近墨者黑。”自律是可以“遗传”的。孩子是父母的镜子，想要孩子成为什么样的人，我们就要做什么样的人。

家里或班里要制定规范规则，父母可以在家里制定清晰明确的家庭规则，老师在班里制定班级规则，然后大家遵守，如果规则被破坏，那么就要去承担后果。这时，孩子会需要根据规范来限制自己的行为，促使自己做出正确的决定。

家长和老师还可以通过帮助孩子找到感兴趣的事情，激发孩子的积极性和主动性，来帮他自律。

最高境界的自律莫过于自然而然的习惯。培养孩子良好的生活习惯和学习习惯，让自律变成习惯，让习惯变成自然。

2. 满足与成功

心理学研究告诉我们，每个孩子都有成就的需要，都希望又快又好地完成困难的任务，获得成就感，这样孩子才能快乐，如果满足了孩子的这种需要，孩子就会渴望克服更大的困难，获得更大的成功。我们需要不断地给孩子创设机会，使其获得成就感；还需要不断地给孩子反馈，给出积极的肯定和鼓励。

尤其是学习成绩不理想的孩子，更需要家庭的肯定和鼓励。因为他们在学习上很难找到自信，学习上很少取得成功，从而很少得到心理上的满足和乐趣，尝不到学习的甜头。而且，由于学习总是失败，且存在一些不良行为，得到的多是教师的批评、家长的指责、同学的冷遇，久而久之，这部分学生便会失去对学习的兴趣。如果我们能够帮助他们取得一点成绩，并给予及时的鼓励和表扬，使他们尝到“成功”的滋味，这就有可能成为他们学习的转折点。

有人曾经做过试验：把学生分成四组练习，受到表扬鼓励的一组成绩进步最显著；受训斥批评的效果次之；受忽视的小组（只旁听别的组受表扬或训斥）为第三；控制组（即单独练习，不给任何评价）为第四。这说明了正确的评价特别是表扬鼓励的作用。

成就感就是当人在学习上或工作中取得成功，愿望达到时产生的满足感。如果由于成功而受到鼓励和表扬，就更加强了这种感受，并会产生继续追求满足的需要，从而产生进一步学习或工作的兴趣和动机，促使人们再次去获得成功。莫言为什么会喜欢写作？他自己回忆说，就因为小学三年级的语文老师很喜欢他，把他的文章当作范文读出来。因此，教师、家长一定不要吝啬自己的鼓励和认可，要看到孩子的进步、认可他的努力、承认他的价值，要多一些鼓励性的语言："虽然你那么累了，但还是坚持完成了，真不容易！""这次完成作业的时间比以前短了一刻钟，有进步！""这个问题虽然你不会，但是你现在不用发脾气的方式表达了，妈妈很高兴！"

孩子的学习生涯中，如果总是受到家长和老师的批评、指责，基本得不到表扬和鼓励，很容易挫伤其学习的信心。家长不要动辄就拿孩子比较，任何比较都是有害的。每一个孩子都有自己的个性，每一个孩子都应该在他实际的基础上发展，而不是做别的孩子的复制品。

3. 展示与成就

孩子有表现的需要，希望获得注意、留下印象、感受激动和愉快，必要的时候，我们需要为他创设一些表现的机会，让他感受到激动、愉悦，这样他的生命才会有质量。

埃里克森人格发展阶段理论中提道：学龄期7—12岁的孩子正处于勤奋对自卑的冲突时期，如果他们能通过努力达成自己的学习目标，就会获得成就感，这使他们在今后的独立生活和工作中充满信心，反之他们就会形成自卑感。

放手给孩子机会，我们需要做的就是等待和鼓励，当孩子遇到很大的困难时，我们需要给予及时的支持，每次给予他的任务和目标是他能够做到的，慢慢积累成功的体验，就能增加他的成就感。

4. 自律与秩序

孩子有有序的需要，希望有序地安排和组织自己的事情。家长要更多地给他们创造“自己的事情自己做”的机会，让他们整理玩具、收拾屋子，允许他们按照自己认为正确的顺序来收拾。

班级规则的建立是不可或缺的，比如说，老师上课的时候，如果有人讲话，有的小朋友就会制止，说明他是希望进入一个良性的秩序中去。所以课堂的秩序、校园的规矩，该有的还是要有，这也是为了满足孩子们的本能需要。

关于儿童的自我实现需要，推荐一部电影《放牛班的春天》，内容梗概如下：

才华横溢却穷困潦倒的音乐家马修没想到这一群让所有老师和家长都束手无策的坏孩子，居然唤醒了他沉寂多年的音乐梦想，使他的创作灵感源源不断。而孩子们更没想到，冰冷昏暗的监狱学校会因为一个发福秃头的男人马修而迎来春天。马修传授知识，教导做人，威严而和蔼，像父亲又像朋友般地帮助孩子们建立和父母沟通的桥梁。马修为了教导皮埃尔不再骄傲自满和脱离团队，故意先将他晾在一旁，直到独唱部分再突然点名皮埃尔。影片的最后，一个籍籍无名的音乐家，一个平平无奇的乡村老师，孑然一身而来，满载荣光而去，却成就了孩子，也成就了自己。

关于儿童的自我实现需要，还有一部电影《奇迹男孩》，内容梗概如下：

小主人公奥吉天生患有面部缺陷，医生断定他活不过3个月，但奥吉凭着旺盛的生命力活了下来。之后奥吉又经历了多次面部整容手术，这让他的脸部十分扭曲。由于从小常常受到同龄人的嘲笑、霸凌，奥吉由母亲在家里教导，五年级时，在父母、老师的鼓舞下，奥吉终于有机会进入普通学校学习。初进学校的奥吉因为自己的长相受到同学们的嘲笑和欺负，但是妈妈告诉奥吉，脸上的疤就和妈妈脸上的皱纹一样，是特色，而不是丑陋；爸爸总是抓准时机鼓励、赞扬奥吉，使奥吉真正融入家庭、走上社会；姐姐一如既往地陪伴弟弟走出挫折……

在爸爸、妈妈、姐姐、老师以及好友的帮助下，奥吉最终找到了自信，积极面对生活，逐渐摆脱心理阴影，获得了优异成绩，赢得大家的尊重，完成了个人自我实现的愿望，并用自己的行动改变了其他人的看法。

电影告诉孩子们：有缺点不用怕，起点低更不用怕，只要肯直面自己的弱点，然后鼓起勇气去努力，终会成功。真正令人有感“奇迹”的，是每个人面对挫折、难题都仍旧不失的那颗淳朴善良的本心。充满善意的世界如此温暖，深切的人文关怀所照亮的并非仅是像小男孩奥吉这样的特定人群，而是每一个观众的心。

六、儿童的自我超越需要

儿童有自我超越的需要，其中包含求知需要、顿悟与得道的需要。

1. 探索与求知

儿童有认识的需要，儿童有调查和探究的本能，探索是儿童本能的冲动，好奇、好问、好探究是儿童与生俱来的特点。对于幼小的孩子来说，生活中所有没有见过的事物都充满着神秘感，孩子会带着强大的好奇心去探索，去发现生活中的乐趣。他们渴望了解世界，渴望解答生活中的种种疑问。而这种好奇心，是孩子们探索世界、发展个人能力的重要推动力。他们需要去探索、阅读和寻求知识，渴望有探索、阅读和寻求知识的机会。建议每个月给孩子买本书、探索生活中的奥妙；经常带孩子去没去过的地方以扩大生活圈：接触不同的人、不同的场合，应对多样的突发状况；让孩子们参与到日常生活中来，比如让他们参与到家务中，参与到烹饪中，参与到大自然的探索活动中，让他们体验获得劳动成果的快乐。要让孩子们理解每个动作背后都有其深层的原因，都有其独特的规律；放开孩子的手脚，让他们在安全范围内自由活动；尊重孩子的质疑声；分享孩子的兴奋发现，兴奋着孩子的兴奋，让孩子感受到家长也和他一样十分惊讶、十分快乐，使其有一种认同感、喜悦感，激发孩子更饱满的想象力和更广泛的探索欲；回答孩子提出的疑问，不敷衍；以提问的方式激发孩子的求知欲；借助故事书激发孩子的求知欲；提供探索所需的材料，如剪刀、裁纸刀、胶水胶带、试管、量杯、颜料、天平、放大镜、温度计、指南针、电线、开关、磁铁以及制作的万花筒、摇筒、响筒等。

孩子有获取的需要。所谓获取就是获得知识，就是满足求知好奇心的本能。家长和教师要不断地给孩子提供各种各样的学习机会，给他们讲故事，带他们动手做，陪他们做游戏，让他们获得真实的求知的幸福。

好奇心是由新奇刺激所引起的一种朝向、注视、接近、探索心理和行为动机。它是人类行为的最强烈动机之一。其强弱与外界刺激的新奇性与复杂性密切相关，刺激愈复杂愈新奇，则个体的好奇心愈强。求知欲是一种认识世界、渴望获得文化科学知识和不断探究真理且带有情绪色彩的意向活动。苏霍姆林斯基说：“人的内心有种根深蒂固的需要，总想感到自己是发现者、研究者、探寻者。在儿童的精神世界中，这种需求特别强烈。但如果不向这种需求提供养料，即不积极接触事实和现象，缺乏认识的乐趣，这种需求就会逐渐消失，求知兴趣也与之一道熄灭。”人们在实践活动中，感到自己缺乏相应知识，就产生了探究新知或者扩大、加深已有知识的认识倾向，这种情境多次反复，认识倾向就逐渐转化为个体内在的求知欲。家长要试着去接纳孩子的好奇举动，满足孩子身上的探索欲望：好奇心和求知欲的产生和培养与环境的刺激密切相关，可以带孩子参观博物馆、科技馆，那儿提供信息、讲述事实、解释、示范；让孩子多感受变幻莫测的自然风光、五光十色的艺术品、扑朔迷离的社会生活，通过知识激发引导孩子的求知欲。日常生活中可以带孩子在体验中激发求知欲：让他们亲自去看看、听听、闻闻、尝尝，甚至摸、掰、拆等摆弄一番；把望远镜、放大镜、地球仪等作为奖品买给他，激发其探索欲与求知欲；通过科学小实验、户外探险和日常观察等活动，让儿童自己去获取知识，在实践中学习和成长；还可以让孩子自由制作简单的玩具，自己设计一种游戏等，安排一些力所能及的活动，让孩子操作，提供动手机会，玩中学、做中学，使孩子从中尝到成功的快乐。孩子的求知欲往往表现出随机性，今天特别喜欢这个，明天非常喜欢那个，再过两天可能对什么都不感兴趣了，家长每次都要从孩子的兴趣点里帮他解释由来、原理，让孩子体验到知识带来的作用和快乐：当孩子喜欢一样东西的时候，要为他们提供充分的时间和物品，让他们去做这件自己喜欢的事情；当孩子遇到困难时，家长可以给予指导和支持，帮助孩子克服困难，增强自信心和成就感。

2. 顿悟与得道

顿是突然，是“顿时”“立刻”“马上”“一瞬间”等这样的意思；悟是获得，是“醒悟”“领悟”之意。顿悟是“瞬间醒悟”“顿时醒悟”，即突然间明白了什么，恰如开窍，在短时间内理解了某些事物的原理、掌握了解决问题的诀窍。其本质是打破了旧有的思维，重新建立起了一种新的思维方式。

有时我们会对一个问题百思不得其解，而当我们放弃后，又会在某些毫不相干的情形下，迅速了解到当时不明白的道理。在顿悟发生前，人们往往已经经过了长时间的主动思考，只是暂时没有找到解决思路。顿悟也好比是量变到质变的过程，长时间的积累，突然间某个视角、方法，一下子灵光乍现，找到了事物间的根本关联，让他们形成恰当的联系，帮助自己找到合适的解决方案。生活中经常有这样的人，过去并不怎么样，但某一天突然就像开了挂一样，什么都懂了，成绩一冲到顶，从落后跑到了前面，这在高中的男生里比较常见。有时候一道数学题从之前怎么也无法理解，到某一刻突然把它想明白了，解开了，然后一通百通，脑袋就像有一个机关被打开了一样，从此所有的题都能轻而易举地解答出来。其实此前一定都有很长时间的量变式的积累，只不过到了质变的点，仿佛有人将顿悟前百思不得其解的答案送进了他们的脑子里，难题一下子就迎刃而解。

儿童的学习是个循序渐进的过程。有时对我们大人来说是极其简单的问题，但是由于他基础积累不够，怎么都跟他讲不明白，大人可能气得七窍生烟，可孩子一脸茫然。其实顿悟需要不断积累知识与经验，只有打好了基本功，才能做到游刃有余的顿悟。就好比是登高，某个梯级有人轻松拾级而上，可是有人怎么努力也爬不上去，无论他人怎么前推、怎么托举、怎么拉拽、怎么提拖都无济于事，此时需要的是找到一块垫脚石，将一级分解成两级甚至三级、四级，于是也能爬上去。

面对悬而未解的难题苦思冥想不得其法，家长和老师不要暴躁，越催越急、越急越糊涂，心理学告诉我们，大脑放松更容易产生灵性；紧张状态下容易卡壳。古印度的释迦牟尼在菩提树下静坐顿悟成佛；中国明代的王阳明在龙场悟道开启了心学的知行合一、致良知；英国的牛顿是躺在树下休息的时候被苹果砸出的万有引力顿悟；俄国的门捷列夫是在睡梦中悟到可以像扑克牌那样排列元素周期；德国的凯库勒是在火车上打盹时梦到了一条蛇咬住自己的尾巴，从而悟到了苯分子的环形结构；美国的沃森在梦中看到了两条螺旋线交织在一起，就像楼梯的扶手一样，让他悟到DNA可能是由两条链组成的双螺旋结构……大脑高度放松时，就像在睡眠时对白天的经历和记忆进行整理和加工，大脑可以自由地组合和重组不同的信息，从而产生新的想法和解决方案。事物可以从很多的角度去观察，只从一个角度去观察的话，只能看到局部，得出的结论也会是片面的；多角度思考则能把一件事情的全貌观察清楚，得出的结论会更加全面和客观。

孩子“卡壳”的时候，最需要的是更多的基础积累、多视角看问题，思路打开了便会豁然开朗、柳暗花明。每个孩子都期待有这样的时刻，那是无上荣光的精神幸福，是孩子的本能需要；而对家长和老师而言，“卡壳”只是孩子暂时的“混沌”，需要帮他建立信心、多鼓励，需要更多的耐心、学会等待。

孩子还有建构的需要。他们需要组织和建立，组织已有经验、建立新的系统，突发奇想有所收获会无比兴奋，顿悟或发现都会让他们欣慰、有满足感。

真正爱孩子的人，一定会努力让孩子有一个幸福的童年，以此为孩子一生的幸福奠定基础。主要有三点：

其一，舍得花时间和孩子游戏、闲谈、共度时光，让孩子经常享受到亲情。

其二，保护孩子天性和智力的健康发展。

其三，注意培育孩子的人生智慧和独立精神，不是给孩子准备好一个现成的未来，而是使孩子将来既能自己去争取幸福，又能承受人生该有的困难。

既然爱，就要做到两点：一是让孩子现在快乐，二是让孩子未来幸福。

和孩子相处，最重要的原则是尊重孩子，从根本上说，这就是要把孩子看作一个灵魂，即一个有自己独立的人格的个体。

关于儿童的自我超越需要，推荐大陆放映的第一部台湾电影《汪洋中的一条船》，内容梗概如下：

郑丰喜先天双脚畸形，差一点就被家人放弃，幸而有爷爷与二婶等人的呵护与庇佑，才得以新生，并能从艰难困苦的人生境遇中成长起来。6岁时爷爷去世，丰喜只好跟随着耍猴人赵老伯，两人相依为命，街头卖艺。赵老伯突发心脏病去世后，他流浪街头，遇到同乡被带回老家，他跟着五哥养鸭的时候又差点在洪水的激流里丧生。

艰苦的人生磨难，孕育了丰喜自强不息的毅力与求存的积极精神。丰喜不但靠着超乎常人想象的努力在社会上生存了下来，还逾越了种种障碍走进了学校求学，并在要奉养家庭的压力下仍然取得了让人无法想象的优异成绩。因为自身的残疾，丰喜也遭遇到了一些老师的刁难以及同学的侮辱，但丰喜宠辱不惊，以他的聪慧及过人的勇气赢得了大家的尊重。

为了完成中学学业，丰喜到处打工，他以一篇《汪洋中的一条船》参加了作文比赛，引起了社会很大的反响。许多人表示愿意资助他完成学业，但是他不想过多依靠他人，只想凭借自身努力争取自己的美好未来。结果他不负众望，考上了中兴大学法律系，并继续撰写《汪洋中的一条船》。

丰喜在读高中以前一直是在地上爬行，考入大学时，善心人士徐锦章大夫被他的精神感动，主动免费为他安装义肢，使他从20余年的长期爬行中站立起来，实现了丰喜能够站着走进大学校门的愿望。

出身贫寒、先天性小腿萎缩双足畸形的郑丰喜用自强不息的毅力和求存图强的进取精神，战胜了常人难以想象的困难，考上大学，收获爱情婚姻，成为一名对社会有所贡献的中学老师。戏里戏外表达的是“天行健，君子以自强不息”的中华精神。

关于儿童的自我超越需要，推荐奥斯卡最佳影片之一的《阿甘正传》，内容梗概如下：

上天给了阿甘仅仅75的智商和并不好的一双腿，他戴着矫形器才能勉强行走。为了让阿甘躲避欺负他的孩子的追赶，好朋友詹妮冲他大喊“run, just run”，从此阿甘一直在不停地跑。

跑进大学，跑过橄榄球场，跑过越战，跑过死亡。跑，带给阿甘巨大的荣誉——战争英雄、明星球员、乒乓球外交大使，甚至是拥有十几条渔船的公司股东。跑也带给他信仰，面对命运，阿甘所做的只是别停下一直前进的脚步，超越自我。阿甘经历了世界风云变幻的历史时期，但无论何时，无论在何处，无论和谁在一起，他都依然如故，纯朴而善良。

阿甘的妈妈并没有因阿甘智商低就放弃对他的培养，而是让他入学受到好的教育，并教育阿甘从小树立信心，告诉阿甘生活就像一盒巧克力，你永远不知道会得到什么。她是伟大、智慧的母亲，面对一个智障儿，单亲的她没有灰心丧气，而是积极耐心教导，用她特有的方式把阿甘培养成材。我们何尝不需要像阿甘那样一直向前？人生没有退路，请带着阿甘那样的纯真与不奢求，与孩子一起，不为赢了谁，只为超越自己，向前、向前、向前！

延伸阅读（使用这些标题在互联网上可以搜索到相关资料）

1. 孩子的需求该不该满足？不恰当的做法，影响孩子一生
2. 儿童的15个基本需要
3. 孩子最希望家长知道的七件事
4. 生命早期1000天决定一生健康
5. 于伟：教育要满足与引领儿童对美好生活的需要
6. 学生超爱的非物质奖励清单
7. 孩子的基本需求里，大多数家长忽略了这几件事
8. 请确定到底是“孩子需要”还是“你需要”
9. 孩子身上有这6个迹象，说明你把孩子养得很好

参考文献

1 刘晓东. 儿童的本能与儿童的教育[J]. 学前教育研究, 2000（02）: 14-16.

2 艾格妮丝·赫勒. 人的本能[M]. 邱晓光, 孙文喜, 译. 沈阳: 辽宁大学出版社, 1988: 27.

3 王伟. 试论本能行为与习得行为的关系[J]. 宁夏大学学报（人文社会科学版）, 2005:（02）: 74-75.

4 威廉·麦独孤. 社会心理学导论[M]. 俞国良, 雷雳, 张登印, 译. 北京: 北京大学出版社, 2010: 77.

5 罗道友. 需要——人的发展的内在动力 ——从马斯洛需要理论看人的发展[D]. 湘潭: 湘潭大学, 2007.

6 美通社. 联合国回应自在呼吸计划, 认同儿童呼吸洁净空气权利的呼吁[EB/0L].（2021-11-20)[2023-08-20].https://baijiahao.baidu.com/s?id=1716896881022216696&wfr=spider&for=pc.

7 周启艳, 李国葱, 唐植成. 我国水体重金属污染现状与治理方法研究[J]. 轻工科技. 2013, 29（04）: 98-99.

8 蔡如鹏. 人类80%的疾病与饮用水不安全有关[N]. 中国新闻周刊, 2007-07-02.

9 余一丁. 专家呼吁重视饮用水安全与健康[N]. 光明日报, 2006-08-07.

10 权永妮. 七大营养素与人体健康[J]. 科技信息, 2012(36): 160-162.

11 中国营养学会. 中国学龄儿童膳食指南[M]. 北京: 人民卫生出版社, 2022: 64.

12 曹淑芬. 每晚睡眠不足5小时的人易患老年痴呆症[J]. 家庭医学（上半月）, 2021（05）: 33.

13 苏婷. 中国青少年研究中心发布报告显示 我国中小学生每天平均睡眠不足8小时[J]. 中国教育学刊, 2011（06）: 92.

14 孙思邈. 千金翼方[M]. 北京: 中国医药科技出版社, 2011: 8.

15 徐倩. 婴儿的衣物选择与身心健康[J]. 儿童与健康, 1997（06）: 47.

16 彭仕友，莫小华. 关于儿童穿衣及运动情况与身体健康状况的研究[J]. 中国现代医学杂志，2010，20（04）：634-635.

17 方冰青. 重视早期1000天 把握健康起跑线[J]. 健康博览，2020（02）：4-7.

18 黎海芪. 重视儿童缺铁性贫血的防治[J]. 中华儿科杂志，2008，46（07）：484-486 .

19 钱志亮. 科学的早期教育——培养聪明灵通的孩子[M]. 南京：南京出版社，2017：77.

20 钱志亮. 科学的早期教育——培养聪明灵通的孩子[M]. 南京：南京出版社，2017：78.

21 纪诗雨. 贫民窟里的百万富翁——评影片《天堂的孩子》[J]. 电视指南，2017（12）：29.

22 吴艳平. 来自天堂的美好与感动——浅谈《天堂的孩子》[J]. 安徽文学(下半月)，2009（03）：111.

23 大达珍. 埃里克森人格社会心理发展理论指导下的幼儿独立性培养[J]. 收藏界：名师探索，2019（03）：200-201.

24 爱利克·埃里克森.童年与社会[M].高丹妮,李妮,译. 北京：世界图书出版有限公司，2018.

25 爱利克·埃里克森. 生命周期完成式[M]. 广梅芳，译. 北京：世界图书出版有限公司，2020.

26 爱利克·埃里克森. 游戏与理智：经验仪式化的各个阶段[M]. 罗山，译. 北京：世界图书出版公司，2016.

27 爱利克·埃里克森. 身份认同与人格发展[M]. 北京：世界图书出版有限公司，2021.

28 爱利克·埃里克森. 同一性：青少年与危机[M]. 北京：中央编译出版社，2015.

29 林静.青少年自我同一性发展的相关因素研究述评[J]. 社会心理科学，2007，22（01）：50-54.

30 张建人，杨喜英，熊恋，等．青少年自我同一性的发展特点研究[J]．中国临床心理学杂志，2010，18（05）：651-653.

31 笑谈．陪伴，世界上最重要的事[J]．中国民族教育，2015（09）：7.

32 王星妮．谈家庭结构对儿童个性形成的影响[J]．文教资料，2013（04）：122-123.

33 边玉芳，田微微．对家长教育问题的思考与对策——基于《全国家庭教育状况调查报告(2018)》部分结果解读[J]．中国德育，2019（03）：37-41+46.

34 杨元魁．毒性压力对儿童脑与行为发展的影响[J]．教育家，2018（28）：56-59.

35 昌成明．当前我国家庭教育存在的问题、根源及建议——对《全国家庭教育状况调查报告（2018）》的初步分析[J]．现代教育论丛，2020，39（02）：46-50.

36 北京市妇女联合会．建和谐家庭 享幸福生活[M]．北京：中国农业大学出版社，2011：188-189.

37 王跃生．中国当代家庭关系的变迁：形式、内容及功能，人民论坛，2013（23）：6-10.

38 钱志亮．科学的早期教育——培养聪明灵通的孩子[M]．南京：南京出版社，2017：147-162.

39 瑞典-兰斯克鲁纳-拉尔天厄斯金、英国-纽卡斯尔-拜克综合体等就是建立起有一系列户外空间的住宅区，在住宅区边上形成半公共的、亲密的、熟悉的过渡区空间，通过改善户外逗留的条件，使居民们相互了解，找到归属感。

40 阿尔弗雷德·阿德勒．自卑与超越[M]．马晓娜，译．长春：吉林出版集团有限责任公司，2015.

41 李小勤．学校归属感干预对青少年抑郁的影响：神经质的调节作用[D]．武汉：华中师范大学，2018.

42 果胜男．成年人的怀旧心理及与归属感、抑郁的关系研究[D]．保定：河北大学，

2015.

43 叶茜. 好孩子标准之我见[J]. 丽水学院学报，1994（01）：84.

44 李鑫. 孩子任性行为背后的真相[J]. 幼儿教育导读（家长版）上半月，2010（06）：3.

45 陈会昌，李冬晖，侯静. 在家庭自由游戏中母亲的控制策略与儿童的顺从行为[J]. 心理学报，2003（02）：209-215.

46 王小英. 探寻儿童游戏意义的新视野[J]. 学前教育研究，2006（10）：29-31.

47 新浪网-张德芬空间. 孩子常说这4句话，是在向你"求助"，你能听见几句？[EB/OL].（2023-03-23）[2023-08-20].http：//k.sina.com.cn/article_5734996980_155d51bf4019012kvo.html.

48 陈宇. 好好珍惜这份爱——观《妈妈再爱我一次》有感[J]. 小学生作文辅导：读写双赢，2017（01）：79.

49 席西民. 爱，需要边界[J]. 教育家，2020（21）：38-39.

50 袁坚. "边界感"缺失是很多问题的根源[J]. 为了孩子：3-7岁(下)，2018（01）：14-15.

51 吕若琦. 最好的关系，是彼此保持"界限感"[J]. 健康生活，2021（02）：19-22.

52 晏妮. 守住边界，悦纳生命本来的样子[J]. 教育家，2020（43）：32-33.

53 齐加全. 厘清边界，互融共赢[J]. 教师博览，2021（32）：21-22.

54 郭丽娜. 尊重、理解、真诚——班主任与学生沟通的必备神器[J]. 中国校外教育，2016（S2）：357.

55 仇建平. 爱·尊重·师德[J]. 吉林教育，2011（31）：138.

56 董彩霞. 尊重学生　做学生的良师益友[J]. 教书育人（教师新概念），2012（09）：13-14.

第六讲

无条件接纳孩子

——情感成熟的标志

曾经看过一项研究，研究邀请了73对母子背靠背给对方打分。妈妈对孩子总是以满怀期待为借口百般挑剔，比如“他总是喜欢拿袖子擦嘴巴”“他就是不肯吃饭”“什么青菜他都不爱吃”“好像总没长耳朵”“他有时候就是不听我的话呀”“总爱哭”……“理性”的妈妈对孩子打分一般都是5—8分，总是无形中带着很多附加条件，对孩子的要求和期望太高，无论孩子怎么做，都达不到家长心目中完美孩子的形象。其本质上就是总把视线聚焦在孩子的短板上，着眼于扣分项，忽视孩子的优点，对孩子是有条件地接纳。相反，“感性”的孩子对妈妈却十分满意，看到的是妈妈的一个个细小的优点，着眼于加分项，毫不吝啬地都给妈妈打了满分，都无条件接纳。难道每个妈妈都是满分的妈妈吗？在孩子的眼里，因为爱，所以妈妈都是满分的，考虑都不用考虑，孩子的爱最纯粹，没有附加条件。

一位妈妈曾经自我反思，这样写道：我心情不好，会对他大发脾气，命令他应该怎样，必须怎样；他不高兴时，说话声音稍大点，态度不热情，就会立即被我责备，他委屈但会承认错误，保证再不重犯；我生气不理他，他不会讨厌我，会努力克服恐惧讨好我，哪怕我推开他、打了他，他哭着也依然紧紧抱住我的大腿；我累了，可以自己安静地待着休息，可以不准他烦、不准他靠近，他累了哭了，我说的最多的是“不要哭”“别怕苦，别怕累”“要勇敢”，他抹着眼泪按妈妈的意思一次次坚持……孩子看父母的眼光是最热忱的，孩子的心灵是很敏感的，孩子的内心是很强大的，其实我们爱孩子远不如孩子对我们的爱：专一、真诚、炽热、单纯。

当催他多少遍他还是不动“窝”的时候；当反复提醒、强调而他当“耳旁风”的时候；当工作繁忙，千头万绪、压力很大的时候；当生活中遇到一些不顺心，无处发泄的时候……孩子的一点小错，甚至算不上错，却像一根导火索，让大人难以控制情绪，失去耐心，对他吼，对他发脾气，甚至施暴。父母总是把最差的脾气和最糟糕的一面给了最亲近的人，忘却了孩子是亲生的、亲生的、亲生的！

你可曾倾听过孩子的心声？

“妈妈，有的时候你会忽然发火，我只能按你的意思做，但我并不明白自己原来哪里做错了。”

“妈妈，你不高兴的时候，其实我心里也感到很难受。”

“你有时候会打断我的话，总是先跟别人讲话，明明是我先讲的，我还没讲完。”

“妈妈，我们在一起的时候你总是想事情，或者看手机，我的话你听都没听进去。”

“妈妈，你晚上睡不着可以起床上网、看书、看手机，但我有时候睡不着，你就会发火、吼我，甚至罚我……”

曾经读到过一篇文章《妈妈，请别老对我发火》[1]，文章以孩子的口吻这样写道：

妈妈，我咿呀学语时，你不停地对着我重复，哪怕一个字；

我蹒跚学步时，你总是张开双臂，对我说，来吧，不要怕；

你的耐心，让我学会了走路和说话；

现在，我人生之路刚起步，尝试着挣脱你的搀扶，去探索我周围的一切。

妈妈，你为什么突然变得怒目圆睁，说着刺耳的语言，对着我大叫大嚷？

我出生睁开眼看到你的时候，你是我眼中最美的天使。

你不愿意看到我的痛苦，我也不愿意看到你现在因为愤怒而扭曲的脸庞。

我真的好想努力做好，我真的很害怕，我怎样才能让你重新成为我的天使妈妈？

从这段话中我们反思，是孩子错了吗？不！是家长的心态出了问题，由无条件接纳变成了有条件接纳。在小朋友的眼里，无论父母在社会上是贫穷还是富有，是学富五车还是大字不识，大多数孩子爱父母是没有先决条件的。然而，到了父母这里，孩子越大，缺点就变得越多；孩子越大，似乎就越不可爱了。孩子的出生不是自己选择的结果，出生后就没法退货，家长必须对自己的行为负责。

义务教育是个舶来词，英文叫“compulsive education”，原意是“强迫性教育”。一定年龄段的孩子必须都在学校接受教育，是强制性的。去上学是政府的强迫，但并不是所有的孩子都是读书的料。哪个孩子不希望自己读书优秀？但是天分就那么多，别无选择，只好硬着头皮去上学。没有孩子哪有教师这个职业？学生学不好，不仅仅学生自己有责任，其实老师也有责任，如果全怪学生不用功，这是不讲理的。

一、无条件接纳

这几年，“无条件接纳”一词都快被用烂了。无论是心理咨询还是亲子沟通、家庭教育领域，都在强调“接纳”。但很多家长仍然有疑虑：无条件接纳不就是意味着允许孩子做任何事情吗？如果是，那不就成溺爱了吗？

1. 什么是接纳？

接纳是指不带任何评判地接受孩子的真实现状，了解孩子在不同成长阶段的特点，理解孩子的感受、想法和行为。爱孩子是本能，但接纳孩子则必须通过后天的学习而习得，接纳需要宽广胸怀的包容和共情同理心的智慧。

接纳不是被动地接受，而是坦然接受并包容对方，内心知道孩子这样做是出于何种需求——是想要引人注意，还是想增加对他的陪伴？要让孩子知道：虽然我不喜欢你的某些思想、行为，但是我允许你做你自己。接纳就是安然地接受孩子所有好与不好的情绪、行为，始终如一地爱他。让孩子发展出相信自己、勇敢面对挫折、从容面对复杂世界的力量。

接纳不是忍受。忍受是孩子的种种表现让父母难以调节自己的消极情绪，但是为了做到接纳又不得不压抑自己的消极情绪。这种忍受，不但在教育孩子上没有积极作用，还会让父母总处于消极情绪的旋涡中，影响工作、生活的正常进行。

2. 无条件接纳与有条件接纳

无条件接纳是指家长尊重孩子本身，接纳一个真实的孩子，而不是我们想象或期待的孩子，当孩子达不到我们的期待时，不失望、不放弃，依旧满心欢喜……无条件接纳也是尊重孩子的身心发展规律，根据孩子所处的发展阶段，接纳他当下的状态，让孩子在自然的状态下，按照属于他本人的方向和速度去发展，而不是按照家长的需求去摆布。对于孩子的不合拍或暂时的“不尽人意”，懂得从发展的眼光来看待孩子暂时的“落后”“失败”，不揠苗助长、急功近利，而是尊重孩子的身心发展规律，耐心守候，静心陪伴。

有条件接纳着重于孩子行为的结果：孩子表现良好、

达到要求、听话顺从才会被接纳……有条件接纳是基于成人的价值判断，根据个人的主观感受来决定亲子互动的方式。比如说，当孩子的学业表现好，父母就会多表示一点爱；而当孩子犯错了，父母就会减少表达甚至不表达爱，有时还会出手教训孩子，甚至用冷暴力对待。

其实，无论父母、老师还是孩子，都会有陷入困境和低谷的时候。当我们期望孩子做到完美的时候，孩子却没有对我们提出高要求。父母对孩子的爱应该是纯粹的，老师对学生的爱是不应有任何附加条件的。无论子女成龙成凤还是成鼠成虫，甚至罹患疾病、精神崩溃，都应该接纳他，爱他。

电视剧《人世间》以北方省会城市一位周姓平民子弟的生活轨迹为线索，用文字、镜头、表演述说着在中国社会变迁大背景下，老百姓向往与追求美好生活的坚韧、努力。家中老三周秉昆从小读书就脑袋不灵光，成绩也远不如哥哥姐姐，再加上性格憨厚老实，哥哥姐姐总觉得他“很笨”。他一直都只是个小工人，虽然不能给爸妈争面子，但是他善良、仁义、勤劳、厚道。爸爸妈妈有事的时候，只有他能做到鞍前马后、跑前跑后地精心照顾。对于哥哥姐姐的缺席，他从来没有埋怨过；照顾爸爸妈妈他也从来没有喊过累，没有偷过懒。他没有多么远大的追求和理想，一心只想着照顾好父母、妻子和孩子，把简单的日子过得一天比一天好。他用自己的憨厚和善良成全了哥哥姐姐的精彩人生，撑起了整个家，给了父母一个安稳愉悦的晚年[2]。

成绩好、优秀的孩子，将来可能去大城市，或者出国施展抱负；而成绩不好、不够优秀的孩子，则有可能留在父母身边，让父母真正享受为人父母的乐趣。周秉昆的母亲说过一句话："三个孩子里，两个大的自从六九年（1969年）走后，像是永远地走了，只有这'老疙瘩'（周秉昆）一直在身边。"孩子若是平凡之辈，那就承欢膝下；若是出类拔萃，那就展翅高飞。接受孩子的平庸，就像孩子从来没要求爸爸妈妈一定要有多么优秀一样。

人生不一定非得大富大贵、功成名就，有一些蝇头小利、小滋小味也很不错。我们不能用单一的标准去衡量孩子的好与坏，也不应该鄙视平凡。相反，我们应该欣然接纳孩子的不完美，接纳孩子的平凡。

3. 无条件接纳的意义

无条件接纳需要我们接纳孩子的天性，尊重孩子的创造性和个体差异，激发孩子学习的主动性，让孩子自由发展、自主发展，焕发出蓬勃的生命活力。同时，也需要我们呵护孩子的天分，使孩子真正体会到发展的乐趣，而不是依照传统的眼光，一味地要求或者扼杀其天分。

换句话说，我们不仅要接纳孩子好的方面，也要接纳孩子负面的情绪、犯过的错误以及与生俱来的弱点。因为这些表现不管好坏，都是孩子真实的一部分。有的孩子好动，有的孩子好静；有的爱唱歌，有的爱画画；有的直率，有的细腻；有的做事注意目标，有的关注细节；有的爱在群体中当领袖，有的更懂得与他人配合……我们要努力探究、尝试适合孩子天性、天分的教育方式。在无条件接纳中长大的孩子，更易于建立良好的自我价值感，他们在与父母的关系中更有安全感，更愿意敞开自己，建立更多的信任。

我国国徽、人民英雄纪念碑的设计者林徽因，一直希望她的儿子梁从诫能够子承父业，像爸爸梁思成那样在建筑学上做出更高的成就。所以在梁从诫小的时候，林徽因就把建筑学方面的知识传授给他，并且在外出做建筑文物考察时，只要条件允许，她都会带上儿子，让他耳濡目染。1950年，梁从诫参加高考，他按照妈妈的要求填报了清华大学建筑系。可是，让林徽因万万没想到的是，高考成绩出来后，梁从诫被清华大学拒之门外。这个结果让林徽因无法镇定了。出于对梁从诫学习上的了解，林徽因认为梁从诫没有理由不被清华大学录取。所以她走程序，复核了梁从诫的高考试卷。在复核后她发现，梁从诫的答题都堪称完美。不过她在复核的过程中，在物理试卷的反面，发现梁从诫在空白的地方写了一行小字，说他并不喜欢建筑学，他真正喜欢的是历史。这个发现让林徽因大吃一惊。她这才知道，这么多年来，她和丈夫梁思成一直把自己的想法强加在梁从诫身上，差点摧毁了梁从诫的兴趣。而兴趣才是一个人最好的老师。虽然林徽因和梁思成因为梁从诫没能继承他们的衣钵，感到有些失落和遗憾，但是他们非常尊重梁从诫的兴趣。最终梁从诫入读北京大学，就读他最喜欢的历史专业。之后他成为云南大学历史系的教师，再后来致力于文物保护和环境保护工作，创办“自然之友”。季羡林先生曾这样评价梁从诫：“从诫本来是一个历史学家……然而，他不甘心坐在象牙塔里，养尊处优；他毅然抛开那一条‘无灾无难到公卿’的道路，由一个历史学家一变而为‘自然之友’。这就是他忧国忧民忧天下思想的表现，是顺乎民心应乎潮流之举。我对他只能表示钦佩与尊敬。宁愿丢一个历史学家，也要多一个‘自然之友’。”[3]

4.《牵一只蜗牛去散步》的启示

绘本《牵一只蜗牛去散步》[4]里这样写道：

上帝给我一个任务，
叫我牵一只蜗牛去散步。
我不能走太快，
蜗牛已经尽力爬，
为何每次却总是那么一点点？
我催它，我唬它，我责备它，
蜗牛用抱歉的目光看着我，
仿佛说：“人家已经尽力了嘛！”
我拉它，我扯它，甚至想踢它，
蜗牛受了伤，它流着汗，喘着气，继续往前爬……
真奇怪，为什么上帝叫我牵一只蜗牛去散步？
“上帝啊！为什么？”
天上一片安静。

“唉！也许上帝抓蜗牛去了！”
好吧！松手吧！
上帝都不管了，我还管什么？
让蜗牛往前爬，我在后面生闷气。
咦？我闻到花香，原来这边还有个花园，
我感到微风，原来夜里的微风这么温柔。
慢着！我听到鸟叫，我听到虫鸣。
我看到满天的星斗多亮丽！
咦？我以前怎么没有这般细腻的体会？
我忽然想起来了，莫非我错了？
是上帝叫一只蜗牛牵我去散步。

其实，家长就是文中的“上帝”：家长把孩子交给老师，学不学、学多少、学到什么程度，就看孩子的造化了，家长要学会放手。每个孩子的童年只有一次，别被各种补习班所充斥；孩子有自身的规律，不要太多的人为干预。孩子在他成长的点点滴滴中向我们展示了很多的美和乐趣，只是我们的脚步太快，快得忘记了欣赏，目的性太强，情绪太急躁，总是急于求成，不问过程、只求结果，反而让我们失去了很多无法挽回的东西。很多家长都害怕孩子输在起跑线上，但是其实我们忘记了：孩子的成长不是一蹴而就的，而是循序渐进的过程，只要天天进步，哪怕慢如蜗牛也会爬到葡萄架；孩子的学习是自主、自然的过程，需要我们细腻地呵护。慢养，才能教出更优秀的孩子……人生不是短跑，也不是中长跑，而是一场马拉松——马拉松从来没人抢跑，因为绝不会“输在起跑线上”，马拉松需要的不仅仅是速度，更多的是孩子自身的努力和效率。人生是一个旅游者爬山游览的过程，不是登山者去征服山顶。一个好的家族的意义，不在于有多殷实富贵，而是每一辈都竭尽所能，去托举下一代更上一层楼，一代更比一代强，生活才会有希望。

孩子就是文章中的“蜗牛”：每个孩子都会像蜗牛一样，在成长的道路上流汗、流泪、受伤。但在蜗牛的道路上，虽然总比别人慢上好几拍，却能够在漫步中更加深入地体会到周围的美丽风景——轻柔的夜风，漫天亮丽的星斗，清脆悦耳的鸟叫虫鸣……迟钝、平凡的小蜗牛在慢慢的爬行中感受到的是美丽。这些美丽匆匆而过，常常被大家忽略、错过。孩子小的时候总是被叮嘱“慢慢吃，小心噎着”“慢慢走，不着急，小心摔倒了”“慢慢来，不要让自己太累”……后来不知什么时候就变成各种催促："快起床""快洗脸""快点走""快写作业"……其实孩子还是那个孩子，只是在这个竞争激烈的社会里，大人们的心态变了，变得急功近利、急于求成……现在的快节奏和快生活已深入家长的潜意识中，父母会在不经意中把这种快节奏的标准投射到孩子身上，对孩子就会变成高标准和严要求。蜗牛的慢是为了避免过度消耗能量，也为了避免被天敌发现，从而更好地适应环境。孩子何尝不是？不少孩子已经尽了自己最大努力，取得了进步，只不过因为"天分"差异依旧不如别人。即便是微小的进步，他们也渴望来自家长或老师的肯定，这些孩子的心灵就像干枯的小苗，肯定和认可就是滋润孩子心田的春雨。更何况孩子无论是生理成长还是心理成长都需要十多年的时间，欲速则不达！在孩子成长的道路上，父母要给予孩子足够的时间和空间，让他们有自己的空间和自由，让孩子在认识自己的基础上根据自己的节奏和脚步去进步和发展。童年的美好时光何其短暂，为什么不让孩子尽情地享受呢？

老师就是文章中的"我"：催他，吼他，拉他，扯他，甚至想踢他，有什么作用？爱之深，责之切，但这样只会让自己享受不到伴着孩子成长的乐趣。生活是一面镜子，原封不动地反映你的心态，一个人的心态决定了他是快乐还是痛苦、积极还是消极、感恩还是抱怨。你对生活怎样，生活就会怎样回馈你：当你微笑地面对生活，生活也会回馈你以灿烂的微笑；当你哭着对生活，生活也会还你一样哭丧的脸。当我们静下心来去观察孩子时，就会发现孩子的闪光点。孩子的视角是独特的、让你感动的，孩子们的一个眼光、一句问候、一个举动都不知不觉地向我们展示了生命中最朴实、最美好的一面。教师需要给予孩子一定的尊重和理解，尊重的是孩子的发展规律，理解的是孩子真正的内心世界。要尊重孩子的个性差别，了解孩子的特点和个性，降低对孩子过高的要求，让孩子拥有自主选择、自主抉择的权利，找到适合孩子发展的教育方式和方法，让孩子得到更好的发展。老师要学会尊重孩子的成长规律，允许孩子犯错误，倾听孩子心底的声音，观察孩子的个体和群体成长的水平和阶段，采取科学的方法去引领、陪伴孩子的成长，通过对孩子强项方面的巧妙运用，改变孩子学习和发展的劣势和不足。

教育孩子就像牵着一只蜗牛在散步：和孩子一起走过他的孩提时代和青春岁月。虽然有被气疯和失去耐心的时候，但孩子在不知不觉中向我们展示了生命中最初、最美好的一面。孩子的眼光是率真的，孩子的视角是独特的。家长、老师不妨放慢脚步，把自己主观的想法放在一边，尊重孩子自身的差异性，为孩子提供多样化的支持和帮助，陪着孩子静静体会生活的滋味，倾听孩子内心的声音在俗世的回响。给自己留一点时间，从没完没了的生活工作里探出头，这其中成就的何止是孩子？！不要干预得太多，不要期许得太多，不要违规得太多，只顺其自然，彼此尊重 。“因为爱，天空才蔚蓝；因为信仰，幸福从平淡的生活中浮现。”

二、为什么要无条件接纳

对于这一问题我们从两个角度来讨论：一是家长视角，二是教师视角。

1. 家长为什么要无条件接纳?

（1）孩子是家庭的核心

从家庭发展的生命形态看，孩子是家庭未来发展的重要载体[5]，家庭的发展是以一代代孩子为推动力的，家庭以孩子的发展为共同的价值追求，家庭理应以孩子为重；从孩子生命的脆弱性来看，孩子是弱势群体，理应在家庭中优先被照顾，所以孩子成为家庭的核心无可厚非。

教育孩子是家庭的核心事业，如果这个核心事业做不好，对孩子培养失败，其他边缘性事业——金钱、地位、名望等便因失去依存点而不复存在，结果也只不过是竹篮打水一场空而已。如果孩子的教育失败了，你其他方面的任何成功都抵消不了这方面的挫败，因为你大概率迎来一个困苦不堪的暮年。犹太谚语说："人类有三个朋友：小孩、财富、善行。"说的是世人应有三个根本关注点：小孩是民族的肉体存在，财富是民族的现实存在，善行是民族的精神存在。三种存在在孩子身上实现"三位一体"的融合。对孩子要有一种带有崇高感、神圣感的情感——他们不但是家庭的核心，还是社会的核心。孩子永远是你的，他跟你拥有着最为亲密的血缘关系，也拥有着最为深刻的社会关系。只要你还活着，他们的好坏都是你的，这是谁都不能摆脱掉的关系。如果你不能将教育孩子的核心事业做好的话，其他方面经营得再风生水起也难以心安。

孩子出生后，所有的家庭成员都把孩子作为关注的焦点，孩子就会渐渐地成为家庭的重心。孩子使家庭变得更完整，孩子是家庭的希望，有了孩子的加入，才会让家庭成员更有奋斗的目标。孩子会让家庭成员走到一起，为了这个共同目标一起奋斗，使家庭变得有意义。其实，孩子是家庭的希望，为家庭带来快乐，也是家庭幸福的保障，是家庭成员一切努力的出发点，家庭和睦才会让人更有动力去奋斗。所以说，孩子是维系家庭关系的纽带，也是维系一个家庭的核心。

（2）家是孩子的唯一归属

亲情是维系一个家庭甚至一个家族的纽带，是相互帮助和支持却不要回报的情感，是一个人幸福温暖的港湾和真情守护。家对孩子来说是唯一的归属，是避风港。孩子来到世间最先接触的是他的原生家庭，这个家庭是他成长的摇篮，是人生之旅的第一条航船，也是他避风的港湾。家人对他好，他会产生爱、依恋、信任、安全感、归属感，形成健康人格。家人嫌弃他、骂他、打他，他也没有别的地方躲避，因为他只认识这一个家，只能忍着，离开家他还能去哪儿？无处可逃！

家庭是孩子的依归，一旦家庭有所动摇，孩子就会变得情绪不稳定，坐立不安、容易生气发脾气甚至神经质。信任感、归属感的形成以及安全感的建立都源于家。父母对任何其他成人发脾气，都有可能被怼回来，需要付出代价；唯有欺负孩子没有损失，无须付出代价。只欺负孩子，是因为他们好欺负吗？父母对孩子发泄负面情绪，对孩子来说真的是噩梦般的事情。无论什么时候、什么原因，都要让孩子知道，只要他们回到家里，就是回到了自己的城堡，不用再受外界的指责和压力。父母对孩子的态度会决定孩子对环境的理解和认识。别让自己的孩子害怕回家。

心理学家阿德勒说："一个人终生所追求的两样东西，一个是归属感，一个是价值感。"[6]为什么小时候的冷暖更加刻骨铭心？因为那时候的我们是纯洁、纯净的白纸。第一笔画在上面的颜色，不管是什么都会格外耀眼，再加的其他颜色都会受它的影响。第一笔是底色，以后每一笔都以它为背景。尽管后来的自己足够强大，苦苦挣扎着把底色隐藏起来，让世人看到展现出来的完美颜色，但那不是本来的颜色。如果家庭内战不断，或者始终处于冰冷的状态，孩子的心灵会被深深地伤害，他就无法感受到原生家庭对他的接纳和认可，无从建立起归属感，并且会产生疏离和被遗弃的感觉，产生强烈的不安全感。从小被父母忽视、控制、打骂的男孩子，长大之后可能会变成一个有暴力倾向、控制欲强的男人；而从小被家长抛弃的女孩子，长大之后可能会缺乏家庭责任感，容易爱上花言巧语的渣男。

幸福的人用童年治愈一生。孩子在成长的过程中以及长大后会遇到很多的挫折和痛苦，而小时候的幸福会成为他们最美好的回忆和安慰。想要孩子幸福，就给他一个温暖幸福的童年，那么他的一生都会因此受益。如果一个人在童年时期能够获得充足的无条件的爱，那就更容易造就他健全的性格、积极的心态。同时，因为内心充满爱，所以他才会拥有真正爱的能力，把爱和温暖传递给他人。相反，不幸的人可能要用一生来治愈童年。孩子如果童年不幸，童年阴影会藏在潜意识之中。人生此后遭遇到挫折和苦难，童年阴影就会又跑出来，像乌云一样不断弥散，最后笼罩生活的全部，使人万念俱灰。

人的成长既需要生理营养，也需要心理营养。心理营养来自重要的人的肯定、赞美、认同、鼓励。对孩子而言，“重要的人”唯有家长和老师。有心理营养的家庭和班级，让孩子一想到就会感到温暖和力量，拥有克服困难的勇气和能力。

香港某歌后原生家庭的故事可能大家有所耳闻。她生前被认钱不认人、好吃懒做的妈妈和不明事理、好赌成性的哥哥折磨得死去活来。她承受更多的是来自他们的精神伤害。可以说，她不单是死于癌症，更是死于对母亲、哥哥以及原生家庭的绝望。

青少年自杀排在第一位的原因是家庭矛盾，占比达到33%。一旦没有被心目中最重要的人接纳，孩子便会拒绝接纳自己，而这就是扭曲的自我形象和自卑感的症结所在。中国科学院心理研究所发布的《中国国民心理健康发展报告》显示：2020年，我国青少年抑郁检出率为24.6%，其中重度抑郁检出率为7.4%，并随着年纪增长呈上升趋势。

家庭本来是最能给予孩子庇护的港湾，却在儿童青少年自杀中扮演了最重要的推动者的角色。只有接纳真实的孩子，孩子才有可能珍惜自己的生命。父母足够地接纳孩子，才能建立良好的亲子关系，未来孩子才能够接纳他人，接纳这个世界，在遇到问题时能够冷静地想办法，而不是闹情绪。个性鲜明、不易被别人意见左右的背后，都有一对尊重、理解、接纳孩子各种想法、行为的父母。亲子关系好，孩子背后有一个“靠山”，他在遇到困难的时候就不胆怯。因为有爸爸妈妈在背后支持他，他自然自信，自然有安全感。因为有好的亲子关系，他才愿意内化我们的道德标准，才愿意自律；有好的亲子关系去承接他消化不了的情绪，他自然心理健康，内心强大。

2. 教师为什么要无条件接纳？

（1）校园是孩子待得最久的地方

师生关系有“不平等”的一面，师生平等是政治上人权、法律上人格的平等。知识上的多与少、智力上的优与劣、社会经验上的丰富与贫乏、身份上的教育者与受教育者、育人管理上的管理者与被管理者都表现出不平等。当一个人的某项或者多项权利由另外一个人决定时，双方就不平等了。

在学校，上课不能随意出去；作业要交；成绩由老师评判；老师可以对学生进行奖励和惩罚……这些权利的不平等就会使得师生关系失衡。所以，教师就是教师，学生就是学生，即使师生关系需要友爱、亲密、民主与和谐，但是师生关系的本质是不平等的。

如果师生关系不好，老师和学生天天见面，彼此都尴尬。教育的原点是爱！东方教育的“启发”也好，西方教育的“导出”也好，教育都是需要用“心”来做的工作，用心就是饱含了爱！我总是想，为什么今天有的教师不快乐？因为没有了爱，没有用自己的心来对待孩子、对待工作！教育是人性的领域，可现在一些地方却忽视人性的教育。雅斯贝尔斯在《什么是教育》开篇就写道：“现行教育本身却越来越缺乏爱心，以至于不是以爱的活动——而是以机械的、冷冰冰的、僵死的方式去从事教育工作。”[7]——心死了！

（2）没有学生，哪来教师的职业？

何来的教师这个职业？生产力发展了，脑力劳动从体力劳动中分化出来了，人们为了向下一代传授社会规范和生产经验，于是产生了教育和教师职业。家长生下了孩子，孩子有受教育的需要，国家为了满足下一代的需要而设立了学校，于是学校聘任了教师来教学生。如果没有学生，哪来教师的职业？学生是教育工作者们的“衣食之源”！这样看，教师职业在本质上就要求教师必须爱学生！俗话说，“爱自己的孩子是本能，爱别人的孩子是神圣”，因此教师必须从自我的“小爱”中走到“大爱”，走到“博爱”。师生关系是双方无可选择的“天定”缘分，没有学生便没有了学校，教师就不被需要了。接纳、不接纳，彼此都在那里，彼此都不得不去面对。成年人与未成年人，成年人肯定占优势，但是未成年人必须优先，故而成年人不得不主动。

不由得想起曾经读过的一个美国故事：新学期开始了，一所美国的学校招聘了一批新教师，在上岗培训班结束的时候，校长做总结，她说：我在专业上没有什么要讲的了，下面给你们提出四条建议，希望你们能接受：

第一条，建议你们要爱班里学习好的学生。因为他们将来都会成为专家学者、知名人士，还有可能获得诺贝尔奖，等我们学校搞校庆的时候，要请他们回来装门面的，如果你不爱他，将来他会回来吗？

第二条，建议你们要比爱学习好的学生更爱学习中等的学生。因为将来他们很可能上师范，很可能回校任教成为你的同事，如果你不爱他们，将来同事关系怎么搞？

第三条，建议你们要比爱前两批学生更爱学习差的学生。因为他们将来很可能成为富豪，等学校搞校庆的时候，要靠他们捐钱，如果你不爱他，将来他能给钱吗？

第四条，建议你们要比爱前三批学生更爱那些品质恶劣的学生。因为将来他们都会成为议员，当领导，等我们学校搞校庆的时候，要靠他们撑腰的，如果你不爱他，将来会有好果子吃吗？

这个校长把爱学生看得功利了一些，但从教育的任务来看，教育在于面向所有的学生，无条件接纳每个学生，因材施教，扬长补短，立德树人，把每个孩子都教成人。

（3）接纳、不接纳都得天天见

人是有高级情感的动物，老师如果接纳学生、爱学生，学生会反馈积极的信息，并感到快乐，同时快乐也会反作用于老师，使得老师更加热爱学生，于是更快乐……这是良性循环。反之，不接纳就会导致不快乐，从而会产生倦怠感，引起自我折磨的恶性循环，会导致教育在播种仇恨！

两个生命在世上同时存在过，哪怕永不相遇，其中也仍然有一种令人感动的因缘，更何况师生生活在同一空间，并且能今生相见，这绝对是缘！您的学生正好生在了您服务的区域内，即便非本地出生者，也是为了能遇到您而“专程赶来”，千里迢迢地异地择校，只为了做您的学生！我们生活在同一时代，如果我们的学生早出生30年，人家可能与你我是同学，我们无法做人家的老师；人家晚出生30年，可能你我已经退休，就是想教人家也教不到！所以我能理解为何一个人一生中会遇到“相见恨晚”的人——生不逢时啊！师生在同一空间、同一时间里一起相处、生活，短的不说，长的很可能达到3年、6年，人生能有多少个3年、6年？这岂非是人生中令人感动的幸遇？！师生抬头不见低头见，双方都不能选择——缘；凭什么师生之间要彼此占据各自生命中一段并不算短的时间——缘。这种师生之缘好像让辩证唯物主义关于偶然性与必然性的解释都显得失色。师生之间喜欢，相见了；不喜欢，也要相见——无论善缘、孽缘都是缘！想见的未必能正好分到您班上——岂能如愿？不想见的咱也没法让其“蒸发”——无力回天！此生此世，唯愿能够保持一份曾经安静聆听别的生命、也使别的生命愿意安静聆听的纯真。

学生家长把孩子托付给了教师，家长托付的不仅是孩子的一生，而且是家长晚年的生活质量乃至家庭、家族的希望！我们要摸摸自己的良心问问：我对得起他们吗？党和国家把社会明天的公民交给我们，10年、20年后他们可是国家的希望和民族的脊梁啊！他们能在我们手里成为社会的建设者和接班人吗？从本质上说，对学生负责就是对社会的未来负责！

如果老师把每一个学生都看作是天使，那么跟天使们在一起，自己每天都生活在天堂；可如果老师把每一个学生都看作是魔鬼，感觉每天都跟魔鬼们在一起，那么自己每天都生活在地狱之中。其实，教师每天的生命质量是源于教师看孩子的视角、接纳或者不接纳、有爱或者没有爱，快乐或者不快乐，主动权在教师手里。快乐是一天，不快乐也是一天，何不快乐每一天？因为教育，我们和学生相遇而结缘——教育缘。教育缘不是一面之交，而是很长日子的朝夕相伴。师生因为有缘相遇，所以我们教师会生爱，有爱就会开心！孟子当年以“得天下英才而教育之”为人生三大快乐之一，大概也是如此吧。

三、无条件接纳孩子什么

是不是很多家长觉得，别人家孩子怎么就那么优秀，而自己的孩子不仅没有什么优点，还很淘气，甚至有些不正常呢？其实，总盯着孩子的缺点不放，是一种不正确的心态，有时候学会接纳孩子的缺点，才能让一切问题得到解决。

皮克斯有这样一部特殊的短片《飘》，讲述了一个令人意想不到的故事——孩子居然会飘浮。

有一天，爸爸将心爱的孩子举过头顶，抛向空中，幸福的笑声触动着爸爸的每一根神经，他感到很快乐。然而令人想象不到的是，孩子竟然能像蒲公英一样随风飘起来，爸爸顿时目瞪口呆。当看到别人抱着孩子走来时，爸爸立马慌了，一把把孩子抓了回来，好在及时没被发现，可调皮的孩子又飘向空中，吓跑了抱着孩子的夫妇。这一幕正好又被邻居看见了，爸爸赶紧抱起孩子回到家中，将门关起来。看到别人在议论自己的孩子，爸爸顿时感觉自己的天空变成黑色。这是多么令人痛心的一幕，因为孩子的另类，爸爸一下子苍老了许多。

孩子每天被关在屋里画画，爸爸夺过孩子手中的画笔，试图送孩子去上学，没想到孩子却极不配合。无奈之下，爸爸只能将孩子的书包填满石头，看到周围没人，才能牵着绳子让孩子出来。外面的世界顿时让孩子高兴了起来。可一见到路人，爸爸就赶紧抱起孩子躲起来。看着同龄孩子在幼儿园和父母玩耍的一幕，爸爸的心如同刀割一般。就在此时，孩子突然不见了，原来是孩子飘起来要和小朋友们一起玩耍。这可吓坏了爸爸，爸爸无情地阻止了一切，却换来了孩子的狂跳、暴躁以及大哭大闹。顿时爸爸多年积累在心底的委屈如洪水一般爆发出来，这是多么撕心裂肺的发泄。

“你就不能正常一点吗？”

飞起来的孩子被吓坏了，他低下了头，戴上帽子，流出了伤心的泪水。爸爸一把抱过孩子，看着沉默委屈的孩子，似乎明白了什么，于是坚定地走到秋千跟前坐了上去，跟孩子一起荡起了秋千。看到爸爸久违的笑容，孩子立马高兴了起来，爸爸再也不怕孩子飘起来了，再也不怕别人另类的眼光，笑声又回到了从前。

很多人认为孩子的与众不同需要特殊对待。其实每个孩子的个性都不相同，除了父母的包容外，更希望身边每一个人都不要对任何一个孤独的孩子有偏见，希望每一个孩子都能自由飞翔。

整部短片唯一一句台词，是忍无可忍的父亲的爆发，他对孩子怒吼："你就不能正常一点吗？"就这一句台词，击碎了孩子的心。孩子变得安静，把自己包裹在衣服里，闭上眼睛，泪流满面。何为正常？何为不正常？难道与大多数人不一样的"少数派"，就没有活下去的机会吗？现实中无论是有着先天缺陷的孩子，还是天赋异禀的孩子，在父母看来都有点与众不同，但他们更需要用心接纳和爱。当你发现自己的孩子在某一方面与众不同时，不要急躁，静下心来观察、思考，去发现"不同寻常"背后的另一面，因势利导。也许孩子未来要走的路与你希望的完全不一样，但那是属于孩子自己的风景，他值得被接纳[8]。

短片里的爸爸为了让孩子不受外界的非议，一直选择逃避。这也表明爸爸的内心认可了外界的评价：认为孩子跟别人不一样，是个不正常的孩子。其实，每个孩子都是独一无二的，不需要千篇一律的教养方式。也许我们只是希望孩子变得更好，像我们期望中的那样，但渐渐地，孩子可能会失去探索更多可能性的勇气，失去接纳与众不同的包容力，也可能会像短片《飘》里的孩子一样，大哭大闹，变得叛逆，怨恨父母，这不利于亲子关系的建立和孩子的身心健康发展。当影片中的爸爸最后选择放下焦虑和恐惧，满面笑容，发自内心地接纳孩子，用爱和温柔温暖孩子的内心，让孩子重拾快乐，让孩子做自己的时候，周围的人群也表现得很友好。

1. 接纳孩子的客观存在

孩子出生是既定事实，家长必须去履行抚养的责任和义务。“生则养”，不可拒！生了他，就要养，不管孩子什么样，都必须无条件地接纳孩子出生的既定事实、无条件地将其养大。亲子关系也好，师生关系也好，当孩子已经降生或已经来到所教的班上时，我们唯一能做的就是——无条件接纳。无条件接受客观现实，基于事实的前提再谈改变才是理性的，否则不是盲干就是蛮干，这个不以主观意志为转移！

（1）孩子的性别

有些家长心目中可能想要男孩或是想要女孩，但这不是以人的主观意志为转移的：人类的生殖细胞中，有23对即46条染色体，其中22对为常染色体，1对为性染色体，女性的性染色体为XX，男性的性染色体为XY。生殖细胞要经过两次减数分裂，23对染色体变成23条，卵子所含性染色体只有X一种，而精子可分别含X或Y两种性染色体之一。当精子与卵子结合后，受精卵的染色体又恢复成23对。若含X染色体的精子与卵子结合，受精卵为XX型，则发育为女胎；若含Y染色体的精子与卵子结合，受精卵为XY型，则发育成男胎。所以，生男生女取决于参加受精的究竟是X精子，还是Y精子。而谁优先参加受孕，完全是随机，毕竟X、Y精子的数量各占50%，任何人无法选择[9]。那些所谓“酸碱体质”本身就是个伪命题——医学上根本不存在“酸性体质”和“碱性体质”的说法[10]：有研究员曾用酸性和碱性两种溶液对人类精子又洗又泡，但是结果还是没有发现X精子和Y精子活力的明显区别；而且经不同酸碱度溶液处理的兔子精子，在人工授精后，出生的兔子在性别上也没有显著变化。

（2）孩子的身高

家长都希望自己的孩子比自己长得更高些，男孩都超过175厘米、女孩都超过165厘米。可事实是，孩子的身高，遗传起着重要作用：北京大学儿童青少年卫生研究所数据显示，父亲和母亲身高对后代影响的概率分别为0.89和0.87。这表明孩子的身高由父母共同决定，遗传因素决定孩子的最终身高的约70%。还有30%是由后天因素决定的，这些因素主要包括睡眠、营养、情绪、运动等。世界卫生组织曾经发布亚洲人最新身高预测公式。这个公式是由世界卫生组织根据亚洲人的特点，经过大量的数据调研制定并推广使用的身高预测公式：男孩成年身高（厘米）=（父身高+母身高+13）÷2±7.5厘米；女孩成年身高（厘米）=（父身高+母身高−13）÷2±6厘米。例如，一个男孩子的父亲身高是170厘米，母亲身高是160厘米，那么根据公式，其身高应该是164—179厘米，即（170+160+13）÷2±7.5。如果孩子成长的各方面环境条件都好，就可以长到179厘米，条件差就只能有164厘米了[11]。

（3）孩子的身材

父母都希望自己的孩子身材匀称，殊不知孩子的身材胖瘦也受遗传影响，也是不以主观意志为转移的。目前已经发现了10多个与肥胖症相关的基因，如瘦素基因、瘦素受体基因、神经肽Y基因、β3受体基因、解偶联蛋白基因、抵抗素基因和促食欲素基因等。80%的儿童肥胖是由遗传引起的，父母体重正常，其子女肥胖的几率约为10%；父母一方肥胖的，子女的肥胖率为40%；双方肥胖的，子女的肥胖率为60%—80%[12]。因此，遗传不只是身体基因的遗传，更多的是行为习惯和饮食习惯的遗传。肥胖基因与生活方式、饮食习惯密切相关，控制生活方式、饮食习惯、情绪和心理、运动这几大方面是调控肥胖基因的有效途径。而且无节制的饮食习惯不仅会增加肥胖的风险，还会增加其他慢性疾病的患病风险。更重要的是，如果人体携带有较多的肥胖基因，不健康的饮食还会加剧体重的增长。一项来自伦敦大学医学院的最新研究发现，多吃水果蔬菜、少看电视、作息习惯健康的家庭环境，可以将儿童肥胖的遗传风险降低一半[13]。美国斯坦福大学开展的一项研究结果表明，睡眠持续时间小于或等于4.5小时的人群与肥胖的关联程度要高于睡眠时间为6—8小时的人群。西班牙开展的一项研究也指出，睡眠时间小于或等于5小时的人群肥胖发生的风险是睡眠时间小于7小时的1.33倍。来自乌普萨拉大学的科学家们对15名体重正常的健康人进行了相关的实验，结果也证实一次睡眠不足就会对人体的基因表达、代谢产生特定的影响。[14]

（4）孩子的肤色

家长都希望自己的孩子皮肤白，然而后代肤色主要是父母基因共同遗传作用的结果，相关基因通过控制黑色素的合成、转运及降解途径来控制肤色，当黑色素生成酶的相关基因发生突变或某个核苷酸多态性发生改变时，黑色素生成的相关过程均会受到影响，即皮肤黑色素、胡萝卜素以及皮肤血液中氧化及还原血红蛋白的含量差异导致了人与人之间肤色的不同。一般认为$SLC_{45}A_2$是已知的“色素决定基因”，这个基因上的多态性决定了人的肤色和一些其他动物的皮肤、毛发颜色（同时也是决定眼睛虹膜颜色的关键），而人和动物的白化病则与TYR（酪氨酸酶）基因有关。酪氨酸酶是黑色素合成的关键酶，这个酶不仅决定了肤色的深浅，还与白化病（不产生黑色素）、皮肤癌（没有足够的黑色素保护皮肤免受紫外线损伤）、雀斑、褐斑（黑色素过量表达）等有关[15]。东亚人还有一个特殊的“肤色基因突变”，即色素基因OCA_2上的一个氨基酸突变。这个突变在东亚人群中有着广泛分布，而在非洲、欧洲人中则没有。这个突变会影响黑色素的形成和成熟，因此是东亚人的祖先“走出非洲”后肤色变浅的重要原因[16]。但是肤色的遗传并不是简单的单一基因决定的，而是受到多个基因共同作用的结果，比如皮肤的厚薄特别是角质层和颗粒层的厚度差异。这意味着，子代的肤色可能是父母亲肤色的中间值，也可能是父母亲肤色的某种组合[17]。当父母体内的黑色素较多遗传给下一代时，孩子的肤色可能会偏黑；若父母体内的黑色素比较少，遗传给下一代时，孩子的肤色可能会偏白；若父母一方偏白一方偏黑，遗传时一般总是遵循“相乘后再平均”的自然法规[18]，在胚胎时“平均”后便给子女一个不白不黑的“中性”肤色，给孩子打着父母“中和”色的烙印，但最黑不会黑过父母最黑的一方，最白不会白过父母最白的一方。肤色的生成是综合影响的结果，肤色除了与基因有关外，还与紫外线照射、生活环境、生活习惯等因素有关，比如过度太阳暴晒导致黑色素增多变黑、干燥环境会影响角质层增厚变黑、过度搓擦冲突会使角质层保护性增厚变黑等。需要特别指出的是，那些受民间“以形补形”观念的影响，认为孕期不能吃酱油、黑芝麻、巧克力等说法是没有科学依据的，那些色素均不会被吸收进血液，更不会经过胎盘进入胎儿体内，当然也就不会使胎儿皮肤变黑。

（5）孩子的相貌

很多人都关心相貌的问题，但很遗憾的是，“丑”的基因更强大，是呈显性的。人类群体多样性最直观的代表就是长相的不同。千人千面，人的面部形态是一种由遗传、细胞和环境因素三者协调而产生的高度多态的典型复杂结构，眼角、嘴角、鼻梁中心和鼻尖等特征点之间在三维空间上的高度差、水平距离、角度和比例等构成了人相貌的差异。全基因组关联研究（GWAS）揭示，已有100多个基因座参与面部特征的正常形成，相貌也是受基因和环境相互作用的结果。遗传、发育环境、生活方式甚至疾病等等的共同作用都会影响到基因所表现的分子动态网络，比如像我们熟悉的RNA、蛋白质、有机小分子、微生态群落等最终都会影响我们外观的表型（性状），这里面就有所谓的“长相的特征”。

英国科学家曾经于2014年对197对同卵女性双生子和279对异卵女性双生子进行了人类面部的3D模型比较，总结出来：面部长相的遗传度约为0.7[19]。进一步的研究证据表明，整个基因组范围内的显著基因变异参与了调控整个发育时间轴上控制面部形态发生的细胞类型中的增强子活性。围绕表现一致遗传效应的SNP区域在颅神经嵴细胞和颅面组织中的活性增强子较为丰富。[20]骨性龅牙，起因和种族演变有关，是显性遗传；鼻子大而鼻孔宽的人呈显性遗传，其实这个也解释了为什么生活中鼻头精致的人很少见，塌鼻头、肉鼻子、宽鼻头的遗传概率非常大；高鼻梁是属于显性遗传，如果父母双方有一方有高鼻梁，那么孩子被遗传的比例占60%，有的孩子小时候看起来是矮鼻梁，但长大了就会变成高鼻梁；

下颚也是显性遗传，如果父母任何一位有方下巴，那么子女大概率也是类似的下颌。

父母即使把丑陋的五官遗传给了子女，但有可能通过五官排布变得好看。研究者曾做过一个有趣的调查，研究发现从第三方视角来看，男孩子出生的时候更像妈妈，之后逐步像爸爸，在3岁的时候特别像爸爸，最后又转回来，差不多一半对一半。而女孩子一直都比较像妈妈，虽然随着年龄的增长她和家长双方的相似度都在上升[21]。

同样不以人的主观意志为转移的还有眼睛的大与小、单眼皮还是双眼皮等。至于孩子生下来好看不好看、长得随谁、有没有缺陷、静动倾向以及聪慧情况、学习能力、班级排名……这些都是客观存在的，这些都不是随主观意志为转移而可以任意改变的。

孩子的脆弱性，赋予监护人责任；儿童的发展性，意味着不成熟；儿童的学习性，要求我们做好家长、好老师，引导孩子良性成长。

2. 接纳孩子的平凡普通

绝大多数人都是平凡普通的，翘楚毕竟是少数。人们普遍忘却了如何在平凡的生活与工作中寻找快乐、幸福与平静，而这才是最重要的人生使命。

（1）接受自己的平凡普通

平凡是认识到自己和孩子就是普通的人，有普通的智商、普通的家世、过普通的生活，我们只是万千普通人中的一员。要以一颗平常心去看待孩子，避免步入“望子成龙，望女成凤”的“高期盼——大失望”悲剧中。

父母在准备把孩子培养成精英的时候，一定要仔细看看他是否真的具备某种天赋。同时，也要自省，如果说自己都是平庸之辈，就不要对孩子要求太高了。家长无法接受孩子的平凡，归根结底是无法接受真实的自己，更无法接受有一个平凡的孩子重复自己的命运。中国父母最难接受也最不愿意承认的一个事实就是，自己的孩子很大概率上会是一个极其平凡、极其普通的人。

每位家长都希望自己的孩子高人一等，在比较中获胜才有安全感和愉悦感，以及埋在心里的优越感。如今最流行的一句话是：“我不是过得不好，我是想比你过得更好。”做了父母之后，总希望自己的孩子比其他孩子出色，比过了、超越了，才安心、踏实、快乐、幸福，否则就会不安、焦虑、愤怒、怨恨。与其说那是攀比、好胜、虚荣，不如说是内心充满匮乏、自卑和不安全感。自己的人生碌碌无为、平凡无奇，因为自身的面子和心底的自卑，想让孩子替父母成材，为父母争光，让父母有为之炫耀的资本。凡是需要通过外在或他人来获取安全感的人内心都有着很大的黑窟窿。这个窟窿终究要自己补上，否则遭殃的不仅仅是自己，还有孩子以及身边的所有亲人。有个笑话，父亲对孩子说："你要好好学习，林肯在你这个年龄时是班里最好的学生。"孩子回答："是啊，可我知道，他在你这个年龄，已经是国家总统了！"是呀，有时我们看看自己，也不过是无数平凡人中的一个，又凭什么要求孩子出类拔萃呢？自己不够好，就要求孩子一定要很好；自己不如别人家的父母，就拼命要求自己的孩子一定要赢过别人家的孩子。父母把自己对这个社会的所有不如意都倾注在孩子身上，把自己改变不了的命运全部寄托在孩子身上，对自己和孩子都不好。

成为一个普通人并不可怕，可怕的是无法认识到也不肯承认自己是一个普通人。父母没有焦虑，和孩子交流时就不会传递焦虑给孩子。孩子更能感受到父母纯粹的爱心，亲子关系会更融洽、更和睦！孩子也会因为父母能理解自己而感到高兴和快乐。从小到大老师和学校都在鼓励我们变得优秀，却没有一堂课教我们如何接纳平凡。很多事情我们做不到，本质上是能力不行，能力不行来自我们常常做自己能力范围和认知之外的事情。平凡是看到自己的局限，是了解到生活中总是人外有人、天外有天，毕竟大多数人的智商都一般，那种学习的“天才”只是极少数。我们需要放下自己的比较之心，重新认识自己和孩子：孩子可能不是人中翘楚，可能不是社会精英，但只要他们品性善良，做人做事不违背自己的良心和原则，健康、快乐、踏实地走好人生的每一步，就是一种成功的人生。

（2）接受孩子的平凡普通

要接纳现实中的孩子，而不是期望中的孩子。孩子终将平凡，是每个父母必须面对的现实。中国父母最难接受、也最不愿意承认的一个事实就是，自己的孩子很大概率上会是一个极其平凡、极其普通的人。99%的人99%的可能会平凡地度过一生。而我们的父母在教育孩子的时候，往往忽略了这99%的部分，而是将精力集中在剩下1%极其渺茫的希望中。从概率上来说，这意味着从一开始就是一场豪赌，这是很多人悲剧的开端。一个人如何在平凡的生活与工作中找到快乐、幸福与平静，才是最重要的能力。

“望子成龙，望女成凤”成了很多中国父母给自己拟定的宏伟目标，也是他们赋予自己的伟大责任，排除万难、创造条件也要把孩子培养成天才，年龄越小、期待越高、逼得越紧、手段越狠。其实毁一个孩子最狠的方式，就是让他追求完美和达到极致。明明知道孩子是个平凡而普通的人，却一定还要想方设法、削尖了脑袋将其培养成精英，不仅会让自己在回报与付出的巨大落差中绝望，还会给孩子营造一个假象，让孩子误以为自己是个了不起的人，抱有了很多不切实际的幻想，结果眼高手低，以为自己怀才不遇，总觉得自己明明是千里马，却始终遇不到伯乐。无法正确认知自己的平凡，又如何能在平凡的生活中快乐和幸福呢？我们大多数人将成功的定义看得太过于狭隘了，认为孩子的成功就靠分数，然而事实上成绩只是众多成功当中最微不足道的一种。

有不少自己很优秀的家长抱怨“怎么生了这么个东西”，优秀的父母往往都不能容忍孩子的“笨”，他们怎么都不能理解“很简单的事情”怎么就学不会，拒绝接受孩子“没悟性”的事实。其实遗传学中有个“均值回归理论”，即父母的极端特征不会随着基因完全遗传给后代，随着基因重组和时间推移，后代会慢慢回归到平均值附近。也就是说，即使父母都是学霸，他们的子女也有可能落入普通人行列。有研究表明，68.8%的受访家长坦言对孩子有很高期待。交互分析发现，学历为专科的家长中，有72.9%的家长表示对孩子有很高的期待，高于其他学历者。进一步调查显示，健康的心理（76.7%）和强健的体魄（58.7%）是受访家长对孩子最普遍的期待[22]。中国青年报社社会调查中心联合问卷网对1863名家长进行的一项调查显示，72.6%的受访家长能接受孩子将来是个平凡人；65.1%的受访家长认同做好本职工作，平凡生活也能出彩[23]。

父母要对孩子有足够清晰的认知，知道孩子的学习能力、思维高度在什么水平，让孩子的学习能够符合孩子的自身水平。不要忽视孩子的水平状况，强迫孩子接受超乎能力的教育，否则孩子在感受学习痛苦的同时，也会对自己的能力感到怀疑。做家长不能固执地认为教育应达到“青出于蓝而胜于蓝”的目的，教育不是“春种一粒粟，秋收万颗子”，付出与收获不成正比、甚至投入没产出的比比皆是。父母的高期待会把孩子压成平庸的废材。

接纳孩子的平凡，也是父母与自己和解、与孩子和解的过程：在古汉字里，“爱”写作“愛”，里面一个“心”字，外面一个“受”字。意思就是用心去感受他人的需要，而不是把自己的观念强加于对方。孩子不愿意做的事情就不要勉强孩子去做，要理解孩子的想法，消除孩子对事情的怀疑和担忧，用沟通的方式拉进父母和孩子的距离，让孩子愿意交流，懂得交流。好父母应善于接受孩子的平凡并发现其优势[24]，对待孩子无压力、无责怪、无焦虑，告诉孩子，只要尽力了，就没有遗憾；只要努力了，就不后悔。要让孩子知道：无论成功与失败，无论优秀与普通，爸爸妈妈的爱永远都在。

（3）以平常心对待生活

家长和老师要保持一颗平常心，接受孩子现有的能力水平，不要对孩子有过高预期，合理设置对孩子的期望值，给孩子放飞梦想的权利和舞台。第二次世界大战后，农民出身的杜鲁门当选美国总统，改写了美国总统出生于政治世家的历史。有一次，有记者去采访杜鲁门总统，他问总统的母亲：“请问您的儿子在哪里？我希望能够采访到他。”杜鲁门总统的母亲说：“请问您要采访哪一位儿子？我有两个儿子。如果是做总统的那个，他在白宫；如果是种土豆的那个，他在地里挖土豆呢。”记者惊愕地问杜鲁门的母亲:“您的儿子一个做了总统，另一个却在地里种土豆，您是怎么想的？”“我有总统这样的儿子，十分自豪。”这位母亲平静地回答，“不过，我的另一个儿子，他同样让我感到骄傲。”[25]这位有博大胸怀、平和心态的妈妈，无论孩子长大有何作为，当总统或是种土豆，在她眼里都是她的孩子，她都无条件地接纳他们。智慧的妈妈都赋予孩子价值感，让种土豆的儿子在自尊中也觉得自己的存在同样是有价值的。并非每一个人都有机会成为惊天动地的大人物，多数人都是平凡、充实地忙碌一生，然而平平淡淡、从从容容才是真。

父母可以不执着于“英雄情结”，平静而理性地接受孩子成为平凡人，但更重要的是教会和传递给他们正确的做人、做事、学习的方式。“放手”不是放任不管，不是置之不理，而是要让孩子学着自己去经历，拥有一颗积极进取的心，懂得感恩、对人热情，做一个正直善良的人；让孩子在平凡中坚持，给足他成长的权利，尊重孩子的选择，不给孩子额外的压力，不剥夺他们的快乐，不为他们订制未来。平凡的人做平凡的工作，许多看似平常的事情，一旦有了工匠精神，精益求精，再小的事情也能做出彩。现实生活中，就有很多平凡人做出了不平凡的事情。土耳其有句谚语:“老天为每只笨鸟都准备了一根矮树枝。”聪明的鸟有高树枝，而笨鸟也有矮树枝在等它，对孩子而言，最重要的不是超越别人，而是找到真正的自己，在平凡中过得快乐、幸福。每个孩子都有自己的路要走，不要总觉得孩子们什么都做不好，这样不仅剥夺了孩子成长的权利，还会让他们失去对世界的认知和在探索中的每一次进步。

3. 接纳孩子的与众不同

每个孩子的家族基因与众不同，成长的环境也彼此不同，即便是来自同一家庭的兄弟姐妹，甚至是双胞胎，他们的所见、所闻、所遇也不完全相同。未成熟的生命总是有强大的自我发展、自我成长的潜力和本能。虽然生命成长的路途总有这样那样的差异，但只要没有过分的外力阻碍，得天地精华之滋养，仰日月恩泽之照耀，一个生命总会正常成长。世间万物，同理同源[26]。

孩子并不是流水线上的标准产品，孩子的成长不应该被标准左右。成人往往会根据社会标准、价值体系、约定俗成、他人眼光来定义孩子，忽视孩子的内在感受、情感、内心的情绪，被看见、被理解的需求，觉得孩子的行为、性格只有合乎社会公认的标准，和别人一样才是正常；如果稍有差池，就会被贴上“笨”“懒”“不听话”等标签。那些所谓的标准并不是空穴来风、胡编乱造的，而是通过分析、归纳大量成功案例总结得出的规律，是人们眼中更容易成功、更少经历困难的孩子“应该具备”的特征：聪慧、社交能力强、活泼外向、听话懂事、不调皮捣乱、不任性、不哭闹，等等。然而，您可知：物理学家爱因斯坦3岁多才会讲话，9岁的时候他的表达能力还是很差，并且他讨厌任何竞技型运动；发明家爱迪生8岁的时候看见母鸡在孵小鸡，他就想知道如果他坐到鸡蛋上面，能不能也孵化出小鸡；英国前首相丘吉尔讨厌上学，在学校表现得不好，尤其在数学方面有困难，从小被保姆抚养长大，7岁时生活仍不能自理；《哈利·波特》的作者J.K.罗琳小时候非常害羞胆小，而且经常看起来很脏，不合群被孤立……其实孩子不是统一标准制作出来的机器，他们各不相同，世界上根本没有十全十美的孩子，就像没有十全十美的父母一样。中国式家长总是喜欢不停地和“别人家的孩子”作比较，可事实上每个孩子都是不同的，都有自己的闪光点，给予孩子多一些耐心、鼓励和陪伴，对于孩子的意义远大于苛求和责难。希望父母们接受孩子的与众不同，要利用积极暗示来调整孩子的心态，不要总强调负面信息，要善于发现孩子的优势，让孩子获得认同感，还要看到孩子一点一滴的进步，多进行积极鼓励。当孩子偶有失误时，要鼓励他们找到原因，一起探讨避免失误的方法，和孩子共同制定可望可及的目标，而不是拿孩子跟其他孩子作比较。

在大人的世界里，似乎所有的事情都有一个标准答案，若孩子没有按照这个标准答案做人做事，就会被认为是错的。但是，这样要求孩子其实是在抹杀孩子独立思考的可能性，反而容易限制孩子的思维，扼杀孩子的天性。纪录片《小小少年》里的殷然，他不像一般男孩喜欢看动画片、打篮球，而是有一个“怪癖”：喜欢养虫子，一养还是200多种，螳螂、飞蛾、蝶蛹……他没事就往家里抓虫子，兴趣一来就趴地上，不管不顾地观察虫子。换作一般家长早就崩溃了吧，耽误学习不说，还把家里弄得到处是虫子和泥巴。但出人意料的是，殷然的父母不仅不反对，还陪着他上山抓虫子，细心帮忙照顾虫子。甚至为了走进儿子的世界，妈妈还主动学习不熟悉的昆虫知识，联系了懂昆虫知识的老师，让儿子向他学习、与他交流。她不仅在精神上，更用实际行动支持儿子，表现出对儿子爱好的尊重。有些父母对孩子的态度太受外界价值观的影响，其实，很多时候外人对我们孩子的态度取决于我们自己对孩子的态度和看法，“随大流”“不做另类”成为很多父母教育孩子的教条，一旦孩子有“异于常人”的表现，就想着要去纠正，去改变。如果我们因为外人对孩子一点点的质疑就觉得颜面尽失，跟随着一起否定孩子，打击孩子，那么，外人也会更加确定自己的想法，更加轻看、甚至欺负我们的孩子。而可怜的孩子会因此形成负面的自我认知，觉得自己的确是一个糟糕的人，他们的一生将很难摆脱这种阴影。

只有被父母接纳的孩子，才会懂得接纳外界的与众不同。或许他不能理解那些与众不同，但他可以包容，可以尊重。人们总是理所当然地认为正确答案只有一个，只要稍有差错，与所谓的标准答案不同，那就一定是错的。然而，事实真的是这样吗？很多时候，解决问题的方法可以有很多，事物的正确答案也不一定只有一个。在教育孩子的过程中，如果只拘泥于所谓的标准答案，不允许孩子有独特的思考角度，对孩子来讲无异于给他们的思维加上了一层枷锁，只会限制孩子的想象力。当孩子提出与别人不同的想法时，家长的第一反应不应该是否定和打压，而是鼓励孩子独立思考，认可孩子独特的思维方式，甚至是表扬孩子不人云亦云的态度。哪怕孩子的答案真的错了，他们也能因此收获成长，然后父母再给予一定的指导，但一定不能限制孩子。要知道父母的认知都是源于过去，千万不要因为自己思维和眼界的局限而局限了孩子。要让孩子有自己的个性和想法，从小认识到这个世界的很多事情不能只用“对错”来判断，让孩子可以有更加多元化的价值观，让孩子有勇气表达不同，可以选择和他人不同，成为与众不同的那一个。但我们也要理解包容他人的不同：世界是多样的，人和人的肤色、口音、吃的东西会不同，人和人的成长环境也会不同。但我们每个人内心又都会有相同之处。这样的不同和相同和谐共存，才是世界美好之处。

让·朱利安的《一只直立行走的猫》与王小波的《一只特立独行的猪》一样，用不同的形象打破人们的惯性思维，突破格式化、体制化的禁锢，用不着小心翼翼地掩盖自己内心真实的想法，要用开放的心态去接纳不同甚至格格不入的事物。很多人不仅对外在的事物有刻板印象，对于自己的内在，也有着非常多的束缚：自己应该怎样、不应该怎样，就是无法接受自己顺其自然、与众不同的模样。让·朱利安的另一本儿童绘本《一条长长的狗》（张伟译，四川文艺出版社2021年出版）也给人们很多启示。故事讲述了主人公拉尔夫是一条特别“占地方”的小狗，其身子和尾巴非常长。热忱的拉尔夫因为被家人各种嫌弃，所以很伤心，但其实它并不是故意的，它只是因为身体太长，才总是阴差阳错做错事。被家人“轰走”后，它就会去找一个地方舒舒服服地趴着，不过神情难掩落寞。后来发生了一场火灾，被家人无比嫌弃的小狗拉尔夫利用自己长长的身体拯救了一家人，大家都很感激拉尔夫的勇敢和爱，家人再也不嫌弃它身体长，并重新接纳了它。虽然它依然是一条特别长的小狗，但是主人说不要紧，我们再盖一座更大的房子。成人的世界太功利：你瞧不起的、你讨厌的，最终救了你，你该多惭愧？这个被一味嫌弃的拉尔夫其实就是我们在家庭里不受关注、不受喜爱的孩子，他尝试去靠近家人们，渴望得到家人们的关注和爱，他笨拙地爱着父母，也渴望得到父母更多的鼓励和爱意。他因为好奇心而不断地探索，但因为边界尚未确立所以老是“闯祸”。孩子表现得不如人意，经常被家人们斥责、驱赶，或者对他们表现出负面情绪，总嫌他们淘气、闹人、不听话，但实际上他们被打上标签、被污名化的“问题行为”，并不是“故意为之”，而是他们“做不到”和“不小心”：添乱、打碎东西、对警告置若罔闻、乱插嘴、作业总是做不完、作业本总是脏兮兮的、课本总是忘带、墨水甩别人身上、撞了同学……就像小狗拉尔夫，看起来总给家人惹麻烦，实际上拉尔夫只是因为身体太长无法更好地控制。面对孩子的种种“问题行为”，他们需要有人告诉他们可以怎么做，需要怎么调整，才不会给他人造成烦恼。我们训斥他们、教化他们，却唯独没有接纳他们。孩子被大人愤怒地喝止后，或许会在大人不注意的地方独自失落。孩子会用自己的方式笨拙地爱着父母，也渴望得到父母更多的关注和爱意。有些“高需求”孩子[27]比其他孩子需要更多的关注和爱，需要更多的陪伴和理解，他们更敏感、更易怒，但同时，他们也是情感更为充沛、更善于爱、更自信和更有安全感的孩子[28]。可即使不被父母接纳，孩子还是一如既往爱着父母，只是他们不懂得如何更好地表达爱。有时候孩子的某一项特点在这个场合是缺点，但是在另一个场合又会是优点，就好比平日看起来碍事无比的长身体，关键时刻却成了救命稻草，这样的反差也是在提醒父母：孩子身上的缺点，或许正是被父母忽视的闪光处。父母眼里孩子的淘气、捣蛋，或许只是他们与世界对话的独特方式。

家长要帮助孩子树立正确的信念，让孩子知道自己的不完美、与众不同，都值得被爱。诚如幾米在《我不是完美小孩》中所写的那样：“当我变得和你期待的不一样时，请爱我原来的样子，疼我原来的样子，赞美我原来的样子。”[29]真正的爱孩子，不是以爱之名改造孩子，而是接纳孩子真实的模样，这将会是孩子走向未来最大的自信和底气。被父母接纳的孩子，不仅有勇气去展示自己的与众不同，更有底气去接纳外界的与众不同。也许他不能理解那些与众不同，但是他可以包容、尊重。

4. 接纳孩子的既发事件

人生有很多不以主观意志为转移、已经发生了且没法改变结果的既定事实，多数是不如人意的事情，不接纳也没法改变事实，不如分析原因、找出差距、找准对策、落实方案。比如考试的分数、班级的排名、竞选的落败、错过的班车、刮破的校服、打碎了的杯子、打翻了的美食、输了的球赛、尿湿的床单等。

比如考试分数，哪个孩子不想当第一？谁不想被老师喜欢、被别人羡慕、被家长引以为豪？但是，第一名只有一个。每个分数都是孩子当时尽了自己最大努力的结果，发布的时候已是既定事实，考砸了对孩子来说是一个不小的挫折，孩子已经很伤心了，且充斥着无法给自己交代的羞耻感，充满自责与无助，此时家长最关注的不应该是分数，而是让孩子正视失败，从挫折里吸取经验。家长也好、教师也好，接受不接受都没法改变，唯一能做的是赶紧帮孩子分析原因。一是找到一些客观因素，比如老师出题太难、题型变化太大、那天身体不舒服、休息不好、考场太嘈杂、心理紧张没有发挥出应有的水平、每天上学放学路上耗时太多……以此正视自己，建立自信——没这些因素影响，我会考得更好；二是寻找差距，发现不足：态度不够端正、不够自觉、努力不够或无效努力、没有复习好、方法不对、习惯不好、学习兴趣不浓、有拖延症、上课没听、学习时一心二用、不会时间管理、巩固不强、有针对性的拓展学习不够、复习没抓重点、抄作业、压力大、基础知识不牢、运算能力差、审题不清晰、纠结于难题耗费了时间、懒得检查……要跟孩子一起找到问题症结，然后集中精力与孩子一起解决问题，让孩子感受到父母与他一起在努力，父母给予的陪伴和爱都将成为他一生源源不竭的能量。成绩不是生活的全部，不管孩子考得好不好，如果他温暖纯良、心有热望，乐于助人、身体健康，勤劳坚韧、乐观向上，那么将来无论他去向何方，未来都不会太差。那些资质普通的孩子，长大后或许无法成为科学家、顶尖人才，但会把自己的小家庭经营得和和美美，把父母照顾得妥妥帖帖，反而有更多机会报答父母的养育之恩，活成父母的靠山。

有些事情孩子自己也不想这样，只是人算不如天算，木已成舟。这时候如果家长再责备孩子，那就只是在孩子伤口上撒盐。他已经知道错了，已经在反思了，内心已经处于深深的自责和懊悔之中，此时的老师和家长不能再落井下石了，不如鼓励孩子、悦纳结果、总结经验、振作再战。

改变能改变的，接受不能改变的，成熟就是越来越能接受现实。更多的时候需要就事论事，不要扯闲篇、乱联系，一切都要最好的结果。比如孩子运动会上拿了百米第一名，高高兴兴地回家报喜，谁知妈妈听了之后一点兴奋的表情都没有，只是淡淡地说："跑得再快有什么用，你看看你的数学成绩老是六七十分，将来怎么考大学。”与其如此，不如接纳既定事实，并为孩子的闪光点而骄傲。

5. 接纳孩子的出错失败

成长就是尝试错误，活泼、好奇、爱模仿的儿童的特点驱使孩子不断探索，不可否认的是“尝试错误”是人类学习的一种方式或途径。孩子犯错，有时候是因为不懂，有时候是因为好玩，有时候是带着试探、带着调皮来试探家长的底线。他通过直观感受和外界反馈，逐渐地形成了自己的认知、观念、是非标准以及意识、习惯、能力。孩子是在不断地犯错误中成长起来的，要让孩子了解到犯错误是学习的好机会。

美国心理学家桑戴克曾做过这样的实验：将一只饥饿的猫放在装有特殊开关的笼中，猫经过不断的尝试后触到了开关，逃离出笼。他通过对动物大量的观察和实验，发现动物在解决问题的过程中经常要经过多次尝试，逐渐淘汰错误的反应，发现并保留正确的反应，从而解决问题。然后，他提出了著名的“联结—试误说”，认为学习是一种盲目的、渐进的尝试与改正错误的过程。随着不断练习，错误的反应逐渐减少，正确的反应得以产生，于是在刺激与反应之间形成了一种稳固的联结。

失败乃成功之母：从失败中吸取经验教训，才能获得成功。失败是成功的先导，也是成功的基础。英国华威大学教育学教授肯·罗宾逊在TED大会上的题为《学校扼杀创造力》的主题演讲指出："对于未知的事物，孩子愿意去尝试才是值得鼓励的事情，哪怕尝试的结果是错误的。如果不让孩子们做错误的尝试，等他们长大了，他们中的大多数就会丧失创新能力，并惧怕错误的尝试。"其实如果不做错误的尝试，人类永远不会创造出新东西。马克思说："人要学会走路，也要学会摔跤，而且只有经过摔跤，才能学会走路。"有一则关于爱因斯坦的小故事《第三个小板凳》，也说明了"失败乃成功之母"：

有一天，老师让每个同学做一张小板凳。当老师看到爱因斯坦交上来的那个小板凳的时候，便问他："这个世界上还有比这个更糟糕的小板凳吗？"爱因斯坦老老实实地回答："有。"说着把他做的前两个小板凳拿了出来。

其实，在人生旅途中失败是正常的，不失败才是不正常的。重要的是我们面对失败的态度是什么，无论是什么样的失败，只要跌倒后又能马上爬起来，跌倒的教训就会成为有益的经验，帮助我们取得未来的成功。所以，失败是成功的垫脚石，它可以为成功积累经验，激励我们勇往向前！

德国人沃尔夫冈·柯勒把黑猩猩置于放有箱子的笼内，笼顶悬挂香蕉。简单的问题情境只需要黑猩猩运用一个箱子便可够到香蕉，复杂的问题情境则需要黑猩猩将几个箱子叠起方可够到香蕉。在复杂问题情境的实验中，有两个可利用的箱子。当黑猩猩1看到笼顶上的香蕉时，它最初的反应是用手去够，但够不着，只得坐在箱子1上休息，但毫无利用箱子的意思。后来，当黑猩猩2从原来躺卧的箱子2上走开时，黑猩猩1看到了这只箱子，并把这只箱子移到香蕉底下，站在箱子上伸手去取香蕉，但由于不够高，仍够不着，它只得又坐在箱子2上休息。突然间，黑猩猩1跃起，搬起自己曾坐过的箱子1，并将它叠放在箱子2上，然后迅速地登箱而取得了香蕉。三天后，柯勒稍微改变了实验情境，但黑猩猩仍能用旧经验解决新问题。再后来，他又做了个心理实验：笼子外放有食物，食物与笼子之间放有木棒。简单的棒子问题黑猩猩只需要使用一根木棒就能获取食物，复杂的棒子问题则需要黑猩猩将两根木棒接在一起，方能获取食物。在解决复杂的棒子问题的情境中，最初只见黑猩猩一会儿用小木棒、一会儿用大木棒来回拨弄香蕉，但怎么也够不着。不得已，它只能把两根木棒握在手里挥舞着，突然之间，它无意中把小木棒插进了大木棒里，两根木棒接起来变成了一根长木棒，它马上用它够到了香蕉。

通过实验他提出了“完形学说”：出错不可怕，关键在于正确地理解和面对自己成长中的错误，要教会孩子自主地在错误中观察、思考和将错误转变为超越自我的契机。也就是要在出错中不断地“悟”。利用自身的智慧与理解力对情境及情境与自身关系的顿悟，是在主体内部主动构造、填补缺口或缺陷的“完形”过程，这样才能使有机体不断发生组织和再组织，不断出现一个又一个完形，才能从冲动中找回理智，从混沌中发现觉醒，才能看破是与非，明晰对与错，分清好与坏，辨别美与丑。但孩子有差异，慧根有深有浅、悟性有高有低，教育是启迪心智、启发引导的过程，其实也是一个促进和提高孩子觉悟的过程，但至于是顿悟还是渐悟，这不能一概而论，它因人、因事、因时间而不同，还得视具体情况而定。因为理解和接受能力是不同的，教育不可能让所有孩子在任何时候都能一下子顿悟（陡然醒悟、豁然开朗），明白你所阐述的道理。即使是讲得再精彩再有道理，也总是有孩子有时候难以觉悟，无法举一反三。愤而不悱、启而不发，这就需要“渐悟”：不是没有效果，而是效果在积累，量变还没有积累到质变的时候，需要静待花开、从长计议，不能急于求成，也不能过分苛求。

6. 接纳孩子的情绪感受

要学会接纳孩子的情绪，无论孩子是悲伤、孤独还是兴奋、快乐，家长和老师要给其情绪以关注、尊重和理解，而不是立刻反对其情绪。接纳了孩子的情绪，孩子就会喜欢我们、信任我们，从而愿意听我们的建议或看法。

孩子的情绪没有对错，但表达方式有好有坏。允许孩子有情绪，允许孩子表达情绪，不代表无条件满足孩子所有的要求。无条件接纳是不过多地对孩子评价，不轻易给孩子“贴标签”，不批评和责备。比如，孩子与小伙伴一起玩的时候，因为小伙伴抢了他的玩具而动手打人，接纳的方法是立即抓住他打人的手制止其打人行为，看着他的眼睛对他说：“他抢了你的玩具，我知道你很生气，我能理解你不高兴了，你可以通过其他方法来解决，比如大声喊叫、求助等，但打人是不对的，你打他、他打你，解决不了问题还失去了小伙伴，以后他就有可能不愿意跟你玩了，明白了没有？”不接纳的方法是对他说：“打人不是好孩子，妈妈生气了。”

美国著名心理和家庭治疗师萨提亚在家庭治疗中提出了一个重要理论“冰山理论”，它其实是一个隐喻，人就像一座冰山一样，我们能看到的只是冰山的一部分——行为，更多的隐藏在深层之下，即我们的观点、期待、感受、想法、渴望，这才是真正的“自我”，行为是一个人的特质和内心的外在表现。所以，我们要接纳的是孩子的内在，即他的期待、感受、想法、渴望和“自我”，家长和老师应该完全接纳。而所有的期待、感受、想法、渴望和自我表达，是否可以用一种不伤人、不伤己也无损当时的情境的方式来表达，是家长和老师需要辨别的。我们应当将孩子的情绪和行为剥离开来，接纳孩子的内在，但是对于不合理的情绪表达方式和错误的行为是不能接纳的。“我坚决捍卫你表达任何情绪的权利，但我需要和你商量，下次遇到类似情况咱们该怎么面对。”

7. 接纳孩子的成长独立

我们要学会接纳孩子的成长独立，首先要学会自主，正确面对三个反抗期；其次是学会拒绝，建立价值判断与边界感；接着是学会独立，人格独立直至精神独立；最后是学会面对分离，孩子终将会离我们而去，比如入园分离、异地求学、结婚成家等。

人的一生有三个反抗期：两三岁、七八岁和青春期。三个不同的反抗期原因不一样，表现形式也不同，我们接纳的方式、方法也就不一样。

第一个反抗期是2—3岁——自我意识、自主萌动。孩子在自由探索的过程中，一旦出现阻碍，会给他们带来极大的烦恼。2岁前的孩子尚不能控制自己的情绪，所有情绪都不经大脑皮层处理，而是通过肢体直接宣泄出来，那就是发脾气。

第二个反抗期是7—8岁——试探底线、挑战权威。孩子会在脱盲后拓展属于自己的空间，试探父母和老师的底线，在“违规”的边缘体验冒险“成功”的“快感”。

第三个反抗期是青春期——成熟自我、独立判断。告别童年、摆脱控制，身体外形的变化，使孩子产生了成人感，心理上也希望能尽快进入成人世界，希望尽快摆脱童年，寻找到一种全新的行为准则、扮演一个全新的社会角色、获得一种全新的社会评价、重新体会人生的意义，此时他们会陷入青春期的矛盾之中。这个阶段的孩子的矛盾体现在：心理闭锁VS渴求理解、进取心强VS自制力弱、独立意识VS依赖心理、情感用事VS理智不足、美好愿望VS行动脱节、信息量大VS鉴别无能，他们凭着“八分熟的身子、六分熟的脑子”想成为一个大人，但没人把他们当大人。他们更多地表现为意志薄弱，经不起批评，心理承受能力不强，焦虑恐惧、胆小怕事，经事太少，缺少锻炼机会，遇事就不知所措；自我为中心、自私自利，很少考虑他人利益、处境、心理感受，与别人（包括家长、老师、同学、邻居等）的关系疏远，经常发生冲突；行为的自觉性有所增强，自主意识逐步发展，但愿望与能力存在矛盾。他们渴望独立，又难独立；自以为自己已经长大了，但社会还是把他们当成孩子看待；知识水平和阅历的限制，使他们看问题片面化、表面化、绝对化，或轻信一切或怀疑一切，或固执己见或无原则争论等现象也是不可避免的。他们需要的成长空间剧烈膨胀，他们要自主、要尊严，如果父母不给他们这个机会、舞台、空间，他们就会表现得更过分，甚至建立起自己的护城河，将父母隔离在外。他们希望摆脱父母的监视、庇护，摆脱家庭的约束，总想独立地处理自己生活中所碰到的各种事，自己决定自己的命运，不愿意向父母倾吐心声，拉大了和家长心理之间的“代沟”。他们不满于父母曾打造出的安全围栏，努力冲向更浩瀚的世界，因而在实际生活中往往与成人产生对立情绪，采取不合作的态度，有的甚至产生反感或对抗。言行、处事很幼稚，被看作“长不大的孩子”。仿佛每个毛孔里都透着“惹不起”，能闹得你想断绝亲子关系……只因为在孩子眼中，父母善意的提醒与关心是低估他们的能力、对他们的变相控制。于是，他们用具有“挑衅”色彩的行为，迫不及待地将父母“推出去”，为自己争取更大的私人空间。

“叛逆”的外衣下，藏着孩子对成长和爱的渴望。这个时候他们在寻找埃里克森所说的“自我认同”：理解自己是谁、清楚自己的能力和局限、理清自己的信念和价值观，以及知道自己如何适应周围的社会。在不够成熟的情绪大脑与自我认同的差遣下，他们常常做出非理智的举动，这其实是他们在颠簸中快速驶向成人世界的信号。若父母以平稳的情绪待在孩子身边，为孩子提供学习情绪调节的安全空间，表达出自己的期望与相关理由，通过开放、平和的沟通与孩子达成共识，既给他们与年龄相符的自主权，也设定适当的界限和规矩，对于不可接受的行为，让孩子承担相应的责任，那么下一次他们才能更顺利地调节自己的情绪。

要接纳孩子说“不”。拒绝恰恰是孩子形成自我价值判断、慢慢建立边界感的开始。要尊重其观点、意见、感受、需要、诉求、要求，支持孩子独立思考，允许孩子独立判断，欣赏孩子破茧成长，否则孩子会逐渐变得不再相信自己的感受。内心处于孤立和无助的状态，孩子就难以对自己负责任。郑渊洁的《驯兔记》被拍成了短片，虽然全片只有24分钟，却成为第五届豆瓣电影年度榜单上评分最高的短片。说是童话，其实是拍给成年人看的。皮皮鲁升入小学，对一切都充满了好奇。但是活泼调皮的他却成为班主任徐老师心里没有礼貌、故意抬杠的坏孩子。在徐老师眼里，听话才是好孩子的唯一标准，孩子们被灌输了一种观念：变成兔子是令人羡慕的，变不成兔子是可耻的。孩子们也在徐老师的鼓励和教育下纷纷变成了乖巧的兔子。皮皮鲁成了班上唯一一个没有变成兔子的人。为了让孩子早日变成兔子，父母把皮皮鲁的伙食全都改成胡萝卜，一点荤腥不沾；把柜子上的玩具车都收起来，换成长耳朵兔子公仔；甚至为了孩子能尽快长出红眼珠，把孩子的屋子刷成了红色……希望孩子成龙成凤的家长们忙于工作，把希望寄托在学校和老师身上；老师觉得自己能力有限，需要家长付出时间精力配合，两边拉扯着尽了义务，唯独没想起听听孩子的想法。就这样，多数孩子在老师与家长的权威下，害怕“犯错”，于是习惯顺从，甚至无条件服从。为了不让老师更担心、不让父母再为难，皮皮鲁还是戴上了兔子头套，但皮皮鲁拘谨的样子更让人心疼。郑渊洁在《驯兔记》原文中写道：“凡是变成兔子的同学，都得到老师的喜爱。他们绝对服从老师的意志。他们特别关心别人对自己的议论，竖着耳朵听；如果别人超过自己，他们就犯红眼病；他们害怕别人揪尾巴，所以尾巴长得很短。”

那些没了自我而活在“标准答案”里的人能幸福吗？被统一标准束缚，崇尚权威而无力自我校正；完全丧失独立思考能力，自己都没有勇气表达自己；淹没个性与批判性思维，害怕与众不同，扭曲自己的欲望去绝对服从；争先恐后，只为从别人的眼中换一个肯定？要孩子活成自己，就得接受他的“不”。孩子不需要“驯服”，他们需要“野蛮生长”——在基本的底线规矩规定下，孩子应该有和自己年龄增长相对应增长的选择权。在学会接纳孩子的种种行为的同时，我们也有些事情是可以不接纳的，比如危及生命安全的行为：有些孩子坐车就想坐在副驾，拒绝坐后面的儿童座椅；6岁前自己先于大人从车内打开车门；好奇驱动而摸电门……再比如违背家庭规矩的、挑战校纪班规的、破坏公德良俗的以及违反法律法规的行为……这些都是底线，我们需要和孩子好好讲清楚。孩子终究会跟我们分离，孩子终将离我们而去过自己的生活。

四、怎么无条件接纳

无条件接纳不是放弃引导和规范，也不是接纳孩子的所有、不切实际地夸赞，也不是对孩子无条件地满足、一味地顺从和骄纵，儿童问题很多都是娇惯导致的。无条件接纳是讲原则、有底线的，是讲方法、有方式的。

1. 充分接纳自己

要尊重并认可自己身而为人的存在，欣然接受现实的自我：接纳自己的性格，接纳自己的品行，接纳自己的文化程度，接纳自己的学习能力，接纳自己的操作能力等，接纳自己就是去做真实的自己，而不是成为别人期待的样子。接纳自己的过去，虽经历很多失败，犯过很多错误，但那些都是人生的一部分，是成长的阶梯；接纳自己的当下，虽有很多缺点和不足，虽然不完美，但当下的我所能做的已经是我最好的表现，这样才会珍惜自己所拥有的一切（包括孩子、伴侣），尊重自己生命的尊严、价值和独特性，相信自己未来会做得更好。最重要的是接纳自己的局限、不足和某些方面的无能。

（1）为什么有人不接纳自己

对自己的不接纳，源于人类生存和繁衍的原始焦虑。原始人类的生存条件与动物很相似，只有足够强壮的人才能捕获食物，在群体中获得更多的资源以及与异性交配的机会，才能获得生存和繁衍的更大的可能性。除此之外，一个人还必须在群体中得到认可和接纳，因为一个人是无法独立生存下去的。所以当我们在一个群体中不能适应的时候，会产生恐慌、焦虑、不接纳自己的心理。这些人类的原始焦虑，并没有在进化的过程中消除，它依然强大地控制着我们的情绪、行为。如果我们不能接纳自己，一是对自己的生存能力不自信，二是对他人的吸引力不自信，三是对与人相处的能力不自信。不能理解和接纳自己，不能学会适当宽容自己，就可能不断地去挖掘自己身上的问题，放大自己的不满、焦虑、担心、恐惧等各种情绪，把自己批判得遍体鳞伤，一直陷在情绪的旋涡里，再把孩子拖累进来。如果一个人在幼年得到了父母无条件的关爱，建立了充足的安全感，这种原始的焦虑感就会降低。不焦虑的孩子活泼可爱，受到大家的认同，并且他知道如何获得别人的认同。反之，越是焦虑回避，越是不容易被环境认同，也就越发不知道如何去获得认同，形成了对自我的不接纳。

我们的很多情绪是环境造成的，或者是由我们的感受系统编织出来的谎言和烟幕弹，识破它是纸老虎，会增强我们去战胜它的信心和勇气：无论产生何种负面情绪，我们都要选择正视、关注和体验它，从中了解自己的思想和问题，并给以建设性的解决。父母也是他们父母的孩子，父母对自己的不接纳，往往也来自童年时期他们父母对他们的不接纳。内心的焦虑与混乱会传递给孩子，孩子体会到的是更大的压力，由此代际传递。必须有一代人认识到这个问题，更新观念、学会情绪管理，认识自己、找到自己、提升自己，阻断这种代际传递。一个不接受现状、自我怀疑与自我否定的家长，怎么做到真诚地接受、信任和鼓励孩子？又如何教育出一个积极向上与自我肯定的孩子？“育儿先育己”。

（2）不能自我接纳的人

不能自我接纳的人不可能客观地看到失败和错误，他们不会也不懂得在自己的经历中找到正面的意义，最终只能让自己整日生活在对失败和错误的恐惧之中；不能自我接纳的人缺乏自信心，所以需要不停地得到别人的关注、肯定和赞许，而缺乏面对别人的忽视、批评和意见的勇气；不能自我接纳的人会缺乏安全感，需要靠外部的财富、权力和名声等来庇护自己，而让自己生活在名利场中。

父母不接纳自己的不完美就意味着希望能无所不能、不允许失败，当生活稍有差池，内心没法接纳自己时，他们会觉得自己无能，往往会把能量消耗在否定和对抗上，而不是用在建设上，同时还会把负面情绪归咎于孩子。没法接纳自己的人会觉得自己很失败，把自己的成功寄托在别人身上，一旦别人不符合自己的期待，马上就会焦虑不安，并将压力宣泄到自己最亲近的人身上。本是岁月静好的时光，但不接纳自己不完美的父母会看什么都有缺憾，尤其是对自己很重要的孩子，若是不完美会更加让他们心急如焚，进而不断地指责孩子，无形之中给孩子贴上了很多负面的标签。对孩子各种各样的责备、各种各样的要求、各种各样的刁难，其实本质上都是父母没有接纳自己，不能够坦然接纳自己的不完美。表面上是对孩子的不满意，背后其实是对自己的否定和失望，而这种情绪和状态又会形成一种负面的心理暗示，让这类父母更加远离人生的快乐和幸福。

“这孩子怎么这么不体谅妈妈的辛苦，我天天加班累得要死，好不容易能开开心心地逛次街，都被他给破坏了！”潜台词是：“虽然孩子才3岁，但是他必须为我因为工作辛苦而烦躁的情绪负责。”

“你怎么这么笨，这么简单的题都不会吗？自己想！”潜台词是：“看到孩子这个样子，我心里也很难过，可是又担心若是告诉孩子‘这道题太难了，妈妈也不会’，那就不能够维护自己完美的形象了。”

“大家都在看着我们呢，自己的孩子在公众场合这样哭闹，而我没办法管教好他，我真的是一个失败的妈妈。孩子让我丢尽了脸，太让我失望了！”换句话讲就是：

“孩子的哭闹让我感觉很羞耻。”

“一点事情就哭就闹，太不像话了！不可以这样！”其实潜意识是：“我小时候不能哭不能闹，必须乖乖的爸妈才会爱我，所以哭闹是不好的、不能接受的。”

（3）怎样接纳自己

接纳孩子，从接纳自己开始；不苛求孩子，从不苛求自己开始；理解孩子，从理解自己开始。这样，在放过孩子的同时也放过了自己，学会与年龄和解，与现实和解，与那个曾经自命不凡的自己握手言和。倘若无处可逃，不如喜悦；如果没有净土，不如静心；若是没有如愿，不如释然。

我们每一个人都并不完美，不是什么都懂、什么都会、什么都对，我们有可能自私、冲动、控制欲强、考虑不周，我们也有可能笨拙、刚愎自用。更多的现实是，无论怎么努力、怎么向完美靠拢，都不可能变成一个完美的人！人生不如意十有八九，如果一直心存纠结和遗憾，犹如把自己堵进逼仄的小胡同，无路可去。只有学着接受生活的不如意，人生之路才能越走越开阔。孩子也是一样的，正是因为有了缺憾才显得更加真实，才会把优点折射得熠熠生辉。在抚养孩子、教育孩子的过程中，我们需要跟孩子共同成长，不断学习、不断加强修行，接受不完美的自己、不完美的生活。如果我们自己都不能做一个自由思考者和精神自由者，怎么能将孩子教养成这样的人呢？如果我们自己都不能够独立自主，怎么可能教养出独立自主的孩子呢？如果我们自己的精神受到压抑、自暴自弃，怎么可能教养出人格健全的人呢？不能完全接纳自己的人，是情绪情感不成熟的人。唯有正视自己的不足，不把时间和精力花在自责和沮丧上，而是把能量释放出来，获得进一步成长的信心、勇气和力量，我们才有可能从过往的种种失败和错误中总结经验，让自己成长。

生活原本就是不完美的，但是生活并不会因为这些小瑕疵而失去色彩。父母和老师自己都不能合理表达自己的负面情绪，怎么可能接纳孩子，更不用说恰当地引导孩子。若是父母不敢接纳自己的不完美，在孩子面前总是放不下架子，那么就很难与孩子平等地沟通交流，从而导致亲子关系的疏远。家长需要在孩子面前保持一颗平常心，把最真实的自己展示给孩子，只有孩子明白了没有人是完美的，才不会因为自己的缺点感到自卑，才会有更自由轻松的成长空间。孩子不必花费精力去掩饰自己的缺点，反而会以建设性的态度和方法对待自己的缺陷，把缺陷视为一种恩惠，在不完美中懂得自己的局限性、理解生命的多样性，这样更能够明白自己想要什么，把时间花在自己喜欢的事情上，有“做自己”的勇气，人格健全、阳光自信地活成自己本来的样子——每个人都是唯一的，每个人生来都秉持着独特的天赋特质，都是原创、孤品，接纳自己才能使内心拥有平静的力量。在接受自己普通的同时，才能依然拼尽全力，不负一生的平凡时光，尽人事、听天命。

（4）找准人生定位

人生中不是所有的梦想都能变成现实，不是所有的期盼都能如期而至，不是所有的追求都有结果，不是所有的付出都有收获，不是所有的奋斗都能走向成功，关键在于能否准确定位自己的人生。人生定位是个体化的过程，要正确地认识到自身的优势与劣势、长处与短处，保持开放和灵活，不断探索和调整自己的人生轨迹，将自己放在合适的高度去生活，找到与你的价值观和激情相契合的道路。错误地定位自己的人生，就如同给自己的人生选择了一个没有任何开采价值的矿床，无论你怎样使出浑身解数，无论你怎样深挖细掘，都无法采掘到人生的金矿。

在当今社会，许多家长都身兼数职，既要投身于事业，追求成功，又要陪伴家人，关心孩子的成长。事业和家庭是人生的两大支柱，也是幸福的两大源泉。事业是指一个人的职业发展，包括工作、职位、成就等方面，它是我们生活中经济来源的主要途径，也是我们实现自我价值的重要手段。家庭是指由亲人组成的关系团体，是我们情感依托的主要场所。家庭和事业常常是两个相互矛盾但又缺一不可的部分。我们常常需要在家庭和事业之间取得平衡，以实现个人和家庭的双重目标，然而这种平衡并非易事，需要权衡好工作与家庭的关系，多思考自己与孩子、当下与未来之间的关系。作为教师，也要多思考自己与工作、自己与单位以及自己与学生之间的关系。现实生活中的确存在很多不圆满，比如成功的事业常以忽略家人为代价，而经营美满的家庭则很可能影响了事业。但是也有很成功的人，他们既能在事业上创造辉煌，同时又拥有令人羡慕的美满家庭。可见，事业和家庭并不是天生对立的。如果处理得当，两者完全可以相互促进、相辅相成。

事业和家庭就像是人的两条腿，两条腿走路才能走得踏实、长远，工作出色可以为家庭提供更好的经济保障，可以给家庭带来更好的物质条件和更高的社会地位，从而提升家庭的幸福感和稳定性；家庭幸福可以为事业提供更好的精神支持和情感依托，有助于事业的发展和成功，也可以为工作创造稳定的“大后方”。家庭和工作虽是完全不同的人生领域，但又是密不可分的，在社会里无论我们扮演的是什么样的角色，都需要得到家庭的支持。作为一个完整的社会人，既要有工作，也要有一个好的家庭，但精力有限、时间稀缺，如果只重视事业而忽视家庭，或者只重视家庭而放弃事业，就肯定会导致人生的不完整和不幸福。

不要追求完美：工作中接受不优秀、不如意，接纳自己的短板、错误；生活上不追求做完美家长，松弛、快乐、积极的家庭氛围比每天无懈可击的早餐、晚餐更重要。学会统筹平衡：在工作的稳定期和平台期，做积累、做规划、补短板，更多地兼顾好家庭；在上升期、晋升节点，全心全意投入工作，适当地减少家庭方面的投入。在怀孕、买房、入学等重要节点，把更多精力投入家庭中；可以通过争取弹性工作或远程工作的机会，找到时间和精力的平衡，在保证完成工作任务的同时，留出足够的时间和空间满足家庭的需求；花更多的时间和家人在一起，例如共进晚餐、周末出游或参加亲子活动，加强家庭成员之间的联系和沟通，更好地了解彼此的需求和感受，达成相互理解和支持，以确保我们的家庭生活稳定和幸福；学会识别优先处理的事务，并确保工作和家庭的重要事项得以妥善安排；与家人和上司/同事之间建立明确的沟通渠道非常重要，以确保所有相关方都对工作和家庭的需要有充分的理解；寻找自己的兴趣爱好，不要完全沉浸在工作或家庭中而失去了自我，通过合理的休息、锻炼和放松等方式提高自信，以更好地面对工作和家庭的压力，更好地应对职业和家庭生活的挑战；管理电子邮件和社交媒体，避免浪费时间；拒绝不必要的会议和任务，保障自己的时间和精力；在工作时间内不接受家庭事务的打扰，尽量避免加班，尽量不把工作带回家；与家人共同制定家庭责任的分工方案，鼓励家人积极参与家务活动，减轻个人的负担，使时间和精力得以更好地分配；不要害怕寻求家人、朋友、同事或专业人士帮助和支持；珍惜家庭和事业，找到自己的平衡点，创造更加美好的生活。

无论改变传统的呼声如何高涨，无论革除陈规的行动如何声势夺人，我都不认可作为社会意义而存在的男人和女人只顾事业不顾家庭，或只要家庭不要事业。家庭好比地基，事业好比大厦，地基牢固坚实，大厦才可以屹立不倒。要把家庭放在心上，关心家庭中的每一位成员，积极地走向生活，在事业和生活之间寻找平衡，毕竟事业上的成功抵消不了家庭生活的失败。

2. 了解、理解、宽容

随着孩子的成长，对外界探索增多，孩子会有各种尝试，比如尝试着洗碗，把碗打破；尝试着做滑冰场，弄了一地的肥皂泡沫……因为了解、理解、宽容，所以我们愿意去帮助和陪伴孩子从难过、生气、焦虑等负面情绪中走出来。

（1）了解孩子

接纳孩子的第一步是了解孩子。父母和老师越是了解孩子的年龄特点、兴趣爱好、性格、能力、不足和优势，就越容易接受孩子的真实面貌，并合理调整自己对孩子的期望值。孩子的很多行为，如淘气、捣蛋、害羞、不听话，很可能并不是故意为之，或许这只是他们与世界对话的独特方式，或先天气质使然——本身就是个内向的孩子，或好奇心强，渴望独立……幼儿园老师让孩子们画森林里的小动物，其中有个孩子把一张白纸涂得一片漆黑。老师原本打算批评孩子乱画，忍住了，问孩子画的是什么，孩子很天真地回答："我画的是小白兔、小熊，还有……可是天黑了，它们都回家睡觉了。"看，孩子的内心世界是多么丰富多彩！当孩子做什么不会或没有达到期待时，不要表达自己的失望，而是要认识到孩子有自己的节奏，他也想做好，只是暂时还缺时间、缺方法、缺经验。

不妨测一测，你究竟有多了解你的孩子：

◉ 如果给孩子送生日礼物的话，他最想要的是什么礼物？

◉ 他的学习成绩在班上处于什么水平？

◉ 他最大的优点是什么？

◉ 他最大的缺点是什么？

◉ 他的性格是怎样的？

◉ 他自己希望将来从事何种职业或成为一个怎样的人？

- 他最崇拜和最喜欢的人分别是谁?
- 他最不喜欢做的事是什么?

(2)理解孩子

接纳孩子的第二步是理解孩子。因为理解，我们能接受已经发生或存在的事实；因为理解，我们能觉察到孩子情绪背后所没有被满足的期待和需求；因为理解，我们愿意去帮助和陪伴孩子从难过、生气、焦虑等负面情绪中走出来。当孩子做错事情、正愧疚难当及彷徨无助的时候，他们最需要的就是能得到父母的理解和宽容。只有这样，他们才能快速地走出自己的心理低潮期，这样反而有助于孩子更快进步。不少父母往往忽略了这一点，一方面吝啬于表扬孩子的优点，另一方面对孩子出现的问题粗暴斥责。他们把自己的负面情绪和态度投射到孩子身上，使用负面甚至暴力的语言来伤害孩子的自尊和自信，以为这样会让孩子因害怕而收敛。

换位思考可以带来有效的沟通，家长需要放下长辈的架子，用同理心去真实感受孩子的感受，学会倾听孩子内心的声音，了解处于弱势地位的孩子的想法，孩子毕竟是孩子，不要用大人的心去揣测孩子，记住：你我也曾经是孩子。

（3）宽容孩子

接纳孩子的第三步是宽容孩子。时刻提醒自己他还在成长中，要给他时间、给他机会，学会等待。宽容对待孩子的“不小心”“无意识”“添乱”，宽容对待孩子的情绪暴躁、性格内向不敢开口、言语木讷甚至口吃、行动迟缓甚至磨蹭、情不自禁不能自已……要允许孩子的小个性，更要宽容孩子的小缺点和小错误，容忍孩子偶尔的无理，给孩子充足的自我反省空间，允许孩子有不同的观点，鼓励他们独立思考问题，保持沟通的自由和民主，为孩子营造和谐友爱的氛围。宽容是容许子女们在行为上有相当的自由、容许子女自行安排其作息时间、容许孩子有金钱自主支配权、容许孩子自由交友等，对孩子要循循善诱地说理与解释，不使用严厉的惩罚方式，给予孩子极大的自由。宽容孩子，不仅能维护孩子的自尊，而且还能给予孩子此时内心最欠缺、最需要的安全感。因此，宽容就等于给孩子雪中送炭。当父母成为具有宽容能力的父母后，这份能力一定还会传承给孩子，从而使孩子也具备善于宽容的涵养和雅量。

但宽容不等于娇惯、骄纵，必须有边界、有限度。

如果父母不能容忍孩子的小瑕疵，就很容易对孩子吹毛求疵，不仅不利于亲子关系的维系，更会打击孩子的自信心，让孩子丧失前行的动力和方向。孩子犯错时要先听孩子解释，别光看结果，要了解初衷，家长在发脾气之前，需要先把消极情绪处理好。

孩子在成长过程中会遇到很多我们无法预知的困难和挫折，如果父母不注意教育方式，不分青红皂白地批评、责骂、惩罚，不但不能让孩子改正错误，还会使孩子形成胆怯、退缩或者是叛逆、攻击等不良心理和行为。雨果说："世界上最宽阔的是海洋，比海洋更宽阔的是天空，比天空更宽阔的是人的心灵。"莎士比亚在《威尼斯商人》中这样写道："宽容就像天上的细雨滋润着大地，它赐福于宽容的人，也赐福于被宽容的人。"在教育孩子的过程中，父母一定要保持豁达的心态，要有宽广的心灵，当孩子犯错误时，要适时地宽容，而不是一味地指责和批评，多想想孩子为什么会犯这个错误，既然孩子犯错是成长过程中不可或缺的一部分，那就试着接纳，而不是一味指责甚至发脾气。在孩子犯了无心之失的时候，家长们不必责骂孩子，包容可以让他更加懂得自己做错了，让孩子记住这个失误。当孩子犯了错不敢禀报时，父母要有足够的宽容，鼓励孩子勇敢面对，并大方说出来：“孩子你怎么了，有什么事情难以解决吗？说出来爸爸妈妈跟你一起解决。”这样孩子便会有安全感，认为父母是他的依靠，便愿意跟父母好好沟通并解决问题了。

当我们对孩子有消极情绪甚至出现不接纳的状态时，不是因为我们不爱这个孩子或者真的不接纳孩子，而是当时的消极情绪主导了我们的言语和行为。更重要的是教会孩子下次如何避免失误，比如当孩子在厨房的时候，我们要注意告诉孩子远离刀具、远离瓷碗玻璃杯之类的易碎品；告诉孩子端饭菜的时候，可以用托盘来端，以避免撒到地板上；浇花或者是走向花盆的时候，要提醒孩子注意脚下……不要把孩子的错误和缺点放大，要将孩子的错误和缺点尽量往小和往轻的方向处理。父母越是淡定孩子越是镇定，也更容易认同自己，而不是在父母的批评打击中否定自己。要让孩子在成长过程中懂得不断自我修正。多一次原谅，多一次宽容和理解，同时也为自己多找了一份好心境，也会使自己在个性完善的道路上又向前迈进一步。父母的宽容，是孩子成长的底气。

3. 积极的亲子关系

人类是社会性动物，在成长过程中充满了社会互动，并由此建立与他人的关系。父母是孩子最早的互动对象，亲子关系的建立和维护非常重要。良好的亲子关系不仅能培养孩子积极的情感和自信心，还能促进孩子的身心健康和学习。

在了解孩子的基础上，我们需要构建积极的亲子关系。当大人们不再追求控制欲的满足时，就会同孩子建立起一种亲密的关系，帮助孩子认识情绪、排解情绪。放松、愉悦、平和的状态下，孩子会享受和大人们在一起。亲子关系好，孩子才会有内在的靠山，能够自信，有安全感；亲子关系好，孩子才愿意认同并内化大人的价值观，愿意向大人期待的样子去靠拢，比如自律、善良。

（1）积极回应孩子

对于无法用言语表达需要的孩子来说，哭泣是唯一的表达方式，通过哭泣求助是每个孩子与生俱来的本能。父母和家人必须要做的就是“无条件回应”，先告诉孩子“我在”，然后再看情况解决其真正的需求。哭泣是大自然提供的一种信号，孩子不会无缘无故地哭：或是饿了，或是尿了，或是拉了，或是长牙了，或是病了不舒服了……需求不同，哭声也是不一样的。哭是为了吸引父母的注意力，以便满足孩子的重要需求。并不是说宝宝哭的时候一定要抱，而是一定要及时回应，哪怕大声答应一声或抱一下、摸一下他，只要给予关注，让他感受到你时刻都在关注着他。孩子的哭声就像烟雾探测器的警报信号，虽然我们觉得它令人不安，但这个信号是为了通知我们，以便我们可以处理一件重要的事情。

1920年，行为主义心理学创始者美国心理学家约翰·华生通过吓唬小阿尔伯特的方法，使得小阿尔伯特对于小动物、毛绒玩具都产生了恐惧。约翰·华生坚信儿童是可以被训练的，并提出“婴儿哭了不能抱”的哭声免疫法……这使很多家长信奉“抱，会让宝宝的依赖性更强；不抱，则可以让宝宝更独立”。要知道，这么说也这么做的约翰·华生，他的几个孩子成年后都患上了不同程度的抑郁症。直到40年后英国心理学家哈利·哈洛的恒河猴实验才将世人唤醒：越小越无助越应该得到同情、关注、帮助，父母的积极回应与抚慰对有智力的生命而言更为重要！最关键的是弄清楚孩子哭闹背后“无法诉说的”真实需求，抱他其实并不会宠坏他，而是在帮助孩子成为一个更好更健全的人。父母积极、有效的回应，不仅能让孩子感受到被看见、被尊重，更能让孩子活得健康自信，阳光快乐。

心理学研究发现：比起哭得少的婴儿，出生前三个月哭闹时间较长的婴儿智商更低，精细运动能力也更差。积极回应可以让孩子感到安全，这样他可以不受阻碍地进行大脑其他方面的发展。

生活中经常会出现孩子尽力了却没有把事情做好的情况。比如，孩子很努力去准备比赛，但并没有取得好的名次，父母可以这样积极回应他："有些事不是努力了就会成功的，但自己尽力了，也成长了，这就足够了。"再比如，孩子很努力帮忙收拾家里的卫生，却好心办坏事，不小心打碎了家里新买的玻璃茶具，其实很多时候并不是孩子做得不好，而是没有达到我们的预期结果，面对这种情况，父母正确积极的回应是："没关系，这种情况出现也不是你能预料的，你愿意主动帮忙，这点就已经很棒了。"要肯定孩子的初衷是好的，而不是打击和否定孩子。

每个孩子都会经历"提问"的时期，追着父母提出各种各样稀奇古怪的问题，英国有一组调查数据显示：

3—8岁的孩子平均每天要提出73个问题。当孩子喜欢东问西问的时候，是父母最需要耐心的时刻。孩子对生活中各种知识的好奇，如果得到了支持和鼓励，孩子会更加热爱观察和思考，会接着提出新的问题。相反，如果有些父母面对孩子的提问非常敷衍，有的甚至是嘲笑，孩子好奇心没了，喜欢思考的热情也被浇灭了。父母要积极回应孩子的提问。苏联著名教育家苏霍姆林斯基曾说："孩子提出的问题越多，那么他在童年早期认识周围的东西也就越多，在学校中越聪明，眼睛越明，记忆力越敏锐。要培养自己孩子的智力，那你就得教给他思考。"明智的父母，不管有多忙，都会抽出时间积极地回应孩子，从而借机激励孩子坦诚地表达自己。

孩子的烦恼虽然小，痛苦却是真实的。家长看来都不算什么的小事，对于孩子来说也许非同寻常，这些微不足道的困扰足以击垮一个孩子。在这些孩子眼里，最重要的不是大人给这些事贴上对错的标签、输出很多教育的大道理，他们需要的是自己的感受被大人看见并理解，把孩子眼里的事当成重要的事去对待，给予孩子积极的回应。很多父母在听孩子说话的时候完全心不在焉，殊不知，孩子虽然小，对于父母的态度却非常敏感。也有些父母因为不耐烦，粗暴地打断孩子的话，或者否定和批评孩子、打击孩子的自信心，这些无疑都是错误的做法。懂得认真回应孩子的感受，就是在呵护孩子的心灵。美国著名作家卡森·麦卡勒斯曾说过这样一段话：儿童幼小的心灵是非常细嫩的器官。冷酷的开端会把他们的心灵扭曲成奇形怪状。一颗受了伤害的童心会萎缩，一辈子都像桃核一样坚硬、一样布满深沟。

当然，积极回应绝不是对孩子的表达全都给予肯定的答复，而是要认真倾听孩子的表达，并区分孩子的对错。在交谈的过程中，如果发现孩子的思想误入歧途，父母要采取合适的方式引导孩子，指引孩子找到正确的方向。只有父母尊重孩子，孩子才愿意对父母敞开心扉；只有父母用心倾听孩子，孩子才愿意对父母吐露心声。这样才能构建积极的亲子关系。

（2）多沟通少指责

指责，只会让孩子逃避和你在一起。若是孩子犯错，哪怕是捅了天大的篓子，都不要动怒，因为犯错已成既定事实，发火不但不会让孩子“长记性”，反而制造焦虑、恶化亲子关系，当家长处于火冒三丈的状态时，就等于魔鬼在教育孩子！更何况有太多的策略让孩子“长记性”。重要的是分析错误的原因、承担错误的结果。比如孩子打了别人，家长要做的不是把自家孩子打一顿，而是鼓励他去当面真诚道歉，带他习得正确的行为方式。

家长不能因自己一时的情绪失控而把一些负面的情绪带给孩子，沟通是建立积极亲子关系的关键。与孩子保持良好的沟通非常重要，这样可以让他们感到被听到和理解，同时也可以让家长更好地了解他们的需求和问题。在沟通时，尽量采用开放式提问和聆听技巧，避免批评和指责；看着孩子的眼睛，用眼睛告诉孩子你有兴趣听他说话；无论发生什么事情，都要心平气和、耐心地听孩子把话讲完；父母要多肯定孩子想法的积极面，关注孩子内心的真实感受，不要急着下评断。当孩子感到被接纳时，他们会更愿意与你分享他们的想法和感受。接纳孩子意味着不追求孩子完美无缺；意味着冷静看待孩子的一切不尽如人意之处（包括生理和心理方面的）；意味着关注孩子的优点，永远给孩子积极正面的暗示；意味着不揠苗助长；意味着不强迫孩子按大人的意愿去改变，不挑剔、不责难、不抱怨。

在亲子关系中，冲突和挫折是难免的，但它们也是家庭成长和亲子关系发展的机会。当冲突出现时，要以开放和尊重的态度与孩子进行对话，寻找解决问题的方式。有时孩子事前不一定知道其行为的结果，出错了是因为其技能不足。而我们因为他的行为结果发火，是对事还是对人呢？接纳是接纳孩子这个人，因为他是我们的孩子或学生；不接纳的是事情的结果。如果我们和孩子讲清楚："这件事你处理得不好，是你技能不足，这是我不满意的地方，而不是对你这个人。你没学会这个技能所以带来这样的结果，可是如果你能端正态度、好好练习这个技能，你一定能学会并掌握，今后就能避免再发生此类问题。"孩子就知道了，这件事我技能不熟练，爸爸妈妈生气是针对技能而不是我这个人。这时，孩子和大人之间的亲子关系也就会很大程度上得到改善。

我们可以生气，可以发火，可以焦虑，但是一定要记住，这些不接纳的行为是因为孩子技能不够，要告诉他们，并帮助他们想方设法学习、掌握这些技能，而不要再说："你怎么这么笨！""你就是个没出息的人！""这么简单的事都做不了！"这些抱怨的话是非理性的过分概括化的言词。更不能给孩子糟糕至极的负面评价，比如，"孩子成绩太差了，不会有前途了""孩子没有好习惯，没有未来了""考不上大学，一切都完了"，这些表达的是拒绝，伤害了孩子的自尊，恶化了亲子关系。无条件地爱孩子是不跟孩子提绝对化的不合理要求，比如“必须”“应该”“一定要”。失败了不要数落孩子，而是陪着他不轻易放弃，直到他再次做成为止。

用欣赏的眼光看孩子，就会想方设法寻找孩子身上美好的东西，对他们更多地采用表扬、赞许、奖励的手段，不知不觉在日常的一言一行中暗示出某种美好的期待，这就会使孩子受到感染，得到鼓励，对家长产生好奇、信任和尊重，从而形成良好的亲子关系。

（3）多用建设性语言

家长要尝试多用建设性的语言，如“宝贝，咱们得快点，不然会迟到的！”“这件事我觉得这样做比较好，你觉得呢？”……让孩子感知到我们的要求是出于对他的考虑。这样既能让孩子愉快地接受我们的建议，也不会因为逆反情绪而故意跟我们对着干。

我们要尊重孩子的想法和感受，不强迫孩子做他不喜欢的事情，尽量避免用命令的语气同孩子说话。倾听和尊重是建立积极亲子关系的另外两个关键点。当你倾听孩子的想法和感受时，孩子有了被接纳和被理解的感觉；而尊重孩子可以让他们知道自己的价值并且有信心去面对生命中的挑战。带有警告、责备、拒绝语气的消极语言最容易激起孩子的反感。比如如何化解“起床气”:“你睡不醒，你认为我们晚上几点睡觉合适呢? ”“你希望我怎么做? 不喊你? 还是只喊一遍? ”“如果我忘记了这些，又开始喊好几遍，你可以怎么提醒我呢? （你也可以提醒我，体现真正的平等）”

尽量避免使用惩罚或威胁来解决争端，而是采用协商和沟通的方式来解决问题。当你与孩子保持良好的亲子关系时，他们会变得更加自信、独立和有责任感。

（4）投入时间与关注

给予孩子足够的时间和关注是培养亲子关系的关键。尽量从忙碌的日程中抽出时间，与孩子一起参与有意义的活动，如一起玩游戏、做手工、阅读或进行户外运动。这不仅能增进亲子之间的情感联系，还能让孩子感受到被重视和被关心。同时，尽量避免分心或被手机、电视等干扰，专注地与孩子相处。

在孩子生日、节日和其他特殊的日子里送给孩子带有纪念意义的礼物，出差回来带给孩子一件小礼物，拉拉手或拍拍肩膀都是表达爱的最佳方式。

鼓励孩子积极地参与活动，如体育运动、艺术创作等，培养他们的兴趣和才能。

在日常生活中给予孩子一些选择权，不是规定他“只能……”，而是给出“既可以……也可以……”的选择项，适度的自主权能够培养孩子的独立思考能力和决策能力，激发他们的创造力和责任感，让他们参与决策和解决问题，培养他们的自信和自主性。

（5）学会诊断与反思

亲子关系好不好，家长有没有完全接纳孩子？《亲子关系自评量表》一测就知道。量表从五个维度出发，分别为“很不符合”“不符合”“尚符合”“符合”“非常符合”。选择“很不符合”得1分，“不符合”得2分，“尚符合”得3分，“符合”得4分，“非常符合”得5分。将量表20个题目的得分相加，就是这次测量的总分。

亲子关系自评量表：

（1）不管我的工作或生活多忙，每天我都会留一些时间给孩子。

（2）我能经常保持愉快的心情和孩子相处。

（3）我认为孩子是有理性的，能自己面对和解决问题。

（4）和孩子对话时，我较少使用“你应该……”“你最好……否则……”“你再不……我就……”等语言。

（5）我觉得孩子能欢喜地生活比成绩好更重要。

（6）我觉得孩子犯错和惹麻烦是成长必经的过程。

（7）孩子说话时，我能耐心专注地听完。

（8）我能经常和孩子有亲密的接触（如摸头、拍肩、拍手、拥抱……）。

（9）即使孩子犯了错，我也不会因此就认为他/她是个坏孩子。

（10）我经常给自己和孩子充裕的时间，避免催促孩子。

（11）不论孩子发生什么事，我都能以孩子的立场，分享孩子内心的感受。

（12）亲子间有冲突时，我不认为一定是孩子的错。

（13）我能给孩子充分的自主空间，决定自己的事。

（14）我要求孩子做的事情，我自己都能做到。

（15）我答应孩子的事情，我一定都会履行。

（16）我与孩子谈话时，我能了解孩子内心真正的感受。

（17）我了解孩子内心的喜好和厌恶。

（18）孩子愿意主动告诉我他在外面发生的事情和内心感受。

（19）和孩子谈完话，我甚少批评或指责孩子的想法。

（20）我满意我目前的家庭和孩子的状况。

结果分析：若总分在60分以下，表示你们的亲子关系已有了危机，必须马上调整；若总分在60—80分之间，表示你们的相处还算良好，但是还可以更好；若总分在80分以上，表示你们相处得很不错。

4. 不做横向比较

不要以为用别的孩子去激励自家孩子，就会让自己的孩子更加努力，变得更好。这种简单粗暴的激励法对孩子不但起不到推动作用，甚至还会让孩子心生厌恶，出现适得其反的负面效果。因为一比较就会让孩子产生焦虑、不安乃至嫉妒的情绪。

（1）别人家的孩子

我们总觉得有一种理想的生活，觉得别人的生活都很阳光、快乐，别人家的孩子都比自家孩子优秀，不接纳为什么只有我这么倒霉遇到这么个熊孩子、这个乱班，这太不公平。但实际上，如果深入了解别人的生活、别人的孩子，我们就会知道并非如此。孩子也许不是我们所期待的样子，可能是脾气坏了点，习惯差了点；总是捣乱，把家里弄得乱糟糟；钢琴没有别人弹得好；成绩排名没有别人的靠前……孩子考试分数低了，家长不要与别人家的孩子比，而是要关心孩子此时糟糕的心情，鼓励他找到自己不会的地方、发现自己的薄弱之处，把不会的学会就行了。要知道，每个孩子都有自己探索世界的节奏与方式，我们应接受他本来的面目，这会让孩子感受到爱和安全，让他更有内在力量。

（2）家家有本难念的经

正如2019年奥斯卡金像奖最佳真人短片奖《邻居的窗》里展示的那样——人们总是羡慕别人的生活、想着自己的痛苦。在现代社会生存对大多数人来说虽然不是问题，但每个人都在人生方向上挣扎，每个人都经历着孤独、痛苦、迷茫、失败。可以说，没有一种理想的生活。我们都只是在路上，我们向往的未必如看到的那么好，我们拥有的也并非如认为的那么差，那些自己眼中平凡又琐碎的日常可能是别人一生都无法追求的幸福。我们所拥有的，在别人眼里就是宝！不要总看着眼前，别等到人生大限将至回忆时才发现，原来一直追寻的幸福就藏在身边。至少我们还有个孩子——“一个人总在仰望着别人的幸福，一回头却发现，自己正被别人仰望着”。人们正是因为缺少对现实的了解，才会把别人的生活想象得过于美好，或者认为生活应该那么美好。生活本来就是一场艰难的旅行，是黑暗路上的点点星光让人们不放弃希望。

5. 优先安抚情绪

先处理情绪，再处理问题。有愤怒的情绪时，要先安抚情绪，等情绪镇定下来再来商量事情的解决方案。因为当人处在强烈的情绪中时，其大脑是无法进行理智思考的，愤怒的情况下是会失去理智的，所以冲动是魔鬼，世界上没人愿意跟魔鬼在一起。

（1）找到情绪的原始爆发点

安抚情绪首先要找到孩子情绪的原始爆发点：因为被冒犯而生气？因为被误解而生气？因为愿望没得到满足而生气？因为没安全感而生气？因为害怕而生气？因为委屈而生气？因为羞耻而生气？因为担忧而生气？因为失望而生气？……

（2）做个耐心的听众

安抚情绪最好的方式是倾听，当人们情绪起伏较大或有心结难解时往往需要适度的宣泄，有个好听众就是有了一个最佳宣泄渠道。哪怕最后没有找到解决方法，通过这种交流也能极大地减缓孩子的痛苦，有能力者更可帮助孩子理清头绪，但不要随意打断孩子或将自己的意见强加给孩子，这样会给他造成额外的心理负担。在这个过程中，孩子能感受到那种关心，那种触动人心的爱。在情绪平稳下来后，孩子基本都会慎重考虑你的建议。

（3）真诚地拥抱他

孩子是不懂得掩藏情绪的，孩子情绪激动的时候不要急着给孩子反馈，而是要给自己留出5到10秒的时间，去感受孩子的情绪。先拥抱他，越反抗越要抱紧，然后手在其后背背心从上往下抹几下，拥抱着他离开现场至少5分钟，通过改变其压力和冲突的环境帮助孩子放松心态，然后给他喝杯水，彼此暂时回避刚才的话题。本着“暂停原则”双方暂时分开几分钟，等到孩子平静下来，不再带有任何负面情绪时，再用平和的语气去帮助孩子认识自己的情绪，讲述他行为的错误性，帮他学着用语言把情绪表达出来。要引导孩子调整认知，从另一个角度去认识问题，找到解决问题的方式。比如孩子说脏话，成人不用责备他，只是告诉他：“我理解你很生气，但是表达愤怒的方式除了骂人之外还有其他的方法。”

要告诉孩子情绪仅仅是一个人的主观感受，是没有对与错之分的，但当情绪表达出来对别人产生伤害时，就有对与错了。

（4）帮孩子梳理情绪

帮孩子梳理情绪时可以尝试问问他：“你发脾气是你感到受伤害了吗？对方是有意还是无心？”如果孩子一口咬定“他肯定是故意的”，你要追问：“你肯定自己没有弄错吗？是不是太敏感的原因？”“情况真的严重到需要暴跳如雷吗？有没有不发怒却能解决问题的方式？”“大吼大叫是想达到什么目的？让对方望而生畏，还是希望和对方沟通？”……要让孩子表达自己的情绪感受，但不要一味地指责攻击。家长可以引导孩子说出自己的感受：“我觉得……”“我很生气……”和孩子分享你的期望：“我希望能这样，因为……”表达你现在的需要并说明原因：“我请你……是因为……”

有时也可以通过分散注意力的方法引导孩子走出情绪困扰，比如突然发现某样东西的不同、一种从未有过的声音，完成从未做过的动作……

（5）反思自己的情绪

当家长怒气冲冲地教育孩子时，很多孩子往往会跟家长“较劲”，就是不听家长的话，甚至与家长对着干。

由此可见，要想达到最佳的教育效果，家长一定不可以带着负面情绪教育孩子，这样就不会有冲动式的教育方法产生了。一旦冲动，家长应立即离开现场，使自己的思维从即将发作的状态中脱离出来，可以先想些愉快的事情，或者接下来要做的事情，例如要准备什么晚饭等，努力使自己的情绪迅速平静下来。

当家长带着情绪跟孩子说话时，一定要先搞清楚自己为什么会有情绪，是不是在期待孩子的反馈，不妨把情绪放下，直接描述自己看到的事实和希望孩子怎么做。比如，用“我看到你把袜子乱丢，我有点焦虑你的卫生习惯，去捡起来顺手洗了吧”的表达方式，比“你怎么又把袜子乱丢？”的质问，目的更清晰，语气更平和，孩子也更能接受。

6. 共情达成共识

遇到挫折时，孩子需要的是一个接纳他们、能够与他们共情的大人，而不是立刻被追问着作解释。孩子需要的是成人的接纳、安抚，对其情绪的回应和正确解释。当孩子感觉到被理解，坏情绪自然就排解了，也就不会再去纠结那些不愉快的事情。

（1）共情表示接纳

共情是人与人情感连接的纽带，具有共情特质的人对别人的体谅、理解和关心能让对方感觉到自己受到尊重和接纳，从而让对方也能产生愉悦感，久而久之一个人的影响力和其所具有的共情能力会影响到周围的人，也就能积累越来越多的社会资源。共情是可以学习的，孩子可以从家长的共情中学习模仿。

（2）共情拉进心理距离

人的行为活动取决于对自我的认识，而这种认识取决于与别人的社会互动，别人对自己的态度、评价就像反映自我的“一面镜子”。孩子的心智发展不成熟，他对自我的认识就取决于成人对他的态度、评价，成人发自内心地接纳孩子、认同孩子，孩子才能放下别人的眼光，坦然做自己。要及时回应孩子的感受，有时候在成人看来，孩子的那点事真是“太幼稚了”，但如果不在这时候给他们幼稚的机会，他们就会永远幼稚下去。要给予坚定的正向情绪关怀，帮助孩子确认积极美好的事物，一切向理智乐观的方向看，要一直给予孩子希望。如相信问题总是会解决的，或者生活总是有很多的美好。这样可以避免孩子出现极端情绪，也易于情绪的平复。

人的一生根源于原生家庭；孩子的未来，藏于父母的言传身教。我们有义务、有责任将温暖良善、积极向上的美德代代传承，有情、有义的父母才能培养出有责任心、有担当的孩子。比如，孩子不小心摔了一跤，因为疼痛，便趴在地上哭了起来（求安慰、求解释、求温暖）。家长看到了，便对孩子说："不就是摔倒了吗，有什么好哭的，快起来。"（没同情、被漠视）"谁让你乱跑来着？"（找到原因，被指责、没温暖、不接纳）"别哭了，你自己摔的。"（未曾共情、不温暖、无分担、不接纳）"宝宝勇敢，没事儿。"（鼓励坚强但未共情、只接纳勇敢的你）听了家长的话，孩子哭的声音越来越高了——家长不但不理会孩子的这种悲伤情绪，反而否认孩子的这种感觉，认为孩子的这种伤心没有必要，会在一定程度上加重孩子的挫折感，使得孩子哭得更加伤心。同样是看到孩子摔倒哭泣，另一位家长走到孩子面前扶起孩子，拥入怀中，对他说："摔倒了，我知道你肯定很疼！"听家长这样说，孩子点了点头，哭声渐渐小了。等孩子停止了哭泣，家长才对孩子说："你是因为不小心，没看脚底下所以摔了。以后咱们慢点跑，并且注意看脚底下就没事了。想哭就哭一会儿吧，我抱着你，你感觉就好多了。"——第二位家长的"我知道你肯定很疼"这样一句话，会让孩子因得到家长的情感认同而大大减少负面情绪。孩子的负面情绪得到控制之后，家长再对其进行理智的教导，告诉他以后走路要小心，孩子就能认真地接受家长对他的教育了。

电影《奇迹男孩》里，奥吉发现所有看到他的人脸上都充满着惊恐和鄙夷，为此奥吉感到深深的自卑。有一次，奥吉问妈妈："什么时候人们才不在乎我的外貌？"奥吉妈妈镇静地回答："奥吉，每个人的脸上都有属于自己的印记，这是一张展示我们过往经历的地图。我们应该为它骄傲，就像妈妈额头上的皱纹，它展示着妈妈和你在一起走过的日子。"感受到妈妈的接纳、爱和鼓励的奥吉，逐渐建立起了信心和勇气，最终获得了学校一年一度的品学兼优、为他人做榜样的奖章。

7. 着眼积极之处

即使孩子在做事情的时候遭遇了挫败，父母也要为他的主动参与、积极努力、巧妙构思、尝试改进、咬牙坚持、寻求外援等点赞，这些都是比赢更重要的事情。父母应该用更多的时间去观察，而不是评判，应试着用欣赏的眼光去看待孩子的优点，即便有缺点也不要放大。

接纳是父母送给孩子最好的礼物，因为只有父母接纳了孩子的特性，帮助孩子了解自己，提高孩子的自我管理能力，孩子才能更加有安全感，面对问题时不至于自我怀疑，长大后那些特性才会成为吸引别人的特质。

很多人小的时候都有这样的经历，考了好成绩的时候，父母往往会展现一张笑脸或者给一个奖励；当拿糟糕的成绩回家时，父母脸上的表情就变得阴沉不定，甚至会给孩子十分严厉的惩罚。当失败的代价过大的时候，孩子就会变得特别怕输。但是人生漫长，谁能保证处处会赢？让孩子学会面对失败，最重要的是让他看到失败并没有想象的那么可怕。当孩子遇到挫折的时候，父母要少用些批评和惩罚，更多地和孩子站在一起，帮助他分析存在的问题，和他制定扭转局面的方案，让孩子看到失败和成功是可以相互转化的。

人生道路千千万，条条大路通罗马，千万不要自我设限。要引导孩子承认自己面对的一切困难，接受它，调整心态，不要让孩子的生活偏离了正常的轨道。教育，永远始于爱，发于接纳，成于尊重，终于成全。

延伸阅读（使用这些标题在互联网上可以搜索到相关资料）

1. 陈静根据郑渊洁的同名小说拍摄的电影《驯兔记》
2. 皮克斯动画片：《飘》
3. 奥斯卡最佳真人短片：《邻居的窗》
4. 纪录片《零零后》：给中国父母的一封家书

参考文献

1 郭爱平．妈妈，请别老对我发火[J]．少先队小干部（下半月刊），2009（12）：24-25.

2 宋广文．诉人间真情唤世间正道——《人世间》成为热剧的心理学分析[J]．临沂大学学报，2022，44（04）：113-118.

3 李兰．梁从诫　民间环保第一人[J]．华人世界，2007（9）：76-77.

4 张文亮．牵一只蜗牛去散步[M]．北京：中国工人出版社，2010.

5 晏红．家庭教育指导概论[M]．北京：教育科学出版社，2019.

6 阿尔弗雷德·阿德勒．自卑与超越[M]．韩阳，译．北京：北京时代华文书局，2018：11.

7 雅斯贝尔斯．什么是教育[M]. 邹进，译．北京：生活·读书·新知三联书店，1991：1.

8 张军霞．给孩子特别的爱：接纳ta的与众不同[N]. 中国妇女报，2022-06-20.

9 吴唯实．出生婴儿性别比偏高的成因探讨[J]. 统计与决策，1993（06）：32-33.

10 于康．"酸碱体质"和"酸碱食物"之说不科学[J]. 癌症康复，2012（02）：64-66.

11 湖北省体科所《身高预测课题组》，王路德．身高预测公式的研究[J]．湖北体育科技，1984（02）：77-80.

12 季成叶．儿童肥胖的遗传基因研究进展[J]．中国学校卫生，2006，27（02）：93-94.

13 新华社．新研究：多吃蔬菜水果有助于缓解压力[EB/OL].(2021-05-17)[2022-05-16]. http://world.people.com.cn/n1/2021/0517/c1002-32105493.html.

14 Cedernaes J，Schönke M，Westholm J O，et al. Acute sleep loss results in tissue-specific alterations in genome-wide DNA methylation state and metabolic fuel utilization in humans[J]. Science advances, 2018，4（08）.

15 白亚楠，褚迅，缪小静，等．肤色、发色、眼色相关的22个单核苷酸多态性在江苏汉族和欧洲人群中的差异分析[J]. 中国优生与遗传杂志，2013（05）：6-9.

16 杨召辉. 东亚人群肤色进化的遗传学研究[D]. 北京：中国科学院大学，2014.

17 文锋. 秃头、肥胖、肤色与遗传有关[J]. 科学之友，2002（12）：22.

18 薛谓三. 遗传的概率[J]. 大众科技，1999（09）：35.

19 Sheehan, Michael J, Nachman, Michael W. Morphological and population genomic evidence that human faces have evolved to signal individual identity[J]. Nature Communications, 2014（09）：10.

20 White J D, Indencleef K, Naqvi S, et al. Insights into the genetic architecture of the human face[J]. Nature genetics，2021，53（01）：45-53.

21 Alexandra Alvergne，Charlotte Faurie，Michel Raymond. Differential facial resemblance of young children to their parents: who do children look like more?[J]. Evolution and Human Behavior，2017（02）：135-144.

22 孙山. 你能接受孩子平凡吗?[J]. 中外文摘，2019（11）：16-17.

23 林日新. 究竟有多少家长能接受孩子的平凡[J]. 今日教育，2019（02）：16.

24 王莉. 父母应善于接受孩子的平凡并发现优势[J]. 福建教育，2021（17）：30-32.

25 王玉峰. 总统与农夫[J]. 基础教育参考，2005（08）：61.

26 托马斯·索维尔. 语迟的孩子[M]. 顾鹏，王文卿，译. 武汉：湖北教育出版社，2013：56.

27 神奇麻麻. 如何养育"高需求宝宝"[J]. 祝你幸福，2019（12）：60.

28 王璐. 爱哭=聪明？开发高需求宝宝的潜能[J]. 时尚育儿，2010（11）：42-44.

29 王谦. 不完美的人成就世界——读第35本幾米书《我不是完美小孩》[J]. 出版广角，2011（08）：70.

第七讲

客观存在的儿童差异

——统计学的视角

美国饶舌诗人理查德·威廉姆斯曾做了一个短片《献给现代教育体制的诉状》。片中他化身控方律师，慷慨陈词地控诉被告——“学校”（现代教育体制的代表）的“所作所为”：用过去的知识和过时的方式，教孩子如何面对未来；在多元的世界，却开着一样的处方；谋杀创意、个性，以及滥用智商、盲目竞争，用分数评价每个孩子；“以爬树能力来评断一条鱼”，让孩子在班中力争上游，找不到自己的天赋所在，觉得自己很笨，认为自己很没用……

他说现代科技日新月异，发生了天翻地覆的变化，唯有教室情景与150年前一样，几乎没有发生任何改变，这个早已酸腐的过时机构却声称是在为学生的未来做准备，这怎么可能培养出有创意、有新意、有批判性、能独立、能创造的人才？

如果一位医生开给所有病人的药全都一模一样，后果根本不堪设想——多少人会因此病得更严重？一位教师站在几十位学生面前，每位都拥有不同的优点、不同的需求、不同的天赋，而老师却用同样的方式教导同样的东西，这合适吗？

正如爱因斯坦所说：每个人都是天才，每个人都独一无二，但如果你用爬树能力来断定一条鱼有多少才干，它整个人生都会相信自己愚蠢不堪。他呼吁：这是一个一条鱼不应该再被逼迫去爬树的世界，我们需要平等对待每一种天赋和才能，是雏菊就把自己变成一朵绽放得最美的雏菊，不需要把自己变成牡丹和玫瑰。未来世界，我们真正需要的是培养有创意、有个性、有独立性、有合作能力的人。虽然儿童占总人口的20%，但他们是这个社会未来的100%！

美国教育家里维斯博士写过一则寓言故事《动物学校》[1]：

有一天，动物们决定设立学校，教育下一代以应付未来的挑战。在这所学校里，会教授一组由跑步、跳跃、爬行、游泳、飞行等科目组成的活动课程。为方便管理，所有的动物一律要修完全部的课程。

鸭子游泳技术一流，飞行课成绩也不错，可是跑步就无计可施了。为了补救，只好加强课余练习，甚至放弃游泳课来练跑步，到最后磨坏了脚掌，才终于获得了勉强及格的成绩。而它的游泳科目，由于长期得不到练习，期末时只获得了中等成绩，但是学校乐于接受这种中等水平。因此，除了鸭子自己，大家都觉得这没什么不好。

兔子在刚一开学时是班里跑得最快的，但由于在游泳科目中有太多的作业要做，结果精神都快崩溃了。

松鼠爬树最拿手，但它对于飞行感到非常沮丧，因为它的老师只许它从地面上起飞，而不允许从树顶上起飞。由于它非常喜欢跳跃，并花了很多时间致力于发明一种跳跃的游戏，结果期末时爬行只得了一个C，跑步只得了一个D。

鹰由于活泼爱动受到老师们严格管制，在爬行课上的一次测验中，它战胜了所有的同学，第一个到达了树的顶端，但它用的是自己的方式而不是老师所教的那种方式，因此它并没有得到老师的表扬。

到学期结束时，一条怪异的鳗鱼以高超的泳技，加上勉强能飞、能跑、能爬的成绩，反而获得平均最高分，还代表毕业班致辞。

与此同时，生活在草原上的鼠类动物为抗议学校未把掘土打洞列为必修课而集体抵制。它们先把子女交给獾做学徒，然后与土拨鼠合作另设一所私立学校，据说这所学校办得相当相当成功。

学校以“优秀”和“精英”为导向的培养准则，正在把个性迥异的孩子变成教育机构的模具。整齐划一的衡量和判断标准，让有另外一些不被主流认可的能力的孩子失去话语权与创造的可能性，而成为单一标准下的牺牲品。

尺有所短，寸有所长。每个人都是不同的星星，有独特的形状和光彩；每个人都是不同的花朵，有独特的颜色和芳香。要尊重差异性，欣赏不同，不要抹杀别人的个性，强行用一个标准衡量一切。无论对于教育，还是工作，抑或与人相处，尊重很重要，欣赏很重要。

我们的教育难道一定要培养全才、通才吗？全面发展是让孩子的潜能得到最充分的发展，不是什么都要与别人一样发展到一定的程度，不是一刀切，不是所有人都要达到同一个标准。全面发展不是十全十美、不是全才教育、不是通才教育，更不是逼着五音不全的孩子也要报一个声乐班、色盲的孩子也去报一个绘画班，填鸭式地让孩子硬去接触某些本不擅长的东西，且硬逼着他拿自己的短处不停地去与别人的长处相比，这是盲目攀比！

教育的目的到底是什么？获得知识？掌握技能？取得成功？赢得尊重？享受生命过程中的乐趣？学习独立思考、辨别是非、批判性接受的能力？获得心灵的自由、精神的滋养？自由地发挥个人潜质、自由地选择生命成长与学习发展方向的能力？培养其公民的责任？培养其远大的志向？……教育应该是让学生不为功利所累，在烦琐无聊的生活中，时刻保持清醒的自我意识，找到自己的优势，充分地、淋漓尽致地发挥自己的优势，实现为社会、为人类进步做贡献的使命。

教育就是要如此才可能成功。好在从全国高考“3+1+2”的模式中我们看到了中国教育的曙光，增加选择性、减少“一刀切”，给更多的孩子更多的发展方向与发展机会！

教育不是改变人，而是去发展人。教育不是要扼长补短，而是要扬长避短。长短就是不同、差异。

差异是什么？为什么会存在差异？人与人之间的差异表现在哪里？教育在缩小差异方面扮演什么样的角色？历史上在差异教育方面有什么经验和教训？

一、差异是什么

差异就是差别，是一切事物或事物内部要素间的差别，表现为内容与形式的不同。差异存在于一切客观事物系统及思维的过程中，并贯穿于一切过程的始终。差异可能是结构上的差别，可能是时间轴上的位置的差别，或是彼此社会阶层与角色的差别，或是对环境的主观体验（从确定到不确定）的不同。

哲学视角的差异是未激化的矛盾，是同一与斗争的结果，包括外在差异和内在差异。差异与同一是联系着的，异中有同、同中有异，世界上没有绝对相同的物体，任何事物都有各自的特点即外在差异；任何事物内部都包含着诸多要素，各要素的结构不同即为内在差异。差异还有可能表现为过程的差异、状态的差异、上下系统层次的差异等等。诸差异的特殊性、协同性、普遍性生成了大千世界。俗话说，一棵树上没有完全相同的两片叶子，一群人中没有两个完全相同的人，千人千面，千面千心。恩格斯认为："同一性自身包含着差异性，这一事实在每一个命题中都表现出来。"[2]一切事物都是同和异的统一体，差异构成物质世界的基本形态，差异是物体的本质属性。

否认事物系统的差异，就是否认了一切，就是否认世界上所有的存在，这是粗浅共通的道理，古今中外，概莫能外。[3]

二、差异的普遍存在性

古今中外的心理学研究了很多人类的各种差异存在的方法、存在的形式、对于我们的影响以及如何测量观察分析这些差异。个体差异的存在使得我们的行为丰富多彩，使得我们的生活千奇百怪，使得我们的社会纷繁复杂，尽管人的行为、情感、能力非常复杂，但一个人在相当长的一段时间内都会表现出稳定的特点，于是人的差异是可观测、可预测的。也正因如此，心理学才会引起社会的关注和关心，各种科学、实证、系统的测量方法层出不穷。

差异的最大特点就是无法消除，永远存在。每个生命都会有自己不同的表达方式，每个人存在的独特性和多样性构成了大千世界、万般人生，并且也正是基于此，这个世界才有更多的乐趣，变得精彩纷呈。差异普遍存在于人的身高、体重、漂亮指数以及视力、听力、智力等之中。

1. 差异的普遍性

（1）常态分布图

曾经有人尝试用不同的标准把人进行分类，发现人和人是不同的，最终得到一张常态分布图——这是一个极其常见的连续概率分布。原因在于我们研究的对象具有同质性，所以其特征往往是趋同的，即存在一个基准；但由于个体变异的存在（当然变异不会太大），这些特征又不是完全一致，所以会以一定的幅度在基准的上下波动，从而形成了中间密集、两侧稀疏的特征。正态曲线呈钟形，两头低，中间高，有34%的分数位于从均数到1个标准差的区域内，16%的分数位于分布的两端超出1个标准差的区域，大于2个标准差的分数只占2.1%。左右对称且其曲线呈钟形，因此人们又经常称之为钟形曲线。[4]德国数学家、“数学王子”高斯率先将其应用于研究，因此它也称为高斯分布（Gaussian distribution）。研究表明，自然界、人类社会中大量现象均按正态形式分布，正态分布在我们的生活中很常见，因此，正态分布也叫常态分布现象。

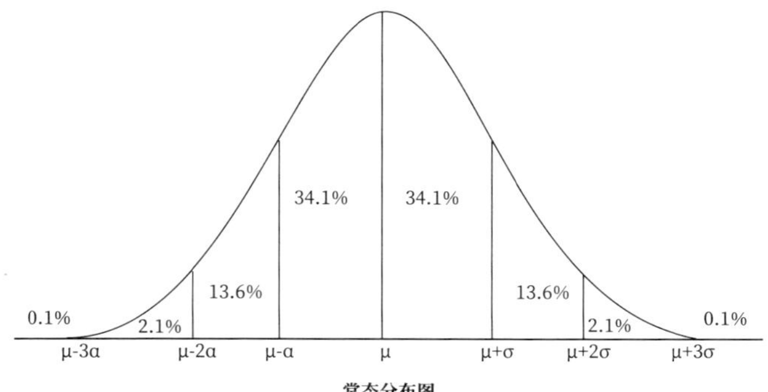

常态分布图

如上图所示：由正态分布函数表达式来看，主要由两个参数μ和σ决定。其中，数学期望为μ，决定了其水平位置，其标准差σ决定了其分布的高低胖瘦。约68.2% 的点在 −1 到 1 个标准偏差范围内，我们称之为正常；约 95.4% 的点在 −2 到 2 个标准偏差范围内，其中 −2 至 −1 以及 1 至 2 标准偏差范围，我们称之为临界；低于 −2、大于 2 个标准偏差范围的约 4. 5%，差异太大了，被称为异常。约 99.7% 的数值位于 3 个标准差的范围以内，极端值出现的概率其实很低，极端值对均值的影响也很小。因此，正态分布是稳定的系统。[5]

弗朗西斯·高尔顿是英国人类学家、探险家、地理学家、气象学家、统计学家、遗传学家、优生学家、心理学家，被尊为“差异心理学之父”[6]，他也是心理测量学上生理计量法（应用统计学）的创始人。他在博物馆开设了人类学测量室，通过仪器对人类的身高、体重、力量、速度、肺活量、拉力和握力、叩击的速率、听力、视力、色觉等能力进行测量和研究，收集了大量资料。他将所得到的大量数据进行平均统计研究，证明人的心理特质在人口中的分布如同身高、体重那样符合正态分布曲线，在正常的状态下，一般的事物都会符合这样的常态分布。[7]

影响人身高的因素很多，如营养、遗传、环境、族裔、性别等，这些因素的综合效果就是使人的身高服从正态分布。如果按照身高把人进行分类，比如像姚明，个子很大，要排在右边；像某祖蓝，个子小，要排在左边；多数人都在中间，个子不高也不矮。2017年，我国18岁及以上成年男性平均身高为167.1厘米。根据身高的正态分布，我们就可以快速知道大部分男性的身高是集中在平均值的，即“大众身高”，总有小部分人的身高要么比平均值略高，要么略低，特别矮和特别高的都比较少见。

如果按照体重将人进行分类，我们会发现，有的人如演员“肥肥”则太胖，有的人如主持人某鲁豫则太瘦，而多数人不胖不瘦如“阿拉木汗”。

如果按照漂亮指数把人进行分类，《悲惨世界》里的卡西莫多可能就在左边，《罗马假日》的安妮公主会跑到右边。

如果按照视力好坏把人进行分类，戴眼镜的人可能就得往左移；多数人视力正常，在中间；有的人眼睛特别好，那就排到右边。

如果按照听力把人进行分类，有的人需要重说一遍、加重声音，他才能听得到；有的人能听到别人听不到的一些信息，听力出奇地好，是俗话说的“顺风耳”；而多数人听到的声音频率范围在16—20000Hz，声音强度在20—50dB。

如果按照聪明程度把人进行分类，有的人智商很高，超过131，我们称之为“天才”；有的人智商在116—130，我们称之为“超常”；有的人智商在101—115，我们称之为“聪明”；有的人智商在86—100，我们称之为“鲁钝”；有的人智商在71—85，我们称之为“愚笨”；而有的人智商不到70，我们称之为“准智力落后”。

为什么会出现这种“常态分布图”？我们可以用中心极限定理来解释，即在特定条件下，大量统计独立的随机变量的平均值的分布趋于正态分布。举例并假定，人的身高由三个主要因素的叠加效应而决定，包括遗传、营养和运动。在群体内的平均水平基础上，这三个因素对身高的效应（可正可负，或多或少）往往又受到很多随机情况的影响，所以在其相加之后，个人的身高趋向于群体均值。比如，虽然某个小孩的父母身高低于同龄人的平均值，但由于这个小孩不挑食、爱运动，成年后的身高还是达到了同龄人的平均水平。身高走向极端（或者非常高，或者非常矮）的人的子女的身高不会像父母身高那样极端化，其身高要比父母的身高更接近平均身高。如果每个个人的身高在多个因素的叠加作用下都趋向于平均值，整个群体的身高分布也自然越来越接近正态分布——趋中回归效应——大自然具有一种约束力，使人类身高的分布相对稳定而不产生两极分化。

（2）常态分布图与教学模式

若某班随机招生50人，可能天才1人，超常7人，聪明17人，鲁钝17人，愚笨7人，弱智1人，这是按照我们所说的常态分布图的比例来分布的。

<table>
<tr><th>总人数</th><th>精英模式</th><th>快进模式</th><th>滞后模式</th><th>补差模式</th></tr>
<tr><td>天才1人</td><td rowspan="3">25</td><td>1</td><td rowspan="2">8</td><td rowspan="3">25</td></tr>
<tr><td>超常7人</td><td rowspan="3">41</td></tr>
<tr><td>聪明17人</td><td rowspan="3">41</td></tr>
<tr><td>鲁钝17人</td><td rowspan="3">25</td><td rowspan="3">25</td></tr>
<tr><td>愚笨7人</td><td rowspan="2">8</td></tr>
<tr><td>弱智1人</td><td>1</td></tr>
</table>

课堂教学模式

课堂教学模式注定要做选择，应该以哪个标准的人为中心呢？课堂的集体教学只能兼顾相邻的两方，其他的可能会顾不上。所以就有了精英模式、快进模式、滞后模式和补差模式。老师选择的模式不同，决定了教学过程中的轻松与累以及教学效果的好与坏。例如，上世纪六七十年代，提出要多快好省地建设社会主义，对教育提出的要求就是必须快出人才、出好人才，学制要缩短，教育要革命——要迅速筛选人。那时的教育都是筛选教育：小学升初中，要筛选；初二升初三要筛掉60%；初三升高中，一个班也就几个人能上得了高中；高中后再上大学，需要先预考，刷掉一半学生，剩下的一半学生会代表学校参加高考，普通的高中每个班也就几个人能考上大学。那个时候每个老师的定位都在为升学服务，为尖子学生服务，故而教学模式必须是精英模式——基于超常的7人，带上聪明的17人，加上天才的1人，足够了。

1986年，国家普及了《中华人民共和国义务教育法》。这就意味着要面向所有的学生，一个也不能少。当时国家教委某副主任说，义务教育是面向全体学生的全面发展教育，提出了“素质教育”的概念。全国教育迅速转型为“差生被偏爱，中等生跟着带”的补差模式。但之后又发现不对，因此赶紧纠偏，在快进和滞后中寻找一个合适的模式。

倘若选快进模式，就是以17个聪明的学生为基点，老师给他们讲明白了，便开始往后推进新内容。那7个超常、17个鲁钝的，也跟着带明白了。因为是快进模式，一堂课只需要20—25分钟就能讲完。而一节课是40—45分钟，所以剩下的时间内，老师会在刚才的集体教学基础之上，再进行小组教学和个别辅导——对天才学生进行个别指导；对7个愚笨和1个弱智的进行小组教学。到了下课的时候，那7个愚笨的基本被倒腾明白了，那1个弱智的还是不明白，但弄懂率是98%。

倘若选滞后模式，就是以17个鲁钝的学生为基点，兼顾17个聪明和7个愚笨的。在这样的课堂上，就需要从头讲到尾。到了下课的时候，那1个弱智的还是不明白，弄懂率也是98%。但是1个天才和7个超常的学生已经会了，老师却还在讲。在这样的情况下，如果他们选择自己和自己玩，倒也还好，但是如果他们选择喊别人一起玩，整个课堂注定会乱糟糟的。

最终，因为公平与效率的平衡，只能选择快进模式——抓主流、抓大放小，把85%左右的学生讲明白就推进新内容，集体教学、小组教学、个别指导相结合，对弱智的学生随班就座，强调参与过程的融合就行了，不强求学会。学生不被折磨、家长不被羞辱、同学不被连累、老师自己不挣扎——基于差异、正确定位。

2. 差异的种类

(1) 群体差异

群体差异，是指依据不同标准划定的不同人群之间的差异。这种群体可以是根据年龄、性别等进行区分的。群体差异是对于群体与群体之间的概括性表征，比如根据人类的某个特征把人分成不同的群体，这些特征包括：年龄、性别、肤色、毛发、身材等，或者生活地域、经济阶层、文化程度甚至是否参加过某个培训班等。再比如婴儿和青年是两个不同的群体、听力残疾者和视力残疾者也是两个不同的群体。群体差异的存在是许多学科存在、研究的基础。

(2) 个体间差异

个体间差异，是指个体受遗传和环境的交互影响，在生理、心理等方面表现出的相对稳定而又不同于他人的特点。群体中每个个体之间生理、心理上的差异，表现在同一个班级中，孩子彼此之间有生理或者心理上的差异。比如同样都是听过某一节课的群体中，同一个老师、在同一个地方、用同一种方法教了同一个内容，但人跟人之间学习的效果不尽相同——或是专业背景、知识结构、学习目的、听课态度等方面不同，抑或视力、听力的不同，智力、行为的不同等。个体间的差异可能表现为个性倾向性差异，包括兴趣、爱好、需要、动机、信念、理想、世界观等方面的差异；有可能表现为个性心理特征差异，包括能力、气质与性格等方面的差异。

（3）个体内差异

个体内差异，是指自身发展各方面的不均衡性，即个体内部生理和心理诸要素之间，主要是发展的诸要素之间发展的不协调性或不平衡性。比如有人擅长口头表达，但是让他写出来就很难，有人动作技能优秀，但言语表达跟不上；再比如某个个体自身生理的发展水平大大高于心理的发展水平，音乐能力的发展大大好于数学能力的发展，社会适应能力和年龄不相符，等等。个体内差异的存在，是我们必须更好地因材施教、因人施教的依据和理论基础之一。

3. 对差异的关注

人类社会早期，生产力水平低下，人需要与大自然搏斗以获取生存资料和生活空间，人们开始关注到彼此身体的差异：身材、体力、跑动速度，尤其是生理残疾，如肢体残疾、盲、聋等。

后来生产力发展了，尤其是工业革命后，机器被广泛运用于生产劳动，人从繁重的劳动中解放出来，人类有了闲暇时间，开始将儿童送进学校读书，教育的普及让人们关注到了“差生”——认知学习能力的差异，诸如多动症、智力落后等。

如今人类关注自身各方面发展的多样性，关注自身精神卫生，即心理健康，关注情绪困扰问题、行为问题、学习障碍、社会适应问题、孤独症等广义特殊需要儿童（神经多样性）。

心理学上先后很多人都曾关注差异，并做过专门的研究。

（1）高尔顿：遗传与差异

“差异心理学之父”高尔顿当年受其表兄达尔文的《物种起源》的影响，把达尔文关于围绕着群的平均值的偶发变异原理应用于人类研究，开拓了以个体差异为主题的实验心理学的新领域：他在伦敦南肯辛顿博物馆的人类测量实验室内，利用仪器做人类学测量及心理测量，又用问答调查法研究意象的个体差异。他引入强度计分的评分法将差异数据化、量化，其人类学测量实验室共收集了9337位男女的详细资料，为人类个体差异研究提供了大量数据。他还提出了指纹分类法，至今仍被广泛应用。

高尔顿通过谱系调查，论证遗传因素与个体差异的关系，强调遗传是形成个体差异的原因。他考察了英国1660—1865年的286名法官，发现其中共有属于85个不同家族的109人有亲属被列入1865年版的《名人辞典》。通过量化统计，高尔顿得出两个推论：第一，平均每100个英国法官的亲属中就有8.4个“名人父亲”、7.6个“名人兄弟”、11.7个“名人儿子”等，共计38.3个“名人亲属”；第二，名人出现的比率按亲疏程度大致呈1/4的规律递减。他又调查了1768—1868年这100年间英国的首相、将军、文学家和科学家共977个“名人”的家谱，发现其中有332名是父子兄弟，每3个名人就能产生又一个“名人”，而在一般老百姓中每4000人才产生一位“名人”。因此，他认为普通能力是遗传的。高尔顿又以30家有艺术能力的家庭为样本进行分析，发现这些家庭中的子女也有艺术能力的占64%。他还抽样调查了

150家无艺术能力的家庭，其子女中只有21%有艺术能力。因此，他断言艺术能力这种“特殊能力”也是遗传的。他发现，遗传随着亲属关系程度的降低，杰出亲属的比例也显著下降。他还分析了80对双生子的资料，以双生子比其他亲兄弟、亲姐妹在心理特点上更为相像的事例，证明人的心理完全是遗传的。[8]他还用同卵双生和异卵双生的方法评估遗传和环境因素在人的变异方面的相对作用，至今仍为遗传学、心理学所用。高尔顿先后出版专著《遗传的天才》（1869年）、《人类才能及其发展的研究》（1883年）、《指纹学》（1892年）等。

（2）冯特：实验中发现个体间差异

德国生理学家、哲学家、心理学家、“实验心理学之父”威廉·冯特于1879年在莱比锡大学创立世界上第一个专门研究心理学的实验室。他运用实验内省法、反应时法等研究方法，对人的感知觉、反应速度、注意分配、感情以及字词联想的分析等进行了研究，取得了大量重要成就。他在研究人类行为的共同特点时，发现对于同一刺激，各人的反应常常不同。他开始时以为这是由实验本身的误差造成的，但经过长时期的实验后，终于发现这种差异与误差无关，而是由被试个体之间的差异造成的。随着这一发现，个体差异的研究引起了人们的重视。

（3）比奈：智力与差异

法国实验心理学家、智力测验的创始人比奈发现，一个人的头围、握力大小等与智力并非完全正相关，他认为高尔顿提倡的生物计量即依靠测量体质的方法来评价智力并不完全正确。1905年，他受法国巴黎教育局委托，与西蒙合作发明了一个测量智力的工具《比奈—西蒙智力量表》。该表采取分年龄测验的办法，旨在将不适合在普通班级学习的“智力问题”学生筛选出来。1916年美国的特曼将其修订为在国际上得到广泛使用的《斯坦福比奈量表》，从此，人类可以通过智力测验识别智力差异，并将其广泛应用于教育、人力资源管理等多个领域。

（4）斯皮尔曼：二因素与差异

英国理论和实验心理学家斯皮尔曼对心理统计的发展做了大量的研究，于1904年提出智力结构的“二因素说”，即“G”因素（普通因素）和“S”因素（特殊因素）。他认为人的普通能力得自先天遗传，主要表现在一般性生活活动上；特殊能力只与少数生活活动有关，是个人在某方面表现的异于别人的能力。这一理论可以很好地解释“白痴学者”的现象。

（5）桑代克：试错与差异

美国心理学家、动物心理学的开创者、心理学联结主义的建立者和教育心理学体系的创始人桑代克在饿猫学习如何逃出迷笼获得食物的实验中提出了“尝试错误”说。他认为情境与反应之间的联结是通过尝试错误，按一定的规律形成或建立起来的，这也是人类解决问题的一种方式或途径，但彼此存在差异。

（6）卡特尔：个性与差异

英裔美国心理学家卡特尔把因素分析的统计方法应用于人格研究、测量个体差异。他在1949年发表了《卡特尔十六种人格因素量表》。该量表被公认为权威的个性测验方法，在心理测量专业领域被誉为“世界十大心理测评”之一。该量表主要针对个体的十六种独立个性因素进行评估，共有187个自我陈述题目，这些题目采用按序列轮流排的方法，共能测出乐群性（A）、聪慧性（B）、稳定性（C）、持强性（E）、兴奋性（F）、有恒性（G）、敢为性（H）、敏感性（I）、怀疑性（L）、幻想性（M）、世故性（N）、忧虑性（O）、实验性（Q1）、独立性（Q2）、自律性（Q3）

和紧张性（Q4）等16种因素的特征。他研究的基本结论是：人格估计2/3是由环境决定的，1/3是由遗传决定的。他发现，随着个体年龄的增大，特质有相当大的稳定性；人格有动态的、变化的一面，又有稳定的一面。卡特尔在1963年提出了“流体”和“晶体”智力理论。他根据对智力测验结果的分析，将智力分为两类：其一为流体智力，指一般的学习和行为能力，由速度、能量、快速适应新环境的测验度量，如逻辑推理测验、记忆广度测验、解决抽象问题和信息加工速度测验等。流体智力的主要作用是学习新知识和解决新异问题，它主要受人的生物学因素影响。其二为晶体智力，指已获得的知识和技能，由词汇、社会推理以及问题解决等测验度量。晶体智力测量的是知识经验，是人们学会的东西，它的主要作用是处理熟悉的、已加工过的问题。晶体智力一部分是由教育和经验决定的，一部分是早期流体智力发展的结果。

（7）艾森克：性格与差异

德裔英国人格心理学家艾森克从“特质理论”出发，以因素分析方法和传统的实验心理学方法相结合长期研究人格问题，并把研究兴趣从特质转向维度，从而确立了自己的人格理论。他认为人格是生命体实际表现出来的行为模式的总和，包括认知（智力）、意动（性格）、情感（气质）和躯体（体质）四个主要方面。他强调人格具有稳定持久性，其研究揭示了个体的性格差异。他提出了“性格三要素理论”，即外向—内向、情绪稳定—情绪不稳定和精神病质—健康质，认为这三个维度是描述个体性格差异的核心要素，并且对个体的行为和心理特征产生重要影响。他所编制的艾森克人格测验对分析人格的特质或结构具有重要作用，被广泛应用于心理学、医学、司法、教育、人才测评与选拔等诸多领域。艾森克的研究不仅为我们理解个体性格差异提供了重要线索，还对个体的心理干预和治疗提供了指导。

20世纪50年代，个体差异的研究逐渐被性向研究所代替：能力、个性、意动、情感、个体与环境的相互作用等。60年代，有关动机的研究日益丰富和深入，进一步揭示出人类行为多样化的根源，将人的个体差异的研究从单纯的心理差异引向了社会性差异，由微观的个体差异引向了宏观的个体差异。70年代初，元认知研究更关注人的自我意识、自我控制和自我调节，从而更好地解释个体差异的形成与发展、学生学习的差异性等，极大地深化、完善了个体差异的研究。90年代，随着科学技术的日益发展和各学科研究既纵深分化又综合贯通，对个体差异的研究也进一步微观化和综合化。在个体的自我效能、信息加工模式、认知方式等方面的研究大量涌现，许多研究通过强调智力因素与非智力因素的统一，从环境与人相互作用的观点解释人的个体差异的形成与发展等。近年来，关于个体差异的研究仍然是心理学、教育学中的一个热点问题，学习风格、内部动机、认知方式等个体差异变量逐步受到了人们的重视。

三、差异的表现形式

动物的差异一般表现在生理方面，而人的差异则既表现在生理方面，又表现在心理方面。动物的差异一般表现在先天本能方面，而人的差异还表现在主观能动性方面。

1. 生理差异

首先，是感官差异。视力的好与坏以及听力的好与坏，对学习影响很大。还有一些对学习有影响，但是我们没有过多关注到的，比如痛觉、触觉、前庭平衡觉（空间关系）。

其次，是肢体差异。四肢是否健全、长短是否一样、功能发挥如何？发育程度是否达到了同龄人的水平？……

接着，是五官差异。五官不仅仅指长得正不正常、好不好看，还涉及外表看不到的五官差异，如言语器官。有些人说话瓮声瓮气，这就是鼻腔出问题了；有些人说话大舌头，那就得去言语治疗“修口条”了；有些人的嗓音，也就是声带，会很肥硕，而有些人的嗓音就是特别尖……

然后，是皮肤差异。有些人很白，而有些人显黑；有些人皮肤比较粗，而有些人皮肤很细腻；有些人的汗腺分布比较正常，而有些人的出汗方式以及部位与众不同……

再次，是内脏差异。即心、肝、脾、肺、肾这五大脏器的功能状况是不是都合适。比如是否有先天性心脏病、先天性肺发育不全，再比如有些人能憋尿，而有些人不能……

另外，是体形差异。这不仅仅是指高矮胖瘦。小学体育达标有一项叫匀称度，即“BMI”（身高体重比），“小胖墩”“豆芽菜”都会为此而烦恼不堪。

最后，是体质差异。有些人虎背熊腰，而有些人弱不禁风……

2. 心理差异

（1）一般视角

首先，是知觉差异。知觉的快慢差异（举个例子，小学老师经常会使用卡片教学法来教学，看谁认字认得快、口算看谁算得准、单词看谁记得多等。老师的卡片刚展示，有些孩子的正确答案便脱口而出，而有些孩子等别人都说完了，才想起答案）、正确性差异（有些孩子答得快，但是没有答对）、持久性差异（有些孩子做前几道题没有问题，但是做后面几道题就不行了）、知觉通道差异（有些孩子通过听觉通道学习，而有些孩子通过视觉通道学习，必须“眼见为实”）、负荷能量的差异（也就是看孩子一下子能装多少东西到脑子里，如果超过这个负荷，即使他的眼睛睁着，也是充耳不闻，再也装不进东西了）。

其次，是语言差异。有些孩子学语比较早，10个月就开始喊妈妈；而有些孩子要到一岁半才开始喊妈妈。有些孩子语言水平比较高，小嘴巴可能说了；而有些孩子口拙，心里都明白，但是就是不敢说或说不出。另外，还需要留意孩子的言语是否正常、口齿是否清晰、前后是否连贯以及思维是否破碎等。

接着，是智力差异。众所周知，有些人智商高，有些人智商低，这是事实。智力存在着智力构成成分的差异，比如两个孩子在测试的情况下，智商都是120，其中一个孩子言语智商是140、操作智商是100，平均智商是120；而另一个孩子的操作智商是140、言语智商是100，平均智商也是120。然而，如果这两个孩子手拉手去上学，彼此之间还是会拉开差距。智力差异还和智力发展的速度相关，智力发展的关键期是12岁之前，12岁前的关键期是6岁之前，6岁前的关键期是3岁之前。智力还存在着年龄的差异和性别的差异。

然后，是学习技能。主要包括听、说、读、写、识、拼、译、算。“听”主要包括两个方面，第一是听的态度，第二是听的能力。有些孩子听的时候好像不认真，但是如果喊起来回答问题，又能答对，似乎不影响听的效果，但现实生活中没有人愿意跟听的态度不好的“漫不经心”的人交流。“说”主要包括说的形式和内容，说的形式主要指说得是否清晰、能否说普通话，说的内容是指是否言之有物。“读”主要包括阅读和朗读。有些人阅读好，朗读不好，因为朗读比阅读要求更高。阅读只需要用眼睛看；而朗读不一样，好多小学课文要求孩子有感情地朗读，因为朗读极大地调动了孩子多种感觉器官：眼睛看、耳朵辨、嘴巴说。“写”包括书写和写作。书写主要指字写得好不好看，笔顺、笔画有没有写对；写作通常指作文。“识”是识字和辨识，识字是能否记得之前学过的字，是怎么读的，下次再出现的时候，能不能认出来；辨识是区分形近字，比如战士的“士”和土壤的“土”能否区分出来、“拼”包括拼音和组词两个方面。有些孩子拼音遇到困难，甚至障碍，有些孩子是词汇量和组词不行，例如请用“打”来组词，有些孩子是这样回答的：打人、打头、打脸、打屁股、打腿、打脚……而有些孩子却是这样回答的：打水、打井、打电话、打车、打鼓、打油、打球、打牌……“译”包括两方面，一方面是文言文和现代文的对译，另一方面是家乡话和普通话的对译，是否能切换自如。“算”包括两方面，一方面是精算，例如“1+2=3”；另一方面是估算，例如过马路的时候，那头来了一辆车，它离我大概有多远、速度大概是多少、开到我这儿大概需要多长时间，马路有多宽、我行走的速度是多少、我过去大概需要多少时间，这两个时间之间是否存在一个时间差，根据时间差可以决定是自己先过马路还是等车先过。我国每年大概有7万—10万人死于交通事故，就是估算出了问题。

再次，是学习品质。主要包括兴趣、动机、习惯、态度、意志力、坚持性、独立性等。有些人很聪明，但是学习品质不好，同样会被淘汰。

心理差异还包括人品性格、人格行为、精神状况和社会能力等。

社会能力主要包括自理、自制、交往、社会化等能力。自理能力包括：吃、喝、拉、撒、睡、穿、梳、戴、抹、卫生、劳动、整理这12项。自制能力即能否管得住自己的自控力；能否管住自己的思想，不胡思乱想；能否管住自己的言语，轮不到你说话的时候学会闭嘴，想发言先举手；能否关注自己的行为，不属于自己的东西不要碰；能否关注自己的意志，遇到困难咬牙坚持。交往能力包括要学会和不同年龄、不同辈分、不同性别、不同种族、不同国家、不同宗教信仰、不同阶层的人打交道。社会化就是能不能迅速适应当地的风土人情和生活环境。

（2）神经多样性视角

现在讨论差异时，人们常用“神经多样性”概念来描述那些思维、行为模式或学习方式超出“神经典型”范围的人，神经典型用来描述大脑功能被认为是正常的或符合社会期望的人。神经多样性将大脑功能和行为特征的个体差异视为人类正常变异的一部分，涉及或构成一种非神经典型的大脑功能，是神经发散的同义词。神经多样性将神经学差异视为人脑的自然变异，而不是障碍或缺陷。[9]神经多样性反映了人类认知、行为方式的个体差异性和丰富度，颂扬并重视人类认知和行为的多样性，类似于其他形式的多样性，如生物多样性。[10]神经多样性这一概念的提出，意在倡导人与人之间的大脑差异是自然存在的，且在许多情况下这种差异会带来重要、积极的洞察力和创造力。神经多样性让人们认识到人们有不同的思考、学习和处理信息的方式，这包括“带相”的（外部特征明显可识别）如智力残疾（含唐氏综合征）、孤独症（自闭症）、偏头痛、脑瘫、癫痫、多动症、抽动症（雷诺综合征）、运动障碍、阅读障碍和其他神经系统差异等，以及“不带相”的（外部特征不可识别）如高智商、抑郁症、焦虑症、精神分裂症、强迫症（OCD）、创伤后应激障碍（PTSD）、人格障碍、饮食失调、物质使用障碍、慢性疾病（如慢性疼痛、慢性疲劳综合征和纤维肌痛等）、学习障碍（如非语言学习障碍和听觉处理障碍，包括对文字解码能力不足的阅读障碍、基本算术方面困难的计算障碍等）等。神经多样性一词由澳大利亚社会学家朱迪·辛格在1997年首次提出，朱迪·辛格本人就是一名自闭症谱系人士。神经多样性的倡议人士认为，在世界某个地方被认为是“正常”的行为，在其他地方或在不同的历史时期可能会被认作是“非典型”；人类基因是丰富多彩的，大脑并不只有一种“理想型”，神经多样性无须干预、治疗和根除，而是应通过创造友好的社会环境来顺应它。[11]

神经多样性的一些具有挑战性的常见表现包括：社交沟通困难，如与人交流时目光接触困难或看不懂肢体语言；说话和语言方面的挑战，如口吃和重复说话；学习挑战，可能与注意力不集中、阅读或计算障碍、无法听懂他人嘱咐或指令、执行功能障碍（包括工作记忆、认知灵活性、抑制控制等障碍）有关；感官反应异常（对光、声、热、冷、压力、人群等刺激源异常敏感或异常不敏感）；不寻常的肢体行为，如摇晃、抽搐、口无遮拦和在不适宜的时候大喊大叫；缺乏灵活性（无法适应或根据年龄等情况改变兴趣爱好）。[12]工作中也会遇到诸多困难，比如一个有读写障碍的人生活在这个工作生活离不开短信邮件的社会里，他不仅要花费更多的时间精力阅读收到的邮件消息并努力做出回复，还要面对上级同事认为他业务能力不行效率低下的误解，并遭受身边同门的歧视和边缘化；再比如，一个有孤独症谱系障碍的人在工作中由于工作方式的不同显得格格不入，再加上天生对细节的极高专注度和人际沟通能力欠佳，总是在不经意间指出上级及同事工作的疏漏，这导致自己会莫名其妙地被扣上高傲自大、冒犯上级的帽子，并有可能在职场上被孤立。当神经多样性人士长期处在一个无法满足自己基本需求的社会中，他们的心理健康也会受到影响，轻则导致自尊心自信心受挫，重则导致焦虑抑郁等情绪障碍。

虽然神经多样性会给生活带来挑战，但它也能让一些任务变得更加容易。某些情况下，神经多样性人士看待和理解世界的方法会带来令人振奋的发现和有趣的结果。神经多样性的如下表现被认为会带来积极作用：能够长时间专注于感兴趣的主题或活动；与众不同的思维方式也让他们更加具有创造力，跳出思维方式的框架，针对问题提出创新解决方案；观察力强，注重细节，善于在看似毫不相干的话题间找到潜在联系，并提出引人深思的问题；模式识别和异常情况识别（包括规律和行为）的卓越能力；在音乐、艺术、技术和科学等领域具备优秀的才能。当然，这些都是非常笼统的描述，某些优势技能在自闭症人群中比在计算障碍人群中更常出现，反之亦然，毕竟每个人都是独一无二的。在日常生活中，神经多样性人士为了融入社会，往往需要花费额外的精力被迫掩藏自己的特质，这样的压力及其带来的困难虽不显而易见，但确实是实际存在的。因此，神经多样性的提出，也有着提醒社会关注所谓不合群的神经多样性人士日常生存状况的意义。

3. 性别差异

性的差别是指性染色体、性腺、性器官、性激素和第二性征等男女生理学、解剖学和遗传学的不同方面。性别差异是指男女两性在心理学方面的差别，主要表现在性格、感觉、气质、智力和感情等方面。

有学者根据15998名患者的临床资料分析后发现，在心肌梗死患者中，女性患者合并高血压、糖尿病、缺乏运动等危险因素的比例均高于男性，而男性合并吸烟、血脂代谢异常、油腻饮食等危险因素的比例高于女性，女性发生无症状心肌梗死的比例高于男性。男性患者胸痛及大汗更为常见；女性患者放射痛、恶心、呕吐较为多见。男性患者发生心肌梗死的诱因，主要是体力应激和过度不良生活方式；女性发生心肌梗死的诱因，主要是精神应激、天气或环境骤变、疾病或创伤。[13]

监测睡眠发现，女性的客观睡眠质量、睡眠连续性更好；同时，女性对睡眠的心理要求更高，需要更长睡眠时间，而且倾向于更早入睡；但是，女性在白天更不容易入睡。在睡眠障碍方面，女性的失眠风险是男性的1.47倍，这种差异随着年龄的增长而增加。女性随着睡眠时间的缩短，收缩压逐渐上升，而男性的血压较少受到睡眠时间的影响。[14]

近期的研究表明，激素会对机体免疫系统产生明显影响，使得男性更容易被病毒侵入感染，而女性会对自身免疫疾病和过敏更加敏感，男性死于感染性疾病的数量明显高于女性。比如，男性因结核而死亡的风险是女性的1.5倍；感染EB病毒后，因霍奇金淋巴瘤死亡的风险是女性的2倍；感染HPV后患癌症死亡的风险是女性的5倍。造成这种差异的原因，是女性的免疫系统会对感染产生更强烈的反应。[15]

因为XX和XY染色体的不同，男女表现出差异。男人的智力与额叶—顶叶灰质容积密切相关，而女人的智力与白质容积以及布罗卡区的灰质容积相关。额叶皮层厚度与女人智力相关，颞—枕叶皮层厚度与男人智力相关。由此可见，男人的智力可能依靠量较少但皮层较厚、纤维分布密集的脑组织，完成中等难度空间认知任务；女人则善于完成中等难度的语言认知任务。男、女之间脑的大小和结构明显不同，却能达到同样的智力水平，说明他们运用了不同的脑结构和不同的功能方式。[16]心理学家戴弗娜·乔及其同事开展的一项研究分析了10个性别差异最大的脑区，发现很少有人全部10个脑区都极端“男性化”或是“女性化”。他们由此推论，每一个人类个体的大脑都是由“男性化”和“女性化”的脑区嵌合而成，因此所谓“男性大脑”和“女性大脑”的说法应该被摒弃。但是，如果性别对每个脑区体积的影响很小，并叠加在其他因素所导致的每个脑区体积的独立变异之上，这个结果完全符合预期模式。

一项样本量约为1000人的研究发现，男性和女性大脑的网状结构存在极大差异。脑干网状结构是脑干内由神经细胞和神经纤维交织成的网状结构。脑干网状结构有上行和下行投射系统。上行投射系统接受各种传入冲动以及躯体和内脏来的各种传入冲动，最后由丘脑的非特异性投射系统到达大脑皮质；下行投射系统到达脊髓，对其运动性活动产生易化和抑制两种作用。男性大脑中的局部连接更强，拥有更多紧密定义的、内部节点相互连接的集群，女性大脑则是集群之间的连接性更高（两项后续研究成功重复了这一发现）。[17]

先天差异存在的更为直接的证据来自对婴儿和儿童的脑成像研究。研究发现，在出生后两周内，尽管婴儿的脑体积只有成年时的35%，但是男婴大脑的总体积、白质和灰质各自的体积均显著高于女婴（大脑体积约6%—8%），这个差异在矫正出生体重之后仍然存在。[18]在新生儿中也能观察到脑区特异性性别差异，有的脑区在男婴中较大，有的则在女婴中较大。

男女大脑生长的速度也差别巨大。女性的大脑成熟时间比男性早得多，各区域的大小达到峰值的时间比男性早两到四年。[19]在新生儿中存在的脑区性别差异有的预示了成年差异，有的随大脑成熟而消失。还有些脑区的性别差异随大脑成熟而出现，特别是在青春期时。[20]

男孩们喜欢危险和高难度带来的刺激，所以总会尝试做出头朝下滑滑梯、在楼梯上玩滑板，乃至翻墙、跨沟之类的危险动作。而女孩则从小到大都受到严格的保护和严厉的警告，所以女孩的生活反而相对安全。男孩更倾向于玩那些运动性的玩具，比如汽车、球类以及其他可以穿越空间的玩具。而女孩恰巧相反，她们更喜欢娃娃，把更多的注意力放在了人的身上，喜欢跟人交际。女孩大脑语言区域发育较早，所以女孩通常比男孩说话早，而且表达能力更好，能说出更长、更复杂的句子，而男孩相对较弱；女孩的阅读能力也相对比男孩强，很多男孩的大脑天生不能很好地适应那些强调阅读、写作、复杂的组词造句的教学方式。有研究表明，女孩在阅读和写作上平均比男孩超前1—1.5年。而男孩大脑中负责空间感知能力的部分要比女孩发育得好，所以男孩在立体思维上要比女孩更优秀。[21]男孩脑干中有更多的脊髓液，血液中的多巴胺含量比女孩更多，多巴胺可增加冲动和冒险行为的概率。这使男孩们精力更旺盛，体力更出色。所以，男孩总是有使不完的劲，喜欢上蹿下跳，而女孩则可以安静地坐在那儿玩上很久。女孩更容易理解和感受别人的情感，很会“察言观色”；而男孩则会更直接，更喜欢用肢体动作来解决问题。[22]2岁多的女儿可能已经会对你说“妈妈，你生气了吗？”但大多数儿子要到三四岁才知道怎么去正确表达每一种感觉，而且他们依然有可能会用错词，比如他明明想表达自己生气了，却会对你说“我恨你”。

男女性别差异主要表现在智力结构上，比如女性知觉速度快，即敏感；在认识水平方面女性更多偏于场依存性，男性更多偏于场独立性；在记忆能力方面，女性更多偏于机械记忆，男性更多偏于理解记忆；创造力方面，女性更多偏于模仿、赶潮流。而在情绪活动中，情绪的暴露性方面女性多于男性，情绪的稳定性和深刻性方面男性要强于女性。[23]牛津大学权威大脑研究发现：“男性的平均纯脑容量大于女性。但是男性的脑结构差异分布更大。”[24]因为脑容量与平均智商呈正相关，因此，男性平均智商高于女性。不过，女性的平均智商分布比较稳定。也就是说，非常聪明的男性多于女性，但是非常笨的男性也多于女性。这也是为什么在顶尖的领域男性居多，甚至在传统女性领域的顶尖大师通常也是男性，如男性特级妇科医生、男性超级大厨，等等。男性的大脑比女性的大脑约大10%。即便排除男女之间体型差异的贡献，男性的大脑仍然显著大于女性。

女性大脑左右半球之间的连接更强，而男性大脑在每个半球内部的连接更强。有研究表明，女性拥有比男性更大的胼胝体[25]——胼胝体正是由连接两个大脑半球的神经纤维组成，把两个大脑半球对应部位联系起来，使大脑在功能上成为一个整体。对于两个脑半球间的协调活动有重要作用。

神经网络的总体组织也存在男女差异，在某些脑区或神经束中则存在更多细节差异。人脑中它被命名为INAH-3。男性大脑中这个区域的体积是女性的两倍。与性行为相关的脑区叫作终纹床核，它的中心区体积在男性中也是女性的两倍。凯文·J.米切尔是爱尔兰知名神经科学家，他在新近出版的《天生我材：大脑构筑如何塑造人的个性》中，用通俗易懂的语言介绍了人类大脑先天差异的客观存在及其产生的原因。[26]

男性比女性优越的方面有：对空间与时间的知觉，重感觉、数学、绘画、政治活动及实际活动的倾向，职业观念、权力欲、名誉欲、勇气、机智、思虑，等等。而女性比男性优越的特性有：味觉、听觉、色彩感觉、想象、书法、手工、外国语言、博爱主义、宗教心、礼貌、勤勉、规律、谦虚、情绪性，等等。[27]

形容性别的词存在很大差别，形容女性往往集中在漂亮、秀丽、美丽、温柔、文静、高雅、阴柔、温暖、贤惠、贤淑、艳丽、体贴、羞涩、淡雅、端庄、可人、性感、妩媚等；而形容男性往往会使用帅气、阳刚、粗暴、大气、豪爽、清秀、英俊、稳重、潇洒、深沉、仗义、干练、豁达、阳光、慷慨、爽快、刚毅、儒雅、坚强等。[28]

在婚恋方面，相比男性，女性的卵子数量极少，生一个孩子需要花费9个月的时间，因此，女性会在意男性拥有的资源与作出的承诺，从而谨慎地选择繁殖机会；而男性则会与其他男性竞争以获得传播基因的机会。理论上来说，女性择偶精挑细选，而男性偏重感性。在身体机能方面，处于优势的男性总是有更多的机会接近女性，而攻击性较弱的男性繁衍的几率较低，所以人类漫长的演化历程增强了男性的攻击性和支配性。女性需要通过理解自己的孩子和求婚者的情绪而获得益处，因此自然选择赋予了女性更好的理解情感的能力。[29]随着激素分泌的减少，人类进入中年甚至老年期就会出现一种奇怪的现象：女性变得更加独断和自信，男性则表现出更多的同理心，更少地支配他人。遗传启动了男女性别差异的过程，文化使这种差异得以增强。如果说基因和激素预先设定男性比女性更具有攻击性，那么文化则是借助社会规范期望男性坚强刚毅、女性温柔友善来增大这种差异。[30]

关注性别差异可以了解两性心理与行为的差异，确定差异程度以及社会生活对两性的影响；探索两性心理与行为差异的根源、产生行为差异的内在机制，并确定生物遗传、生理机制、生活情境、社会文化、模仿学习、认知发展等因素在两性心理行为差异形成中的重要影响作用。（对性别差异教育感兴趣的读者可以看看浙江人民出版社出版的《男孩女孩学习大不同》，或者由作家出版社出版的《拯救男孩》，里面有更多的内容可供借鉴学习。）

4. 多样化的儿童

儿童是发展中的人，发展受诸多因素影响，因此儿童之间会出现发展水平高低的差异、能力表现早晚的差异和能力结构的差异。

家庭出身差异：同人不同命。家庭的背景不一样，爸爸妈妈的文化程度、职业、经济社会能力、教育观念等不尽相同，所以有时候会出现同人但不同命的情况。

成长环境差异：即便是同一个家庭，不同孩子的成长环境也不同。爸爸妈妈在带老大的时候，没有经验，孩子老是哭，爸爸妈妈会说“你哭什么哭”。到了老二，爸爸妈妈就有经验了，会给他点东西吃。老大只有爸爸妈妈参与他的成长，而老二是除了爸爸妈妈之外，还有老大参与他的成长。更何况还有不同地理环境、地域环境的影响。旧有孟母三迁，就是为孩子选择良好的成长环境。

教育经历差异：出生后的主要抚养人是谁？抚养人是什么文化程度？抚养人过去的职业是什么？抚养人责任心、忠诚度如何？孩子有没有上早教课？上的什么品牌的早教课？有没有上幼儿园？上的幼儿园是不是示范园？学校是公立还是私立的……以上因素都导致教育品质不同。

主观能动差异：主要表现为主动与被动。有些孩子一直很主动、自觉，而有些孩子跟算盘珠子似的，不拨就不动，就得家长或老师挥动着“小鞭子”他才能往前走，更有甚者被鞭策了也不动。

生理年龄差异：孩子并非同班所有同学都同年同月同日生。同样都是6岁去上学，其实有的快7周岁了，有的刚满6周岁，年龄差1/6呢！

心理年龄差异：心理成熟度不一，主要包括学习能力、学习毅力、学习动力等方面的差异。为公平分班，我们曾经持续多年对入学儿童进行瑞文推理测验。这是一个满分60分的量表，6岁孩子应该是在22—28分。可是近30年来，每年都遇到得40多分的孩子，也有得10来分的孩子。得40多分的孩子心智已经达到9岁多了；而得10来分的孩子，心智还不到4岁呢！同样坐在一年级教室里，彼此之间心智却差了5岁，这会严重影响课堂学习效果和孩子的环境适应情况。一年级的老师上课的时候会有点艰难，教室里同样坐着6岁的小朋友，但是老师得让心智不到4岁的孩子弄明白，也得让心智已经9岁多的小朋友安静待着。

5. 儿童发展中的问题

儿童在发展过程中出现与一般孩子较大不同，即出现了较大偏差，则可以诊断为发展问题了，具体表现为：

（1）视力问题

视力出问题最严重的是视力残疾，同样属于视力残疾，有的是全盲、有的是低视力。视力不好的人群中，有的是弱视，有的是近视，有的是远视，还有的是散光，当然也有近视加散光的。有的不是上述的屈光不正，而是晶状体浑浊导致白内障；有的是虹膜遮光系统的问题，比如白化病，也有的是视野缩小了的青光眼，还有的是视网膜黄斑变性、黄斑灼伤，还有人是眼球周围的六条肌肉出问题导致斜视、眼球震颤……人和人之间就这样拉开差距。有些是无法抗拒的疾病导致，也有些是用眼不当导致，所以一定要教育孩子们好好爱护自己的眼睛。

（2）听力问题

除了聋、重听的听力残疾问题外，弱听、听觉过敏等听力问题也会困扰不少人。听力不好的人，会很痛苦；听力太好的人，也会很痛苦。例如，听力太好的人晚上睡觉会睡不着。楼上的邻居走来走去的，怎么这么晚还不睡？楼下的邻居怎么这么晚还在捯饬他的车子，轰隆隆的。别人听不到的，他却能听得清清楚楚的，因此听力太好也不好。

（3）感觉运动统合问题

有的孩子前庭平衡有问题，其空间关系一般会遇到障碍，而空间关系又与孩子语文、算术、外语、体育都相关，进而影响学业与升学；有的孩子触觉防御过度，对碰触很敏感，不能碰；有的孩子无论怎么挠他痒痒，他都不觉得痒；有的孩子本体觉失调，会影响机体对身体各个部位的控制，不能很好地控制肌肉力量，常见的表现有：站无站相、坐无坐相，上下楼梯时显得很紧张，在玩耍时经常碰伤，不能做一些精确性要求较高的动作，对方向和信息来源的判断经常出现失误，等等。

（4）生理问题

包括惯性呕吐（疾病因素呕吐、神经性呕吐）、肥胖（超标20%以上者，营养性疾病）、遗尿症、神经性尿频[31]、睡眠问题（睡眠不安、入睡困难、梦魇[32]、夜惊、梦游、盗汗、磨牙）、体弱、过敏体质、发育迟缓、营养不良、其他常见儿童疾病（龋齿、贫血、呼吸道感染等）。

（5）情绪问题

又称儿童神经症问题，包括焦虑症、恐怖症、抑郁症、强迫症、癔症、退缩、爱发脾气等。

儿童焦虑症以焦虑情绪、不安行为并常伴有自主神经系统功能紊乱为主要表现。如莫名其妙地恐惧、胆怯、心悸、呼吸急促、出汗、口干、头痛、恶心、呕吐、腹痛、四肢发冷、尿频、失眠、多梦等，或因入园入学或亲人病故而引发分离性焦虑，或因过度担心不切实际的烦恼而引发过度焦虑，或因恐惧与人交往或所处新环境而引发社交性焦虑。[33]

恐怖症是指对某些特定的对象或处境产生强烈和不必要的恐惧情绪，而且伴有明显的焦虑及自主神经症状，大大超过了客观存在的危险程度，并由此产生回避、退缩行为而严重影响儿童的正常学习、生活和社交等。儿童明知恐惧情绪不合理、不必要，却无法控制。[34]临床上分为动物恐怖、疾病恐怖、社交恐怖、特殊环境恐怖（如高处、学校、黑暗、密闭、广场等）。

儿童抑郁症是以显著而持续的情绪失落悲伤失望、兴趣缺失生无可恋、沮丧自卑自我否定、食欲不振睡眠障碍、社交中退缩（不爱与人交往、不想去上学、不想和人打交道，甚至不想见人）、难以集中注意力等为主要表现的一种精神疾病，有的表现为行为冲动、愤怒，不再在乎别人的评价、自暴自弃、谈论自杀、绝望或无助；有的表现为物质滥用、吸烟、酗酒、网瘾，甚至接触毒品。儿童抑郁症具有识别率低、治愈率低、自杀率高等特点。全国中小学生存在不同程度抑郁症状的总体比例超过24%，且随着年级升高而上升。其中，24.6%的青少年患抑郁症，其中重度的为7.4% 。[35]

儿童强迫症是以强迫观念（强迫怀疑、强迫回忆、强迫性穷思竭虑、强迫对立观念）与强迫行为（强迫洗涤、强迫计数、强迫性仪式动作、强迫检查）为主要表现的一种情绪障碍。

癔症又称歇斯底里，由个体明显的情绪因素诱发，如突发的负性生活事件、强烈的内心冲突、暗示或自我暗示、躯体疲劳、睡眠不足等，导致情感爆发、痉挛、瘫痪、大小便失控、失明、失声、失能、自伤等，一般找不到器质性的病变。儿童癔症以躯体功能障碍表现形式为主，情绪不稳定型个性儿童相对更容易患癔症。[36]

（6）行为问题

包括偏食挑食、神经厌食、吮吸手指、啃咬指甲、擦腿综合征、违拗对抗（不服管教）、离家出走、旷课逃学、攻击性行为、破坏性行为、癖性行为、自伤行为、缠人、人来疯、抽动秽语综合征、考试综合征[37]等。

（7）品性问题

也称品行障碍，以反复的持续的攻击性和反社会行为为特征，具有冷酷无情特质（缺乏共情和内疚感），比如说谎欺骗、常说脏话、欺负与霸凌、恋物与偷拿、破坏与反社会、偷奸耍滑偷懒等，并可能在成年后发展为其他精神障碍、人格障碍或犯罪行为。2019年世界卫生组织报道，全球5—9岁儿童品行障碍患病率约为1.1%，10—14岁儿童品行障碍患病率约为3.6%，男女比约为1.8 ： 1。[38]

（8）个性问题

包括自以为是、自私自利、刚愎自用、蛮不讲理、偏执狭隘、粗鲁暴躁、霸道任性、过度依赖、胆小孤僻、敏感嫉妒、优柔寡断、退缩、过度虚荣、任性妄为、敌对、自卑、神经质等。

（9）言语语言方面

包括构音问题（替代、遗漏、添加、扭曲）、节律问题、声音问题（音质、音调、音量、共鸣、持续性口吃）等言语方面问题和语言发育迟缓、语言内容的语意系统问题、语言功能的语用系统问题、语言发展迟缓、失语症等语言方面问题。

（10）交往技能问题

包括不自知、不自信、不知人、不知理、应人难（指交往紧张、群体恐怖、团队障碍）等。

（11）社会适应问题

包括不自理、不自控、不知事、不知趣、应境难（指不合群、人际关系问题等，水土不服、规则适应困难、学业适应困难等，比如观念认为的不能、主观能动性的不愿、价值观的不屑）等。

（12）性别倒错问题

包括恋父恋母、性别身份倒错、异性装扮癖、对性问题过分好奇、玩弄生殖器、手淫、窥阴癖、露阴癖等。

（13）智力问题

智力残疾属于智力问题，很好理解，表现为学习明显跟不上。智力超常其实有时也会让不少孩子感觉痛苦：在教室学习已经掌握的内容，对他们来说就是一种折磨。还有一种智力问题是“另类天才”，他们社会适应能力极差，甚至生活不能自理，但在某一方面表现出非凡的天赋，比如有奇特的计算能力，音乐或美术天赋，或奇特的记忆人名、地名或日期的能力，电影《雨人》里的哥哥就有非凡的数字能力。

（14）学业不良问题

主要指生理脑损伤、神经协调问题、低血糖、处境不利等因素导致的学业不良。

（15）学习障碍

包括算术障碍、阅读障碍、书写障碍、拼写障碍、拼音障碍、表达障碍等。

（16）多动症

包括选择性多动症、持久性多动症等。

（17）孤独症谱系障碍

包括典型孤独症、阿斯伯格综合征、非典型孤独症，如孤独症边缘、孤独症疑似。孤独症谱系障碍的核心症状就是“三联症”，主要体现为在社会性和交流能力、语言能力、仪式化的刻板行为三个方面同时都具有本质的缺损，也有把狭隘兴趣列为特征的。

（18）左利问题

包括强左利、偏左利、混合利。

6. 教学实践中的学生差异

在教学实践中，学生之间会存在着哪些差异呢？

（1）个性偏好差异

或喜宽松或喜严谨。孩子跟孩子是不一样的，存在个性偏好的差异。有的孩子上课喜欢要求比较严格的老师，大家都规规矩矩地坐着；有的觉得这是受罪，他喜欢自由，想怎么坐就怎么坐。其实，不管坐姿跟学习效果是否相关，多数老师都会要求孩子胸挺起、腰坐直、腿放平、脚并起，而有的孩子真的适应不了。

（2）知觉通道差异

或视觉或听觉或动觉。在教学实践中，孩子所“走”的学习通道会有很大差异。有的孩子以视觉通道学习为主，眼见为实；有的孩子以听觉通道学习为主，貌似心不在焉没听讲“溜号”了，其实每次提问都能答出来；有的孩子在老师讲故事的时候，会在那儿做小动作，比如抠指甲、掐衣服边缘，但听讲效果很好，好像把老师讲的内容“刻录”进去一般，若强行停止这些“小动作”，再让他把故事复述一遍，他就复述不出来……

（3）承载能力差异

或载量大或载量小。有孩子一节课你讲多少都能接受；有孩子讲得稍微多些就嚷嚷累了，要求歇会儿。就好比人的饭量有差异一样，人的脑子单位时间里能“装”多少信息量也同样存在差异。

（4）知觉风格差异

或部分认知或整体认知。举个例子，同样预习一篇小课文之后，老师会问，这篇课文意思读懂了的同学举手，有一部分；生字词解决了的同学请举手，又有一部分。两次一举手，老师就把孩子区分出来了。有的孩子第一次举了、第二次没举，典型的偏整体认知；有的孩子第一次没举、第二次举了，典型的偏部分认知；有的孩子两次都举了，整体加部分认知；有的孩子两次都没举，真是“陪读”的，既没有偏整体也没有偏部分，与别人就拉开了差距。

（5）抵抗干扰差异

或多通道或单一通道。有的孩子在吵闹之中，能自己静下心来；而有的孩子必须绝对安静才行。听课的时候要记笔记，有的孩子会说：“老师，等我们抄完了您再讲好不好？”这是单一通道，抗干扰能力差。而有些孩子则不用，他们在老师讲的同时，也能做好笔记，这是多通道，抗干扰能力强。

（6）教室座位差异

前面与中间现象。坐在教室里面的位置不一样，学生表现也不同。教育心理学讲，坐在前面和中间的孩子就是比坐在教室两边和后面的孩子学习效果要好，前面和中间就是所谓的C位。但是如果一个老师上课不守在“根据地”讲台，而是游走在学生之间，那就不存在C位的问题了。

（7）智力发展水平差异

有的学生举一就能反三，有的学生举三也反不了一。

（8）智力构成成分差异

不同的孩子走不同的路。同样智商120，有的孩子是语文好，有的是数学好，有的是运动好……各有各的好。

四、为什么会存在差异

虽然任何个体的心理发展总要经历一些共同的基本阶段，但由于每个个体在先天、环境、教育、主观能动性等方面的不同，其各方面的发展起始时间有早有晚，发展速度有快有慢，最终达到的水平有高有低，发展的优势领域往往也千差万别[39]。个体差异非常明显，每一个个体的发展曲线都具有相同的发展趋势，但决不会完全重合。为什么孩子之间会存在差异呢？主要是先天因素、环境因素、教育因素以及主观能动性影响个体发展，形成差异。接下来，对这四点进行解析。

1. 影响个体发展的先天因素

先天因素是指个体出生前即脱离母体之前的影响成分，包括遗传、孕期和出生方式三个方面。

（1）遗传

通过遗传学，我们知道每个人都是爸爸妈妈各给出的一个生殖细胞结合而来的，每个生殖细胞都携带了来自父母双方的染色体，每个染色体都有成千上万个基因，每个人都会继承父母双方两个家族的种系特征，每个生命从精卵子结合的一刹那，就决定了其特有的发展顺序。人的发展总是要以遗传所获得的生理组织和最初的生命能力为前提，个体的遗传素质是逐步发展成熟的。教育必须按照遗传素质发展的水平进行，不要违背孩子发展的内在“时间表”人为地通过训练加速孩子的发展。超越或落后于遗传素质成熟水平的教育都不利于人的发展，将会欲速而不达。

我们不可以忽视遗传的基础性的前提作用而过分夸大其他因素的影响力，正如另一句俗话所说“种瓜得瓜，种豆得豆”，不可能给个小麦种子能长出个玉米来，转基因技术现在也没有这个可能！

传说中龙和不同的兽生下了九个孩子：囚牛、睚眦、狴犴、狻猊、饕餮、椒图、赑屃、螭吻、貔貅[40]，中国有句古话，“龙生九子，各不相同”。传说中的龙是在天上腾云驾雾、呼风唤雨的，可是他家的孩子没有一个像他那样，有遗传还有变异呢！遗传素质还会随着环境和社会活动的改变而改变，即使是有好的遗传素质，如果没有得到较好的环境与教育，或者个人主观不努力，也难以有较好的发展。

（2）孕期

比如怀孕年龄、怀孕季节、孕期营养，病毒感染、药物中毒、内分泌紊乱，孕期机械损伤、挤压、振荡、辐射、高热、粉尘等。

经常听到好多人讲怀孕的时候要听莫扎特、柴可夫斯基等，这样婴儿的性情就会平静得多，于是胎教音乐曾几何时甚嚣尘上。游泳时水面下的人是听不清水面上他人的话语的，因为物理学告诉我们传导的介质不同了。胎儿在子宫内是悬浮在羊水之中的，也就是说，耳朵周围都是羊水，外加胎盘、子宫和妈妈肚皮三层密封层的覆盖。听力学告诉我们，胎儿是听不到外界110分贝以下声音的，可是现实中确实有妈妈发现自己听胎教音乐时会有胎动。这是因为母亲听到自己喜欢的音乐，下丘脑分泌积极的力比多，到了血液里，母子共血，孩子在“被高兴”。所以胎教最好的方法就是让孕妇保持愉悦的心情，这样胎儿有更多力比多刺激，将来性情也更为活泼些。

（3）出生方式

出生方式是指孩子以什么方式来到人世间：顺产还是剖宫产？顺产是自然分娩还是有产钳或吸盘助产？自然分娩时母亲是先见红还是先破水？此后多少个小时孩子出生？……

孩子的出生过程也是个体非常重要的学习过程：胎盘的缠裹、子宫的收缩和产道的挤压会把胎儿呼吸道1/3左右的体液挤出，从而打通呼吸道，以启动肺的自主呼吸，为孩子提供呼吸的学习机会。此时胎儿的抗争挣扎过程，对于其触觉、本体觉、前庭平衡觉是最早也是最好、最重要的开发过程。剖宫产将这些学习机会完全剥夺，胎儿被拎出的刹那间对胎儿的惊吓使其肾上腺素瞬间分泌的量是心脏病人发病时的30倍左右，此惊吓将持续至7—8岁[41]；拎慢了则可能导致新生儿羊水吸入性肺炎，甚至湿肺或新生儿肺透明膜病。医学研究发现，剖宫产孩子更容易患呼吸道疾病和感统失调综合征。[42]而感统失调会严重影响学业。所以，剖宫产只是解决难产的手段而不应该是一种生产方式。

2. 影响个体发展的环境因素

环境是指人生活于其中、赖以生存并影响人发展的一切外部因素的总和。环境提供刺激源，是心理发展的源泉和内容。

（1）自然环境

包括地理环境、地域环境、地址环境。自然环境中的地理环境，比如山区和平原；地域环境，比如东部还是西部、南方还是北方；地址环境，比如城区、城乡接合部、农村……

人作为自然存在物，本身就是自然界的一部分，人需要同外部自然界不断地进行物质能量和信息的交换以维持自己的生命过程；人也是自然界发展到一定阶段的产物，人源于自然。由此决定了人永远也无法游离于自然环境而独立地存在，人永远不能割断自身同自然之间的联系。

人类的环境可分为原生环境和次生环境两类。原生环境指天然形成，并且基本上未受人为活动影响的自然环境，其中存在着对人体健康有利的许多因素。例如，清洁和具有正常化学组成的水、空气、土壤，适宜的太阳辐射和小气候，以及优美的绿化，都对健康起促进作用。但在有些地区，原生环境也会为人群健康带来不良影响。例如，由于地理地质原因，有的地区的水或土壤出现某些元素含量过多或过少的异常现象，而影响当地居民摄入这些元素的数量。人体中某些微量元素含量过多或过少时，就会引起生物地球化学性疾病，又叫地方病。如碘元素分布异常，可引起地方性甲状腺肿或地方性克汀病；氟元素分布过多，可引起地方性氟中毒而发生氟斑牙和氟骨症等。由此可知，人对自然环境具有受动性的一面，人的成长发展都受到自然环境的制约，个体成长必然受到自身所处的自然环境的影响。譬如个体发展受自然环境的制约，自身往往会形成一定的生活习惯，寒冷地区的人性格稳重、温和内敛，热带地区的人性格活泼、热情外向。一旦环境改变，个体的身心就会有一个调试的过程，有一个重新适应的过程，而这一过程往往也直接推动着个体的发展。

人类不仅能适应自然环境，而且还能开发利用自然资源，改造自然环境，使环境更加适合于人类生存。在人为活动影响下形成的环境，称为次生环境。工农业生产排放大量有毒有害污染物，严重污染大气、水、土壤等自然环境，破坏生态平衡，使人类生活环境的质量急剧恶化。人类生产和生活活动中会向环境排入各种污染物，特别是生产过程排放的污染物种类极多，而且随着科学技术和工业的发展，环境中污染物的种类和数量还在与日俱增。这些污染物随同空气、水和食物进入人体后，对人体健康产生各种有害影响。近年来，全球生态环境问题日益突出，特别是全球气候变暖、臭氧层耗竭、酸雨、水资源状况恶化、土壤资源退化、全球森林危机、生物多样性减少、毒害物质污染与越境转移等八大问题，正威胁着人类的生存——各类地方病出现、人类体质和生育能力下降。

（2）家庭环境

家庭是最基本的社会组织，家人尤其是父母是孩子最早的重要他人，也是与孩子相处时间最多的人。由于家长与子女之间固有的血缘、感情和伦理上的内在联系，家长的言行常会被孩子直接模仿，所以家长是孩子的第一任教师。家庭成员的综合素质、家庭结构、父母的文化程度、父母的教养方式、父母从事的职业、家庭的经济状况等都会影响人的发展。家庭要重言传、重身教，教知识、育品德，身体力行、耳濡目染，帮助孩子扣好人生的第一粒扣子，迈好人生的第一个台阶。[43]无论时代如何变化，无论经济社会如何发展，家庭应该成为人们梦想启航的地方。家庭教育在人的成长过程中起着重要的作用，因为儿童的可塑性最大、最容易接受教育，而家庭教育是最早期的教育，时间最长，影响最深刻，是一切教育的基础。[44]

父亲在孩子的成长中主要扮演三个角色：智慧的启迪者、人格的塑造者和做人的引导者。有研究发现，孩子与父亲待的时间越长、做的游戏越多，有大智慧的可能性越高！其实智力和智慧是两码事，智力有遗传的成分，而智慧完全是后天的习得。智慧源自智力，高于智力。智慧包括一个人看问题的角度、思考问题的思路、分析问题的策略、解决问题的方法。大智慧一定高智商，但高智商未必有智慧，生活中常见高智商的人办蠢事——没智慧！有父亲陪伴的孩子人格往往更为健康——脸上有笑容、抬头挺胸、精神振作、走路连蹦带跳、说话抑扬顿挫、内心阳光向上、未来生活有质量。父亲还扮演着纪律教育者、情感控制者、做人监督者等角色，引领孩子获取良好的品性。全美父道组织调查显示：有70%的问题少年来自单亲家庭。美国全国60%的强奸犯、72%的少年凶杀犯来自无父无母的家庭；90%离家出走的孩子和无家可归的孩子来自无父的家庭。奥巴马在2008年父亲节演讲时引用了一组统计数据：生活中没有父亲的孩子将来贫困或犯罪的可能性比一般孩子高出5倍，将来弃学的可能性高出9倍，将来被关进监狱的可能性高出20倍。有研究发现：87%的网络成瘾者父爱缺失。难怪古人云："养不教，父之过。"——父亲好像空气中的氧，我们平时感觉不到他存在的意义，但不能缺失。

母亲在孩子的成长中主要体现为两个作用：习惯的养成和情商的发展。由于母亲喂奶，注定了与孩子有更多的接触机会，孩子通过观察模仿会习得与母亲极为相似的生活习惯，而生活习惯都是要向学习习惯迁移的：好习惯是一个孩子终身享之不尽的财富，坏习惯是一个孩子一辈子也还不完的债务，难怪人们常说“播种习惯、收获人生”。母亲通过哺乳传递情感，六个月以后，母亲喂的不仅仅是奶水，更重要的是情感！母亲通过哺乳与孩子进行互动，互动越多，依恋、信任、期待、希望、积极情感越来越多，孩子的社会性会越来越好、情商会越来越高……

父母与孩子生活在一起，孩子会有很多的社会角色模仿：女孩子模仿妈妈、男孩子模仿爸爸。性别角色、家务角色、家庭教育角色等都会得到潜移默化的渗透、熏陶与自觉定位，否则，角色意识、责任感等都会受到影响。就好像天有阴阳、地有柔刚，孩子的成长离不开爹和娘！父亲是外放、独立、刚强、乐观、博大、宽广、动态的、富有创造性的阳刚之气，母亲是内倾、依恋、包容、接纳、柔顺、谦卑、静态的、稳妥的阴柔之风；父亲强调变化、创新和挑战，母亲强调稳定、一致和安全；父亲经常抓大放小，母亲习惯对孩子事事关心；完整的父爱和母爱是一个孩子健康成长的源泉和支撑，父爱与母爱相互融合，互为补充，不可或缺，不可替代！

受新文化运动等影响，几千年来中国社会所建立的一整套家庭伦理文化教育在“现代化”的今天被丢得越来越多，“无触觉社会”离人类本能越来越远！夫妻有别、父子有亲、兄弟有悌、长幼有序这些传统的家庭伦常如今被冷落，社会转型对家庭生活造成了太大的冲击，家庭生活节奏“被加快”、家庭人际空间扩大、家庭亲情时间缩短、家庭远离家族呵护、家庭的静谧性被打乱、家庭的稳定性被挑战、家庭的伦理性被动摇、家庭的责任感被淡化、家庭沟通几率减少、家庭间邻里相对封闭、家庭形式多样化、畸形家庭出现、延伸式家庭出现……这些都使得家庭的价值观念、婚姻制度、代际结构、生活方式、交往方式、家庭功能等发生了重大变化，家庭教育环境面临着深层次的挑战。

（3）人际环境

人际环境是指在一定社会关系中，人们在与他人发生互动联系时所形成的各种关系的总和。它包括人们在交往中所结成的直接或间接的关系，以及由此而形成的环境氛围，包括家庭成员、抚养人、与父母的亲近度、有无同辈同伴、邻里关系等。人与人相处最舒服的模式是不强加于别人自己的思想，也会包容接纳别人的特别之处。心理学上有一个“共生效应”，即人与人之间互相影响、相互依存、和谐、统一的命运关系，在共生效应中，通常会产生两种结果：一种是我好你好、你好我更好这样的正向健康循环，一种是我不好、你也不好、你不好我更不好了这样的恶性旋涡。当个体处于一个低层次的环境，潜移默化后个体的层次也会越来越低。相反，如果个体和一群优秀的人在一起，环境会激起个体隐藏于心的奋斗意识，从而让个体也变得越来越优秀，大家都可以获得更多的利益，彼此成就，实现“1+1＞2”的效果。在犹太经典《塔木德》中有一句名言，“和狼生活在一起，你只能学会嗥叫;和那些优秀的人接触，你就会受到良好的影响”。近朱者赤，近墨者黑，因此，要多与优秀的人交往。在一个人才荟萃的群体中，彼此间的互相交流、信息传递、互相影响往往会极大促进个体与群体的提高。

（4）社会环境

环境的影响具有自发性、随机性、复杂性。环境对人的发展的影响是广泛的、潜移默化的，也是自发的、零星的、无目的的、不系统的，有些甚至是自相矛盾的。环境影响的这种特点，往往使人的发展具有两极性：既可以使人向好的方面发展，又可以使人向不好的方面发展。如何在不利环境中引导孩子正向发展是非常艰巨的教育任务。

目前，城市环境的负面性越来越突出：住房拥挤，视野狭窄，离群索居，水电气声相通、老死不相往来，这就大大限制了儿童与社会接触的时间和空间，容易使孩子孤陋寡闻，形成孤独、离群、依赖、忧郁、不善交际等性格弱点；噪声、色彩、眩光、人流、车水马龙，使人紧张、焦躁、不安；变化迅速，以致孩子无法自我调节；高层建筑林立，交通拥挤繁忙，声响喧嚣杂乱；绿化面积减少、空气污染严重，常使人产生相对渺小、悲观和自卑的感受；钢铁、混凝土设施，使人产生软弱无能和压抑的感受。

报纸、杂志、广播、电视、电影、光盘、录像、电子游戏、网络、微信、QQ等日益丰富的年代，使得人们的生活变得快捷，工作效率提高，人们有时间发展自己的同时，也给人们带来负面影响，特别是对正在成长中的青少年一代：有些媒体为了赢得经济效益，传播一些低级、庸俗、下流的内容，最突出的就是色情和暴力文化。网络空间人际交往的虚拟性、隐蔽性、广泛性，完全改变了人类的思维方式和道德习惯。许多空虚的孩子整天浸泡在暴力和色情影视以及打杀的网络游戏或短视频中，导致是非观念变差，心灵麻木，视生命如草芥。

比如城乡差异：根据中国基础教育质量监测协同创新中心发布的《2018年全国中小学生学业水平监测报告》，2018年全国中小学生在语文、数学、英语三门基础科目上的平均分分别为72.7分、73.1分、67.5分。其中，城镇学生的平均分分别为75.2分、76.2分、70.3分，农村学生的平均分分别为68.4分、67.8分、62.3分。从这个数据可以看出，城镇学生在三门基础科目上的平均分都明显高于农村学生，差距最大的是英语科目，达到了8分。根据中国青少年研究中心发布的《2019年中国儿童发展报告》，2019年全国6—17岁儿童每天睡眠时间平均为9.5小时，其中农村儿童为9.7小时，城镇儿童为9.4小时。2019年全国6—17岁儿童每天户外活动时间平均为1.5小时，其中农村儿童为1.7小时，城镇儿童为1.4小时。2019年全国6—17岁儿童每天与父母交流时间平均为1.2小时，其中农村儿童为1.3小时，城镇儿童为1.1小时。

3. 影响个体发展的教育因素

教育是特殊的环境，是家庭或学校对个体有组织、有计划、有目的、有系统地施加影响，旨在使其发生某些变化的活动。

（1）抚养人与关键期

有些父母抱怨自己的孩子发展不好，认为自己很优秀，怎么生这么个孩子？其实他没有反思孩子是谁带大的、用什么方式带大的等问题！人最初几年的发展是非常重要的。奥地利有个叫洛伦茨的动物学家，研究小鸭子，发现小鸭子从蛋壳里出来时第一眼看到的移动的物体，就认定那就是妈妈，那个移动物到哪儿，小鸭子就跟到哪儿，即便小鸭子的亲妈妈来了，小鸭子也不认亲妈妈，而是跟着最初看到的移动物。1935年，洛伦茨把这个现象叫作“关键期”，又叫“机会之窗”，因为他研究发现，过了那个特定的时期之后，要学会一些行为要花费更多的时间，还未必学得会。他提出，一个有机体生命中的一段时间里，环境对个体的影响可超过任何其他时间——事半功倍，据此他创设了一门“行为发生学理论”，并获得1973年的诺贝尔医学及生物学奖，他的“关键期”理论为揭示人类个体发展规律奠定了基础。[45]

在该理论的指导之下，人们现在发现了很多儿童发展的关键期，比如孩子1.5—3岁是器官协调、感觉与运动整合“关键期”；2—3岁是计数“关键期”；2—4岁是时间、空间概念发展的“关键期”，2.5—3.5岁是遵守行为规范的“关键期”；2.5—6岁是精确感觉、精细运动的“关键期”；3岁左右是培养独立生活能力的“关键期”；3—5岁是音乐能力发展的“关键期”……[46]司马懿曾经说过，圣人不能违时亦不失时。基因固然重要，但如果生命早期尤其是“早期一千天”内的教育没有及时跟上，错过了关键期，再努力也是事倍功半。

（2）早期教育的必要性

心理学大量研究表明，智力发展存在着关键期现象。美国心理学家布鲁姆曾对近千名儿童做过从出生到成年的追踪研究，发现5岁前为智力发展最为迅速的时期，如果把17岁的智力水平看作100%，孩子在4岁前就已经获得了50%的智力，其余的30%是在4—7岁获得的，20%则在7岁以后获得。原来我们的智商在7岁前就基本被确定了！[47]难怪老百姓说“三岁看大、七岁看老、一十二岁定终身”。人生最重要的教育应该是在12岁之前，而0—6岁又是前12年的关键期，0—3岁则是前6年关键期中的关键期!

我曾经做过一个近6万入学孩子的样本研究，结果表示：上没上过早教，在上小学的时候入学成熟水平呈现极其显著差异；看护人的文化程度、看护人原本的职业对儿童入学成熟水平的影响也极其显著。幼儿园是示范园的孩子入学成熟水平得分极其显著地高于普通幼儿园的孩子；公办幼儿园与民办幼儿园，孩子们的入学成熟水平得分也有显著差异。放园后孩子主要由谁陪对孩子的入学成熟水平有不同程度的影响，得分最低的是“老头”——千万不要把孩子丢给爷爷或者外公，他们陪护的孩子得分比不过保姆，保姆不如奶奶，奶奶不如外婆，外婆不如妈妈，妈妈又不如爸爸。应验了“养不教、父之过”的古训，爸爸应该多陪孩子。上小学前有没有上过音乐班、体育班、美术班、舞蹈班，都对孩子入学成熟水平有不同程度的影响。其中，舞蹈班的影响最大。

（3）教育的定位

教育在人的发展中起主导与促进作用。我们不能过分夸大教育的作用，否则就会陷入“教育万能论”的错误之中。因为人的发展并不是单纯由教育决定的，而是各种因素综合作用和人的多方面的实践活动的结果。

就像绣花一样，中国有四大名绣——苏绣、粤绣、湘绣和蜀绣。我们会发现，这些名绣有一个共同的特点，就是当地都盛产丝绸。只有在质地很密的绸缎上，才能绣出美丽的图案来。如果哪位听说你是高级绣花师，拿了个麻袋请你绣花，要求和名绣绣得一样好看，这活儿你敢接吗？俗话说得好，“麻袋绣花，基础太差”，你说麻袋上能绣个什么花来？麻花？错了，麻花不是绣的，是乱拧油炸出来的。麻袋上能绣个“十字绣”，了不起了！打这个比方是想说，教育就是来料加工，在原材料基础之上尽教育最大的努力，将其潜能最大限度地发挥，教育没法改变原材料的质地。家长也好，老师也好，对教育充满信心没有错，“望子成龙”“盼女成凤”都希望孩子好没有错，但千万不要对孩子有过分的期待。意识决定不了物质，客观世界不会以我们的主观意志为转移，一厢情愿是不现实的。期待越高，失望越多，不满也会越多，社会也就会越不和谐。

4. 影响个体发展的主观能动性因素

人的活动具有目的性、意识性和自觉性，表明了人对周围世界有着积极、主动的态度，意识富有主观性。

主观能动性是指个体主动地、自觉地、有目的地、有计划地反作用于外部世界，包括自我效能感、主动性、上进心、成就感、荣誉感、坚持性、独立性、灵活性、习惯，与个体先天的探究反射和后天形成的人生态度、价值理想、道德品质、知识结构、身体素质、个性特征、生活经历等相关。

从意识方面来说，主观能动性体现为人的需要、动机、目的等主观积极性。从外部表现来说，体现为人作用于客观事物的自觉活动，包括自我意识、主动性、上进心、成就感、荣誉感、坚持性等。

探究反射是孩子最早的听觉和视觉学习，听到声音的刺激后，转头寻找声源，用更便捷的视觉去确认事实，建立听觉—视觉联动，对人的心理发展意义重大。一般反应快的孩子在成长过程中好奇心比较强，主动性更强，自觉性比较高，所以无须大人操太多心；反之，探究反射缓慢的孩子，需要抚养人更多的引领、敦促、监督、检查，抚养人需要不断地挥动着“小鞭子”，通过外力激发其动机、维持其兴趣，所以很多家长会觉得比别人家孩子“难养”、操心，“手一松、冒天空”“一不留神就出溜下去”。这种孩子的家长需要操心到孩子“懂事”为止，女孩早些，一般到小学三四年级，迟也不过五六年级，男孩晚些，要到初二甚至初三，家长才觉得“省心”了，可是等到初二三才明白过来，如今的教育制度一般不给机会了。

严格的监管可能减弱个体的主观能动性，会使其感觉没有自由选择和决策的权力；没有明确的目标和方向，导致个体迷失方向，失去了追求目标的动力；缺乏动机和兴趣，对任务或目标没有真正的兴趣或内在动机；恶劣的学习或生活环境、不公平的待遇或者缺乏支持和认可的情况可能破坏个体的主观能动性；情感状态会影响积极行动的意愿和能力，焦虑、抑郁或压力，可能使个体难以保持主观能动性；缺乏自信心、自我怀疑可能导致个体不相信自己能够成功，减弱了主观能动性。

比如在上小学之前，孩子不同的兴趣爱好对他入学成熟水平的贡献不一样。贡献最大的是爱好阅读和爱听故事；爱好疯跑比不爱疯跑，差异极其显著；爱看电视的，八项中有四项极其显著比别人差；爱打游戏和爱看短视频的，八项中三项极其显著比别人差、两项显著比别人差；没有任何爱好的，八项都极其显著比别人差，还不如看电视。

“主动”是一种由内而外的表达，是一种自主而动的表现，是内在需要所激发的行动，是有目标的独立的行为，是自我负责的证明。激发孩子的主观能动性要在对孩子不断提出要求的同时，必须让孩子感受到按照要求做后的甜头，就是俗话说的“打一巴掌揉三揉”。

让孩子获得学习成功的体验，激发其成就动机，教育者（教师和父母）要对学生有积极的期望与具体、合适的要求，为孩子创造多方面成功的机会，让他们通过个人的努力不断发现“自我”，通过成功地完成任务、解决困难来体验和认识自己的能力，体验到成功的喜悦，满足其受尊重的需要。

给孩子选择的机会，让他们有充分的选择，让他们干他所能干的、愿意干的、想干的事，这样才会表现出主动性和积极性。

树立成功的榜样，通过看到与自己水平差不多的示范者取得成功，就会增强自我信念，认为自己也能完成同样的任务。

在自身进步中体验到成功，只同自己的过去比，不同别人比。

设置恰当的目标激励，帮助孩子确定一个既有一定难度又是他力所能及的具体的目标，提供一定的适当的奖励条件，鼓励、督促孩子为实现这个目标去努力，失败不灰心，成功不骄傲，要从小培养孩子具有不达目的决不罢休的顽强精神和坚韧不拔的意志。

及时鼓励，在孩子每一次作业、考试或是成长经历中表现有进步时，家长应该有意识地表扬，使他们看到希望，树立信心。

端正学习态度，别只看近处，看不到远处，在“知本社会”里没有文化就不再能应付自如了，各种职业将不接纳没有文化的人。

鼓励孩子积极参与各项活动，在参与中寻找兴趣点，在参与中获得成功体验。同时，为孩子营造良好的家庭和班级学习氛围，培养克服困难的品质，避免受到挫折就放弃努力，要坚持，不能觉得孩子可怜而妥协。

五、教育对差异的定位

差异是现实生活中客观存在但往往也是最容易

被忽视的，也是对教育更具意义——教育对象的差异性。我们要防止两个极端：过分夸大教育的作用，是教育万能论，属于唯心主义；藐视教育的作用，过分夸大遗传的作用，是遗传决定论，属于机械唯物主义。过分夸大环境的作用，是环境决定论，也属于机械唯物主义；过分夸大主观能动性的作用，是主观决定论，也是唯心主义。我们也要从哲学角度分析问题，个体发展的内因是先天因素和主观能动因素，外因是环境因素和教育因素，外因通过内因发挥作用。教育在人的发展中究竟该怎样定位？定位高了搬起石头砸自己的脚，定位低了作践自己谁还相信教育？

1. 关于儿童的科学发展观

（1）先天是大前提

亚里士多德建立的三段论推理的大前提通常是指某个已知的常识性原理，例如某种规律、法则或者定理。将先天因素赋予如此高的位置，是因为先天因素与主观能动性同属于内因，内因是事物发展变化的根据，规定了事物发展的基本趋势和方向。不管外因的作用有多大，都必须通过内因才能起作用。而先天因素又是主观能动性的前提，是前提的前提，是重中之重。

（2）环境是催化剂

在化学反应里能改变（加快或减慢）其他物质的化学反应速率，而本身的质量和化学性质在反应前后都没有发生变化的物质叫作催化剂。改变别人而自己一直没变；改变速率但不改变物质自身。有，当然更好，没有，也不是完全不能成。环境在人的发展中正发挥着这样的作用。好的环境加速人的发展，差的环境抑制人的发展，但不是决定性因素，毕竟环境是个外因。

（3）教育是反应堆

反应堆是核能中能维持可控反应的一种装置，通过特别设置的环境来控制反应过程、达到既定目的。教育正是通过特别设计的环境，对受教育者施加有组织、有计划、有目的的影响，旨在达到一定目的的过程，按照一定的社会要求完成“为谁培养人”“培养什么人”“怎么培养人”等一系列工作。在不在“反应堆”、在什么样的“反应堆”、放在“反应堆”多长时间等因素对个体发展而言极为重要。

教育给人以知识，知识就是力量，教育教人成才；教育赋予人道德，道德提升人品，教育能教人成人。承认教育改变命运的同时要遵循“功能有限”规律，不能过分夸大教育的功能，反对“教育万能论”。

（4）主观能动性是加速器

主观能动性（又称自觉能动性）是人的主体性的表现，是指人的主观意识和实践活动对客观世界自觉地、有目的地、有计划地反作用或能动作用，自发、积极地采取行动，使个体更愿意自主地去做事、努力学习和追求目标，而不是被外部压力或强迫所驱使。人们能动地认识客观世界，在认识的指导下能动地改造客观世界，对外界或内部的刺激或影响做出应答，或主动积极，或被动消极：高昂的精神，可以催人向上，使人奋进；萎靡的精神，则会使人悲观、消沉，丧失斗志。主观能动性是推动人身心发展的动力，是促进个体发展的决定性因素，是促进个体发展从潜在的可能状态转向现实状态的重要因素，是个体发展的内因，也是人与人差异的重要表现：自觉主动与被迫被动、自主独立与消极懒惰、创造超越与保守退缩。

人不是现实的奴隶，反对不做任何努力的消极宿命论；但也反对不顾客观现实与规律，夸大意识能动作用，冒险蛮干的主观主义和唯意志主义。

2. 多元智能的启示

美国心理学家霍华德·加德纳在1983年出版的《智力的结构》一书中提出，“智力是在某种社会或文化环境的价值标准下，个体用以解决自己遇到的真正的难题或生产及创造出有效产品所需要的能力”。每个人的智能是多元的，包括语言、数理逻辑、音乐、运动、空间关系、人际关系、自我认知、自然认知、幽默等。每个人都会用自己的方式来发掘各自的大脑资源，这种为达到目的所发挥的各种个人才智才是真正的智力，造就了人与人之间的不同。

现代社会是需要各种人才的时代，这就要求教育必须促进每个人各种智力的全面发展，让个性得到充分的发展和完善。每一个学生的智力都各具特点并有自己独特的表现形式，有自己的学习类型和学习方法。其实，人人有才，人无全才，扬长避短，人人成才。

我们的学校再也不能片面地向学生展示某几个智

力领域了，我们向学生展示的智力领域应该是全方位的，是能够在真正意义上保证学生全面发展的。每一个学生都有自己的优势智力领域和弱势智力领域，而每个人都应该在充分展示自己优势智力领域的同时，将自己优势智力领域的特点迁移到弱势智力领域中去，从而使自己的弱势智力领域得到尽可能大的发展。一个孩子从家长和老师那里如果学会了勤劳善良、自强不息、坚韧不拔、好学博爱、以礼待人、诚实守信、认真做事，那么即便他的学习成绩不好，也只是暂时的，将来他一定会生活得非常充实与幸福，甚至大有作为。才的不足可以由德来弥补，德的不足无法由才来弥补，上善若水，厚德载物。

3. 教育的定位：来料加工

学校要客观了解、正确辨析家长所给的“原材料”，凭良心、尽最大的努力，使孩子的潜能得到最充分发展。

我们要充分了解、恰当评估、客观定位每一个孩子的差异，不被忽悠、不看走眼；我们改变不了“原材料”的质地，就不折腾孩子、不折磨孩子；我们要尽最大努力教育孩子，不“无为而治”，不“误人子弟”；我们谋求孩子最大发展，但是不强求、不拒绝。

差异构成了丰富多彩的世界，只有尊重差异，才能走近他人。从手把手的教学方式到孔子的因材施教和后来的私塾教育；从苏格拉底的“产婆术”到中世纪的僧侣与骑士教育，传统教育是十分看重差异的。

现代教育有两大特征，一是民主，讲求教育机会均等，有教无类；二是科学，讲求适应不同需要，因材施教。义务教育具有普及性，义务教育的英文是“compulsory education”，“compulsory”是强制的意思，意思是每一个人都要接受，这就使得教育成为公共资源——共同享受。公共资源最大的特点是可分性：过去面对的是普通儿童，你能适应学校，你就来；适应不了学校，你就走。现在不是，教育要为每一个孩子服务，非普通儿童也可同等享受，这样教育对象就发生了变化。过去入学有一个测试，达到这个标准你就进。现在不是，国家要求有学习能力的残疾儿童都要随班就读，这就要求所有的教师学习特殊教育的相关知识，教育进行重新定位，教师只有了解不同孩子的差异，才有可能做到真正的因材施教。

教师要接纳孩子，承认差异是普遍存在的客观现象；承认每个人生来就是与众不同的，明白没有哪个学生希望自己落后；摈弃“只有不会教的老师，没有教不会的学生”的观念，拒绝“只要功夫深，铁杵磨成针”的理念；树立“五指有长短，做人要厚道”的正确认识，认定教育就是个“来料加工”工作；牢记“麻袋绣花，基础太差”的道理。

现代教育体制忽视个体、忽视差异。关注所谓“绝大多数人”，忽视单个独立个体；在强调“适应社会”的借口之下，打磨受教育者的个性和棱角。我们要承认差异的客观存在，及早发现孩子的差异，关注并尊重孩子的差异，接纳孩子的差异。根据孩子的特点采取相应的措施，因材施教（个性化教学、处方教学、个别化教学等），设法超越差异，以达到缩小差异、扩大差异的目的。共性方面，能缩小尽量缩小；个性方面，能扩大尽量扩大，这样不至于用同一个模子要求所有的孩子，做到人尽其才，物尽其用。

延伸阅读（使用这些标题在互联网上可以搜索到相关资料）

1. 华国栋.《差异教学论》，教育科学出版社，2001.

2. [美]卡罗琳·查普曼，瑞塔·金，郑华译.《差异教学管理：不一样的课堂，不一样的管理》，教育科学出版社，2004.

3. [美]蒂姆·奥布赖恩，陈立译.《因材施教的艺术》，北京师范大学出版社，2006.

4. 华国栋.《差异教学策略》，北京师范大学出版社，2009.

5. 冯建军.《差异与共生：多元文化下学生生活方式与价值观教育》，四川教育出版社，2010.

6. 周铁民.《内隐学习：在学习效率上的个体差异性研究》，知识产权出版社，2019.

7. [美]罗伯特·阿多特.《因材施教：个性化教学的灵感与艺术》，中国人民大学出版社，2018.

8. [英]芭芭拉·普拉西尼格.《基于学习风格的差异化教学》，中国青年出版社，2019.

9. [美]理查德·M.卡什，胡牧，朱云会译.《差异化学习：21世纪的思与学》，江苏凤凰教育出版社，2019.

10. 李伟.《因材施教：更好的方法教学生》，知识出版社，2020.

11. 刘邦奇，聂小林.《走向智能时代的因材施教》，北京师范大学出版社，2021.

12. 华国栋.《差异教育学》，教育科学出版社，2023.

13. [美]伊丽莎白·布鲁瑞克斯，莫尼克·麦基，李红译.《好老师因材施教的12个方法》，中国青年出版社，2023.

参考文献

1 感兴趣的读者可以去阅读张健鹏、胡足青主编的《故事时代小故事中的大智慧》一书，当代世界出版社2003年出版，里面有很多类似这样大智慧的小故事。

2 中共中央马克思恩格斯列宁斯大林著作编译局．马克思恩格斯选集（第三卷）[M]．北京：人民出版社，1972：537.

3 乌杰．关于差异的哲学概念[J]．系统科学学报，2008，16（02）：1-3.

4 Howe, Michael J A. The Bell Curve: Illumination or confusion about human intelligence?[J]. Peace and Conflict：Journal of Peace Psychology, 1995, 1（02）:199-201.

5 Culbertson J C. The Bell Curve: An Essay Review[J]. Education Policy Analysis Archives, 1995: 3.

6 中国大百科全书出版社编辑部．心理学史［M］．北京：中国大百科全书出版社，1985：112.

7 刘钝，苏淳．博学的绅士——弗朗西斯·高尔顿[J]．自然辩证法通讯，1988, 10（06）：57-70.

8 刘钝，苏淳．博学的绅士——弗朗西斯·高尔顿[J]．自然辩证法通讯，1988, 10（06）：57-70.

9 Verywel Health. What Does Neurodivergent Mean? [EB/OL].（2020-12-27）[2022-05-16] https://www.verywellhealth.com/neurodivergent-5216749.

10 Graby, S. Sixteen: Neurodiversity: bridging the gap between the disabled peoples movement and the mental health system survivors 'movement?' [M]. In Madness, Distress and the Politics of Disablement. Bristol, UK: Policy Press, 2015：22.

11 Nancy Doyle. Neurodiversity at work: A biopsychosocial model and the impact on working adults[J]. British medical bulletin, 2020,135（01）:108-125.

12 Dyck E, Russell G. Challenging psychiatric classification: healthy autistic diversity and the neurodiversity movement［M］. Taylor S J, Brumby A, eds. Healthy Minds in the Twentieth Century. Springer International Publishing，2020：167-187.

13 罗云．疾病里的性别差异[J]．人之初，2010（14）：42-43.

14 张瀚文，赵翔翔，刘振宇，等．常见睡眠疾病性别差异机制的研究进展[J]．神经疾病与精神卫生，2015(01):34-37 .

15 卢志明，车至香，李桂琴．自身免疫性疾病的性别差异[J]．国外医学（临床生物化学与检验学分册），2001（03）：150，163.

16 沈政，林庶芝．生理心理学［M］．北京：开明出版社，2012：230.

17 杨天亮，辛斐，雷旭．人类大脑结构和功能的性别差异：来自脑成像研究的证据[J]．心理科学进展，2015，23（04）571-581.

18 邱丽娜．人类大脑皮层的功能发育状况和性别差异——基于近红外光谱成像技术的研究[D]．广州：华南师范大学，2015.

19 黄洁．大脑的性别差异之谜[J]．大科技（科学之谜），2004（03）：44-45.

20 成磊．大脑的性别差异[J]．医药保健杂志，2009（05）：26-27.

21 程学超，石筠弢．试谈男女智力差异与因“性”施教[J]．山东师范大学学报（人文社会科学版），1989（06）：18-24.

22 张丽娟．儿童性别差异的教育[J]．心理发展与教育，1989（03）：58-59.

23 李丹，金瑜．学龄期儿童智力性别差异问题探讨[C]// 全国第六届心理学学术会议文摘选集．中国心理学会，1987：323-323.

24 Stuart J Ritchie, Simon R Cox, etc. Sex Differences in the Adult Human Brain: Evidence from 5216 UK Participants[J]. Cerebral Cortex , 2018, 28 (08) :2959-2975.

25 任瑞，董景敏，孙长华，等．正常成年人胼胝体结构性别差异的DTI研究[J]．滨州医学院学报，2016，39（02）：114-116.

26 凯文·J.米切尔．天生我材：大脑构筑如何塑造人的个性［M］．何苗，译．上海：上海交通大学出版社，2020.

27 张厚粲，王晓平．中国儿童认知能力的性别差异发展倾向：韦氏儿童智力量表结果分析[J]．心理科学，1996（02）：65-70.

28 穆春宇．汉语词汇的性别差异分析[J]．现代语文（上旬．文学研究），2014（08）：144-145.

29 王美萍．社会变迁背景下大学生婚恋观的特点及其性别差异研究[J]．当代教育科学，2009（13）：35-37.

30 赵青．男女之间有什么不同——进化心理学对性别差异的解释[J]．新疆石油教育学院学报，2009（05）：3.

31 指的是一种心理疾病，表现为每天排尿次数明显增加，但尿量没有相应增加，尿常规检查结果正常。排尿次数可能从正常的6—8次增加到20—30次，甚至每小时十几次，每次排尿量很少，有时仅几滴。睡觉后尿频现象会消失。在睡前、吃饭时或上课时，尿频现象会加重。

32 指的是一种睡眠障碍，表现为孩子从噩梦中惊醒，并能生动回忆梦中的内容，使其处于极度紧张和焦虑的状态。在噩梦中，孩子可能会被妖魔鬼怪捉弄、被坏人或猛兽追赶，或看到自己和亲人面临灾难。噩梦通常发生在后半夜。

33 张建明，汪梅先，鲍克蓉，等．儿童情绪障碍临床分析：附26例报告[J]．临床儿科杂志，1998（02）：112-113.

34 甘诺，陈辉．儿童恐怖与恐怖症的病因及治疗[J]．中国特殊教育，2002（01）：65-69.

35 傅小兰，张侃，陈雪峰，等．中国国民心理健康发展报告（2019-2020）[M]．北京：社会科学文献出版社，2021.

36 梅其霞，王敏建，魏华，等．135例儿童癔症的临床及个性特征等因素分析[J]．重庆医学，2010，39（16）：2119-2120.

37 指在考试前或考试时出现较为严重的紧张、恐惧症状，如面色潮红、全身出汗、两手发抖、心悸胸闷、注意力涣散、思维迟钝等。这些症状可能导致原本熟记的内容一时无法“回忆”，从而导致考试失败。

38 周圆月，竺智伟．儿童品行障碍的认识、应对及预防[J]．中国实用儿科杂志，2022（11）：828-832.

39 罗志慧．遵循儿童心理发展规律开展家庭教育[J]．亚太教育，2016（17）：246-247.

40 懒兔．龙的九个儿子——现在总算知道了[J]．初中生（阅青春），2014（07）：17.

41 Yuan, Changzheng Gaskins, Audrey J, et al. Association Between Cesarean Birth and Risk of Obesity in Offspring in Childhood, Adolescence, and Early Adulthood[J]. JAMA pediatrics, 2016（11）：8.

42 李顺英，何智坚，陈素柔．改良式剖宫产术与其它剖宫产术对比分析[J]．中国实用妇科与产科杂志，2000，16（01）：53-54.

43 习近平．在会见第一届全国文明家庭代表时讲话[M]．北京：人民出版社，2016：3-4.

44 顾明远．家庭教育之我见[J]．中华家教，2021（01）：3-5.

45 盖笑松．儿童关键期的教育[M]．长沙：湖南少年儿童出版社，2012：12.

46 李晨．儿童关键期教育研究综述[J]．中文科技期刊数据库（全文版）社会科学，2016（01）：6.

47 吴凤岗．从布鲁姆的智力成熟百分比谈起——简论儿童早期智力发展与开发[J]．幼儿教育，1983（05）：2.

图书在版编目 (CIP) 数据
关注孩子 / 钱志亮著. -- 北京 : 中央编译出版社,
2025. 8. -- ISBN 978-7-5117-4917-8
Ⅰ. G78
中国国家版本馆 CIP 数据核字第 2025ED8298 号

关注孩子

GUANZHU HAIZI

总 策 划 李 娟
责任编辑 李小燕
执行策划 王超群
装帧设计 潘振宇
责任印制 李 颖
封面插画 芊 祎
出版发行 中央编译出版社
地　　址 北京市海淀区北四环西路 69 号（100080）
电　　话 （010）55627391（总编室）　（010）55627301（编辑室）
（010）55627320（发行部）　（010）55627377（新技术部）
经　　销 全国新华书店
印　　刷 北京盛通印刷股份有限公司
开　　本 787 毫米 ×1092 毫米 1/32
字　　数 345 千字
印　　张 21.25
版　　次 2025 年 8 月第 1 版
印　　次 2025 年 8 月第 1 次印刷
定　　价 129.00 元
新浪微博： @ 中央编译出版社　　**微　　信：** 中央编译出版社（ID：cctphome）
淘宝店铺： 中央编译出版社直销店（http://shop108367160.taobao.com）（010）55627331

人啊，认识你自己！